新装版

包丁の教科書

魚介のさばき方から、
野菜、肉の切り方、飾り切りまで、
豊富な手順写真で、包丁の使い方を丁寧に解説。

監修 野﨑洋光
分とく山総料理長

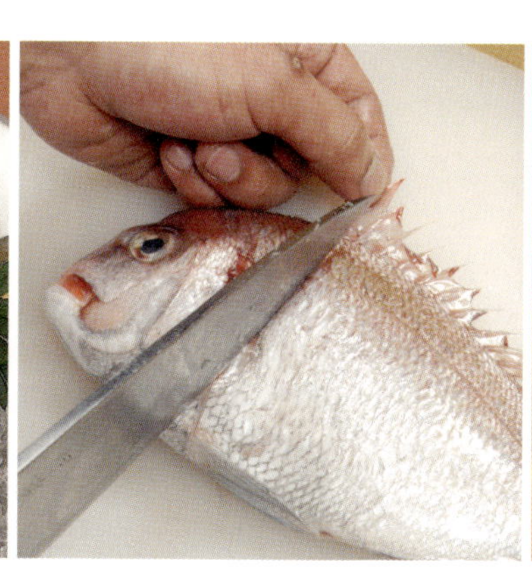

はじめに

美しい包丁使いこそが、
料理を仕立てる
大切な第一歩です。

美しい包丁使いは所作・姿勢に至るまで美しいものです。

日本の包丁は外国の料理人達にも注目の的です。

柳刃・出刃・薄刃、これらの包丁には役割があり、使う理由があります。食材やその用途によって形や大きさなどが細かい種類に分かれます。平安時代から続いてきた和包丁の伝統は日出ずる国、美しい食を誘うプロローグがあります。

様々な魚や野菜を料理に仕立てるには準備・段取りが全てです。

その過程を包丁と共に自分を成長させる仕事に組み込まれる事は素晴らしい事です。

そんな時に役立つ事を願います。

野崎　洋光

目次

第三章 野菜の切り方と料理

STAFF

編集・構成・文
丸山みき（SORA 企画）

本文デザイン
関島とも子

撮影
川上隆二

イラスト制作
伊沢眞理子

編集アシスタント
塚田貴世
吉岡久美子
志賀靖子
矢沢麻里

この本の使い方

＊紹介している料理の材料は２人分を基本にしています。
＊１カップ＝200cc
大さじ１＝15cc
小さじ１＝5cc
米１合＝180ccとしています。
＊「少々」は小さじ1/6未満を、「適量」はちょうどよい量を入れること、「適宜」は好みで必要であれば入れることを指します。
＊各食材を旬ごとに並べて紹介していますが、旬の時季が長い食材や、種類によって旬の異なるものもあります。
＊魚の保存は鮮度のよさが第一のため、冷蔵保存を基本としています。買ってきたらすぐに内臓を取り出して水洗いし、よく水けをふいておろすことも鮮度を保つポイント。なるべく当日中に使い切りましょう。

第一章

包丁の種類と基本の切り方＆研ぎ方

和包丁の種類

包丁の使い方をしっかり学びたいなら、まずは、包丁について知ることが大切です。ここでは主な包丁の種類と用途を紹介します。

食材や目的に合わせて包丁を選ぶのがコツ

本書では和包丁の使い方を解説していきます。

和包丁は大きく分けて薄刃包丁、出刃包丁、柳刃包丁の3種類があります。包丁には食材やその用途によって形や大きさなどが細かい種類に分かれています。それぞれの特徴と使い方を覚えましょう。

柳刃(やなぎば)包丁

主に刺身を切るために用いられる包丁。その他に、骨のやわらかい小魚の三枚おろしや魚鳥獣肉、加工品を切るときにも用いられる。

薄刃(うすば)包丁

主に野菜類を切るための包丁。刃が薄いので、刻む、むくなどに適している。関東、関西によって形が違う。写真は関西型。

出刃(でば)包丁

他の包丁に比べて刃が厚く、固い骨を切る、叩くなどに便利。魚をおろすだけでなく、肉類をさばいたりするのにも用いられる。

相出刃(あいでば)包丁

普通の出刃包丁を、少し刃幅を狭く、刃を薄くするなどしたもの。中くらいの魚ならおろす～刺身を造るまで一本でまかなえる万能包丁。

小出刃(こでば)包丁

鯵や鰯など小さな魚や魚介をさばくときに用いる出刃包丁。

鱧(はも)や鰻(うなぎ)、河豚(ふぐ)などは専用の包丁を使う

さばき方に特徴のある鱧や鰻、河豚などには専用の包丁を使います。それぞれの材料の特徴に合わせて形や大きさが異なります。

薄刃、出刃、柳刃包丁で代用する場合もありますが、できるだけ、専用の包丁を用意することをおすすめします。

河豚(ふぐ)引き包丁

河豚の薄造りに使用されている柳刃包丁。てっさ包丁とも呼ばれ、柳刃包」と同じぐらいの大きさのものが多い。

蛸(たこ)引き包丁

関東型の柳刃包丁。蛸だけではなく、柳刃包丁と同様に上身や小骨の多い小魚の刺身を造るときに用いられる。

鱧(はも)包丁

鱧の骨切りに用いられる包丁。無数の小骨に細かく切り目を入れることができる。

鰻(うなぎ)包丁

江戸サキ包丁とも呼ばれる。鰻や穴子など長いものをおろすときに用いられる。形状の違いで京都、大阪、名古屋型などがある。

包丁の基本の姿勢と持ち方

包丁を持つときに一番大切なことは、基本の姿勢と持ち方です。この基本をしっかり身につけることは、包丁さばきを上達させる近道になります。

1 基本の姿勢

包丁の動きをスムーズにする姿勢を覚える

包丁は手先だけでも切ることはできますが、基本の姿勢がしっかりしていないと、長い目でみたときに少なからず影響が出てくるでしょう。
基本の姿勢を体に覚え込ませることが、包丁の動きをスムーズにすることにつながります。

構え方の基本

まな板との距離、立ち方、構え方を覚えましょう。食材が真上から見下ろせるように視線を内側におきます。

❶ まな板に平行に

まず、まな板に平行に向かいます。まな板からの距離は拳ひとつ分ぐらい。

❷ 足は斜め 45 度に開く

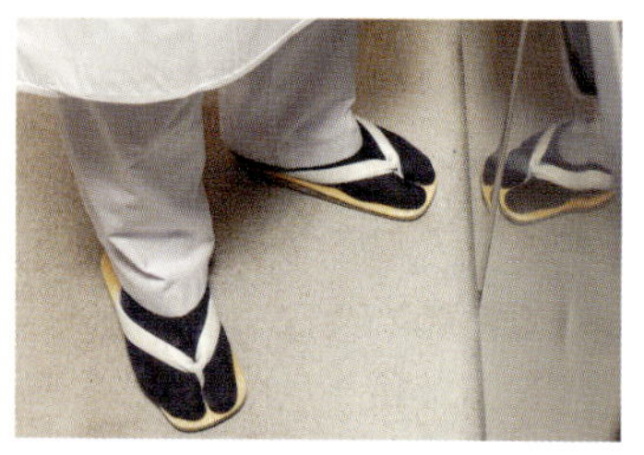

両足は肩幅に開いてしっかりと立ち、利き手側の足を斜めに 35 ～ 45 度に引く。

❸ 構え方－1

視線は手元にむけ、包丁はまな板と直角にするのがポイント。

❹ 構え方－2

正しく構えると、無理なく腕を動かすことができるので、包丁の動きをスムーズにする。

2 基本の持ち方

包丁の種類が変わっても、持ち方の基本は同じ

包丁の種類によって、持ち方に変わりはないので、まずは、薄刃包丁の基本の持ち方を覚えるところからはじめましょう。

切っ先（きっさき）
しのぎ（はら）
みね
角巻（つのまき／水牛の角製）または口金（くちがね／金属製）
柄（え）
柄尻（えじり）
柄元（えもと）
刃先（はさき）
刃元（はもと）
刃渡り（はわたり）

薄刃包丁の持ち方

包丁の持ち方の基本になる、薄刃包丁の持ち方。きざむ、桂（かつら）むきのときなど基本形を覚えましょう。

❶ きざみの持ち方ー1

包丁の柄元に中指をかける。

❷ きざみの持ち方ー2

親指、人差し指で包丁の柄の上の刃の部分をつまむように持ち、残りの指は柄を巻き込むように添える。

❸ きざみの持ち方ー3

人差し指は包丁の反対側をしっかりと押さえるように添える。

❹ 桂むきの持ち方

基本のきざみの持ち方で刃の中ほどを使い、刃を上下させながらむく。親指の力の入れ方によって厚みが変わる。

❺ 薄切りの持ち方

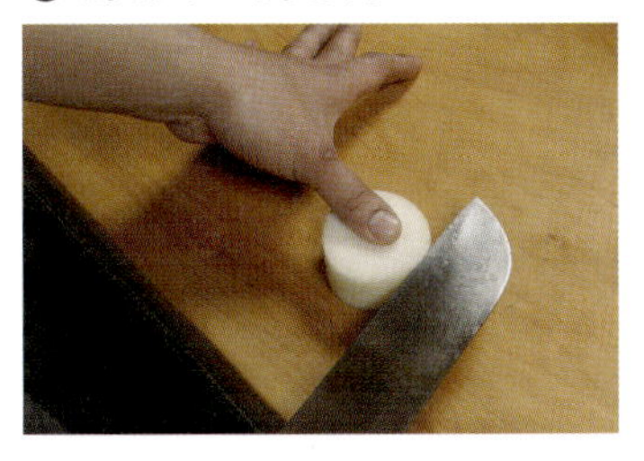

基本のきざみの持ち方で、包丁をねかせ、材料に刃をあて、薄くそぐ。

Column

包丁は使う目的によって、持ち方が変わります。ポイントは親指と人差し指の位置。包丁を正しく持つことで、長時間握っていても疲れにくくなります。正しい持ち方を身につけましょう。

出刃包丁の持ち方

魚をおろす、刺身を造る、かたい骨を切るなどのときに使われる
出刃包丁の持ち方をマスターしましょう。

❶人差し指をみねにのせる－1

魚をおろすときは、みねの部分に人差し指をのばしてのせる。こうすると、包丁の切っ先に神経が行き届く。

❷人差し指をみねにのせる－2

のばした人差し指で包丁のみねを押さえながら、残りの指で柄を握る。細かいものを切るときに。

❸あらを切る場合

あらなどの固い部分を切るときは、力を入れてもぶれないように、刃の下の部分をしっかりと持つ。

❹逆さ包丁の持ち方－1

包丁の刃を上にして持つ。人差し指と親指で包丁をはさむように持ち、しのぎにあてて、残りの指で柄を握る。

❺逆さ包丁の持ち方－2

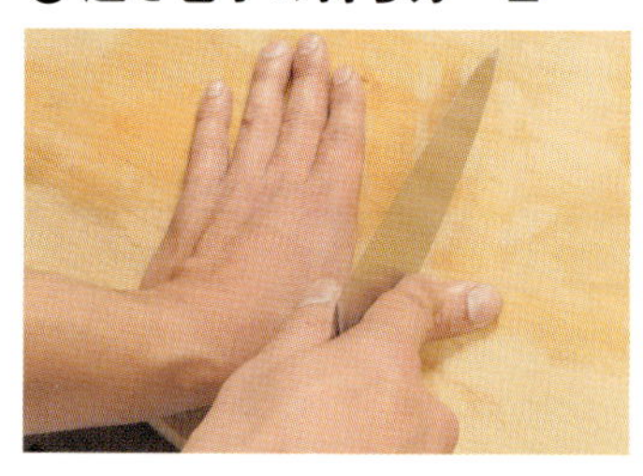

実際に魚をおろすときに、逆さ包丁を使う場合は、左手で魚を押さえながら行う。

❻逆さ包丁の持ち方－3

魚の皮をすき取るときや、魚をおろすときに本来切ろうとしている方向とは逆に刃を向けてねかせて切る。

❼刃先を使う場合－1

海老の背ワタを取る場合など、小さな仕事のときは刃先を使う。まず、柄元に小指をかける。

❽刃先を使う場合－2

親指は包丁のしのぎにあてて、人差し指をのばしてみねにのせる。刃の長さを短くして安定させる。

柳刃包丁の持ち方

柳刃包丁の持ち方は、基本的には出刃包丁と同じです。刺身を切るときの持ち方を覚えましょう。

❶ 人差し指をみねにのせる

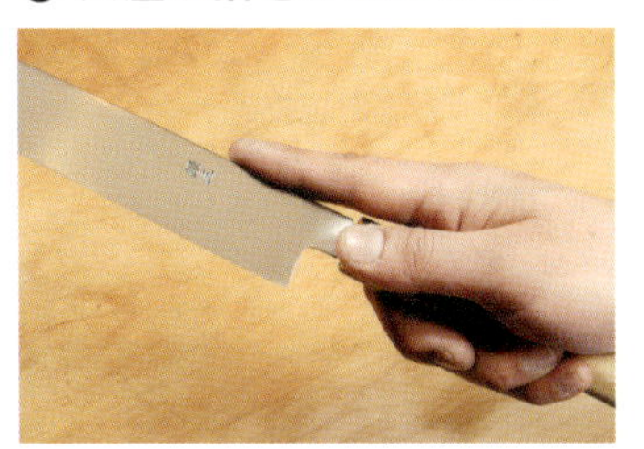

刺身を切るときの持ち方。出刃包丁と同様に持つ。添えた人差し指の前方から、切っ先までの刃が安定して使える。

❷ 人差し指を角巻（つのまき）の上にのせる

刺身を切るときの持ち方。人差し指を角巻の上にのせて持つことで、刃元から切っ先まで使うことができる。

❸ 逆さ包丁の持ち方

出刃包丁と同様に持つ。平目などの一般の魚に用いられる。

刺身を引くときは、人差し指をみねにのせて、切っ先を立てて引きながら、包丁全体を使う。

Column

包丁のみねを上にして持ったとき、右手にくるのが包丁の「表」、左手にくるのが「裏」になります。日本料理には、包丁の入れ方や盛りつけ方に決まり事がありますが、伝統的な考え方として、包丁の表で切った面を陽、裏で切った面を陰といいます。盛りつけるときは、包丁の表で切った面を上にして盛りつけるのが基本。

基本の切り方

包丁によって基本の切り方が変わってきます。包丁の持ち方、構え方の基本を覚えたら、切り方の基本を押さえましょう。

1 突き切り

かたくて厚みのある野菜を切るときに

大根や人参、蓮根などのかたくて厚みのある野菜を切るときに適した切り方です。包丁は薄刃包丁を使います。基本の姿勢でまな板の前に立ち、足は斜め45度に開いて立ちます。包丁の刃先の部分を使います。

薄刃包丁で突き切り

左手で材料をしっかり押さえ、きざみの持ち方（P13参照）にして、刃先から軽く突く感じで包丁を下に動かします。

❶ 包丁を握り、少し力を入れる

薄刃包丁をきざみの持ち方にし、左手で材料を押さえ、刃先を材料にあてる。

❷ 軽く前に突く感じで動かす

固い材料の場合は、少し力を入れて、軽く前に突くように包丁を下におろす。

❸ 下に動かし、これを繰り返す

包丁が下につくまで、包丁を下に動かし、これを繰り返す。

突き切り（きざみ）

葱などの野菜をきざむときの切り方です。一定のリズムで包丁を動かすのがコツ。

一定のリズムに乗って繰り返す

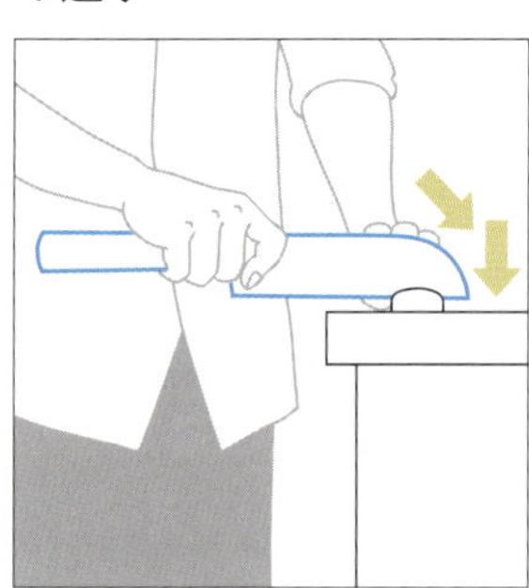

薄刃包丁をきざみの持ち方（P13参照）で持ち、包丁を前に突いて切り、刃先がまな板についたら元に戻す、を繰り返す。この動きを一定のリズムにのって繰り返す。

2 引き切り

柳刃包丁で刺身を切るときに用いる

平造りをはじめ、角造りなどに使われる切り方。刺身を切るときは、柳刃包丁の刃全体を使うようにして引いて切るのがポイントです。くれぐれも上から包丁を押して切らないこと。

平造りなどの刺身を切る

包丁は人差し指をみねにのせて持ち（P15 参照）、食材をまな板の手前において構えることがコツ。

❶ 刃元をまな板の角にあてる

まな板のなるべく手前に食材をおく。包丁を持ち、刃元をまな板の角にあてる。

❷ 切っ先を上げて構える

切っ先を上げて構える。切っ先を上げることで包丁の刃元をさくにあてる。

❸ 包丁を手前に引く

刃元から引きながら身を切る。途中で止めないで一気に切るのがポイント。

❹ 刃の全体を使って切る

一気に包丁を引いて刃先で切り落とす感じで切る。繊維を断ち切るように切り、刺身を横にずらす。

❺ 刃元を弧を描くように引き上げる

刃元を弧を描くように引き上げ、切り終わりは切っ先を立てて引くようにする。

3 そぎ切り

薄造りや切り身にするときの切り方

薄造りなどの刺身を切るときや、切り身を切るときの切り方です。柳刃包丁を人差し指をみねにのせて持ち（15ページ参照）刃を斜めにねかせて構えます。左手の指先で食材を軽く押さえます。

❶ 刃を斜めにねかせて手前に引く

さくにした魚は、頭のほうを左にして横におき、柳刃包丁をねかせて刃元をあて、手前に引く。

❷ 刃の全体を使って切る

刃先のところで切り終わるときは、左手で切った身を押さえながら、切っ先を立てて切り離す。

包丁の研ぎ方と手入れ

包丁の切れ具合のよし悪しは、基本の姿勢にも大きく影響するので、包丁の正しい研ぎ方と手入れの方法を身につけることが大切です。

1 包丁を研ぐ

切れ味をよくするために砥石を使って研ぐ

包丁をこまめに研いで、常に切れる状態にしておくことが大切です。その為には、包丁の種類によって適切な砥石を選ぶことが重要になってきます。砥石には目の粗さによって、中砥石、荒砥石、仕上げ砥石などの種類があります。包丁の形を崩さないように研ぐのもポイントです。

協力：シャプトン株式会社

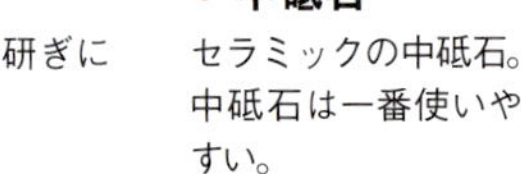

- **荒砥石**(あらといし)
包丁全般の荒研ぎにピッタリ。
- **中砥石**(なかといし)
セラミックの中砥石。中砥石は一番使いやすい。
- **仕上げ砥石**(といし)
セラミックの仕上げ用砥石。水に浸しておく必要がなく、水をかけるだけですぐに使えて手軽。
- **砥石**(といし)
写真は天然砥石。原料は堆積岩のものが多い。天然砥石も荒砥石、中砥石、仕上げ砥石がある。

薄刃包丁の研ぎ方

まずは、薄刃包丁の研ぎ方を覚えましょう。砥石は中砥石が適しています。

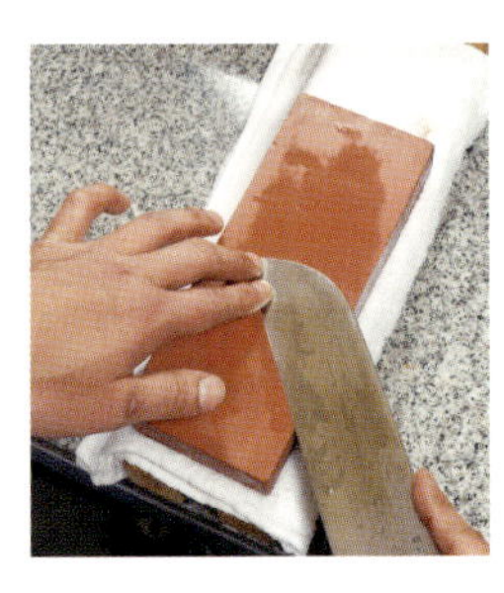

1
30分以上水に浸しておいた天然中砥石を布巾などを敷いた上にのせる。

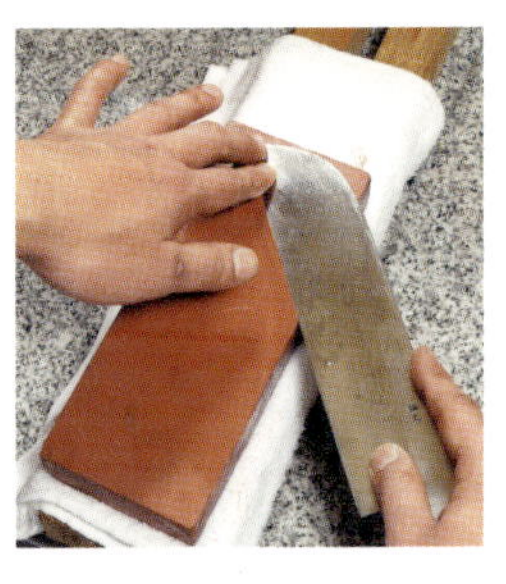

2
包丁の表をぴったりと砥石にあてる。右手で柄を持ち刃元に親指をあて、左手を添える。

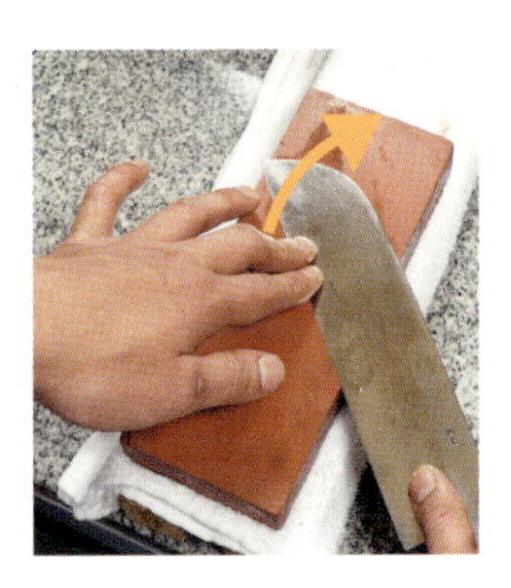

3
砥石に対して角度をつけてカーブを描くように砥石全体を使って研ぐ。

4
左手の人差し指と中指を柄のほうに少しずつずらしながら、刃元まで研いでいく。

5
次に裏を研ぐ。切っ先を上に向けて砥石にぴったりとあてる。

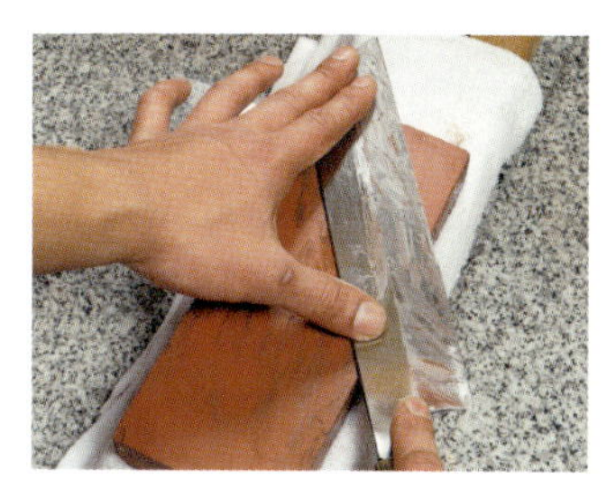

6
左手の人差し指、中指を切っ先に添え、親指を刃元にあてる。

7
砥石との角度はあまりつけず、軽く研いでいく。

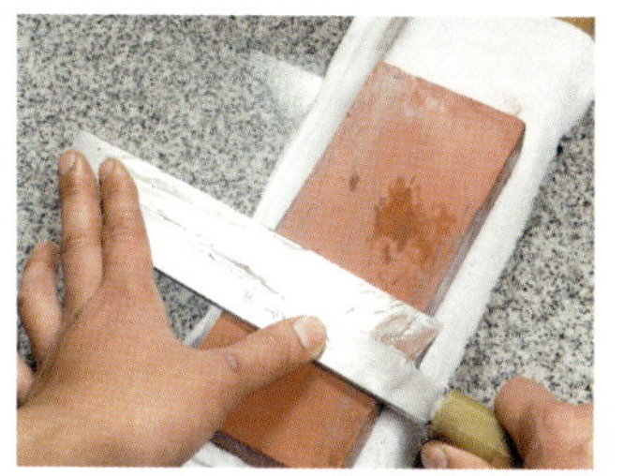

8
刃元まで研いだら、仕上がりを確認する。

柳刃包丁の研ぎ方

柳刃包丁は、薄刃包丁と違い、刃に反りがあるので、その反りに合わせて切っ先から刃元まで研いでいきます。

1
包丁の表から研ぐ。親指を刃元にあて、切っ先を左手の人差し指と中指で押さえて、砥石の手前右にあてる。

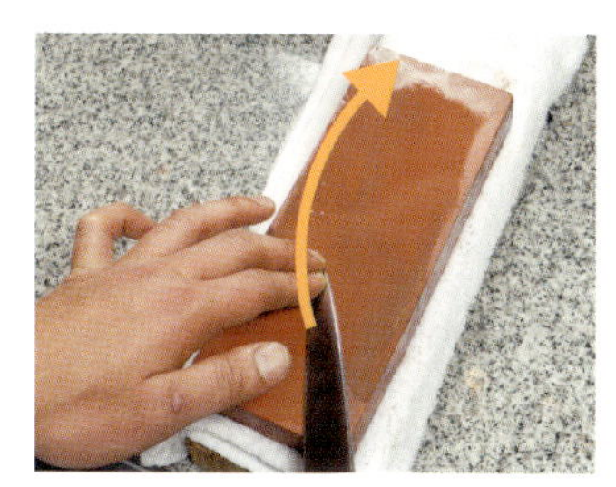

2
切っ先を砥石の手前右から弧を描くように、包丁を左上に向けて動かす。

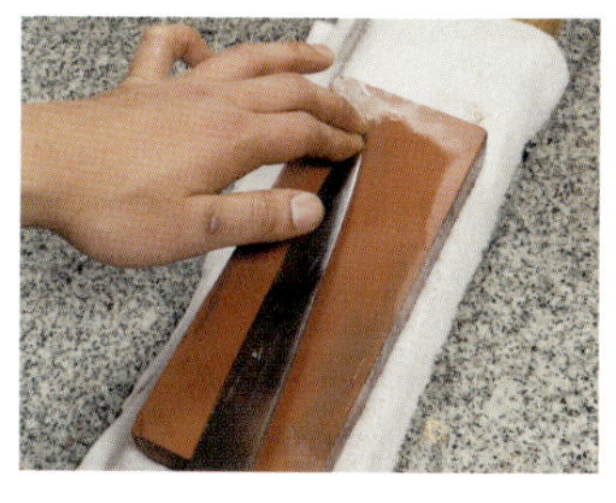

3
切っ先を押さえる指に力を入れ、刃元を上げ、左上に押し出すようにする。

4
左手の人差し指と中指を柄のほうに少しずつずらしながら、刃元まで研いでいく。

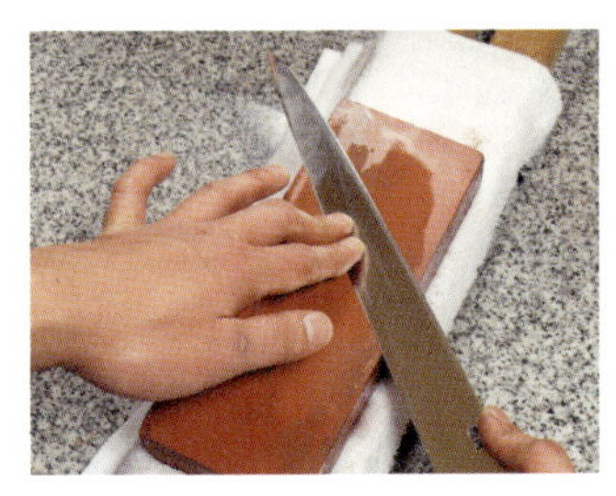

5
中程の刃の部分も同様に刃元までカーブに沿うように柄を少し下げて研ぐ。

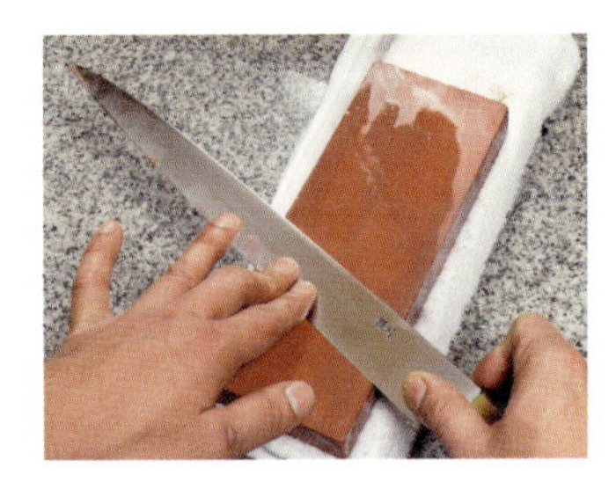

6
さらに刃元のほうへ位置をずらし柄を下げて角度を合わせながら研ぐ。

7
次に裏を研ぐ。切っ先を上に向け左手の人差し指、中指を切っ先に添え、親指を刃の中ほどにあてる。

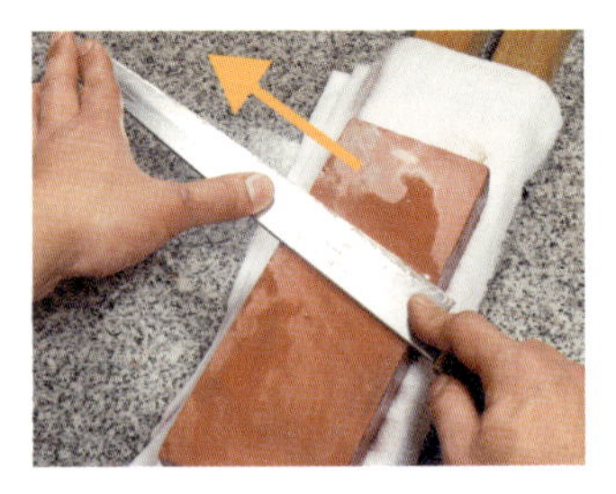

8
砥石との角度はあまりつけず、軽く研いでいく。刃元まで研いだら、仕上がりを確認する。

出刃包丁の研ぎ方

基本的には柳刃包丁と研ぎ方は同じです。刃が反っているので、それに合わせて包丁の角度を変えること。

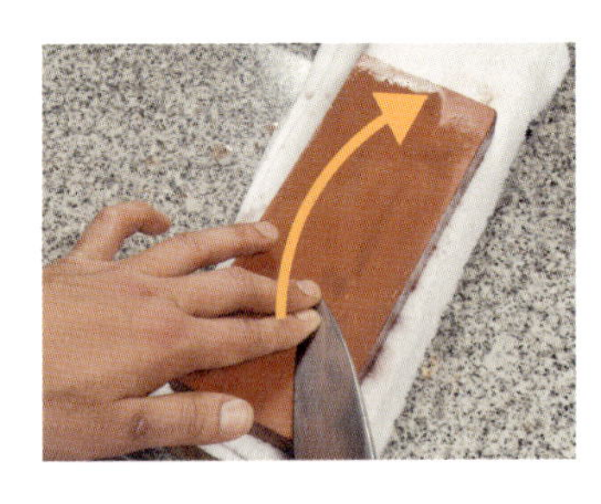

1
包丁の表から研ぐ。切っ先を砥石の手前右にあて、そこから弧を描くように、包丁を左上にむけて動かす。

2
切っ先を押さえる指に力を入れて刃元を浮かせ、左上に押し出すようにする。

3
左手の人差し指と中指を柄のほうに少しずつずらしながら、柳刃包丁同様に刃元まで研いでいく。

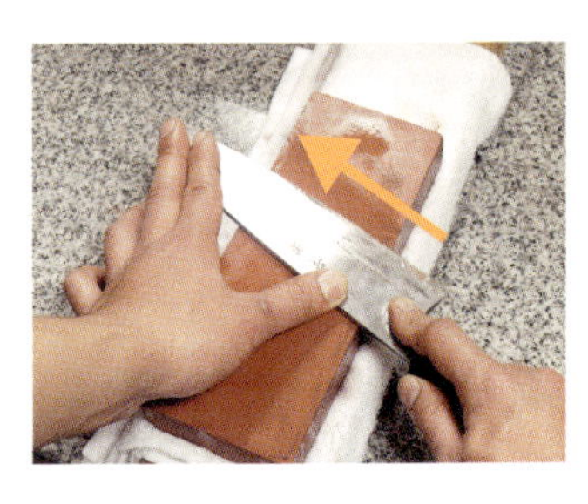

4
裏も砥石との角度はあまりつけず、軽く研いでく。

2 包丁を磨く

念入りに磨いて、最後はしっかり水けをふくこと

包丁を研いだ後に、包丁を磨いて水けをふき、保管すると長持ちします。包丁は研いだままにしておくと、サビの原因にもなりますので、きれいに磨いてあげることが大切です。大根の切れ端で磨く方法もありますが、本書ではタオルで磨く方法を紹介します。

基本の道具

タオルをくるくる巻いて、たこ糸で固定した物、クレンザー、スポンジを用意する。

タオルとスポンジ、クレンザーで念入りに磨く

タオルは持ちやすいようにたこ糸でくるくる巻きにして、持ちやすい形にします。クレンザーで念入りに磨きましょう。

1
包丁の表を上にして柄の部分を調理台の端につけ、固定する。

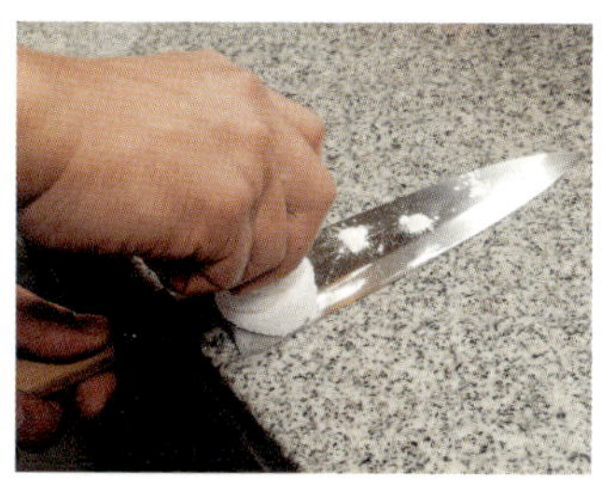

2
クレンザーをタオルにつけて、刃元の部分を念入りにこする。

3
切っ先部分まで丁寧にこすってよく磨く。

4
何度もくり返してよく磨く。

5
包丁の背の部分も忘れずによく磨く。

6
裏側も同様に刃元から切っ先までクレンザーをつけて丁寧に磨く。

7

スポンジに洗剤をつけて柄の部分も磨く。

8

柄の部分はかなり汚れているので、上から下へ、柄のまわりも念入りに磨く。

9

スポンジで刃全体もよく磨く。

10

もう一度クレンザーで刃全体を磨く。

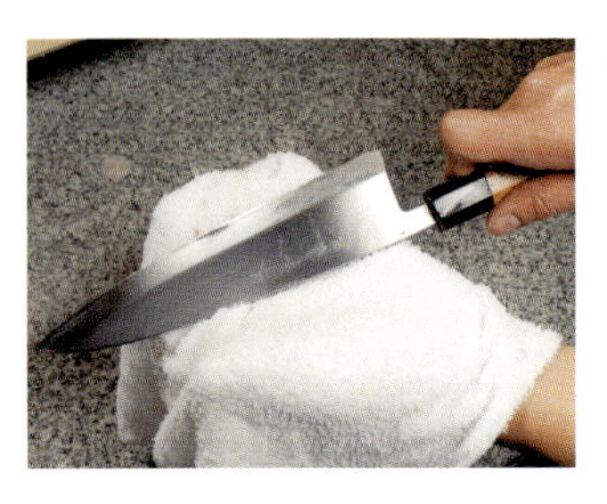

11

水洗いしたら、濡らして絞ったタオルで全体をふく。

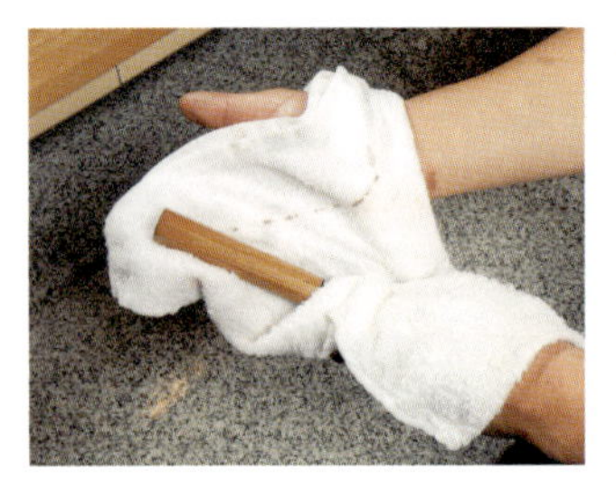

12

仕上げに乾いたタオルで水けをしっかりふき取る。

13

新聞紙を敷き、その上に包丁をのせて新聞紙をかぶせる。

14

上から押さえ、包丁を手前に引いて水けを取り、乾いた新聞紙に包んで保管する。

第二章

魚介のさばき方と料理

魚介のさばき方の基本

1 ウロコを引く

ウロコを引くためには、包丁とウロコ引きを使う方法がある。ウロコの大きいものはウロコ引きを使うが、頭から尾まで25㎝ぐらいなら、出刃包丁でウロコを引く。

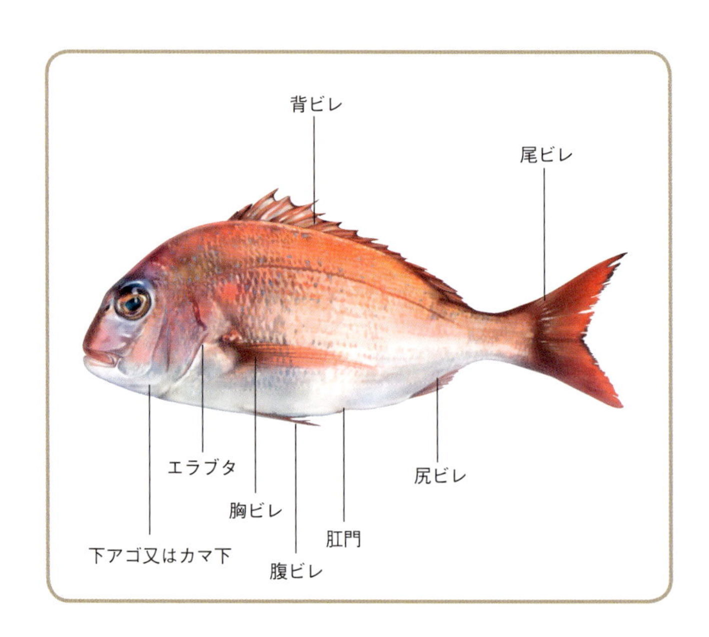

ばら引き

皮目の美しさを生かした料理に用いるなら、ばら引きが一番。

「ウロコ引きを使う」

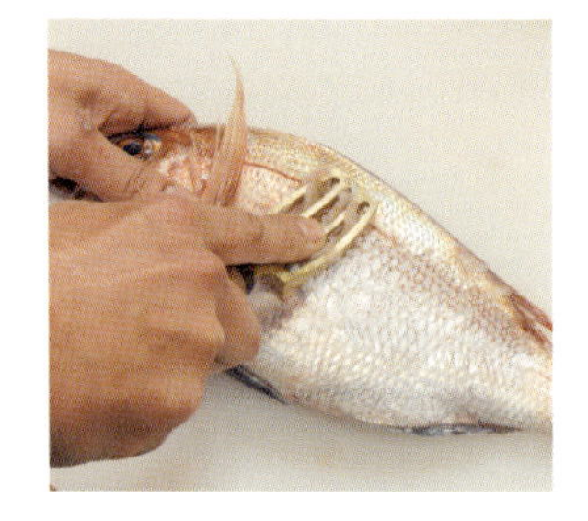

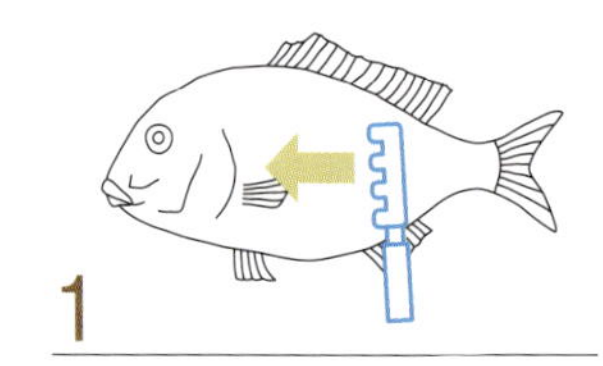

ウロコの大きいものはウロコ引きを。小刻みにウロコ引きを動かしながら、ウロコを取る。

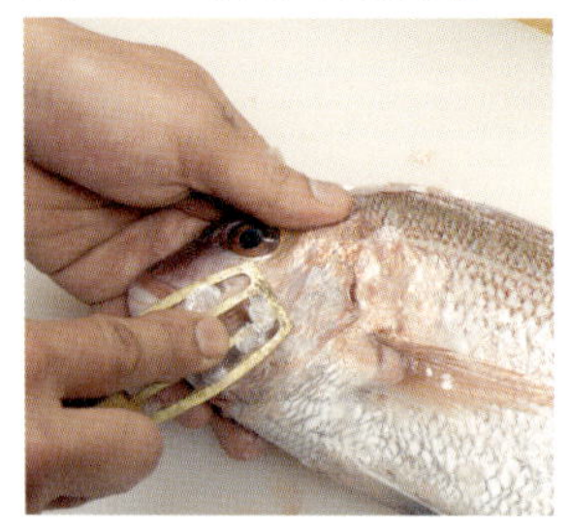

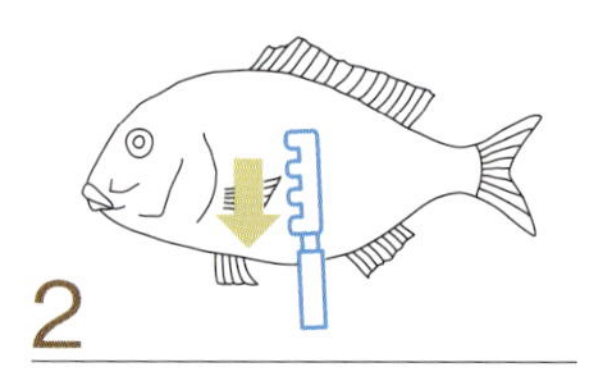

ウロコが硬いものは、背のほうから腹のほうへウロコ引きを縦に小刻みに動かして取る。

「包丁を使う」

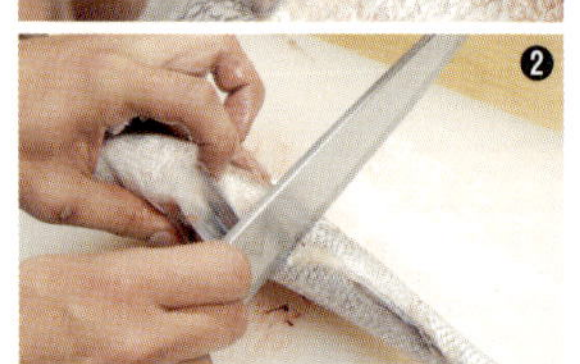

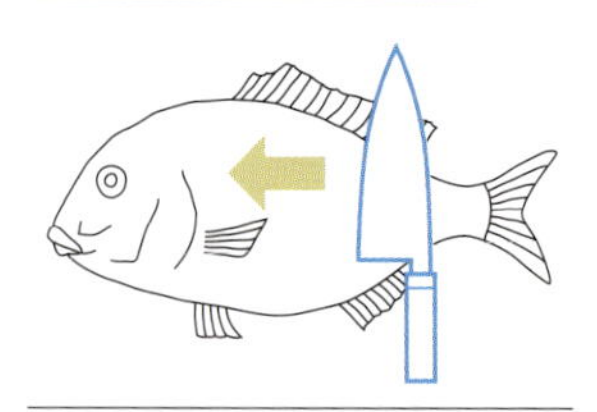

背ビレ側は刃の上のほう❶を、腹側は刃元❷を使う。

すき引き

鮃や鰈などのように、ウロコが小さく重なりあっているものや、鮭のように身がやわらかく身崩れしやすいものは、柳刃包丁ですき引きを。

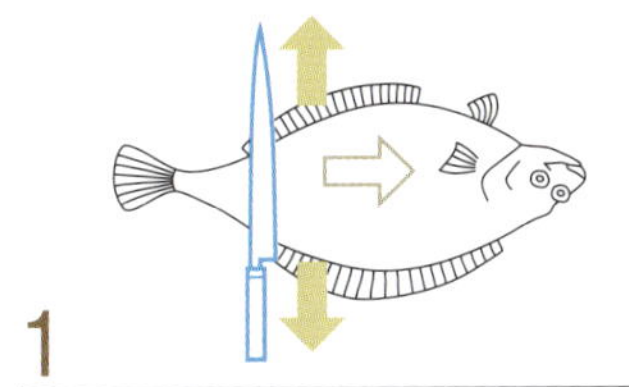

1

頭を右に向け、尾のほうから柳刃包丁で頭のほうに向けて、上下に動かしながら皮とウロコの間をすいていく。

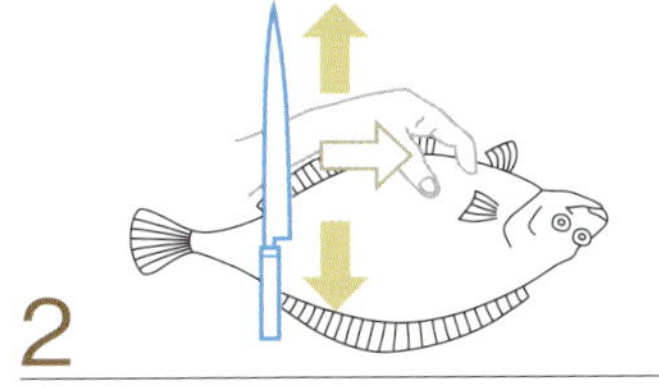

2

ヒレ際は低いため、ウロコをすきづらいので、左手で身を下から持ち上げ、包丁を上下に動かしながらウロコをすく。

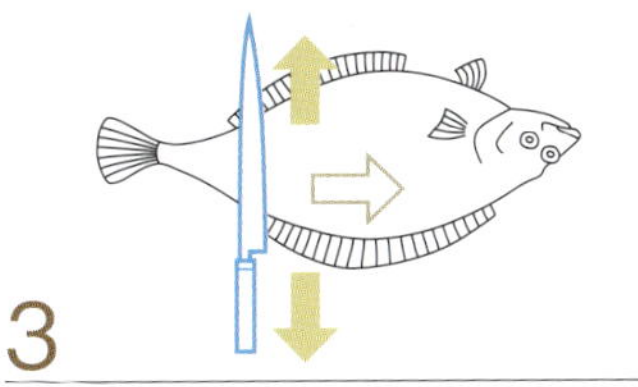

3

反対側のヒレ際も、下からウロコをすく部分の身を持ち上げて、同様にすいてウロコを取る。

細部のウロコを取る

頭の周辺やヒレ際、腹部などの細かいところに取り残したウロコは、小さくかたいウロコなので、丁寧に取り除く。

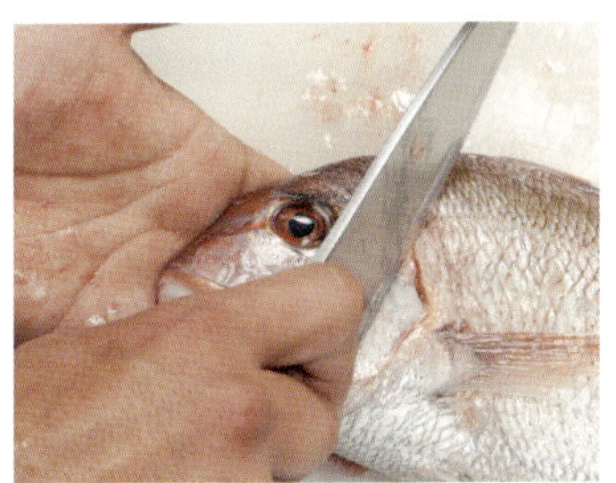

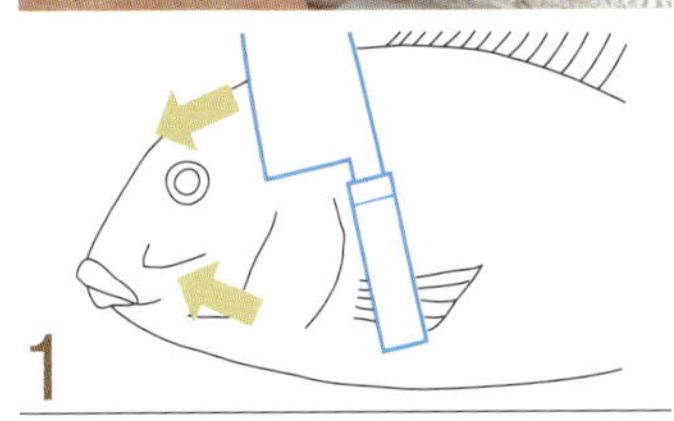

1

包丁の刃元を使い、頭の上、頬、下顎のウロコを小さく手首を返すように動かして取り除く。

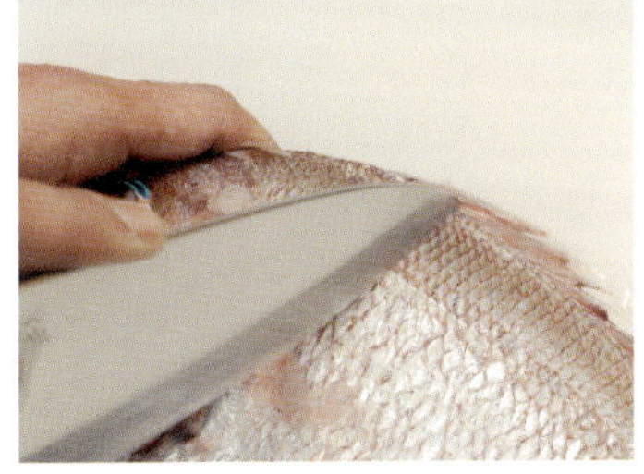

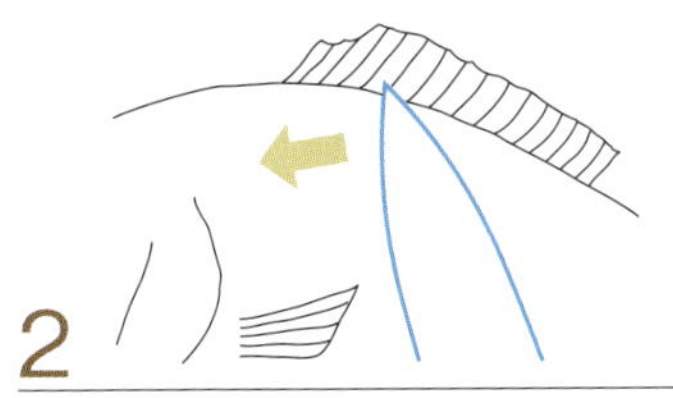

2

ヒレ際は、刃の上のほうを使って取り除く。

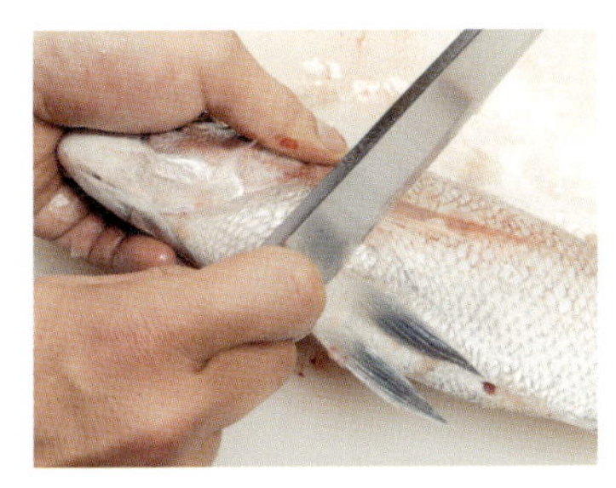

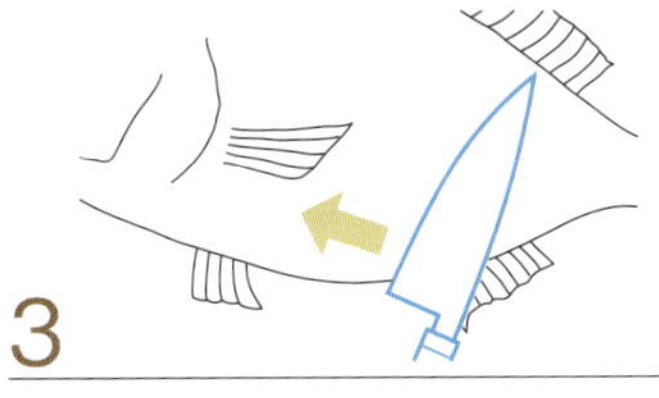

3

腹側は、包丁の刃元を使って、尾のほうから尻ビレ、腹、カマのつけ根まで、丁寧に取り除く。

② 頭を切り落とす

魚をおろすとき、姿で料理に用いないものは頭を切り落としますが、その方法も料理によってさまざまです。主な切り落とし方を覚えましょう。

たすきに切り落とす

水洗いの手順を効率よくするときに。

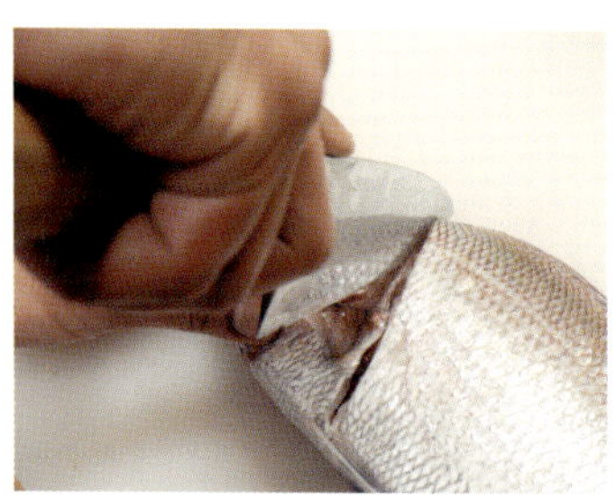

頭のつけ根

頭のつけ根から、胸ビレ、腹ビレの後ろを斜めに包丁を入れ、裏身も同様にして切り落とす。

ギリギリで切り落とす

カマ部分に利用価値のあるものの頭の落とし方。

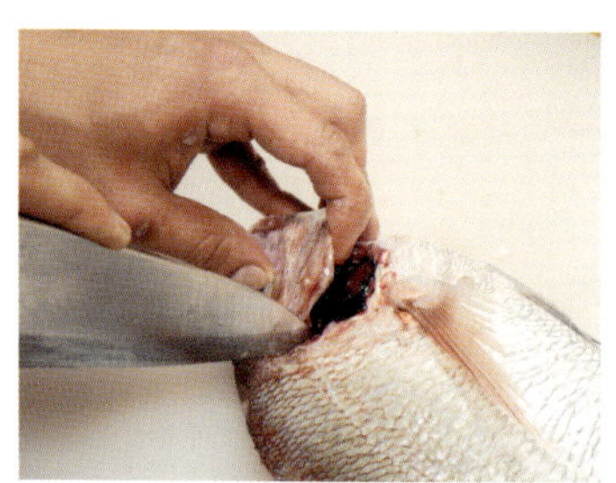

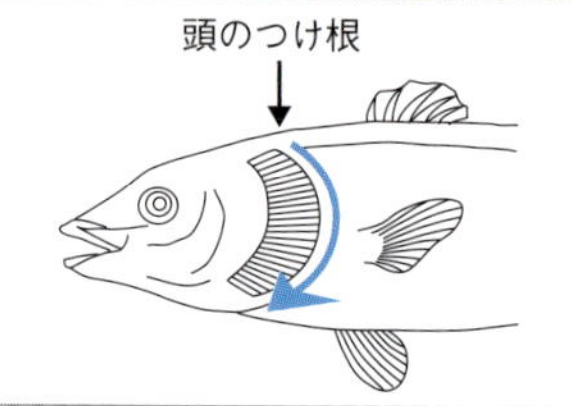

エラブタを開き、エラを切り離し、頭のつけ根に包丁を入れ、裏身も同様にして切り落とす。

頭を料理に使う

焼き物、蒸し物、煮物など、頭を一品料理に用いるときに。

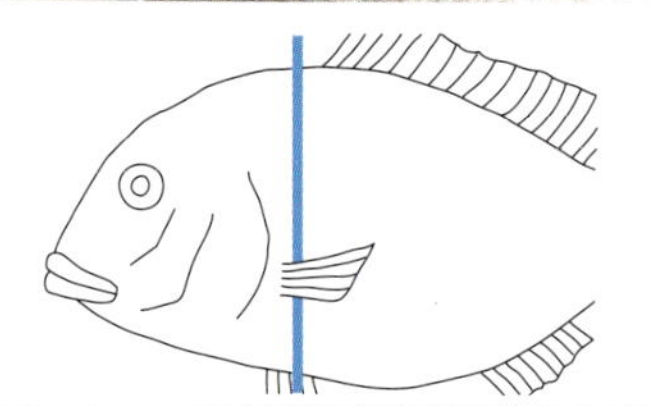

胸ビレの後ろから、背ビレの手前にむけて、垂直に包丁を入れる。裏身も同様にし、骨を断ち切る。

③ 内臓を取り除く

魚をおろすとき、内臓を取り除きます。鮮度を保つためにもすぐに行うといいでしょう。大きさや調理法によって変わってきます。

肛門までを切り開く-1

頭を落としたら、腹を肛門まで切り開く。

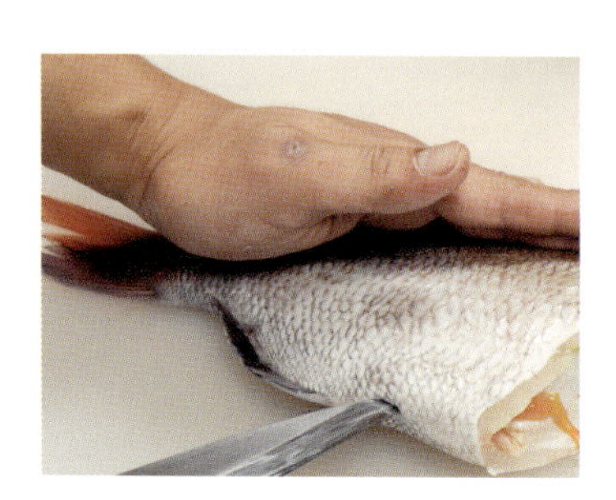

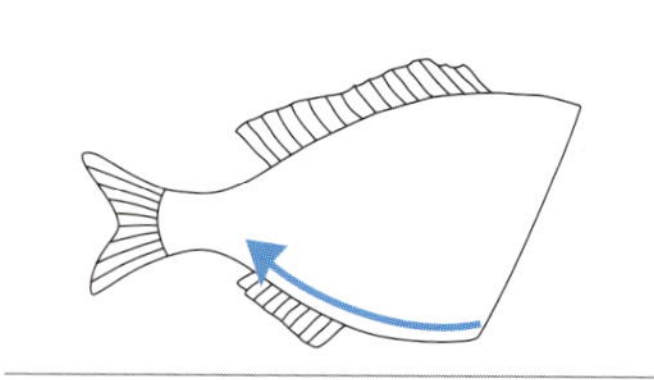

頭のほうを右、腹を手前にして置き、アゴの下から腹を肛門まで切り開き、内臓をかき出す。

つぼ抜き・割箸

細長い形の小さめの魚を姿で用いるときに。

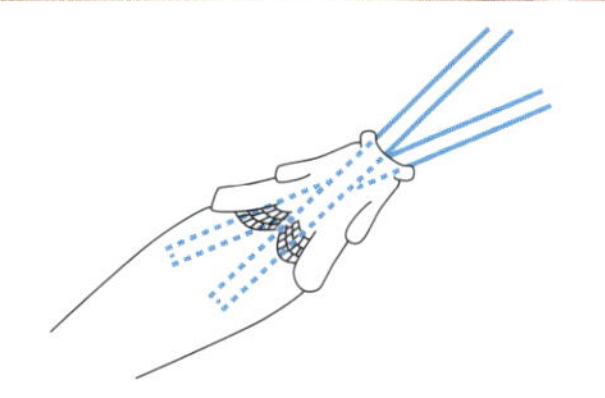

腹を上に向け、左手でエラブタに指を差し込んで開き、割箸を口から差し込み、エラを挟む。そのまま腹の中に押し込み、割箸をねじってエラをはずす。

脇腹に隠し包丁

大きい魚を姿で使うときに、裏身の腹部に隠し包丁を入れる。

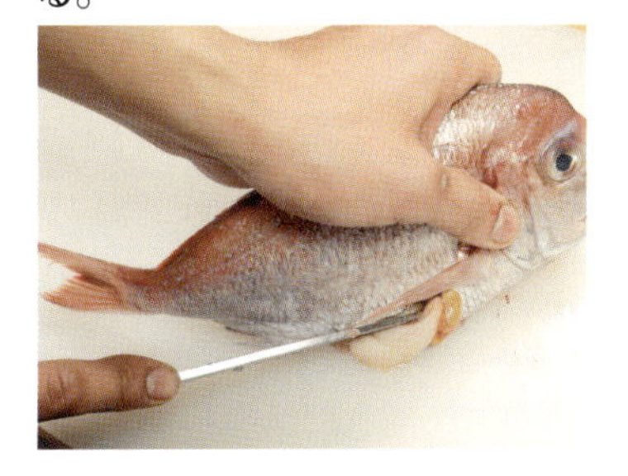

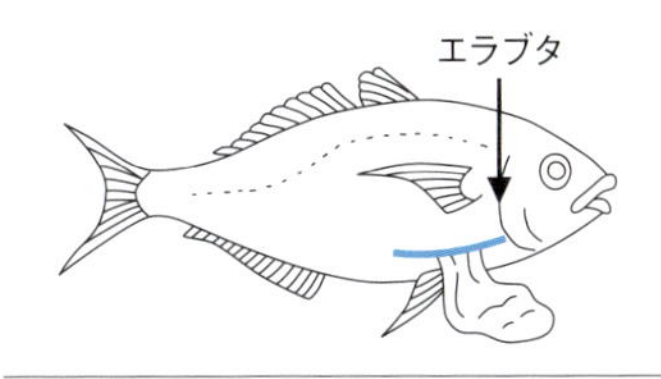

エラブタをあけてエラを取り出し、頭を右、腹を手前にして腹部に包丁目を入れ内臓をかき出す。

肛門まで切り開く-2

鰯などの腹身の薄い物の内臓を取るときに。

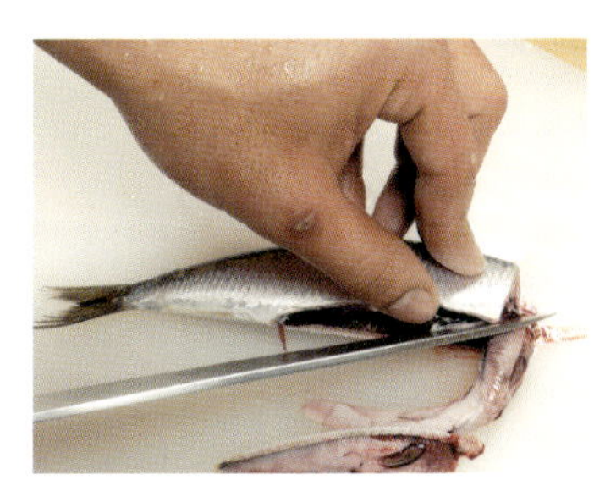

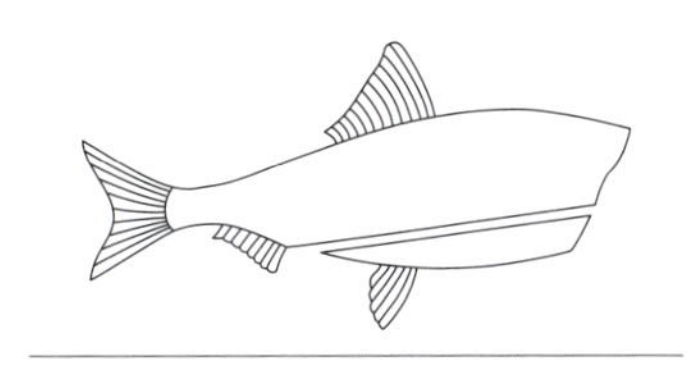

頭のほうを右、腹を手前にして置き、腹を肛門まで切り落として、内臓を包丁でかき出す。

4 血合い、汚れを掃除する

内臓を取り出した後の掃除も素早く行いたいものです。そのままにしておくと鮮度が落ち、魚臭さの原因に。

歯ブラシ

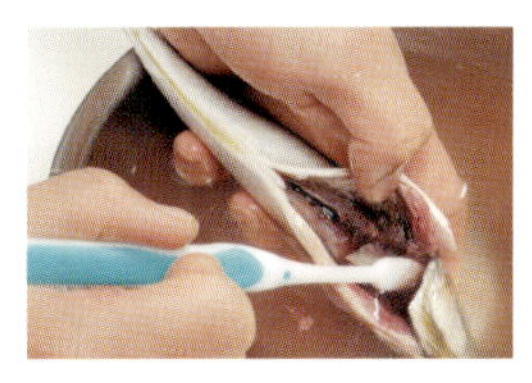

歯ブラシは、血合い、汚れを掃除するには持ってこいの道具。

箸・布巾

大きい魚を姿で使うときなどに割箸に布巾を糸で巻きつけて、血合いを取る。

ささら

大きい魚の血合いや汚れを取るときに。

つぼ抜き・包丁

包丁でエラブタから、両エラ、内臓を取り除く。

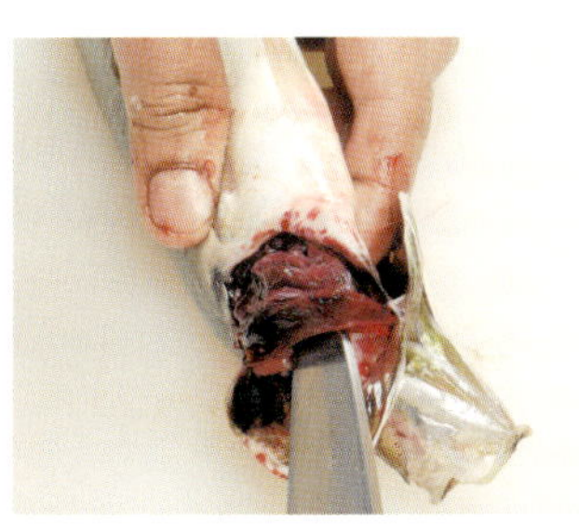

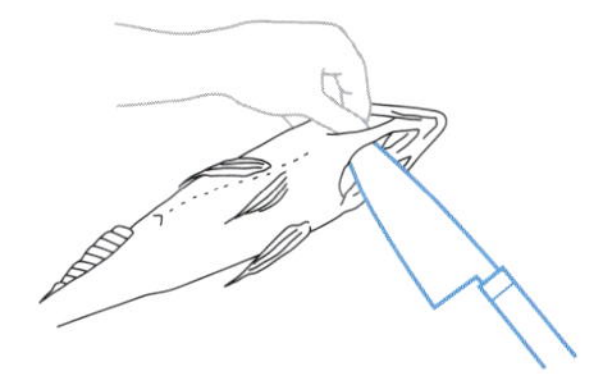

切っ先にエラを引っ掛けながら内臓の内膜を切り、左手で内臓を押しながら、包丁で取り出す。

基本のおろし方

基本の三枚おろし、五枚おろし、大名おろしを解説する。魚の大きさや形に合った包丁を使い分け、鮮度が落ちないように素早くおろすのがポイント。

三枚おろし

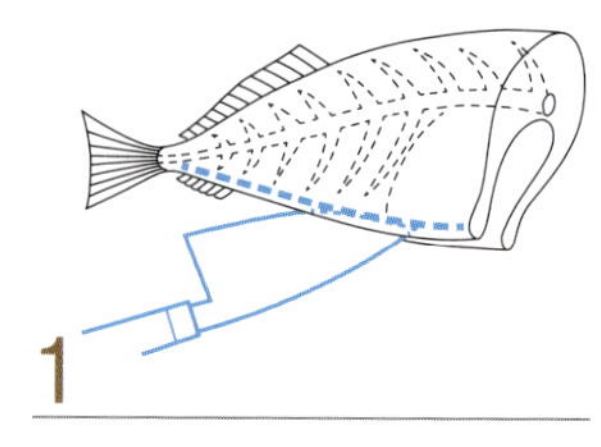

1

尾を左、腹を手前にし、頭のほうから腹ビレのつけ根際に包丁を入れ、尾まで切り進めていく。

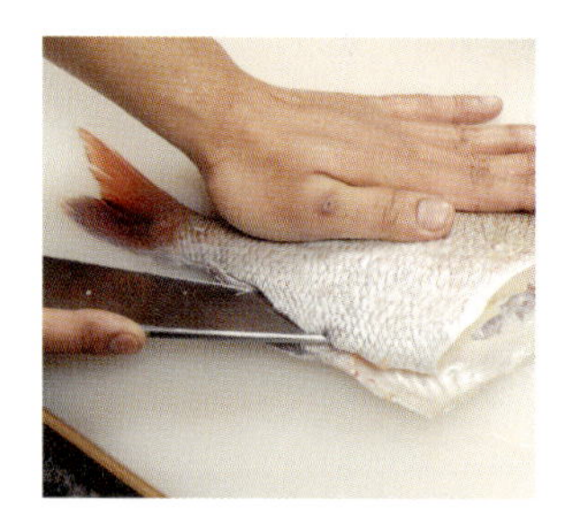

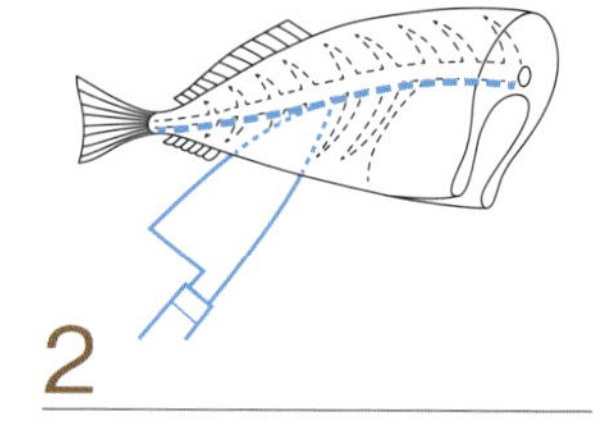

2

頭のほうから尾に向かって中骨に沿って、背骨に達するまで包丁を入れていく。

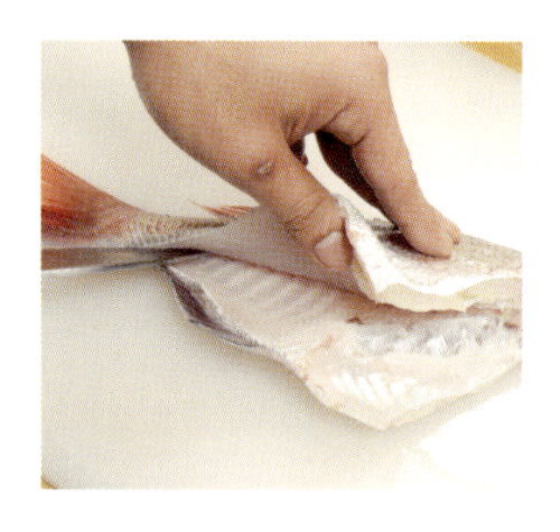

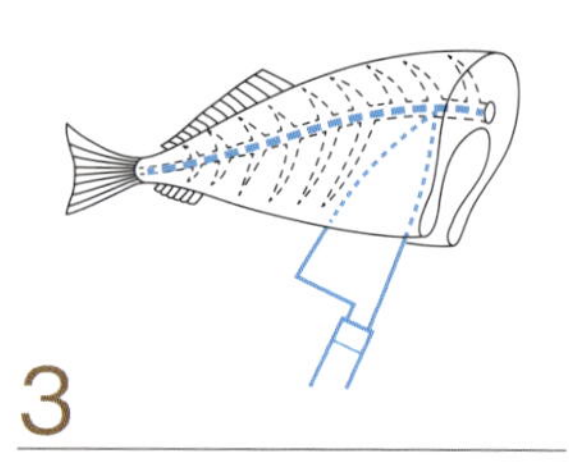

3

背骨の盛り上がった部分に包丁を入れる。背骨の太い魚は、包丁の刃を少し上向きにするとよい。

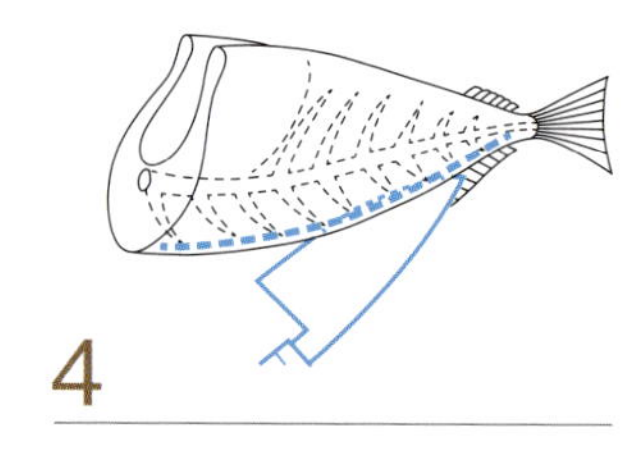

4

身を返し、向きを変え、尾のほうから背ビレのつけ根際に包丁を入れ、頭のほうまで切り進める。

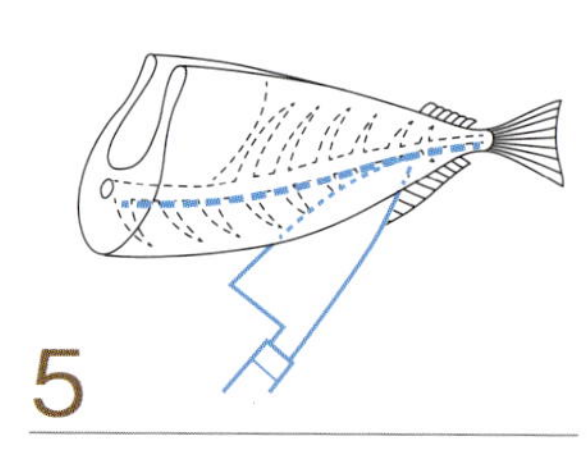

5

中骨に沿って、背骨に達するまで包丁を入れていく。

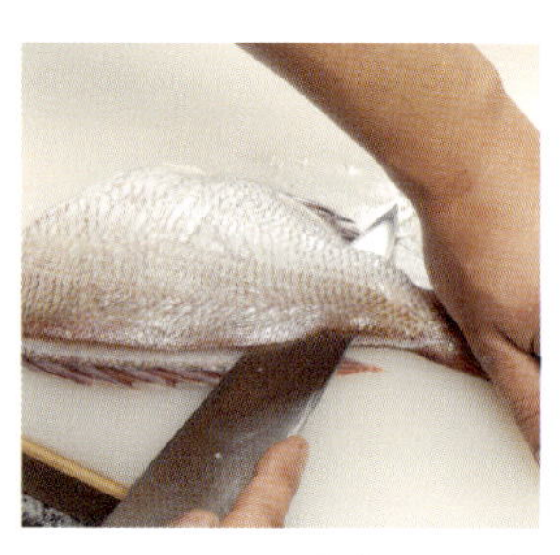

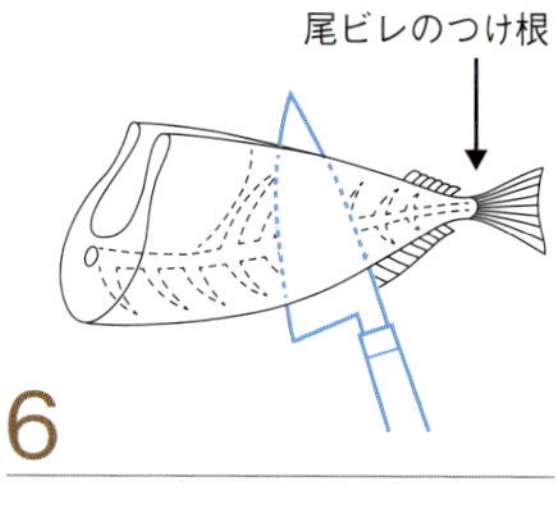

6

尾ビレのつけ根を切り、尾のほうから背骨の上をなぞるように切り、中骨に沿って進め、身を切り離す。

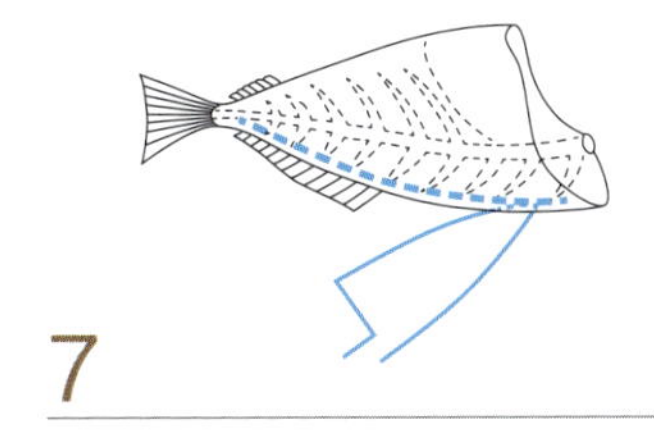

7

身を返し、下身は背身から背ビレのつけ根際に沿って尾まで切り進める。

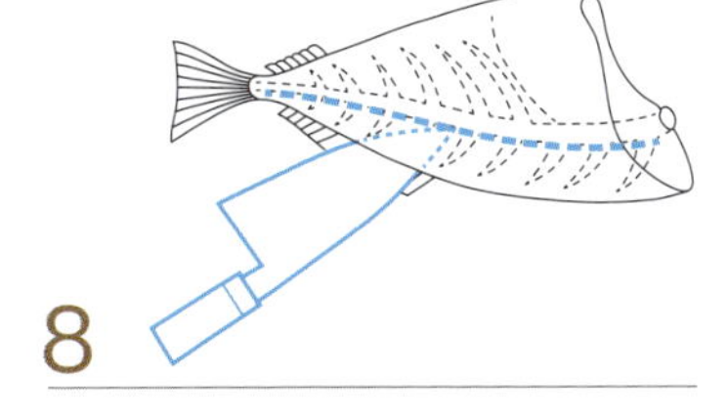

8

頭のほうから中骨に沿って背骨に達するまで、なめらかに包丁を入れていく。

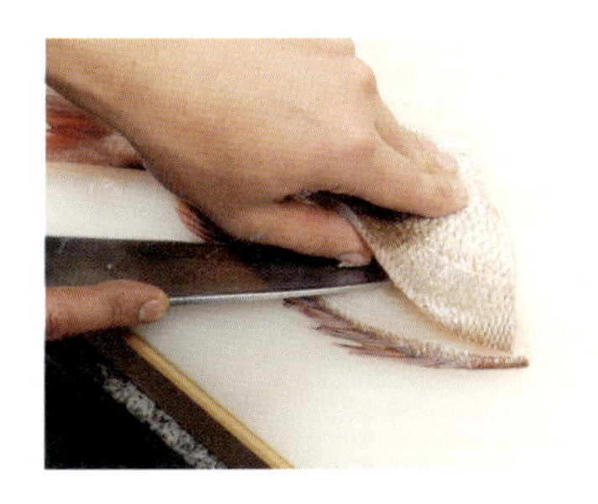

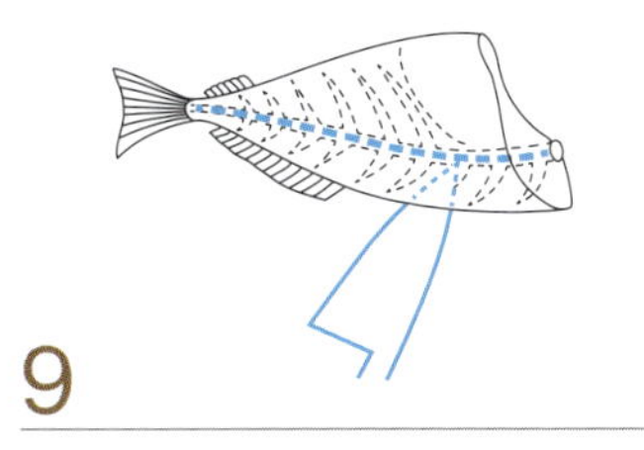

9

背骨の盛り上がった部分に包丁を入れてなぞるようにして切り進める。

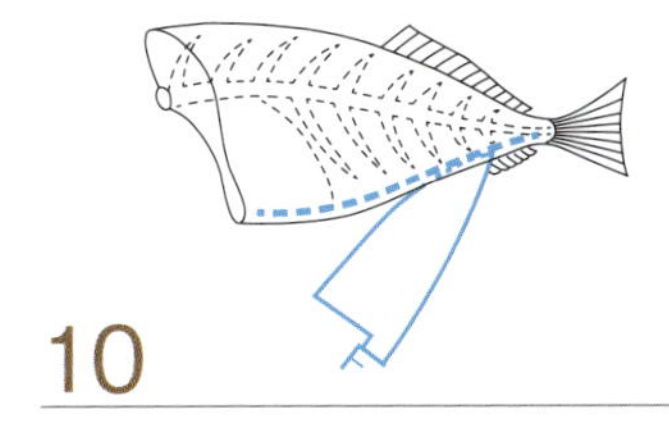

10

向きを変えて、腹側をおろす。尾のほうから尻ビレのつけ根際に包丁を入れ、頭のほうまで切り進める。

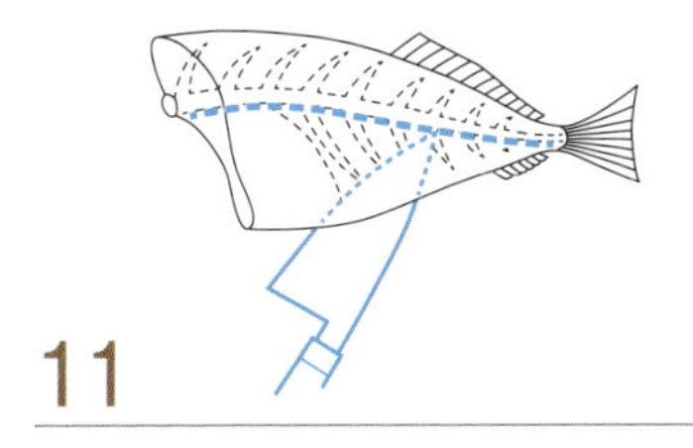

11

尾のほうから中骨に沿って、背骨にあたるまでなめらかに包丁を入れていく。

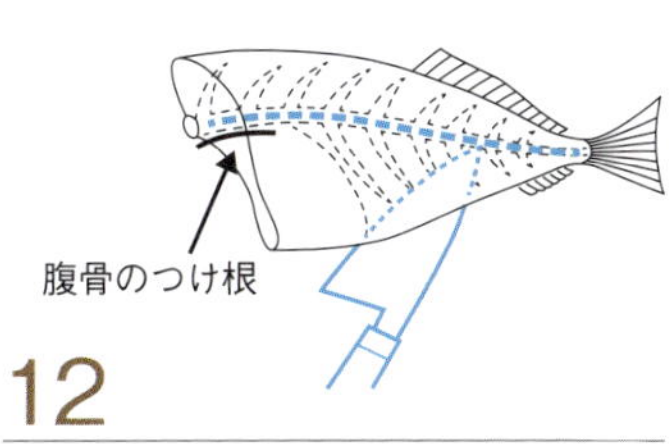

12

尾のほうから背骨の上に包丁を入れて、身を切り離す。腹骨のつけ根は包丁の角度を立てて、押し切りする感じで切る。

三枚おろし（鯵）

1

頭を左、腹を手前にして置き、両面の鯵のゼイゴを切り取る。

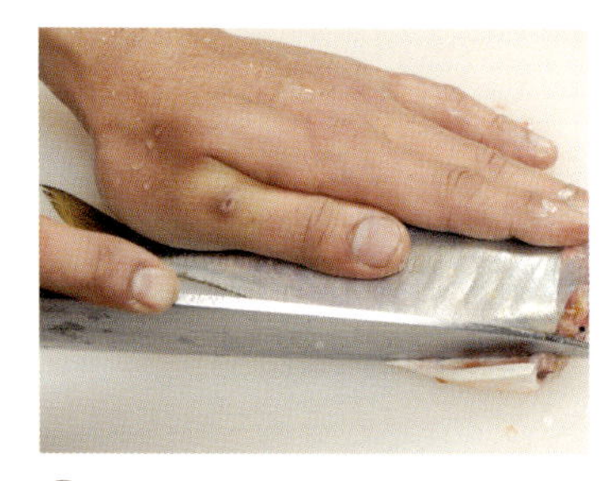

2

ウロコを取り、頭を落とす。頭のほうを右にして、腹を切り取る。

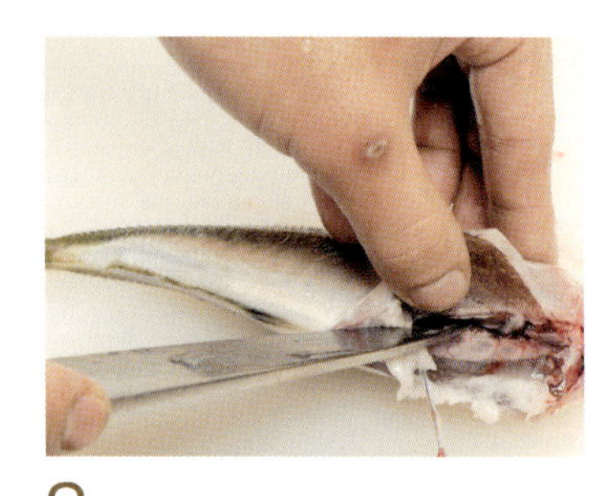

3

切っ先で内臓を取り出し、腹の中を掃除して水洗いし、タオルなどで水けをふき取る。

4

頭のほうを右、腹を手前にして置き、頭のほうから包丁を入れ、尾に向かって進める。

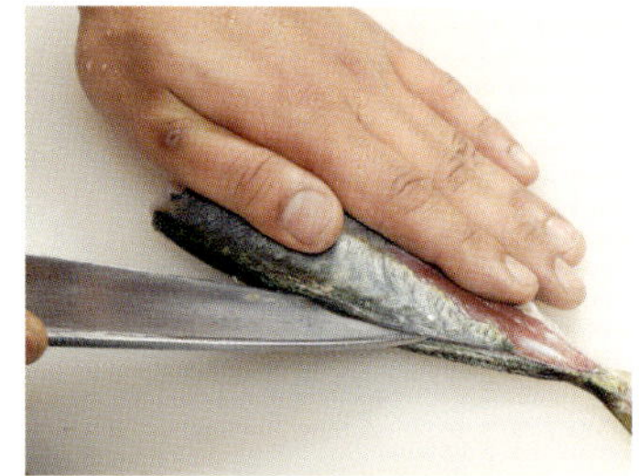

5

4を2回ほど繰り返したら、向きを変え背を手前に置き、尾のほうから包丁を進める。

6

中骨に包丁が届いたら、そのまま包丁を差し込み、尾から頭のほうへ中骨に沿って切り進める。

7

逆さ包丁にし、尾のつけ根部分を切り離す。

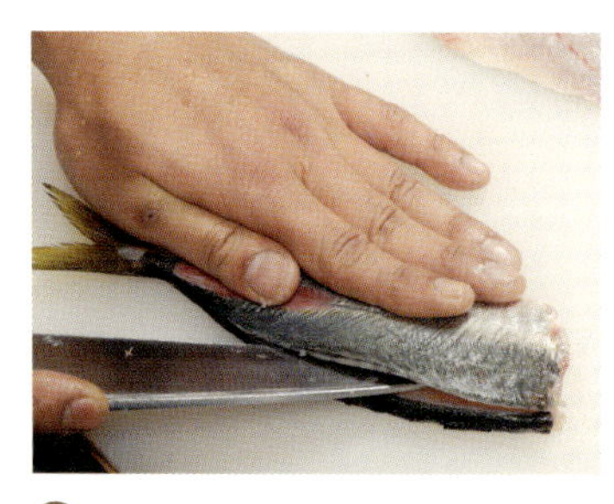

8

身を裏返し、背を手前、頭のほうを右にして置き、頭のほうから包丁を入れて尾まで切り進める。

9

同様に腹側も切り進め、中骨に沿って尾から頭のほうへ切り進めたら、逆さ包丁で尾を切り離す。

大名おろし（鰯）

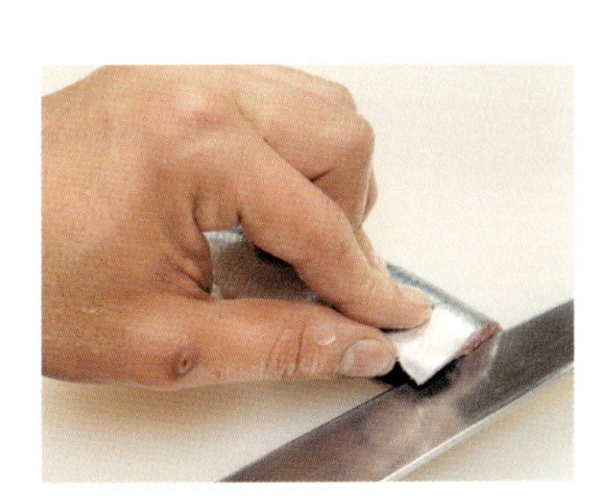
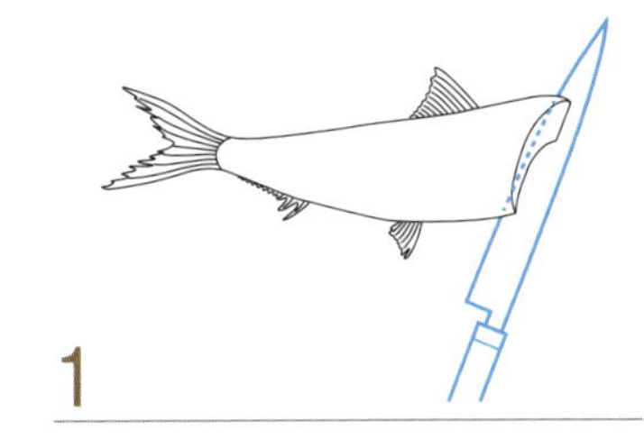

1

ウロコ、頭、内臓を取り除いた鰯は頭のほうを右に、腹を手前にして置き、頭のほうから包丁を入れる。

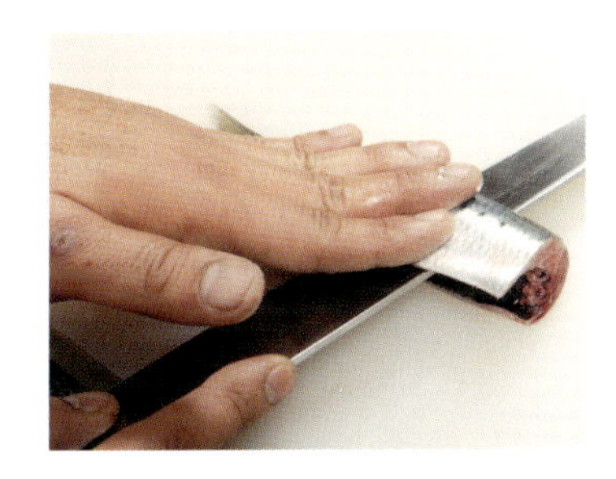
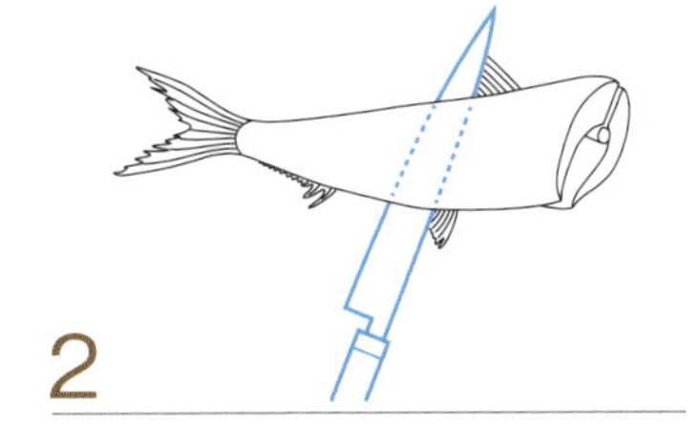

2

左手で鰯を押さえながら、包丁を尾まで切り進める。

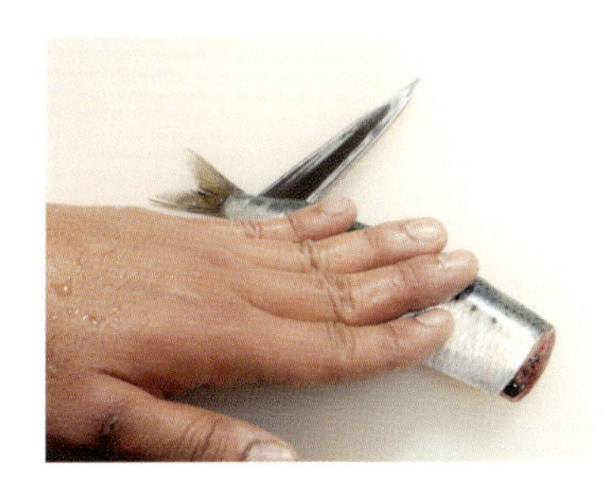
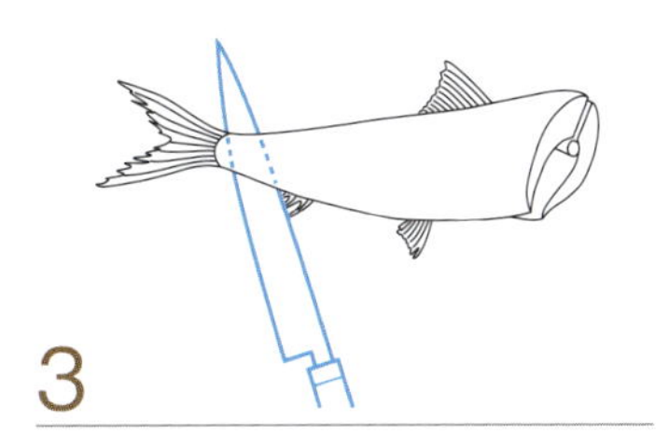

3

一気に尾ビレの手前まで切り進め、身を切り離す。

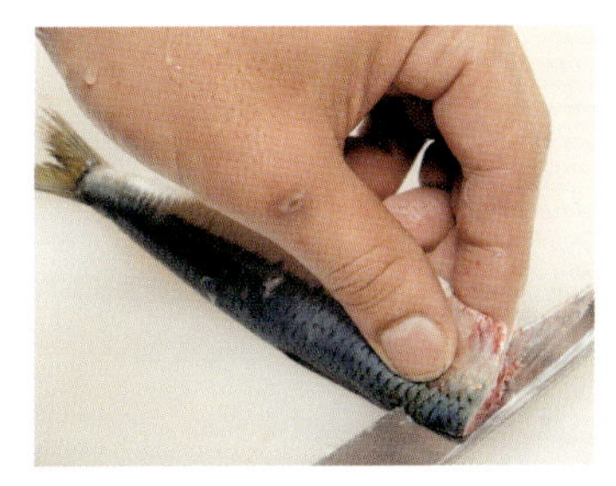
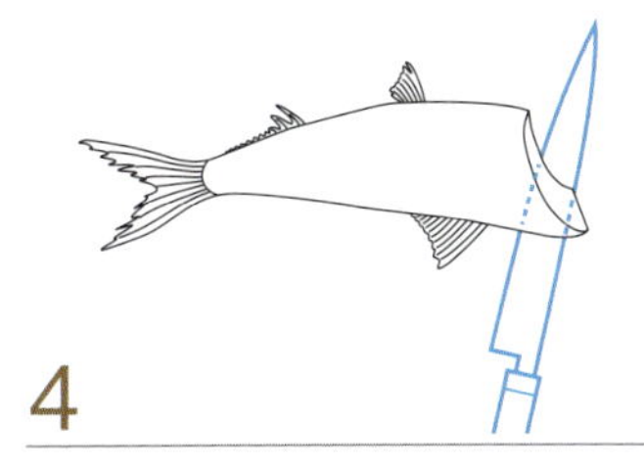

4

身を裏返し、背を手前、頭のほうを右にして置き、頭のほうから包丁を入れる。

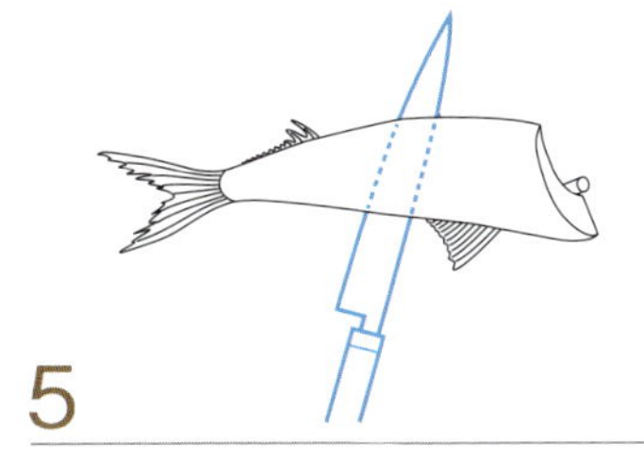

5

2と同様に左手で鰯を押さえながら、一気に尾ビレの手前まで切り進める。

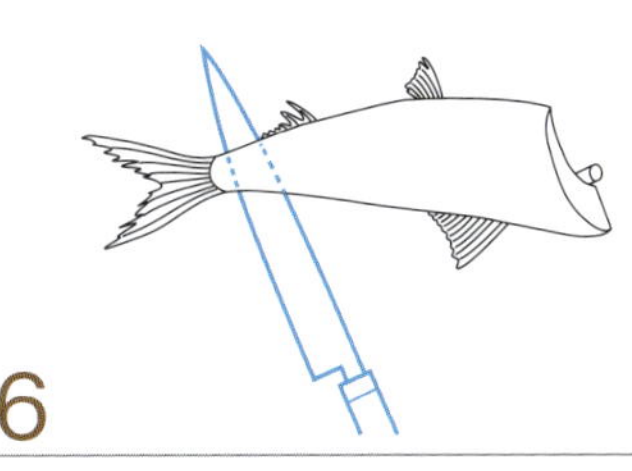

6

そのまま身を切り離す。小さめの鰯、細魚、魳、秋刀魚などは、柳刃包丁のような細長い包丁でおろすと楽。

五枚おろし（鮃）

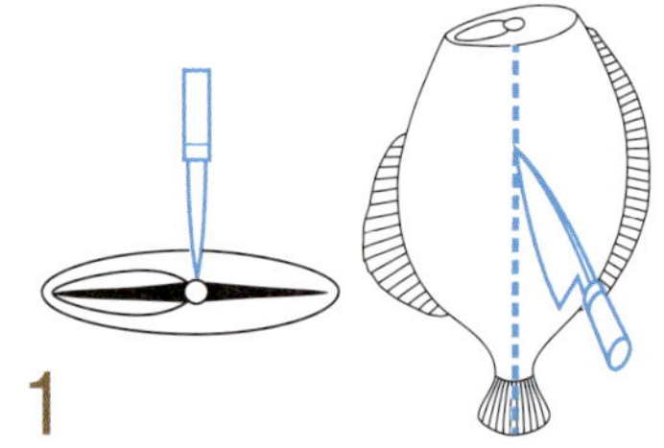

1

背骨の上を頭のほうから尾ビレのつけ根まで包丁を入れる。尾ビレのつけ根にも包丁を入れておく。

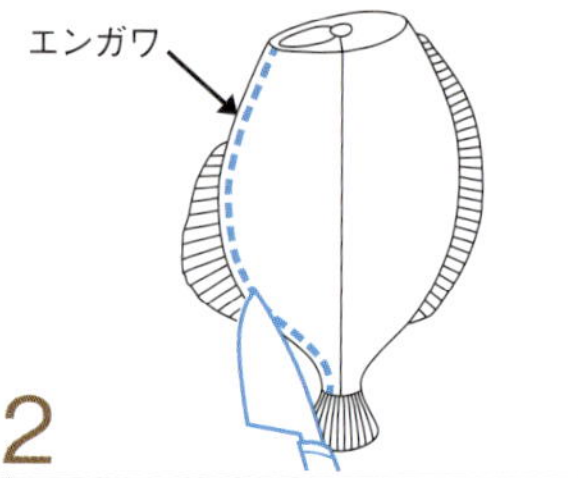

2

刃を上に向け（逆さ包丁）切っ先で尾のほうからエンガワに沿って包丁目を入れる。

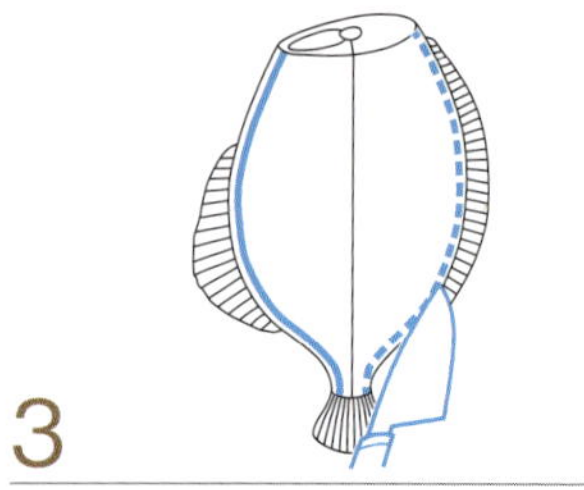

3

もう一方も同じ要領で尾のほうからエンガワに沿って包丁目を入れる。

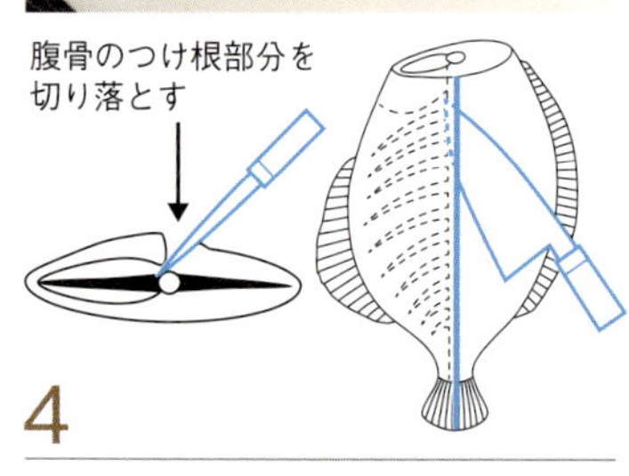

4

包丁を立てて、背骨に沿って腹骨のつけ根部分を切り落とし、そのまま包丁を尾まで進め、背骨から身を外す。

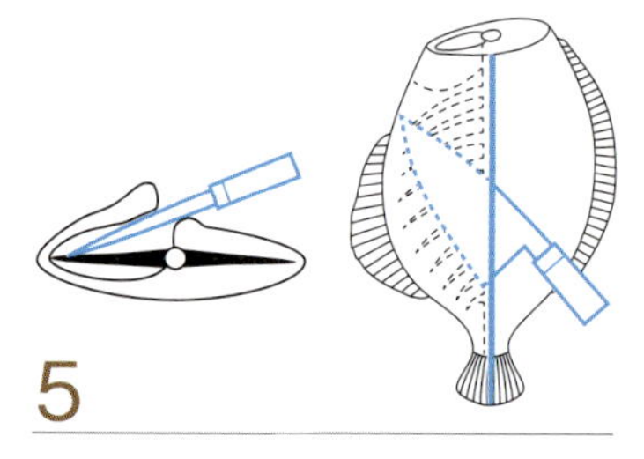

5

尾のつけ根付近の身を、中骨に沿ってはずしておいてから、頭のほうから中骨に沿って、包丁をねかせておろす。

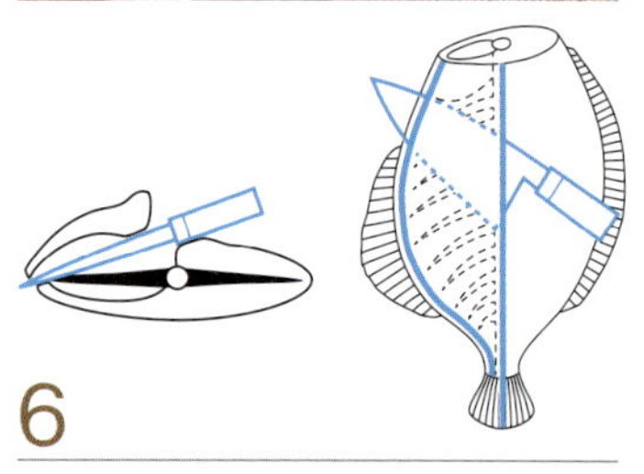

6

2の包丁目まで包丁を入れて、腹身を切りはずす。

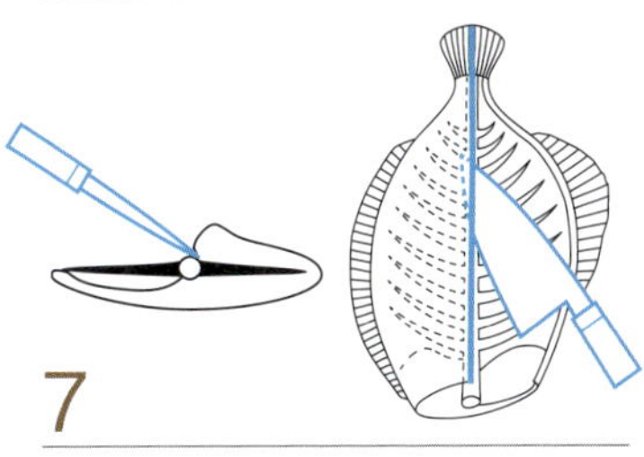

7

向きを変え、包丁を立てて、尾のほうから背骨に沿って切り進め、背骨から身をはずす。

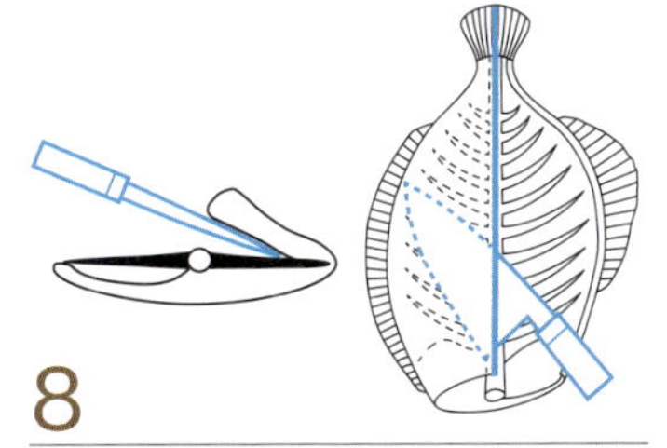

8

包丁をねかせ、背骨に沿って尾のほうからなめらかにおろしていく。

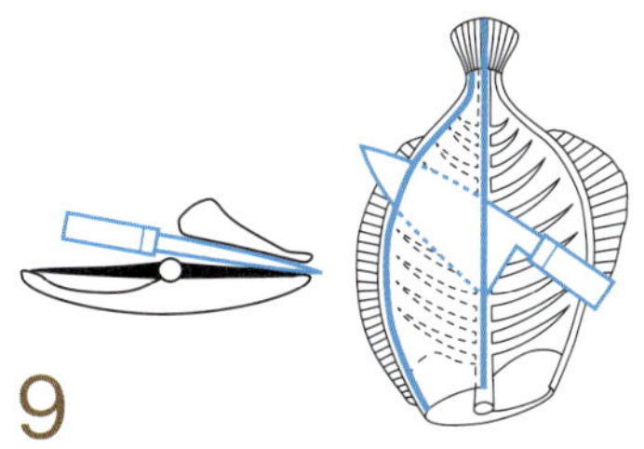

9

エンガワを骨身に残さないように丁寧にはずして背身をおろす。

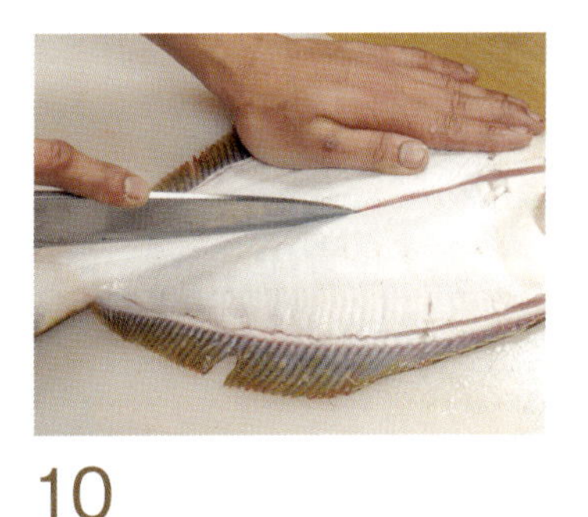

10

裏身は背身、腹身の順に表と同じ要領でおろす。

11

包丁をねかせ、背骨に沿ってなめらかにおろしていく。

12

できあがり

Column

三枚おろし

魚を上身、中骨、下身の三つに分ける、もっとも基本的なおろし方。身がしっかりしている魚や、小さめの魚などは、腹から背にかけて切り込みを入れ、身を切り離す。

大名おろし

腹側と背側と切り込みを入れなくても良いおろし方。鱚(きす)や秋刀魚(さんま)など、体高のない細長い魚の身を一気に切り離すため、身がたくさん残るのが難点。

五枚おろし

腹側と背側の身を別々に切り離す。鮃(ひらめ)や鰈(かれい)など身の幅が広い魚や、鰹(かつお)など身の厚みがあり、三枚におろしにくい魚で使う方法。

鯛（たい）

【旬】
天然物は、桜鯛と呼ばれる。旬は三～四月だが、晩秋から冬にかけての寒の時期は脂肪がのってくる。

【目利き】
目が澄んでいて、目の上が青紫色に輝いている物が新鮮。体の色が赤く鮮やかで、身のよく締まった物が新鮮。

【保存法】
内臓を取った状態で保存するときは、ペーパータオルを腹に詰め、身の部分だけに濡れ布巾をかけておく。尾を切り、神経を取り除いておけば、一日保存できる。おろした身を保存するときは、濡れ布巾で湿らせた経木（きょうぎ）（薄い木の枝）で挟み、さらに濡れ布巾をかぶせておく。

ウロコを取る→水洗いする（ウロコ引き・出刃包丁）

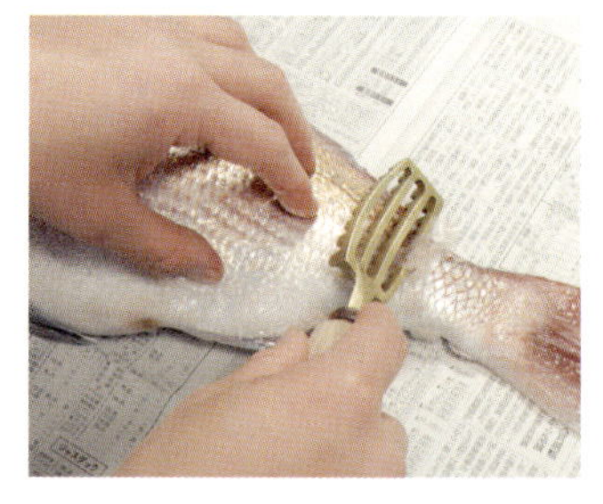

1
かたいウロコは、ウロコ引きを使う。頭を左にして押さえ、上下に動かしながら尾から頭のほうへ進める。

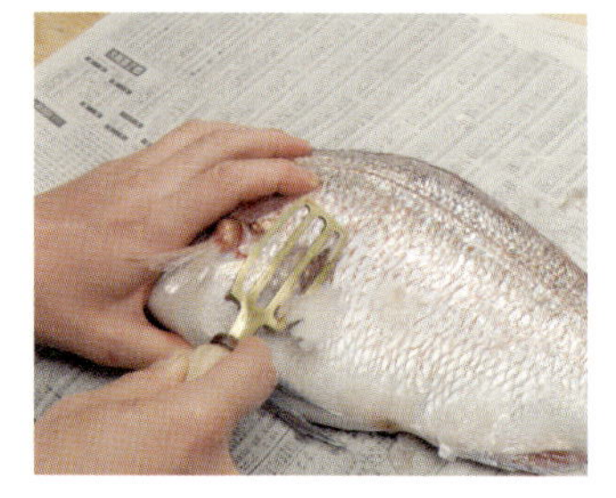

2
上下に動かしながら、最初は真ん中、その後は背ビレの際を大まかに取る。

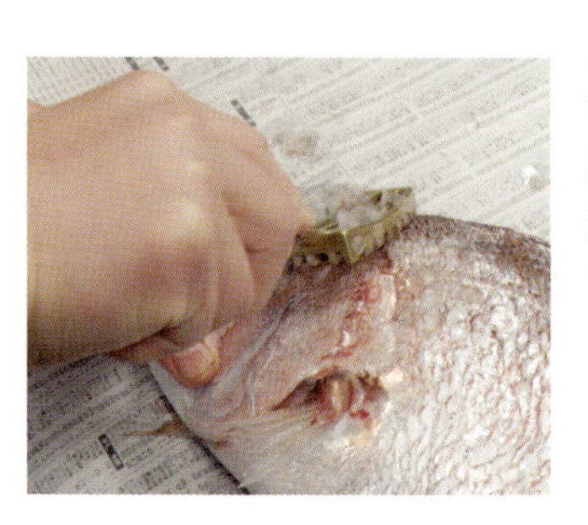

3
エラは上から下へ引くような感じでウロコを取る。

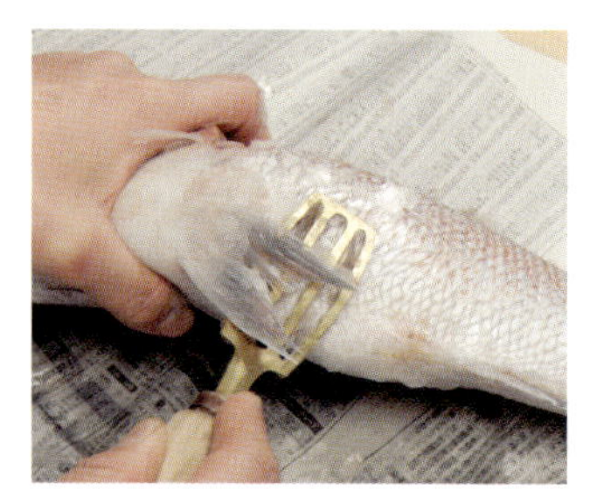

4
お腹の部分も丁寧に引く。

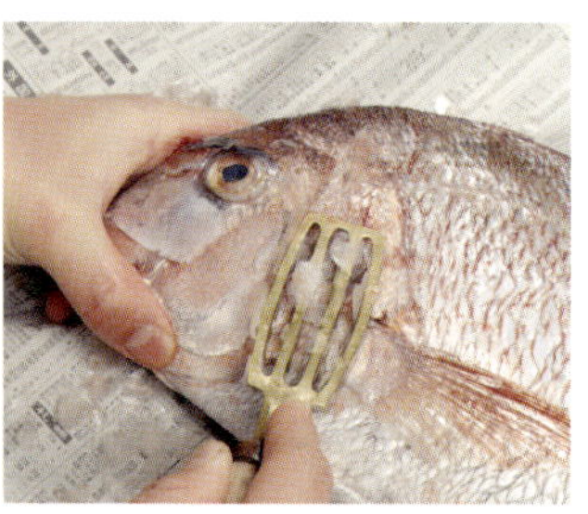

5
アゴは縦に引いて、ほおは平行移動しながらウロコを取る。アゴの下は忘れがちなので丁寧に引く。

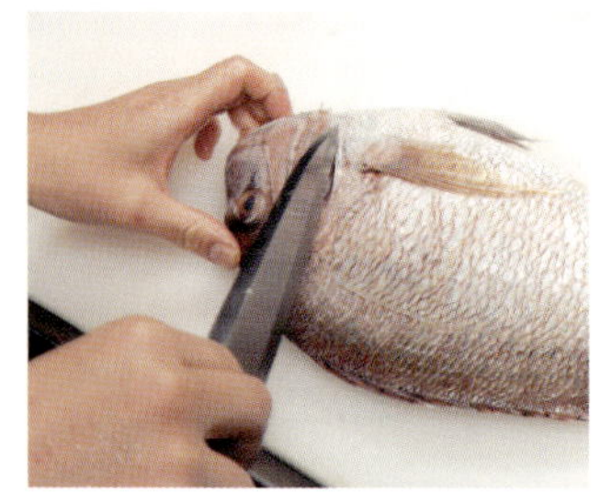

6
残ったウロコがないかどうかを確認しながら、尾から頭に向かって包丁の刃先を動かし、残りも取る。

内臓を取る（出刃包丁）

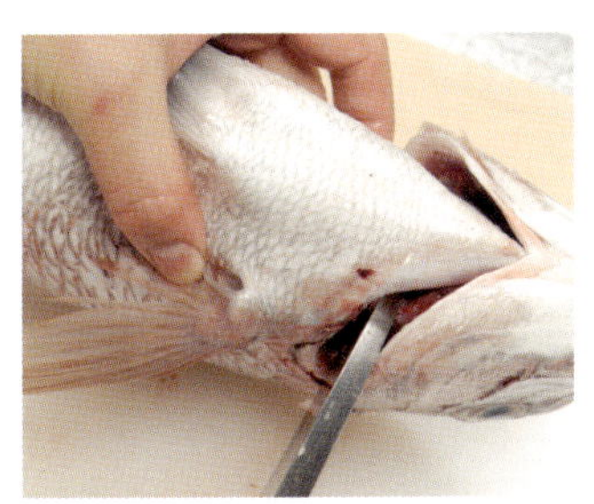

1

頭を右にして、腹を上に向けて持ち、エラブタを開き、切っ先でエラのつけ根を切る。

2

下アゴのやわらかい部分に包丁を入れる。

3

包丁を水平にして腹の肛門のところまで包丁を入れて開く。

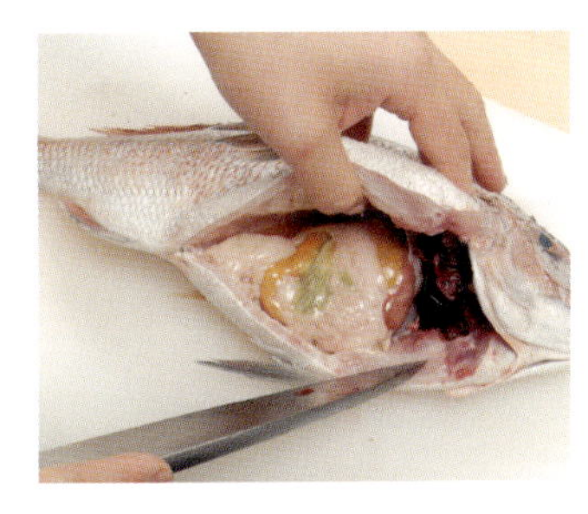

4

腹を開き、内臓のまわりの膜に包丁を入れ、切り離す。

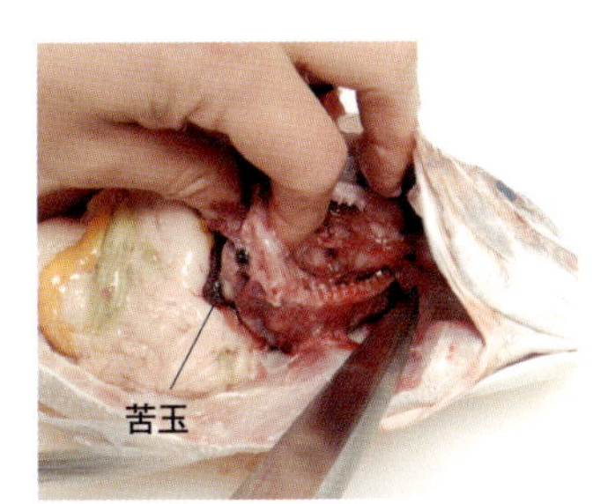

5

エラのつけ根を外し、静かに粘膜を引っぱると、きれいに内臓が取れる。苦玉（胆嚢）はつぶさないように注意。

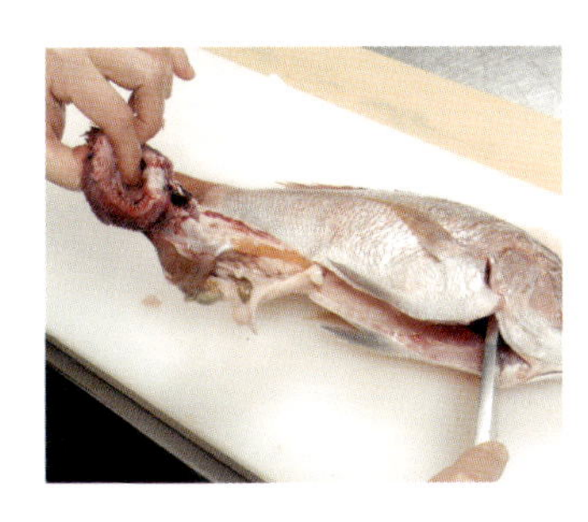

6

包丁でエラの部分を押さえながら左手で内蔵を引っぱると上手くいく。

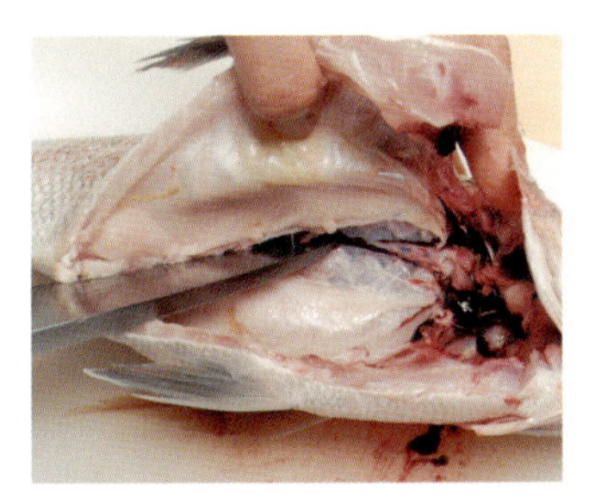

7

血合いの膜を包丁の切っ先でさく。下のほうまで血合いの膜があるので、最後まで切り目を入れること。

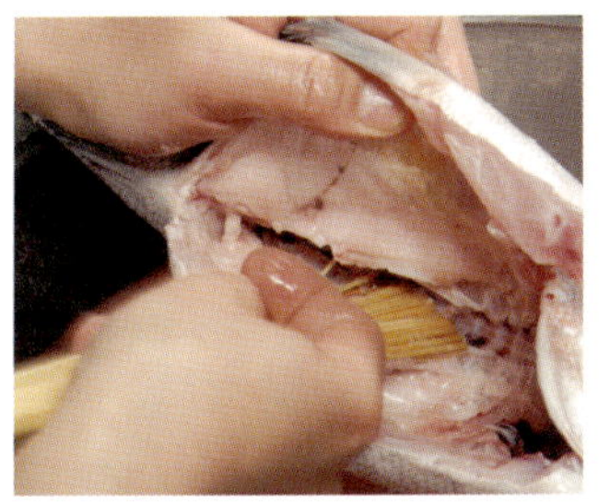

8

ささらは指で挟んで細長くして持つ。骨に沿ってささらでこすりながら、きれいに水洗いする。

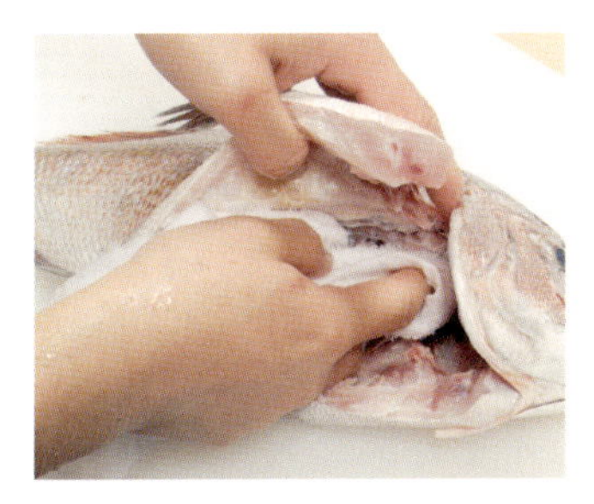

9

タオルで水けをよくふき取る。中もきれいにふく。

仕上がり

頭を落とす（出刃包丁）

1

頭を左、腹を手前にして置き、胸ビレの後ろに包丁をあてる。

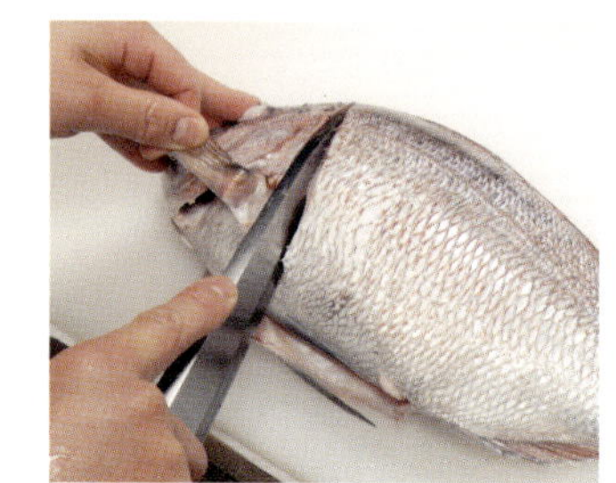

2

垂直に包丁を入れる。

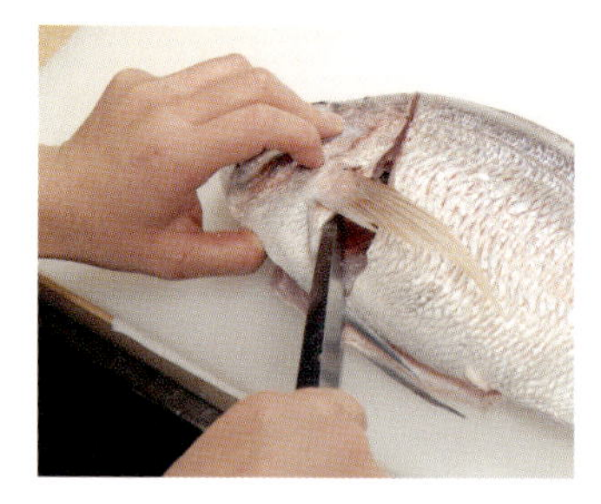

3

中央の太い骨のあたりまで入れる。

4

カマを持ち上げ、中央の骨の関節に包丁を入れる。

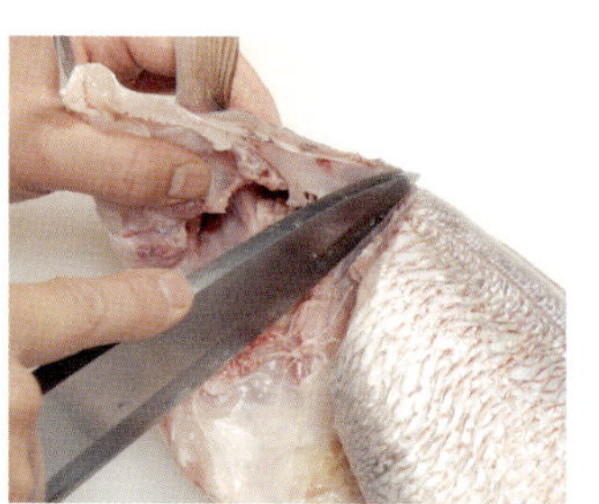

5

関節は骨と骨の継ぎ目なので、包丁を入れると切り離しやすい。

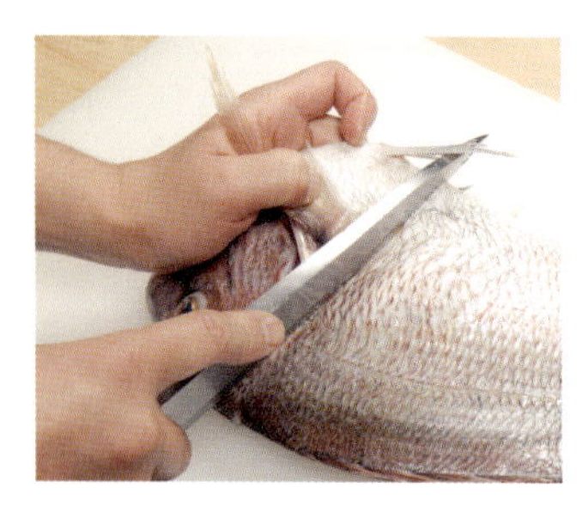

6

頭の向きはそのままで、裏返して1と同様に胸ビレの後ろに包丁をあてる。

7

垂直に包丁を入れて切ると簡単に取れる。

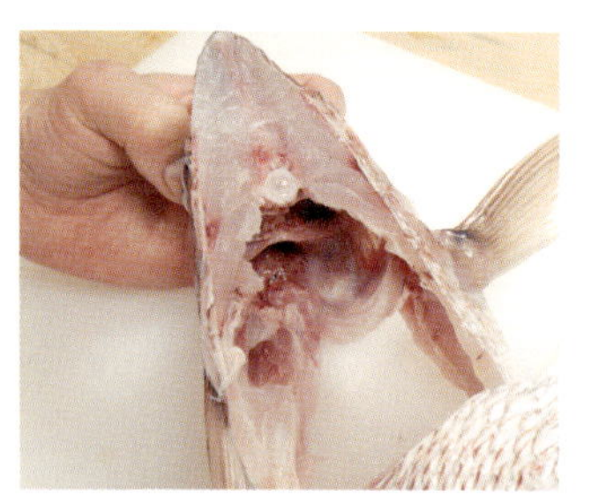

8

頭を持ってひねりながら、関節のところに包丁を入れ、頭を落とす。

仕上がり

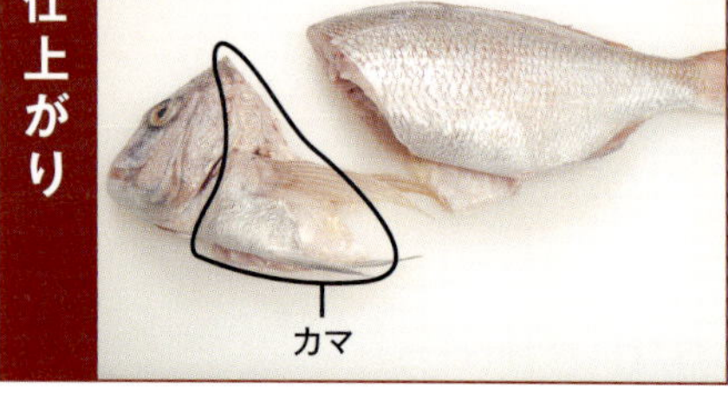

Column

頭を料理に使うときは、カマをつけて大きめに取ること。鯛などの大きい魚は、先に内臓を取ってから、最後に頭を取るほうがきれいに仕上がる。

三枚おろし（出刃包丁）

1

頭のほうを右に、腹を手前に置き、包丁を尾のつけ根にあて切り込みを入れる。

2

頭のほうから尾に向けて包丁を入れる。

3

身を左手で持ち上げながら、包丁を中骨の上にのせるようにして、頭のほうから尾に向けて2〜3回入れる。

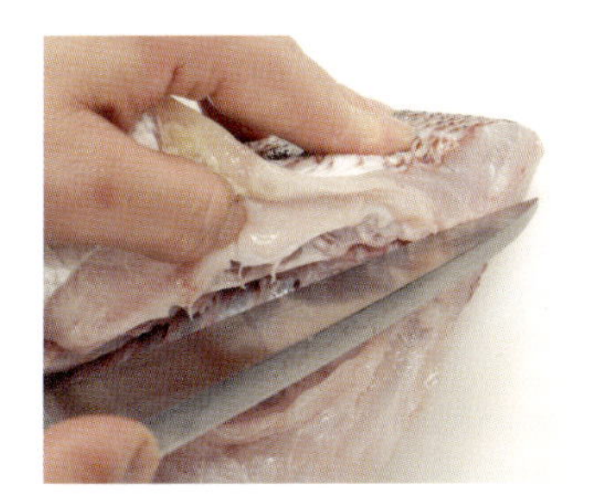

4

かたい腹骨の上に包丁を入れる。

5

太い骨と腹骨のつなぎ目に切っ先を入れ、ガチガチと切り目を入れていく。

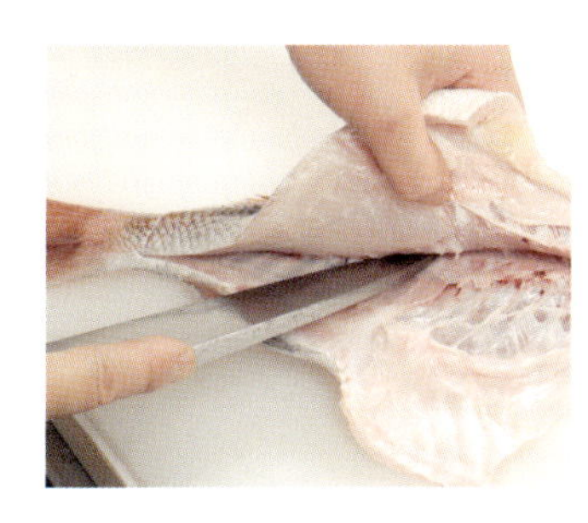

6

5を2〜3回繰り返して切り離す。

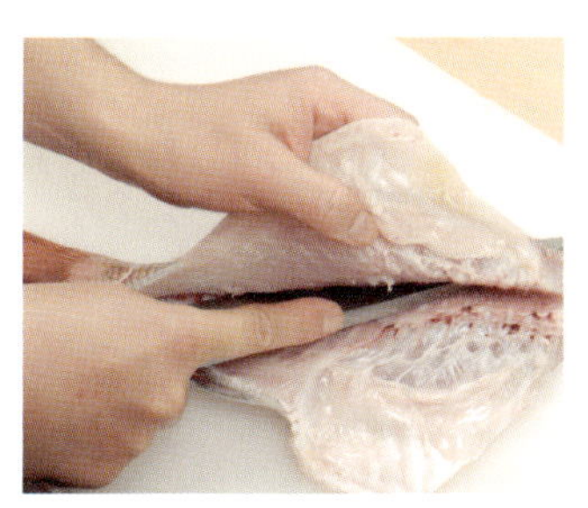

7

中骨の上に包丁をのせ、腹骨とのつなぎ目を滑らすように切っていく。

8

腹骨とのつなぎ目を切り離して、身を開く。

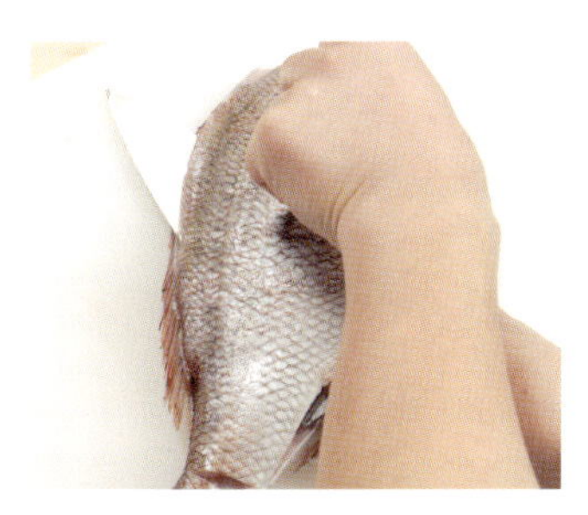

9

開いた身を閉じて、背の皮を見ながら頭のほうから包丁を入れる。

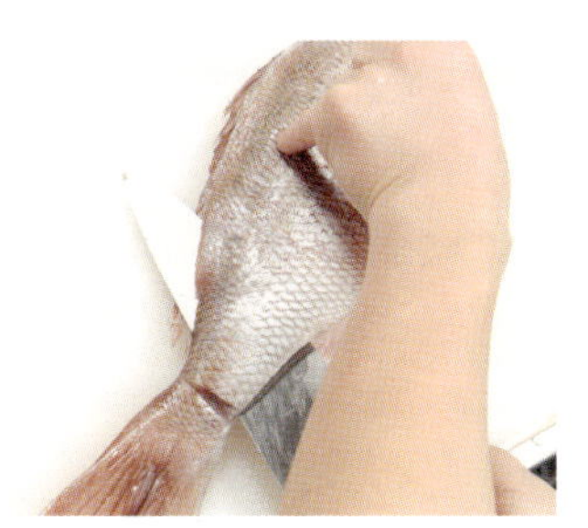

10

頭のほうから尾まで、包丁の中央の部分を使って切り離す。

11

頭のほうを右、背が手前になるよう裏返して、尾に切り目を入れる。

12

頭のほうから尾まで背ビレのつけ根に包丁をねかせ、沿わせながら皮目を切る。

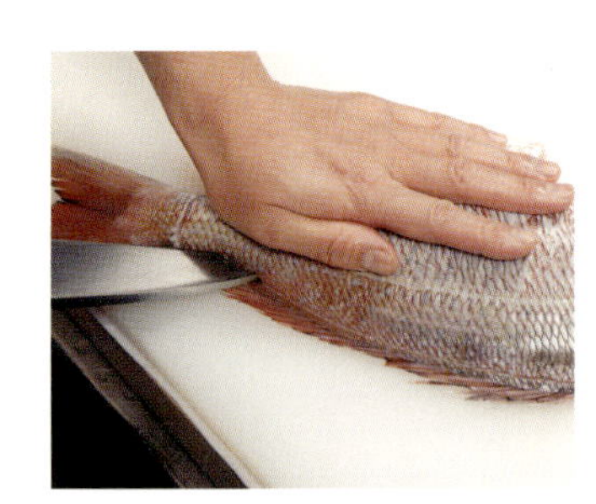

13

もう一度、頭のほうから尾まで切り進める。

14

手を腹のほうにおいて身を浮かせると中まで包丁が入りやすい。

15

包丁をおくようなつもりですーっと力を入れずに滑らせる。

16

中骨まで包丁を入れる。

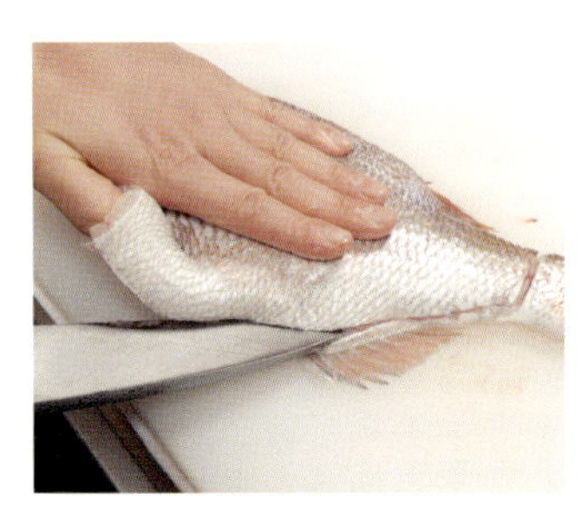

17

身の向きを変え、尾から頭のほうまで背ビレのつけ根に包丁をねかせてあてながら皮目を切る。

18

中骨まで包丁を入れる。

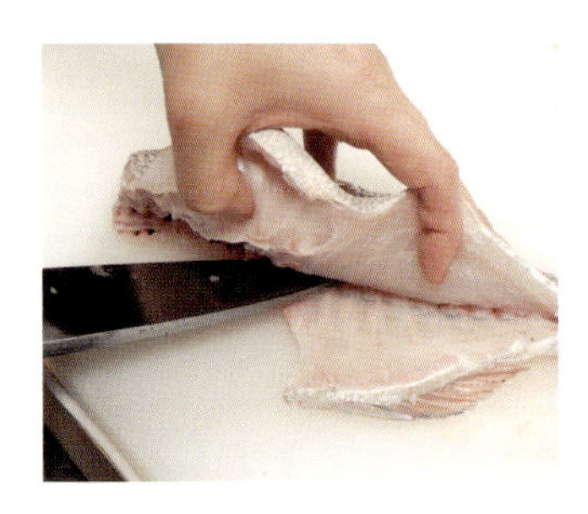

19

手で身を持ち上げ、骨からはがすつもりで包丁の切っ先を滑らせる。

20

身を左手で持ち、逆さ包丁で尾を切り離す。

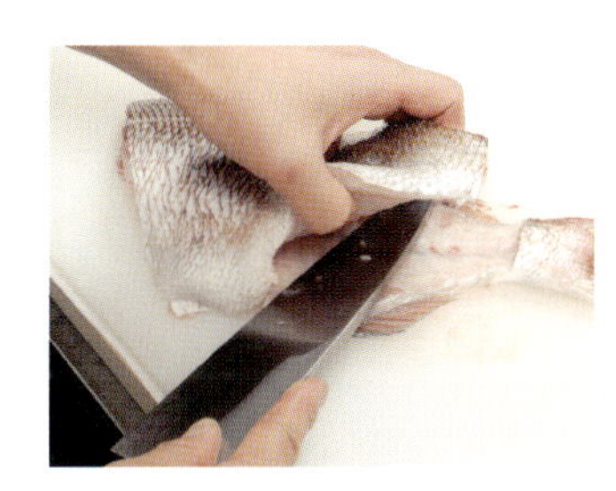

21

尾から包丁を入れてすーっと止まるところ（腹骨）まで進める。

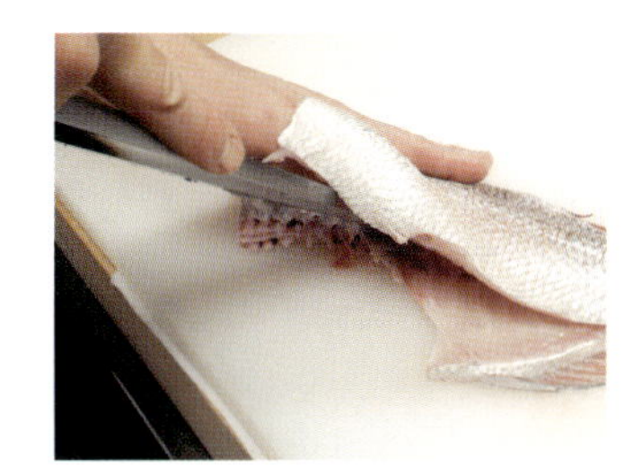

22

腹骨にあたったら、包丁の切っ先を立てる。

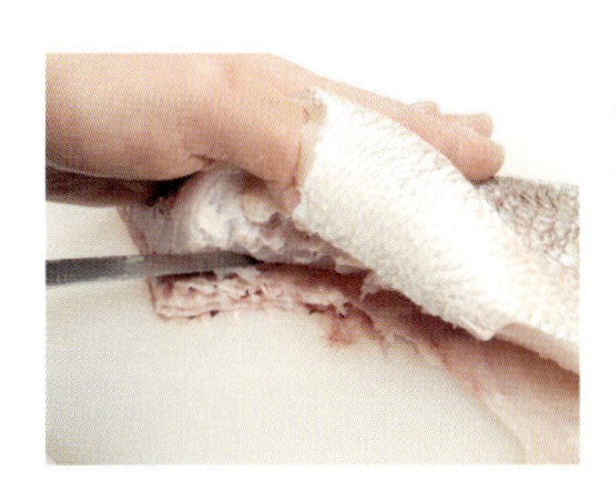

23

切っ先を軸にして、包丁で上下しながら腹骨と中央の太い骨のつなぎ目を切っていく。

仕上がり

腹骨をかく（出刃包丁）

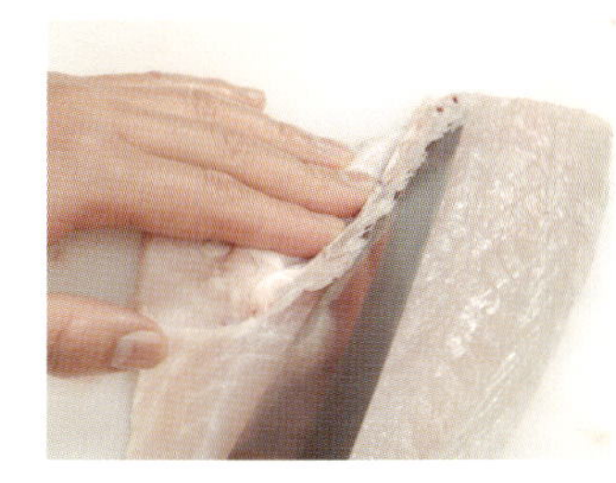

1

三枚におろした上身の頭のほうを上にして置き、腹骨のつけ根を逆さ包丁で外す。

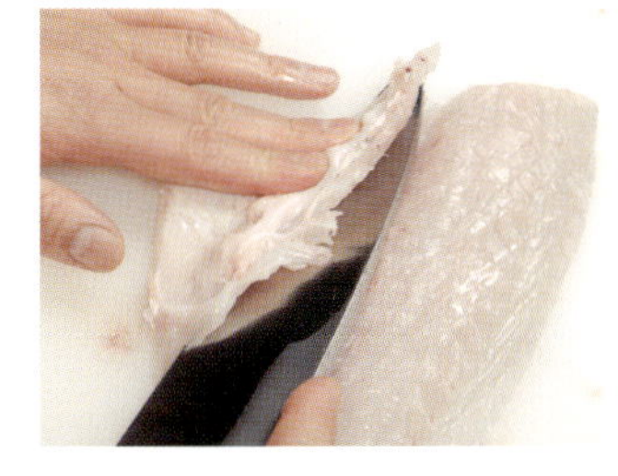

2

包丁をねかせて骨をすくう感じでそぎ取る。

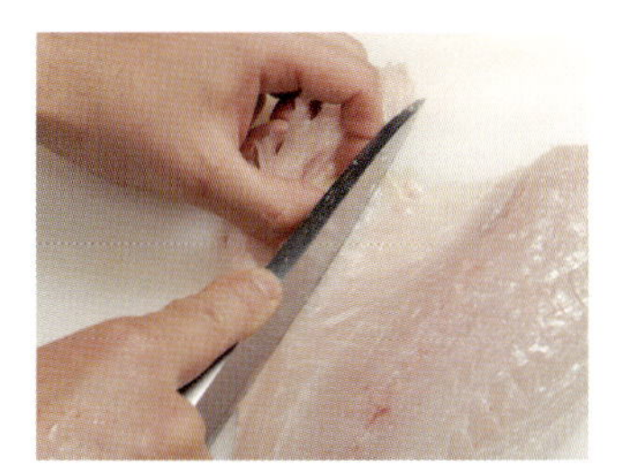

3

包丁を立てて腹骨を手前に外す。

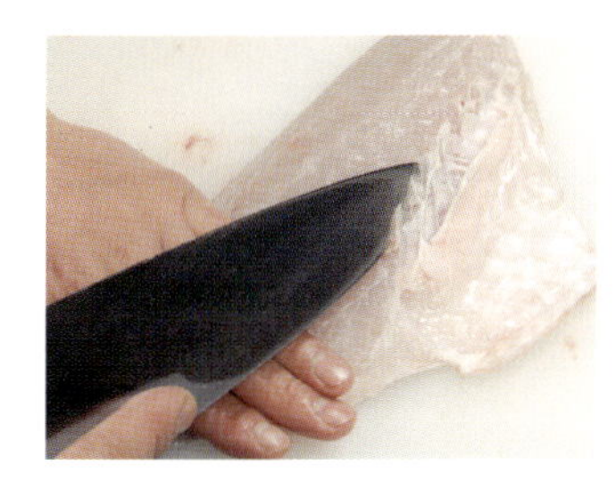

4

三枚におろした下身の腹骨も逆さ包丁で外す。

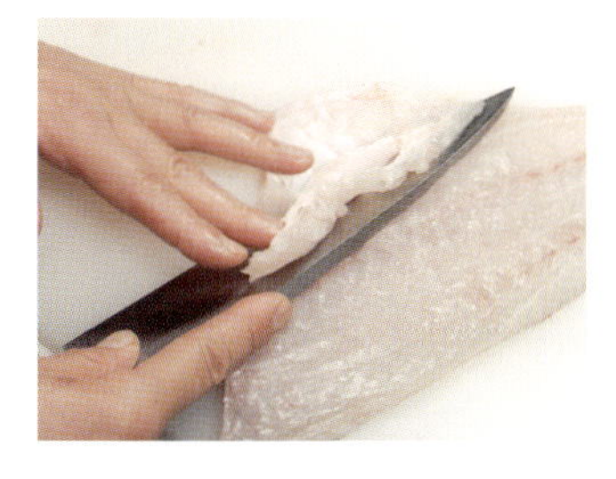

5

包丁をねかせて骨をすくう感じでそぎ取る。

6

そぎ取った腹骨を手で持ち上げ、切り取る。

あらをさばく（出刃包丁）

1
タオルで鯛の口まわりを覆い、左手でしっかりと押さえて口を開け、前歯の間に切っ先をあてる。

2
包丁を少しずつ上下させながら突き刺していく。

3
中骨のところにきたら包丁の切っ先を手前に移動させる。

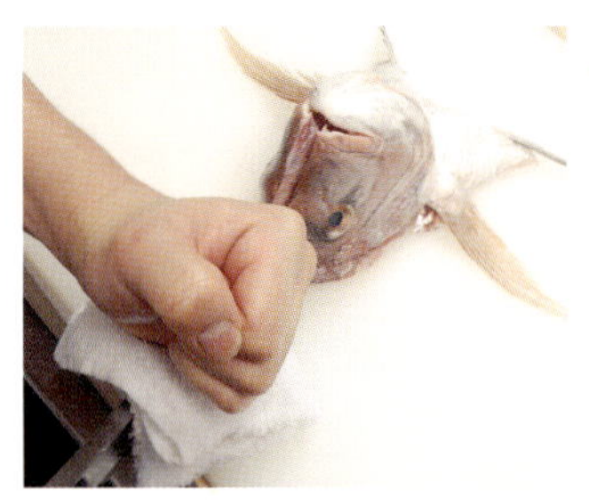

4
左手で包丁のみねを叩いて深く切り込みを入れて中心から2つに切り離す。

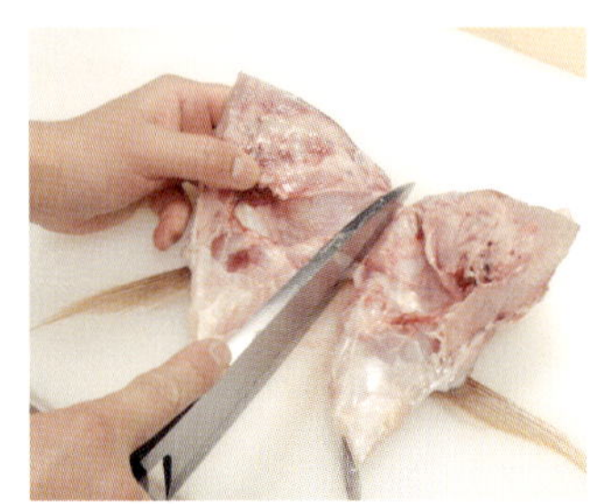

5
開いてつながっているところは、切り離す。

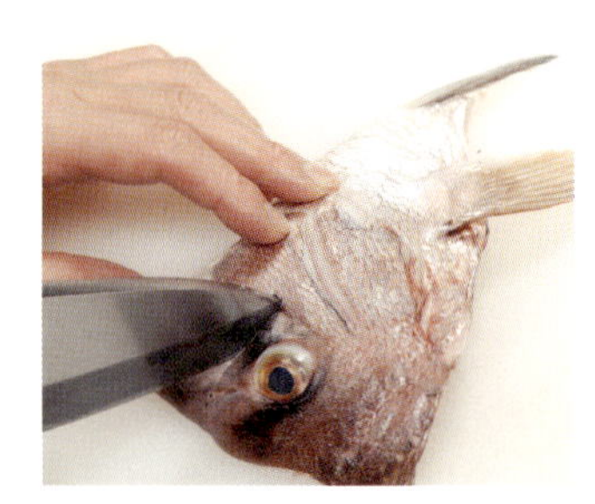

6
皮目を上にして置き、目と上くちびるの間に切っ先で切り目を入れる。

あらの潮椀

材料（2人分）

カットした鯛のあら … 1/2尾分
※スープを取るとき中骨から一番だしが出るので、中骨も入れる。
水 … 3カップ
酒 … 少々
昆布 … 5cm四方
生姜汁 … 小さじ1
針葱（青と白）… 各6cm分
塩・黒胡椒 … 各適量

作り方

1. 鯛のあらに塩をして1時間ほど置き、霜降りして（P.301参照）ウロコや血合い、ぬめりなどをよく取り除き、鍋に並べる。分量の水（あらの2倍量）と酒、昆布を加えてひと煮立ちさせ、アクをすくいながら弱火で15分コトコトとスープを取る。

2. お椀に**1**のあらを盛り、スープの味をととのえてはる。生姜汁を加え、針葱を盛り、黒胡椒をふる。

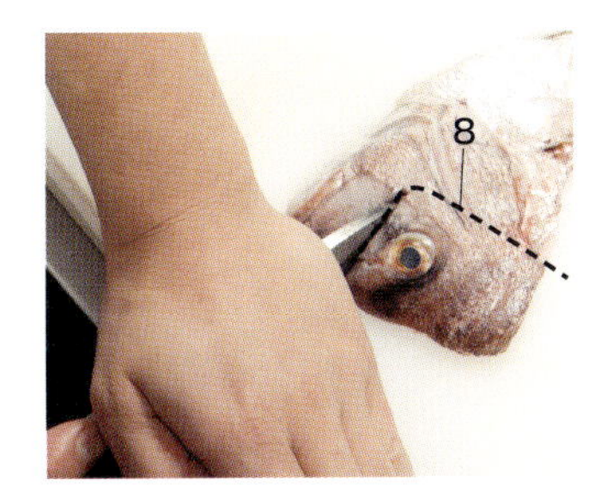

7

左手で包丁のみねを叩いて深く切り込みを入れる。

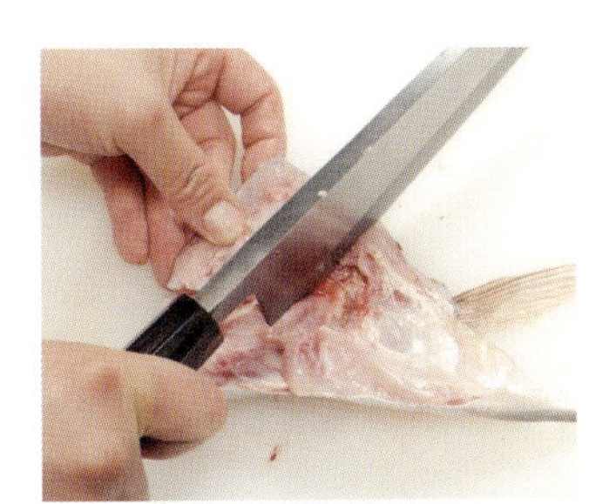

8

7を裏返し、7の切り込みの端からエラブタの上あたりに向けて包丁をあてる。

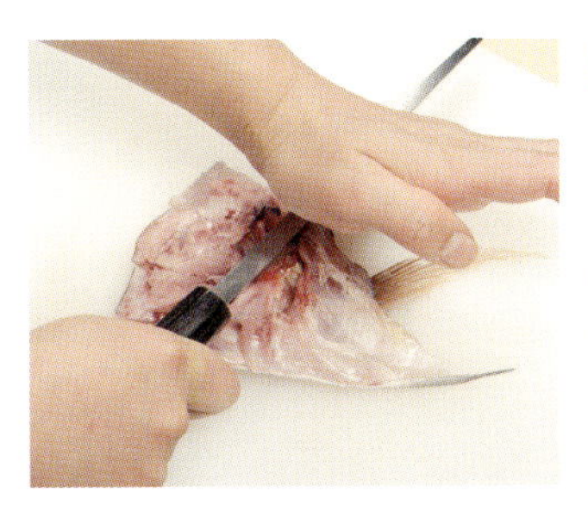

9

左手で包丁のみねを叩きながら切り離す。カマの部分のつなぎ目部分も切り離す。

仕上がり

あら煮

材料（2人分）

カットした鯛のあら…1/2尾分
牛蒡…10cm（5cm×2）
椎茸…2枚
水・酒…各適量
砂糖…適量
醤油…大さじ1＋適量
みりん…小さじ1
たまり醤油…小さじ1
針生姜…1/2片分
木の芽…6枚

作り方

1. 沸騰したお湯にカットした鯛のあらを入れ皮が縮んできたら氷水に取り、ウロコやぬめりを丁寧に取り除く。

2. 鍋に **1** の鯛のあらと5cmに切った牛蒡、石づきを取った椎茸を入れ、かぶるぐらいの水と同量の酒を加え、落とし蓋をして煮る。

3. 沸騰したら砂糖を加え少し煮詰まってきたら醤油大さじ1を入れ、さらに煮て、ときどき鍋の内側についた煮汁の跡を布巾でふき取る。

4. 醤油適量を3回くらいに分けて加える。

5. 煮汁に濃度が付くと泡が大きくなるのでそれを目安に落とし蓋を取り、さらに照りをつけるためにみりんを加え、煮汁を鯛のあらにまわしかける。

6. たまり醤油を加えてさらに鯛のあらにまわしかけ、煮上げる。

7. 器に鯛のあらと牛蒡、椎茸を盛り、煮汁をかけ、針生姜と木の芽を添える。

さく取り（柳刃包丁）

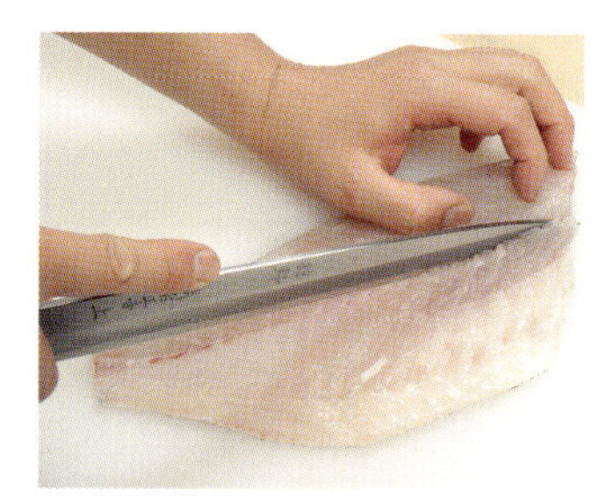

1

三枚おろしにした身を腹のほうに骨をつけるように、中心の骨の左側の際に切っ先をあてる。

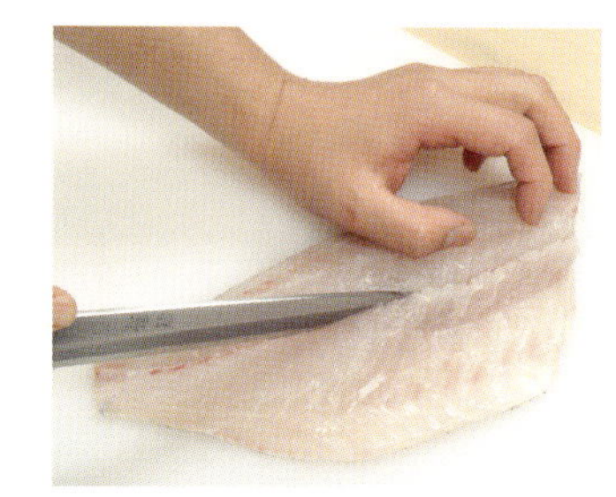

2

頭のほうから包丁をスーッと切り進める。

3

尾のほうまで進めて切り、腹身と背身に切り分ける。

4

腹身についた骨の右側の際に包丁を入れる。

5

骨を右手で持ちながら、包丁を進めていく。何度も繰り返して切り離す。

6

左から、さく取りした背身、中骨、腹身。

鯛のもろみ焼き

材料（2人分）

鯛（切り身）… 2切れ

【若狭地】（作り方参照）

けしの実 … 適量

【もろみクリーム】（約240cc分）

卵の素（卵黄1個、サラダ油1/2カップ）… 約160cc

もろみ（裏ごしした物）… 80cc

【あしらい】

柚子大根※大根を短冊に切って塩をしてしんなりしたら甘酢（水3、酢1、砂糖1）に漬け、ひと晩おく。細切りの柚子の皮を添える。

作り方

1. 鯛の切り身は塩（分量外）をして1〜1時間半おき、サッと水洗いして串を打ち、若狭地（出汁30cc、酒20cc、薄口醤油10ccを合わせて煮切った物）をかけながら9分通り焼く。

2. 卵黄にサラダ油を少しずつ入れながらホイッパーで混ぜてかたくなってきたらもろみを混ぜ、1切れに対し、約大さじ1強を **1** にのせて焼き上げ、けしの実をふる。

皮を引く（柳刃包丁）

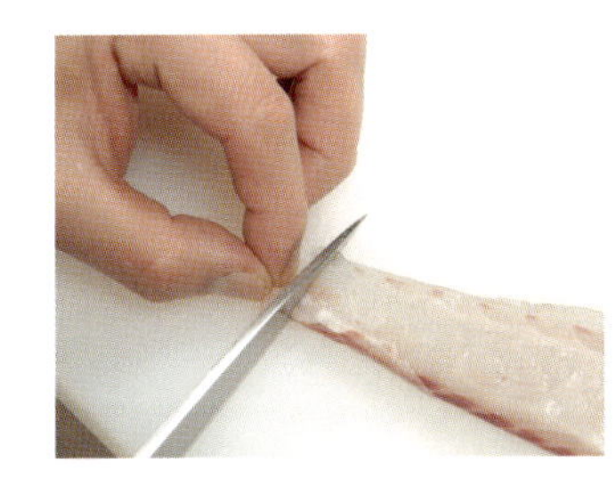

1

さく取りした身は尾のほうを左、皮を下にして置き、尾の先に皮の際まで包丁を入れる。

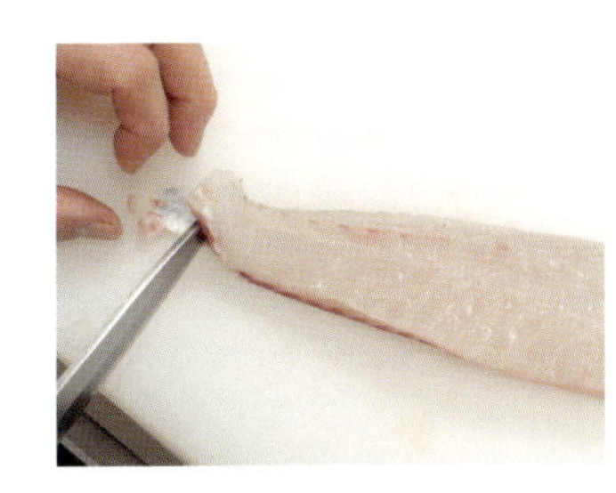

2

尾の先を左手でつかみ、刃先を真横になるように入れる。

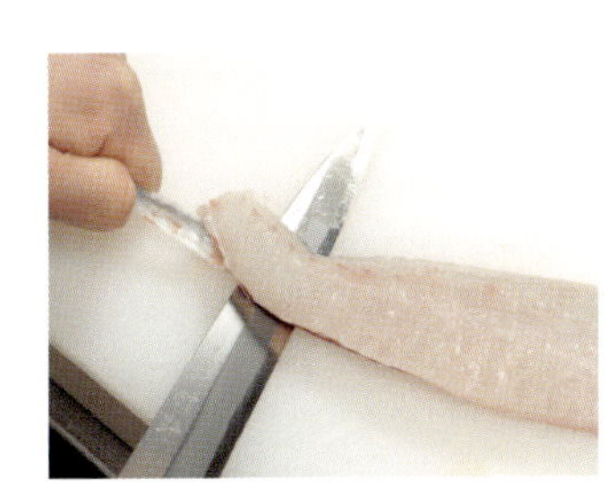

3

尾の皮を前後に引っぱりながら、包丁を押さえつけるようにして上下に動かす。

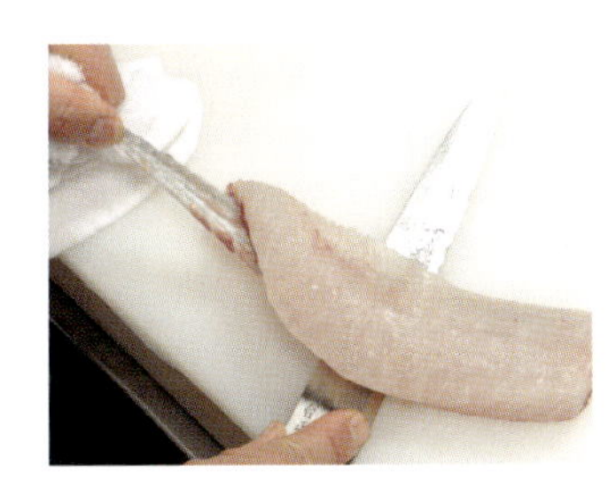

4

3を繰り返す。

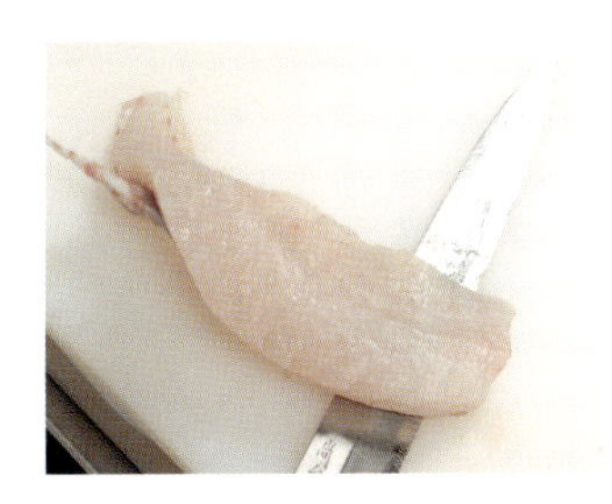

5

頭のほうまでしっかりと包丁を押さえつけながら皮を引く。

仕上がり

切り身にする（柳刃包丁）

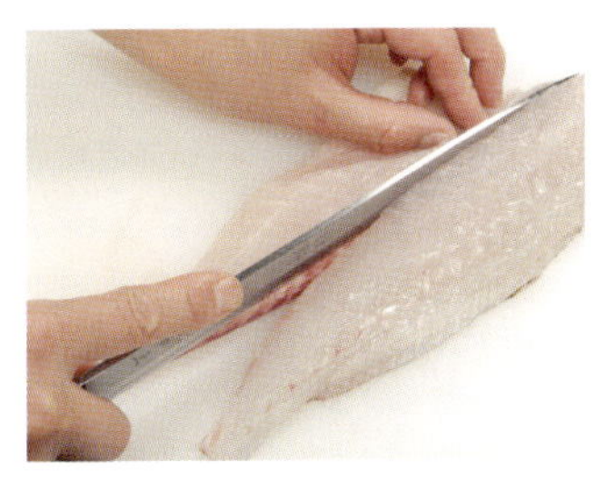

1

さく取りをする(P42参照)。

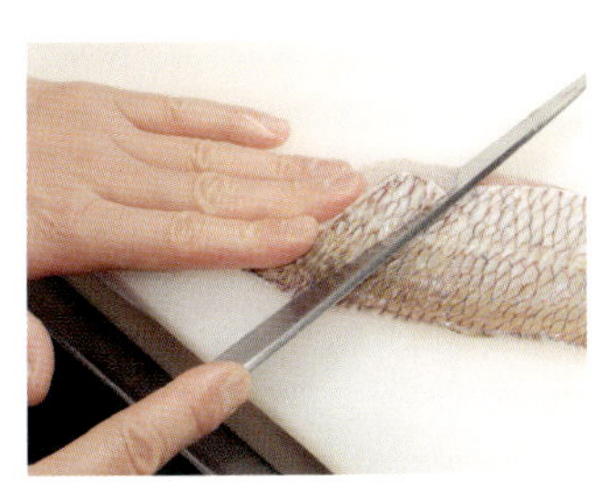

2

頭のほうを左に置き皮目を上にして、頭のほうから2cm間隔のところに包丁を斜めにあてる。

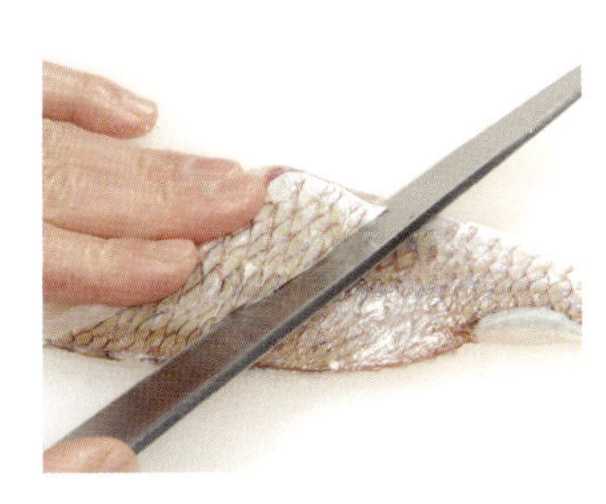

3

左手で押さえながら、斜めに包丁を引くように全体を使って切る。

仕上がり

松皮造り

材料（2人分）
鯛（さく取りをした身）…1さく
【あしらい】大根のつま、大葉、花穂しそ、山葵…各適宜

作り方
1. 皮つきの身は皮を上にして抜き板（P302参照）にのせ、ぬらしたサラシをかぶせ、玉じゃくしで熱湯をまんべんなくかける。
2. 皮の表面が加熱され両脇がめくれ上がって、表面の色が変わってきたら氷水を入れたボールにあけ、あら熱を取り、布巾で水けを取る。
3. 皮目を上にしてまな板におき、平造り（P302参照）にする。

鯛と浅葱の巻き造り

材料（2人分）
鯛（さく取りをした身）…100g
皮（さっと湯通しした物・短冊切り）…4枚
浅葱（3cm長さ）…6本
肝（ゆでて細切りにした物）…4本
【あしらい】防風・紅葉おろし…各適宜
ポン酢しょうゆ…適量

作り方
1. 身の皮を引き、身は長めに薄切りにする（12枚ほど）。切り身を何枚かつなげ、その上に浅葱、ゆでた肝、ゆでた皮を並べて巻く。

鯛の昆布締め

材料（2人分）
鯛（さく取りをした身）…100g
酢…適量
昆布（鯛の薄切りが並ぶ位の長さ）…2枚
【あしらい】
山葵…適宜

作り方
1. 鯛は皮を引いて塩をふり、30分～1時間おく。塩けを水で洗い落とし布巾で水けを取る。
2. 1を酢で洗い、布巾で水けをよくふき取る。
3. 昆布の表面を酢でふき取り、汚れを除いておく。
4. 軽く塩をふったバットに昆布を敷き詰め、薄いそぎ切りにした鯛を並べ、上から昆布をかぶせる。バットを上から重ね輪ゴムでとめて重石代わりにし、20分ほどおく。

太刀魚（たちうお）

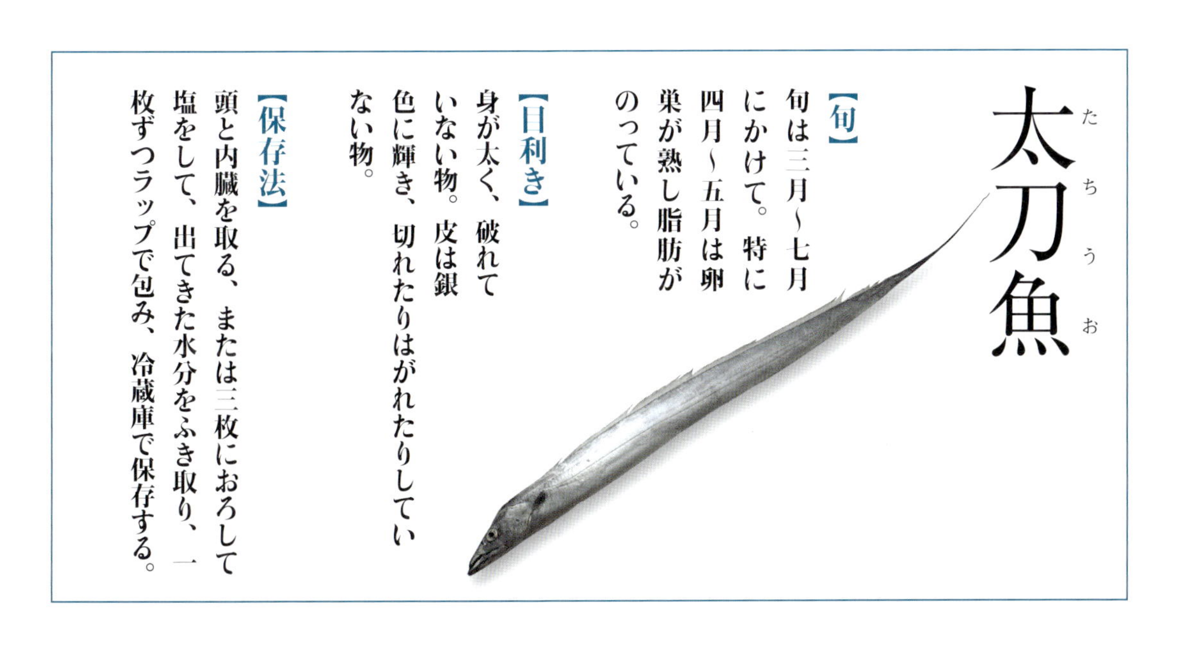

【旬】
旬は三月〜七月にかけて。特に四月〜五月は卵巣が熟し脂肪がのっている。

【目利き】
身が太く、破れていない物。皮は銀色に輝き、切れたりはがれたりしていない物。

【保存法】
頭と内臓を取る、または三枚におろして塩をして、出てきた水分をふき取り、一枚ずつラップで包み、冷蔵庫で保存する。

三枚おろし（小出刃包丁）

1
頭を左、腹を手前にして置き、尾から頭に向かって包丁の刃を立てながら、ウロコとぬめりを落とす。

2
頭を右、腹を手前にして置き、エラブタを左手で開きながら、切っ先を入れ、エラを落とす。とげがあるので注意。

3
尾から頭のほうに向かって、逆さ包丁を入れる。

4
左手で身を押さえながらそのまま包丁を滑べらせて、腹まで切り進める。

5
卵は（あれば）左手で引っぱりながら取る。

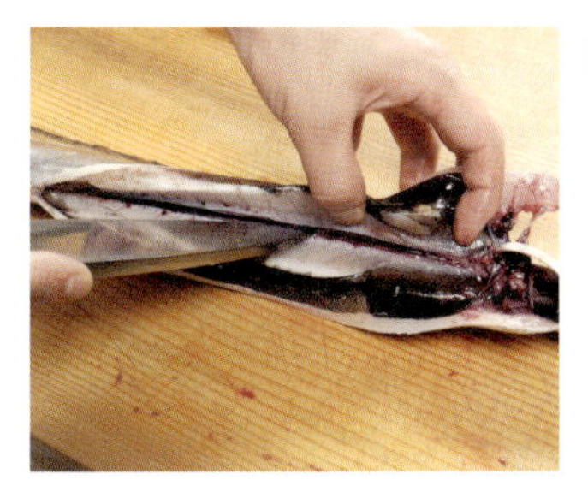

6
左手で上側の身を持ち上げ、包丁で内臓を取り出す。血合いの膜を切っ先で切る。

7

頭を左、腹を手前にして置き、胸ビレの上に包丁を入れ、まっすぐ切り落とす。

8

尾を切り落とす。

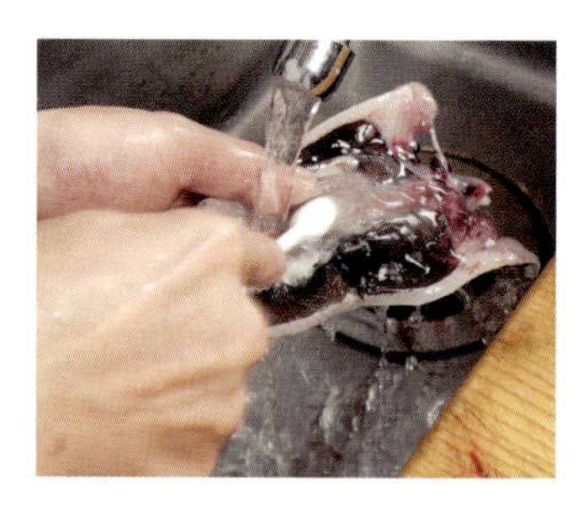

9

流水で流しながら、歯ブラシで血合いをこすって落とす。

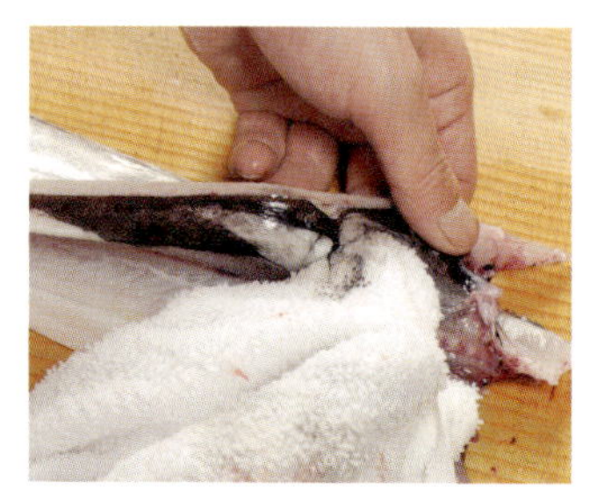

10

タオルで表面と腹の中の水けをふき取りながら、黒い汚れを取り除く。

11

頭のほうを右、尾を左にして置き、頭のほうから尾に向かって包丁を入れていく。

12

11を2～3回繰り返しながら、中骨まで包丁を入れていく。

13

中骨にあたったら身の向きを変え、背側は尾から包丁を入れる。

14

中骨まで包丁を入れたら、尾のほうに向けて逆さ包丁を入れる。

15

左手で上身を持ち上げながら、刃先を中骨に沿わせるように切る。

16

裏返し、頭のほうを右にして置き、背に包丁を入れ、頭のほうから尾に向かって切り進める。

17

16を2〜3回繰り返しながら、中骨まで包丁を入れていく。

18

身の向きを変え、頭のほうを左、腹を手前にして尾のほうから包丁を入れる。

19

中骨まで包丁を入れたら、左手で上身を持ち上げながら、尾のほうに向けて逆さ包丁を入れる。

20

切っ先で中骨に沿わせるように切り進め、中骨を越えて包丁を入れ、身を左手で持ち上げながらさらに切り進める。

21

包丁の切っ先を中骨の上にのせ、滑らせるように切り進めて、身を切り離す。

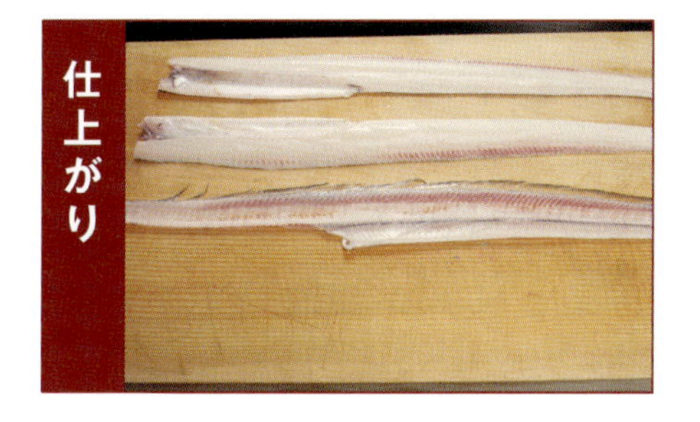

太刀魚焼霜造り

材料（2人分）

太刀魚（三枚におろした身）… 1／2身

【あしらい】生姜・紅葉おろし・山葵・大葉・大根のつま … 各適宜

作り方

1. 三枚におろした太刀魚に串を打ち、皮目だけにサッと焼き目をつける。

2. 氷水に落とし、さらしなどで水けを取る。

3. 2とあしらいを盛りつける。

腹骨をかく→観音開き（小出刃包丁）

太刀魚けんちん焼き

材料（2人分）

太刀魚（三枚におろした身）…1/3尾分
きくらげ…5g　人参…1/5本
椎茸…2枚　三つ葉…1/3束
サラダ油…少々　卵…2個
a［薄口醤油・酒・砂糖…各小さじ1
　 みりん…小さじ1/2

【あしらい】

鶏の松風焼き（あれば）…適宜

作り方

1. きくらげ、人参、椎茸、三つ葉をきざみ、サラダ油を熱したフライパンでサッと炒める。
2. 全卵をボールに割り入れ、aを入れて混ぜ合わせ、鍋でゆるめのそぼろ状にして、**1**を加える。
3. 太刀魚を適当な大きさに切り、観音開きにする（A～F参照）。中に**2**を入れて巻くように包む。
4. オーブンで卵が固くならないように5分ほど焼く。

三枚におろした身の腹骨をそぎ取る。

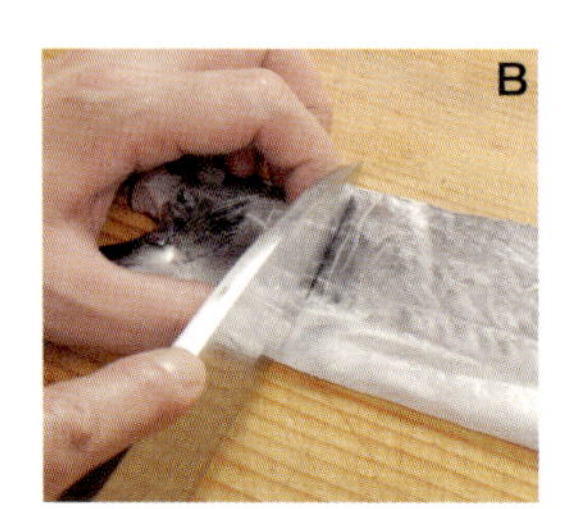

適当な大きさに切る。

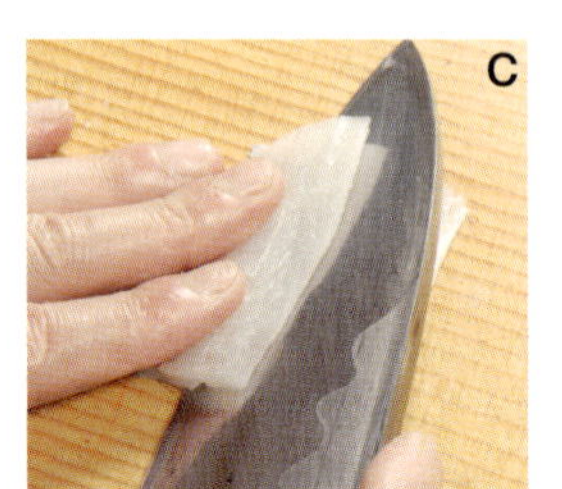

切った身を縦におき、中央から外側へむけて開く。

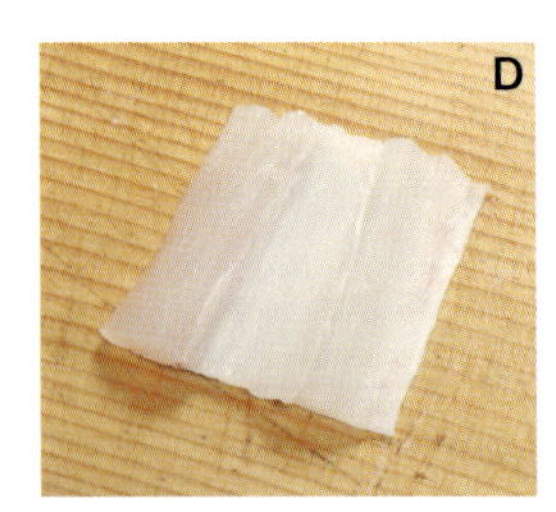

さらに開いた部分を外側へ開く。

逆にして、同様に外側へ向けて開く。

完成。

真魚鰹（まながつお）

【旬】
一年中出回るが、旬は春。

【目利き】
身にハリがあり、弾力のある物、色つやがよく、光沢のある物が新鮮。目が澄んでいて、エラの色が鮮やかな赤色をした物を選ぶ。

【保存法】
一尾魚の場合は、買ってきたらすぐに内臓を取り除いて水洗いし、よく水けをきっておろし、小分けにして一枚ずつ冷蔵庫に保存する。

ウロコを取る→頭・内臓を取る（出刃包丁・金ダワシ）

1
頭を左、腹を手前にして置き、胸ビレを左手で持ち上げ、包丁で切り取る。

2
ウロコは取れやすいので、金ダワシで尾のほうからこすりながらウロコを取る。

3
頭の向きはそのままで裏返し、同様に金ダワシでこする。

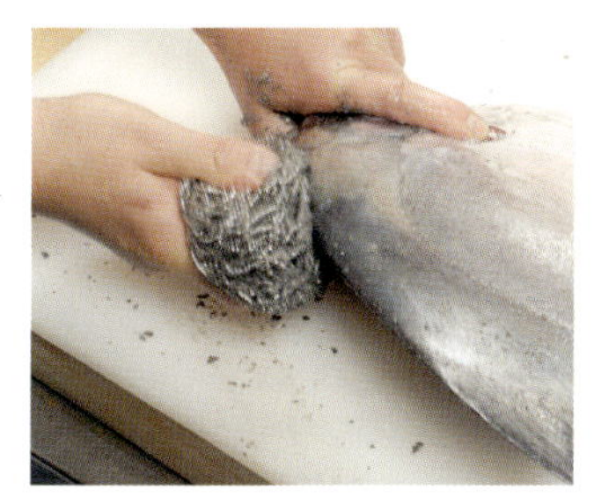

4
頭や背、腹も丁寧にこすり、ウロコを落とす。

5
頭を左、腹を手前にして置き、エラの下のほうに切っ先を差し込む。

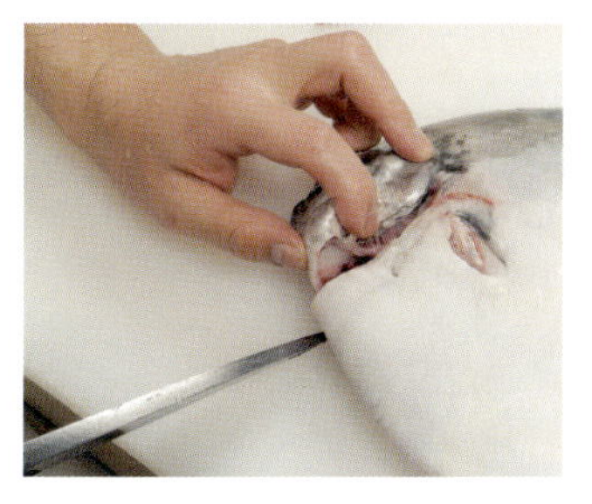

6
そのまま包丁をおろし、切り込みを入れる。

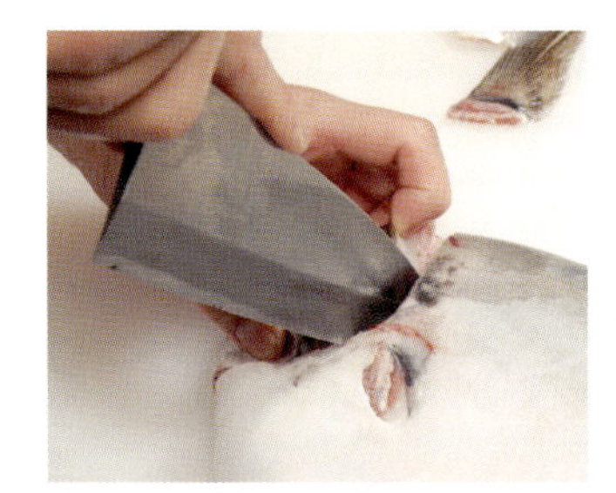

7

頭のほうから切っ先で切り込みを入れ、エラの真ん中に向かって包丁を一気に入れる。

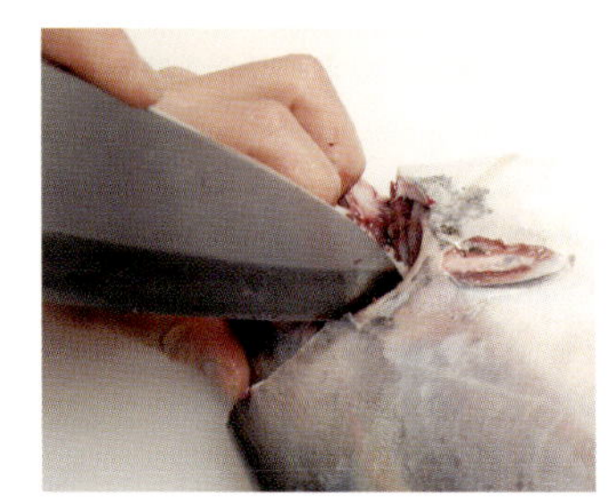

8

頭の向きはそのままに裏返して、エラの真ん中に切っ先を差し込む。

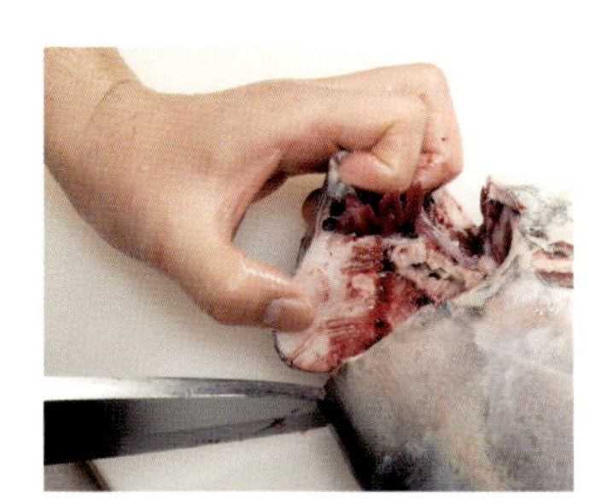

9

エラに沿って頭のほうへ切り込みを入れる。

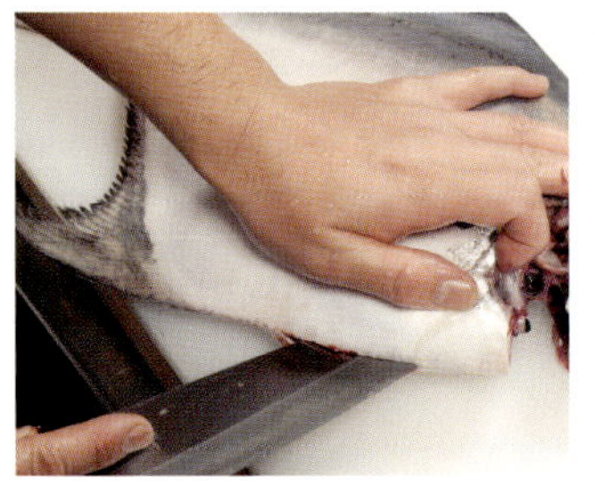

10

頭のほうを右、腹を手前にして置き、腹の中心から逆さ包丁で頭のほうに向けて切り込みを入れる。

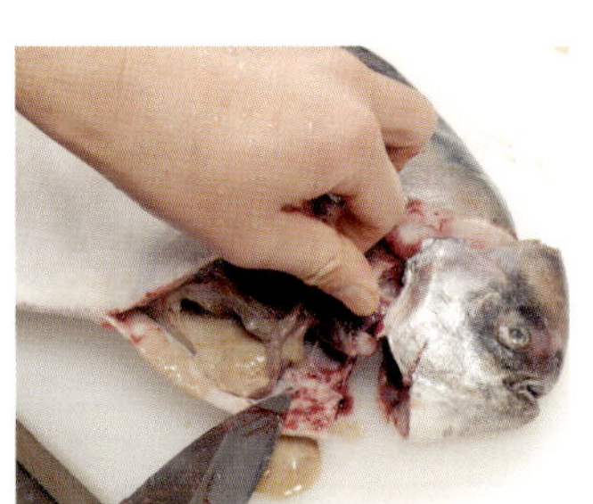

11

エラの部分を左手で持つ。

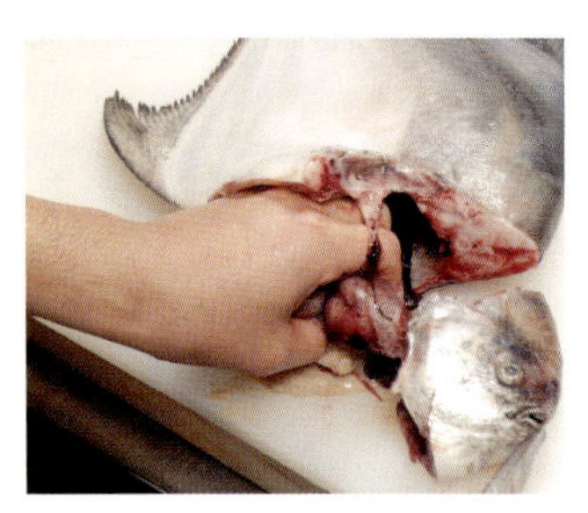

12

手で内臓を引っぱりながら取り出す。

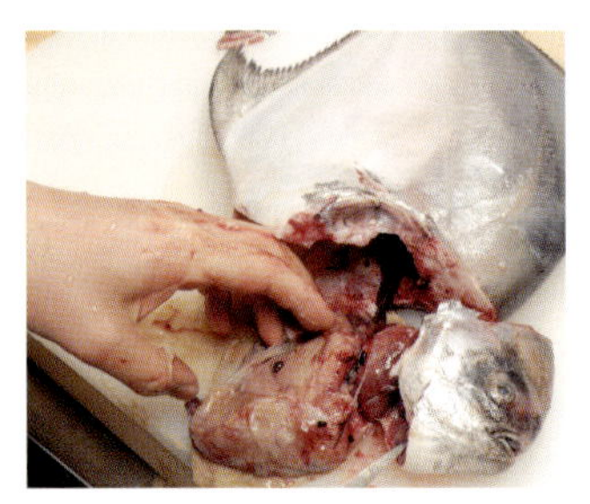

13

内臓を残すことのないように手できれいに取る。

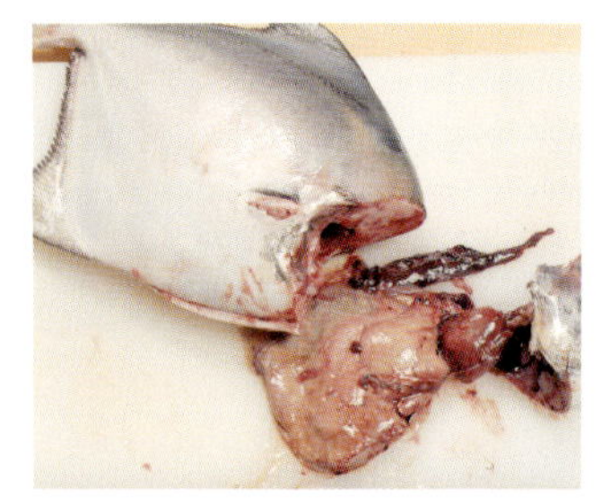

14

手を使うと頭と一緒に内臓も簡単に取れる。

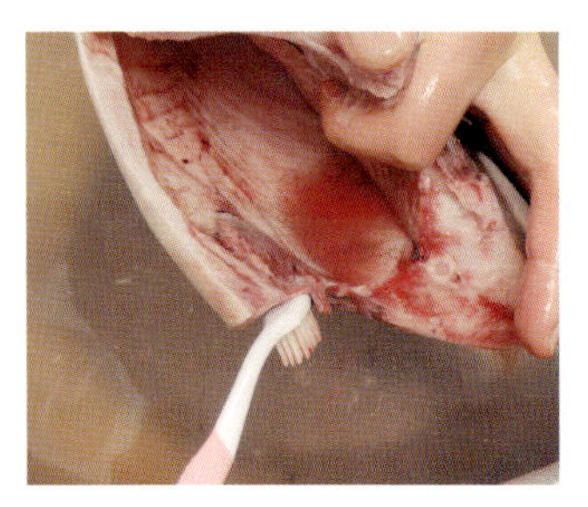

15

流水で流しながら歯ブラシで血合いを取り、洗う。

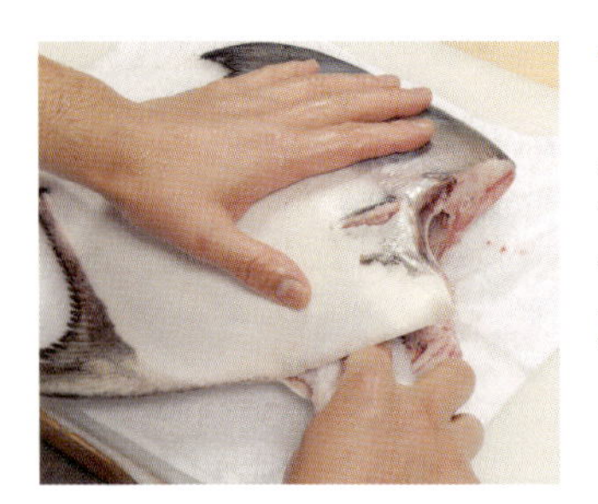

16

ふきんで表面だけでなく、腹の中まで水けをよくふき取る。

三枚おろし（柳刃包丁）

1

ウロコ、頭、内臓を取った真魚鰹は、頭のほうを右、腹を手前にして置き、尾のつけ根に切り目を入れる。

2

尾から逆さ包丁を入れる。

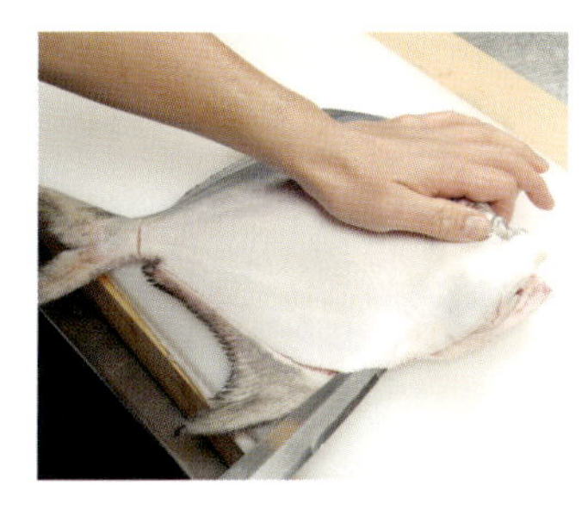

3

左手を添えながら、逆さ包丁を腹ビレの部分まで進める。

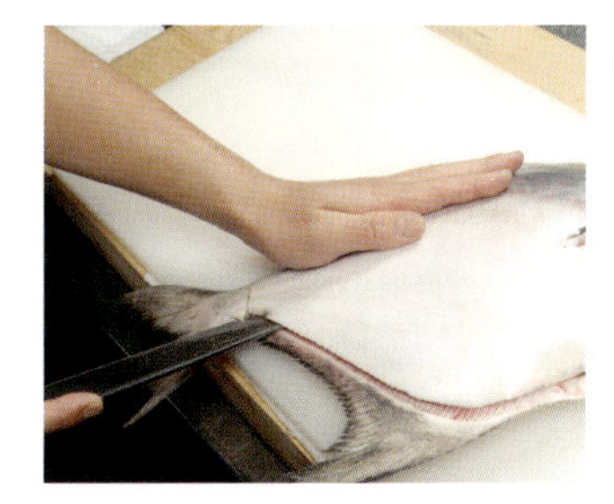

4

包丁の向きを変え、左手を背側に添え、中骨がやわらかいので慎重に骨の上を滑らせるように切り離していく。

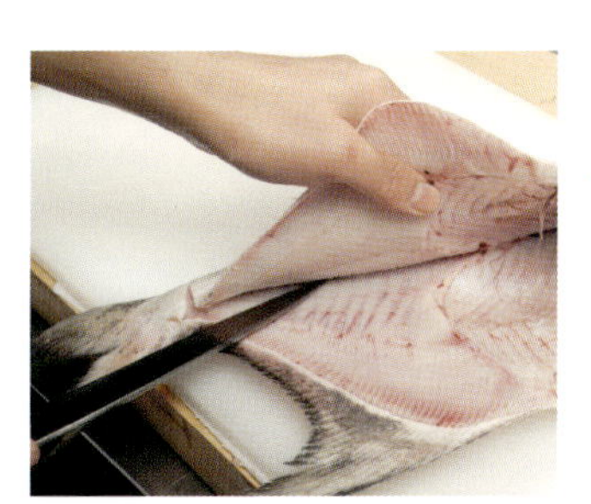

5

4を2～3回繰り返し、骨に沿って切っ先を入れる。

6

5で切っ先を入れ中骨に届いたら、頭のほうを左、背を手前にして置き、尾から包丁を入れる。

7

左手を腹側に添え、背ビレの上をなぞるように包丁を進めていく。

8

頭のほうまで切り進める。これを2～3回繰り返す。

9

神経を集中して、力を入れず、骨に沿って包丁を入れること。

10

身を左手で持ち、中骨まで切っ先を入れる。

11

中骨に届いたら、尾のつけ根に切っ先を差し込んで、中骨に包丁をのせて切り離す。

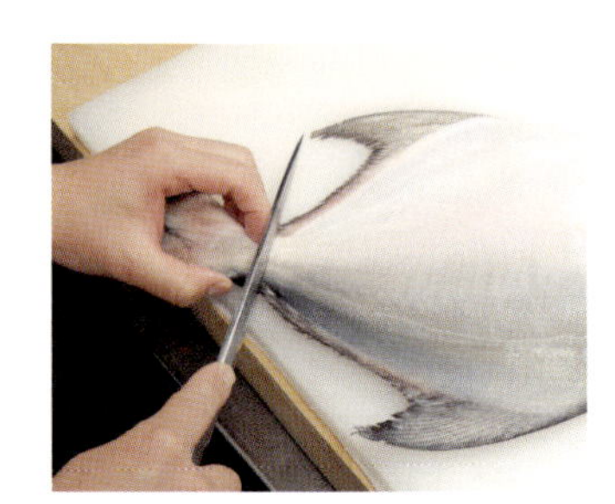

12

頭のほうを右、尾を左にして置き、尾のつけ根に切り目を入れる。

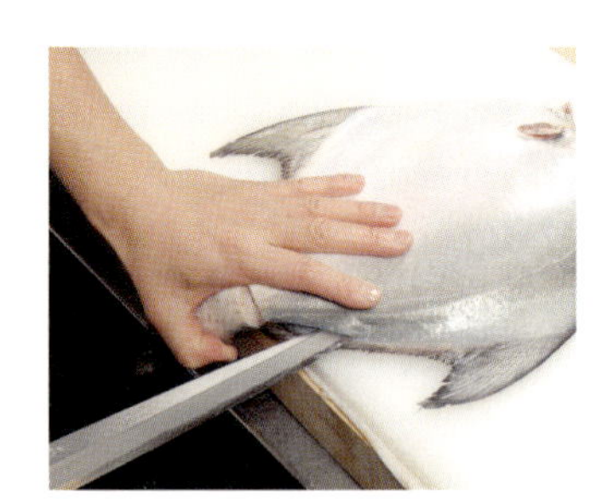

13

左手で押さえながら、尾から逆さ包丁を入れる。

14

背ビレの上をなぞるように尾から頭のほうへ逆さ包丁で切り進める。

15

包丁の向きを変え、頭のほうから尾へ包丁を滑らせる。2～3回繰り返し、中骨まで包丁を入れる。

16

中骨に届いたら、腹を手前にして置き、尾から頭のほうに切っ先を入れる。

17

16を2～3回繰り返し、中骨まで包丁を入れる。少しずつ包丁を動かしながら、切っ先で。

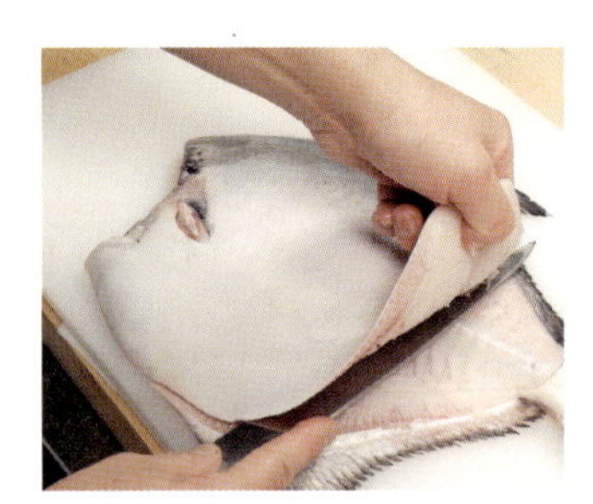

18

尾のつけ根に切っ先を差し込み、中骨に包丁をのせて切り離す。腹骨にあたったら、刃先を立てること。

仕上がり

Column

真魚鰹のような平らな魚は、鮃などのように五枚おろしが一般的ですが、柳刃包丁を使った三枚おろしは、余計な手間がかからず、エンガワもきれいに取れるのでおすすめ。

さく取り（柳刃包丁）

1
三枚おろしにした身の腹骨を起こすようにしながら、包丁をねかせてすくい取る。

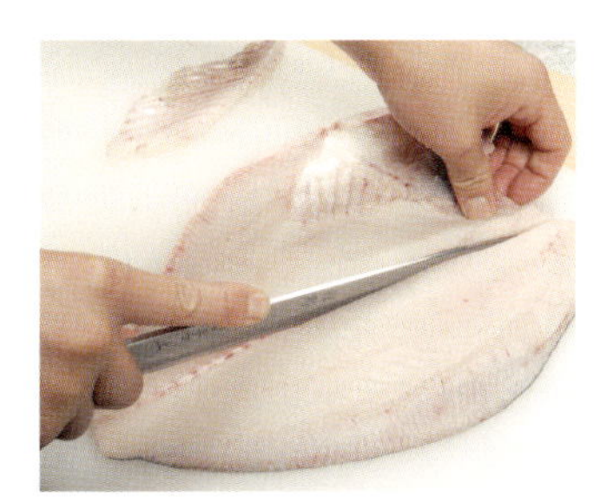

2
腹側に中骨をつけるように、中骨の際に包丁を入れる。

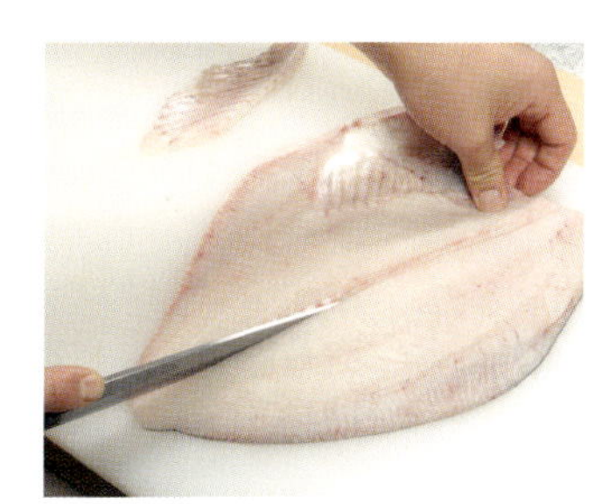

3
頭のほうから尾のほうに切り進めて、背身を切り離す。

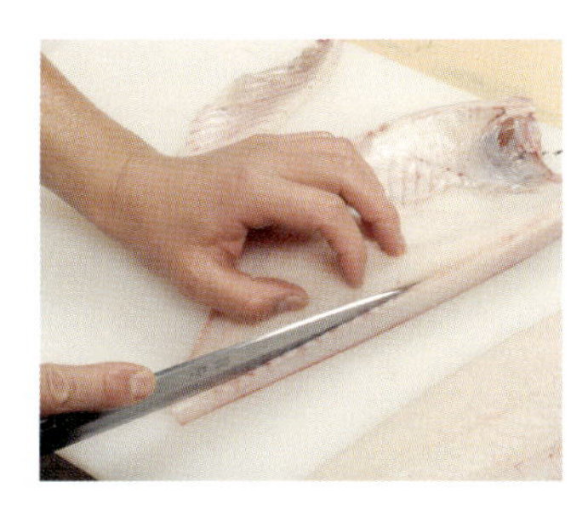

4
中骨の左側の際に包丁を入れる。

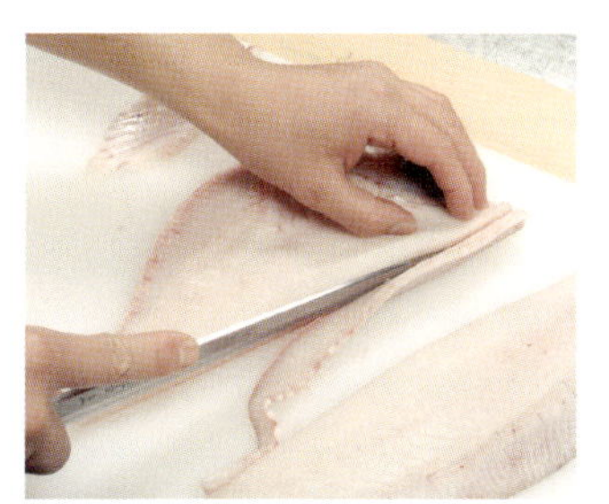

5
頭のほうから尾のほうに向かって包丁を入れ、2～3回繰り返し、腹身を切り離す。

仕上がり

挟み焼き

材料（2人分）

真魚鰹（さく取りをして皮を引いた身・P54参照）…1さく
椎茸…4枚
a
- 出汁…1/2カップ
- 濃口醤油…小さじ1/2
- 塩…少々

【かけだれ】

おろし人参…30cc
b
- 酒…30cc
- 濃口醤油…30cc
- みりん…30cc

作り方

1. 身は薄塩をして1時間置いた後、水洗いして水けをふき、6等分になるように薄めの切り身にする。
2. 椎茸はaで煮て、味を含ませておく。
3. **1**と**2**を交互に重ねて挟み、串を打つ。八分通り火が入ったら、かけだれ（bを煮詰めておろし人参を混ぜた物）を適量かけながら焼き上げる。

皮を引く（柳刃包丁）

1
さく取りした背身を尾を右にして置き、尾のつけ根のところから包丁を入れる。

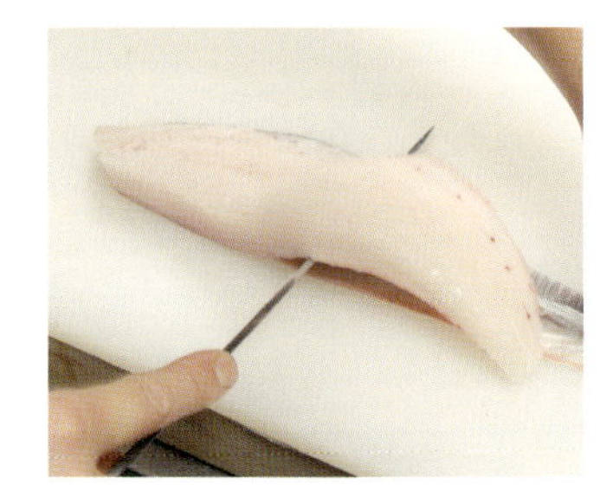

2
皮を左手で引っぱりながら、包丁をまな板に押しつけるようにして、皮を引く。

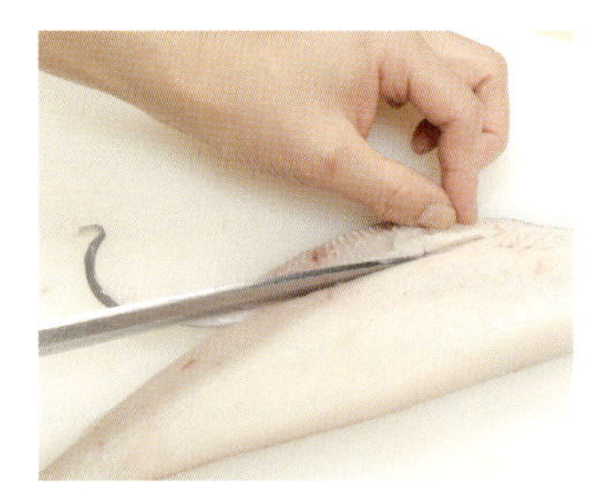

3
エンガワを落とす。

4
さく取りした腹身も尾を右にして置き、尾から包丁を入れる。

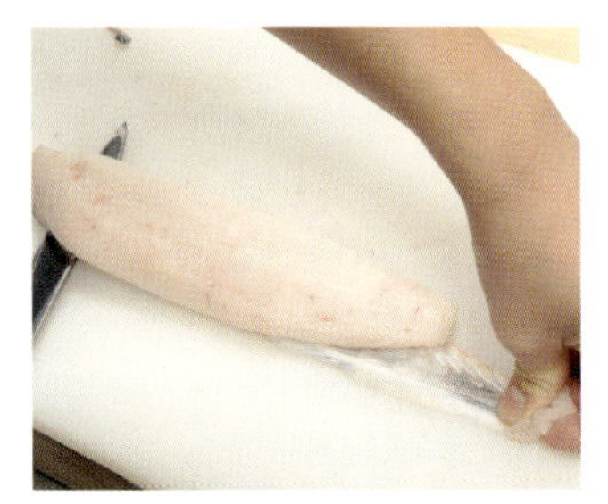

5
包丁を少しずつ上下に動かしながら、皮を引っぱりつつ包丁を進める。

仕上がり

真魚鰹の刺身

材料（2人分）
真魚鰹（さく取りをして皮を引いた身）…1さく
【あしらい】山葵・紅たで・大葉…各適宜

作り方
1. 身は薄いそぎ切りにする。器に盛り、あしらいを添える。皮は塩またはみりんじょうゆで炙り焼きにして添えてもよい。

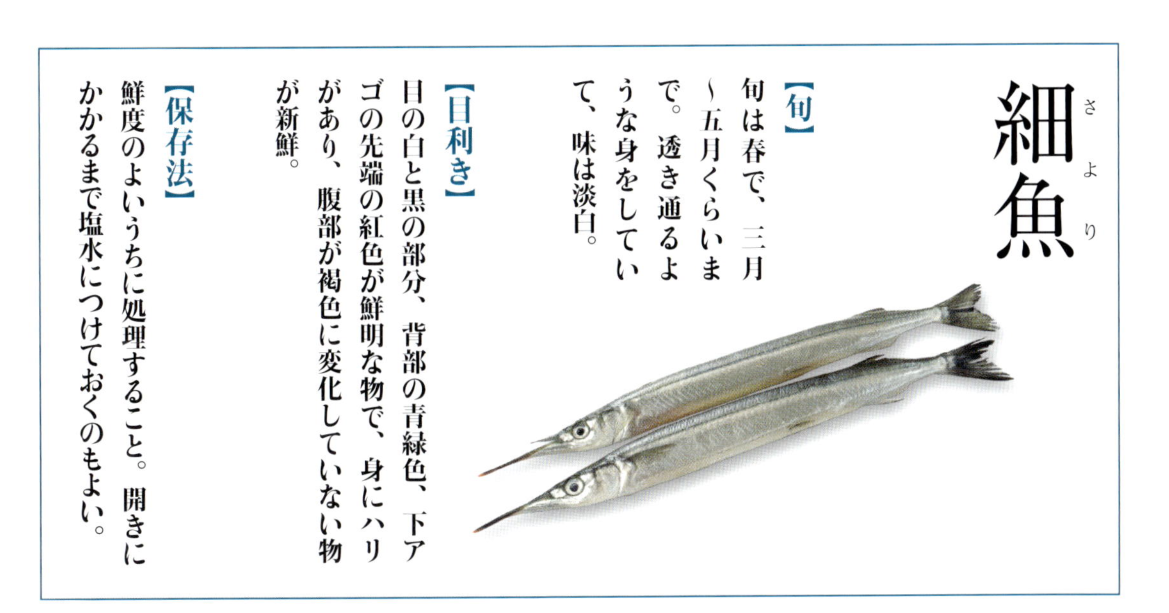

細魚（さより）

【旬】
旬は春で、三月〜五月くらいまで。透き通るような身をしていて、味は淡白。

【目利き】
目の白と黒の部分、背部の青緑色、下アゴの先端の紅色が鮮明な物で、身にハリがあり、腹部が褐色に変化していない物が新鮮。

【保存法】
鮮度のよいうちに処理すること。開きにかかるまで塩水につけておくのもよい。

ウロコを取る→大名おろし（小出刃包丁）

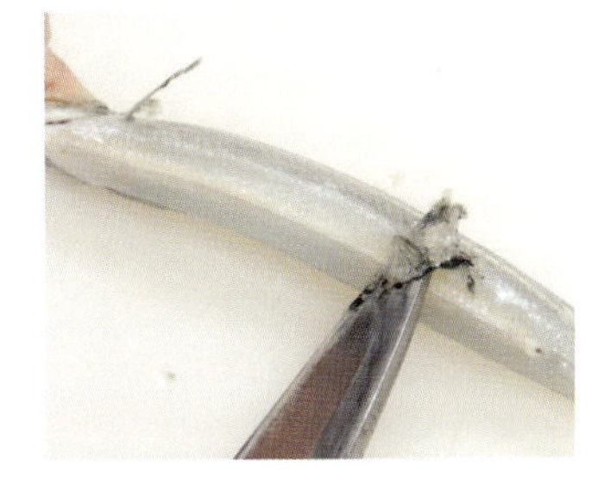

1
細魚はウロコがあるほうが新鮮。小さい魚は包丁でウロコを取る。

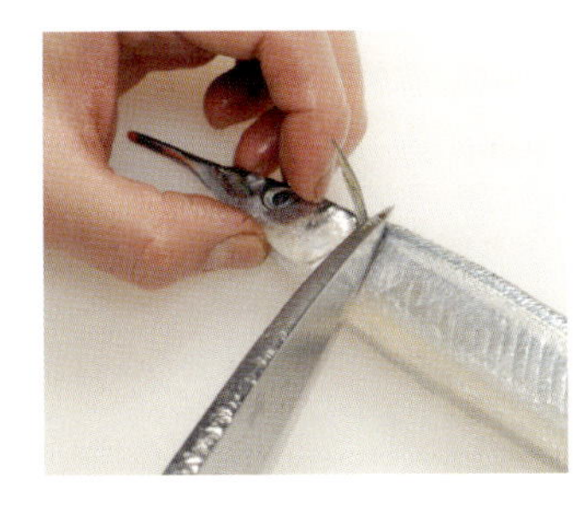

2
頭を左、腹を手前にして置き、胸ビレの後ろに斜めに包丁を入れる。

3
頭の向きはそのままに裏返し、裏側も同様にして包丁を入れる。

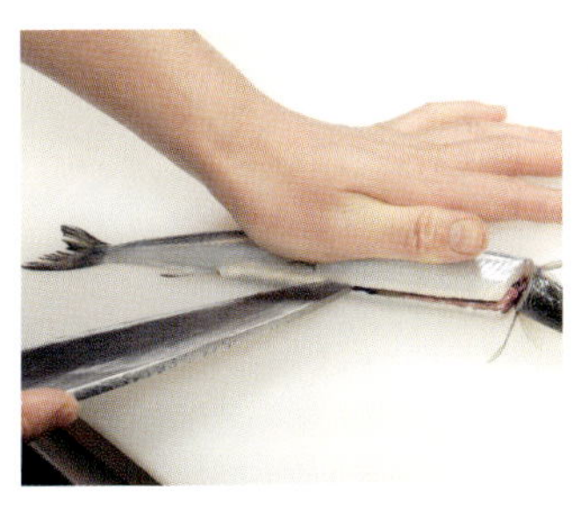

4
頭のほうを右、腹を手前にして置き、頭のほうから包丁を入れる。

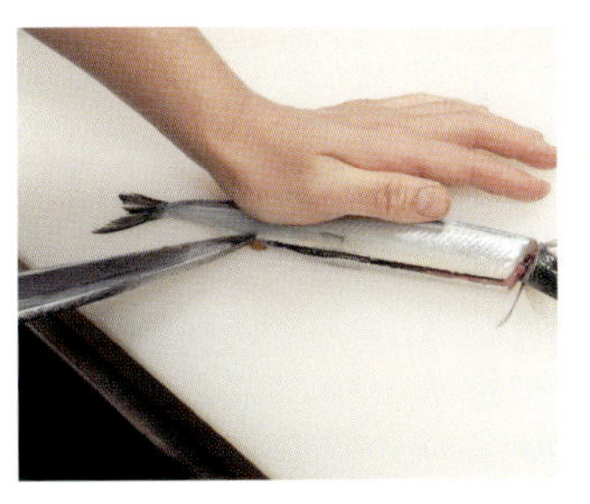

5
尾のほうまで包丁を進める。

6
包丁の刃元を使い、内臓をかき出す。頭も取る。

焼き細魚サラダ仕立て

材料（2人分）

細魚（大名おろしにした身）… 2尾分
きざみ野菜（人参　レタス　独活　胡瓜　葱）… 適量
ラディッシュ（薄切り）… 1個
塩・クレソン・ドレッシング … 適量

作り方

1. 身に塩をして30分ほどおく。
2. 骨を抜き（P58参照）、皮目を焼いて、食べやすい大きさに切り、野菜と共に盛りつけドレッシングをかける。

7

ボールに水をはり、血合いを歯ブラシでこすりながら洗う。

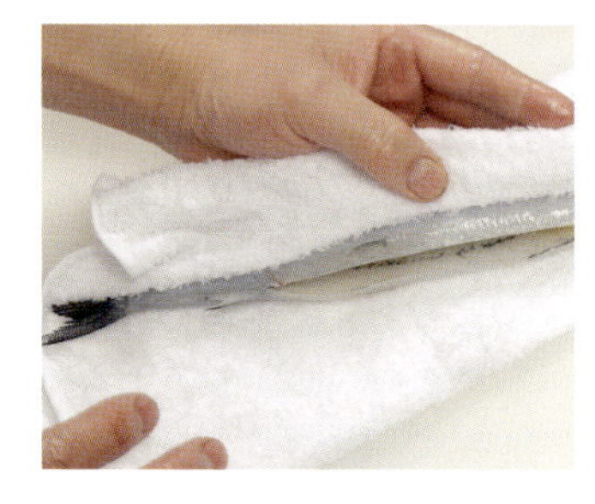

8

こすると身が壊れやすいので、慎重にやさしく、やわらかい布で水けをふき取る。腹の中の黒い部分も取り除く。

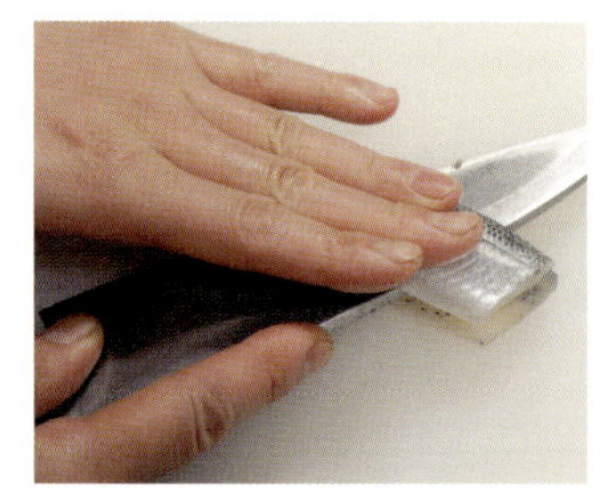

9

頭のほうを右、腹を手前にして置き、頭から包丁を入れ、中骨の上に包丁をのせる。

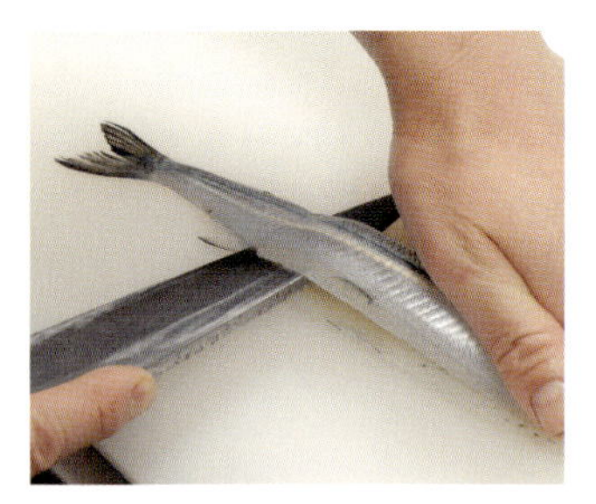

10

左手で身を押さえながら、中骨に沿ってスーッと尾のほうまで包丁を動かしておろす。

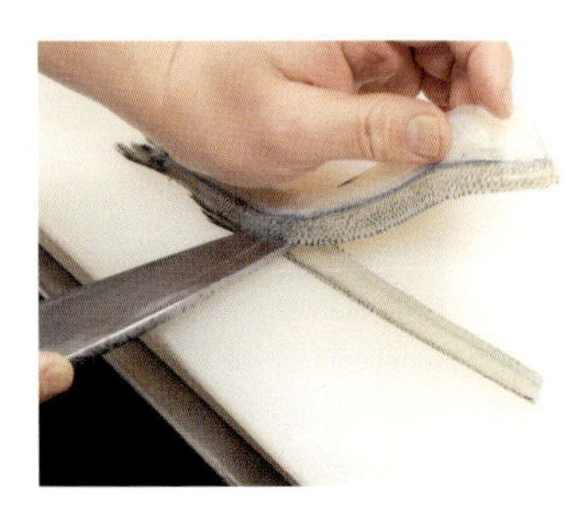

11

裏側も同様に左手で押さえながら中骨に沿って包丁を動かしておろす。

仕上がり

腹骨をかく→ヒレを取る（小出刃包丁）

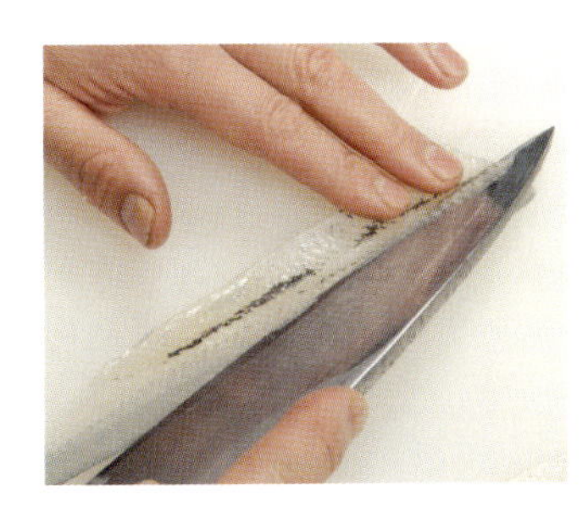

1
大名おろしをした身の腹骨の部分に包丁の刃先をねかせ、頭のほうから腹骨をすくい取る。

2
腹のほうまで少しずつすくうようにして腹骨を取る。

3
反対側も同様に腹骨を取る。

4
かたい腹ビレを包丁の刃元で押さえる。

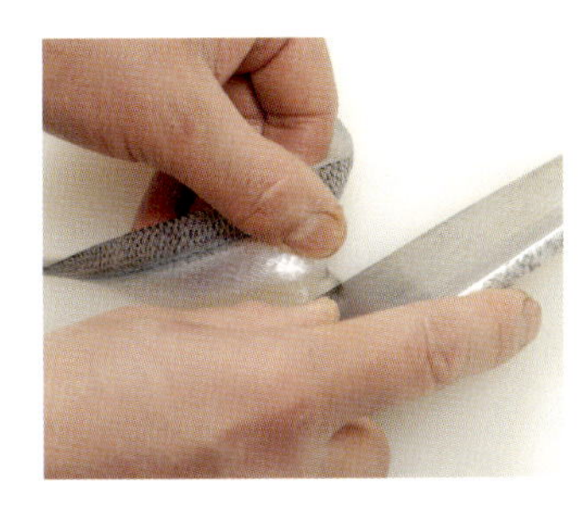

5
身を引っぱりながら、腹ビレを取り除く。反対側も同様にする。

Column

身幅が細い細魚をおろすなら、小出刃包丁または柳刃包丁を使いましょう。腹ビレを抜いたところに固い骨があった場合は、骨抜きで抜くこと。

手毬寿司

材料（2人分）

細魚（大名おろしにした身）… 1尾分
塩・酢 … 各適量
昆布（細魚が並ぶ長さ）… 2枚
和辛子・寿司飯・生姜酢漬け・防風 … 各適量

作り方

1. 身に塩をして30分おく。
2. 骨を抜き、サッと酢で洗って水けをふき取り、皮を引いて昆布に並べ、上からもう1枚の昆布をかぶせ、重石をして締める（P44鯛の昆布締め参照）。
3. **2**を4cm幅に切り、身の厚いほうを開いて和辛子をつける。ラップを広げ、細魚、寿司飯をのせて、丸める。

皮を引く→骨抜き（柳刃包丁・骨抜き）

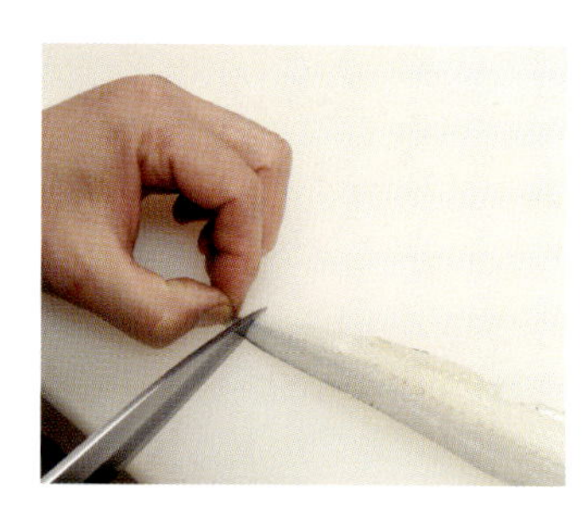

1
大名おろしにした身は尾を左にして置き、左手で尾をつかみ、尾のつけ根に包丁で皮まで切り目を入れる。

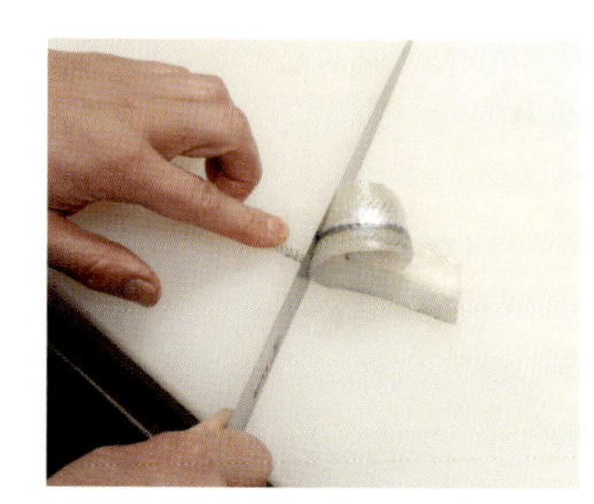

2
包丁は裏返してみねをずらすように動かし、皮を引く。

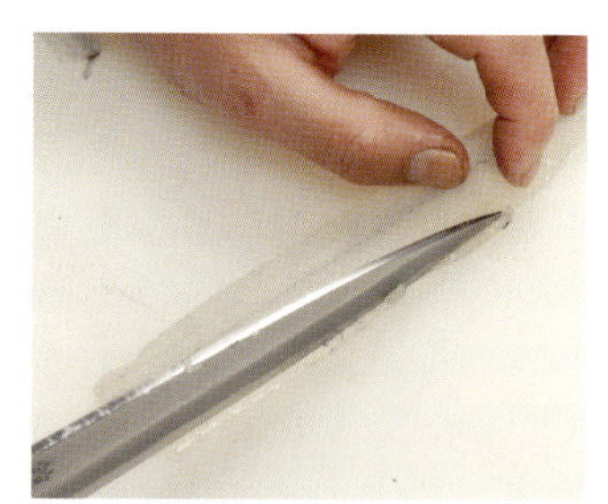

3
余分なところを包丁で取り除く。

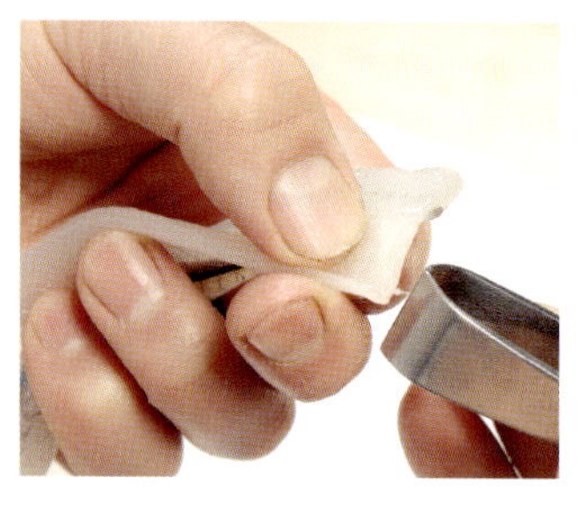

4
端のほうに小骨があるので、見逃さず抜く。布巾を用意して抜いた骨を置くと便利。

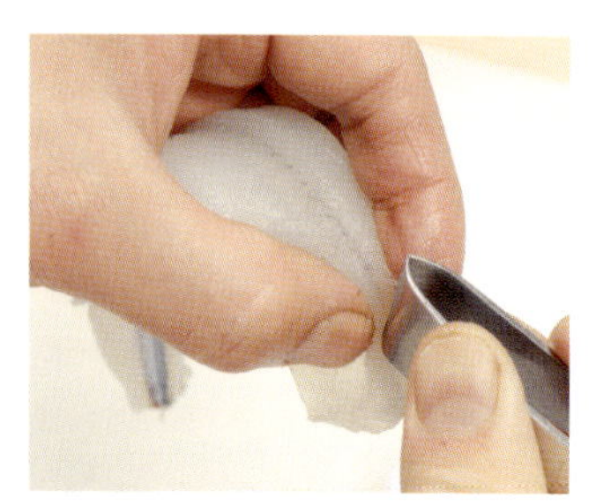

5
ラインに沿って小骨を抜いていく。

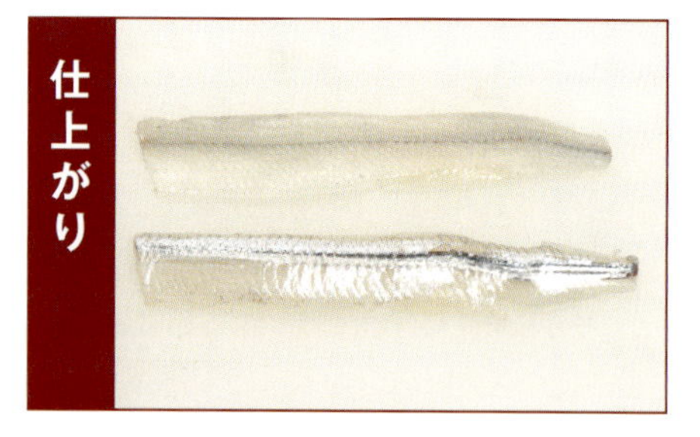

仕上がり

いと造り納豆醤油和え

材料（2人分）
細魚（大名おろしにした身）…1尾分
塩・酢…各適量
浅葱…適量
【納豆醤油】
a
- 納豆…50g
- 濃口醤油…大さじ2
- みりん…小さじ2
- ごま油・砂糖…各小さじ1
- 和辛子…少々

作り方
1. 身に塩をして30分おく。
2. 皮を引き、骨を抜いてサッと酢で洗って水けをふき取る。
3. 斜め細切りにしてaを和え、浅葱を添える（食べる時に和えて食べる）。

鰹（かつお）

【旬】
ほぼ一年中出荷されているが、初鰹と呼ばれる初夏と、戻り鰹と称される晩秋が旬。

【目利き】
一本買いなら、背が鮮やかな青紫色でエラが赤く、皮がはちきれそうにまるまると太った物を。さくにおろした物なら、赤みの鮮やかな物が新鮮。

【保存法】
皮を取り、内臓を取り除き、水洗いしてから、20〜30分間血抜きをして、サラシで包んで保存するとよい。

皮を取る（出刃包丁）

1
皮をそぎ取っていく。頭を右にして置き、左手で身を押さえる。包丁を逆さにねかせ、上下に動かす。

2
最初は真ん中から、次に上の際をそぎ取る。

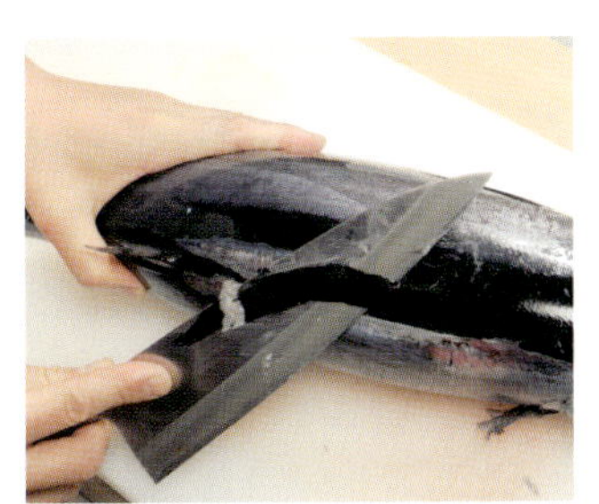

3
身を起こし、背の部分の皮をそぎ取る。

4
頭の向きを変えずに、そのまま裏返し、尾から頭に向けて皮をそぎ取る。

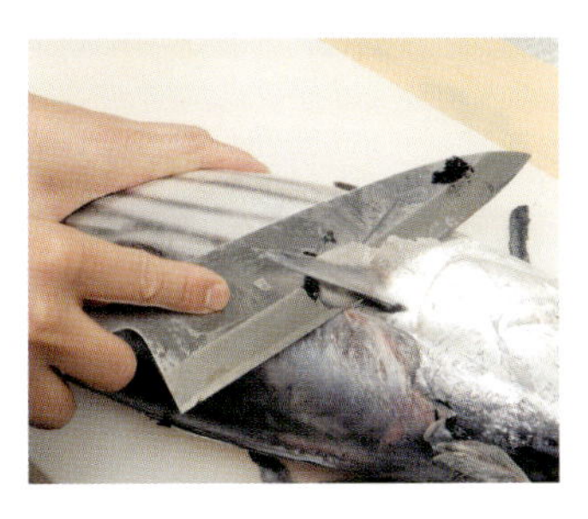

5
お腹の部分やエラの後ろも念入りに皮をそぎ取る。

頭を落とす→内臓を取る（出刃包丁）

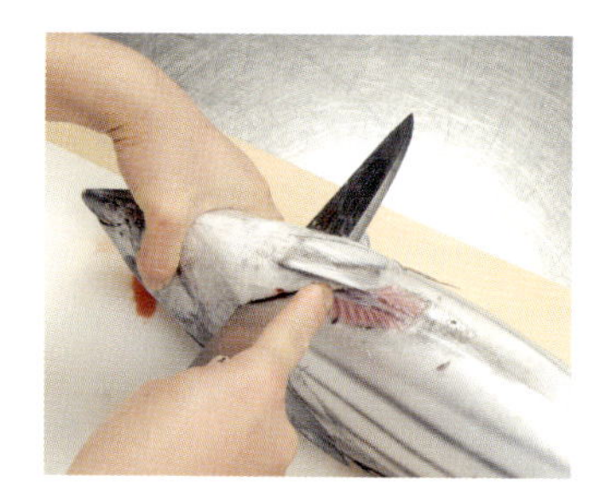

1

頭を左に腹を上に向け、包丁を腹ビレの下に入れる。

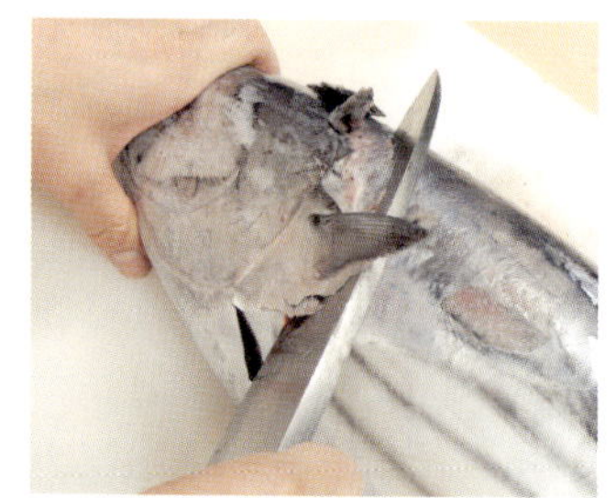

2

腹が手前にくるように置き、胸ビレの後ろから斜めに包丁を入れる。

3

そのまま頭のほうへ包丁を入れて切る。

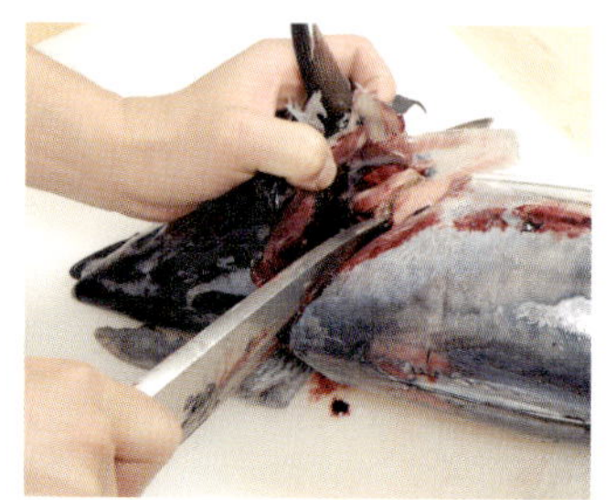

4

裏返して同じようにヒレの後ろに包丁を入れて切る。

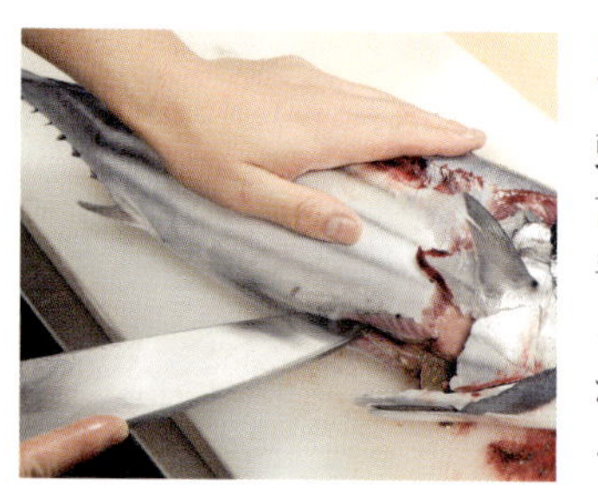

5

頭を右に腹を手前にして置き、左手を背に置き、アゴの下から腹に向かって包丁を入れる。

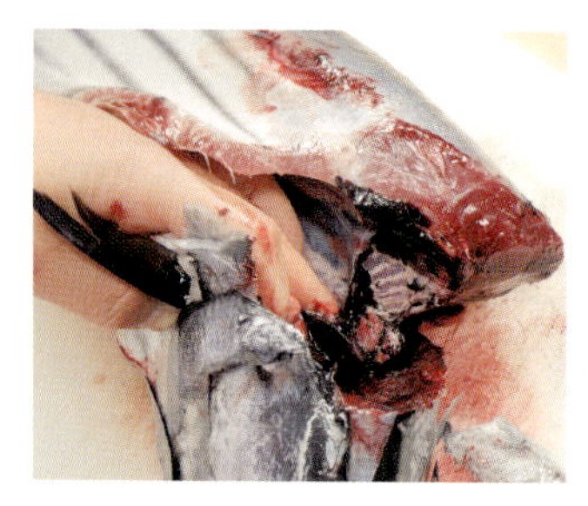

6

頭のところの筋を切り、頭と内臓を引っぱりながら取る。

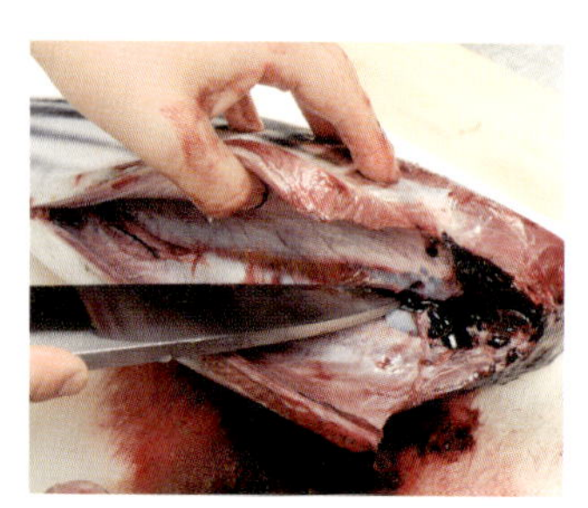

7

血合いの膜を切っ先で切る。

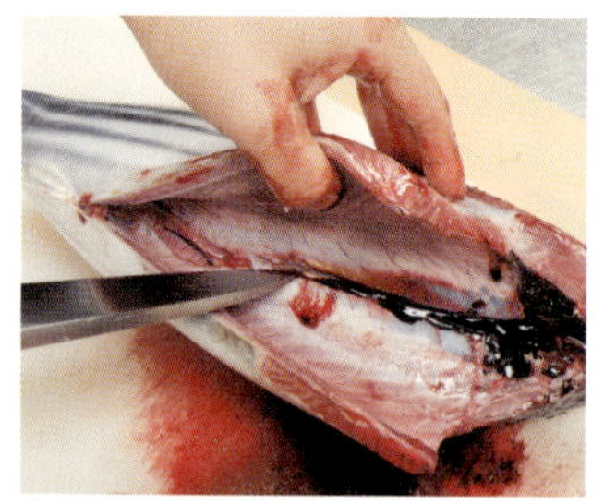

8

何度か切っ先で血合いの膜を切る。

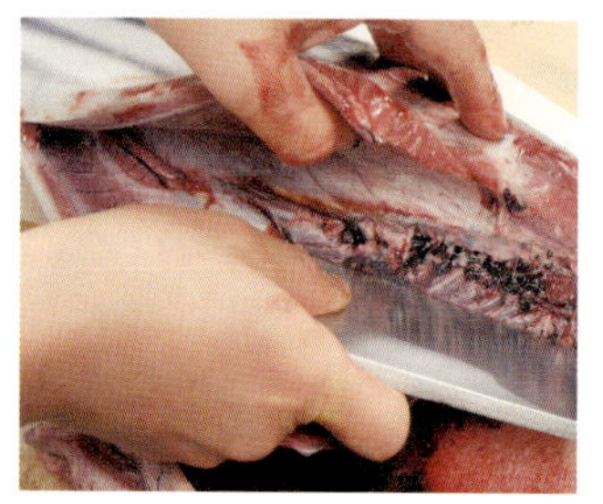

9

刃元で血合いや内臓の残りをかき出す。

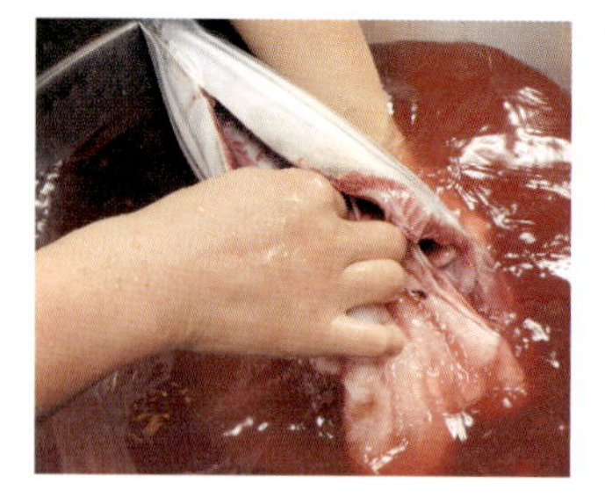

10

ボールに水をはり、鰹は身がやわらかいので、ささらや歯ブラシは使わず、布巾でやさしく洗う。

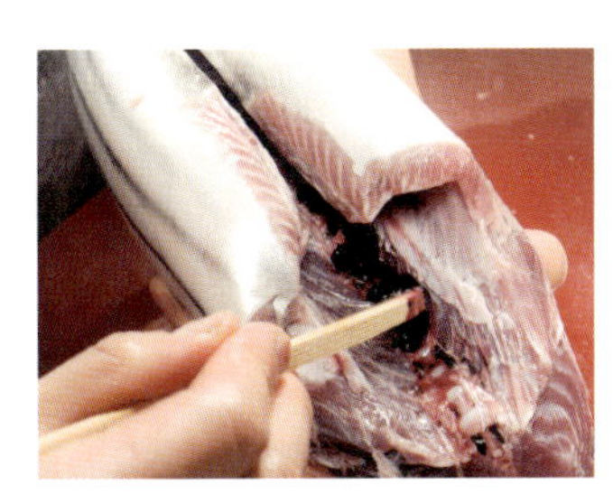

11

取れにくいところは箸で血合いを取り除く。

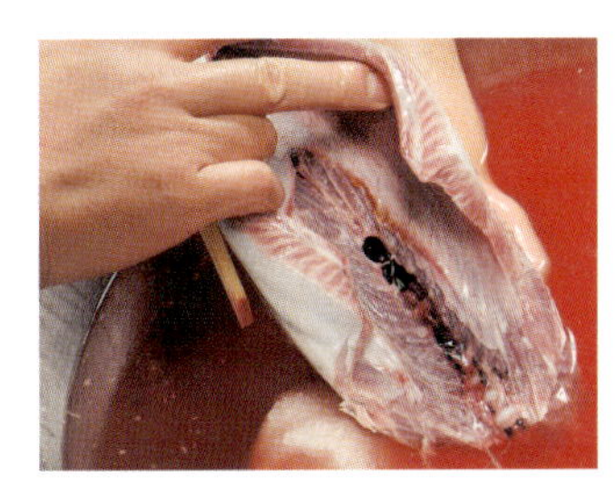

12

血合いは中のすみずみまできれいに取り除くこと。

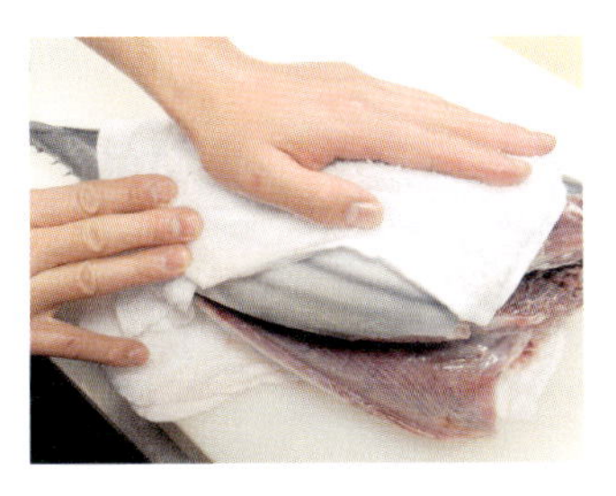

13

表面の水けをしっかりふき取る。

14

腹の中もきれいに水けをふき取る。

三枚おろし（出刃包丁）

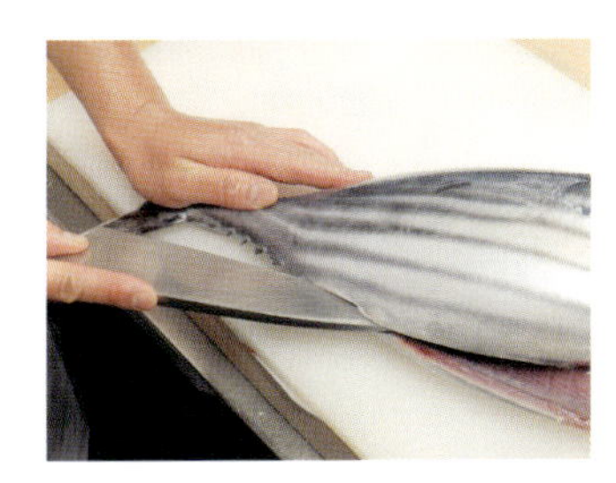

1

頭のほうを右に、腹を手前にして置き、腹に包丁を尾まで入れる。

2

1を2～3回ほど繰り返し、中骨にあたるまで包丁を入れる。

3

頭のほうを左に、背を手前になるように裏返し、尾のほうから頭のほうに向かって包丁を入れる。

4

2～3回ほど繰り返す。

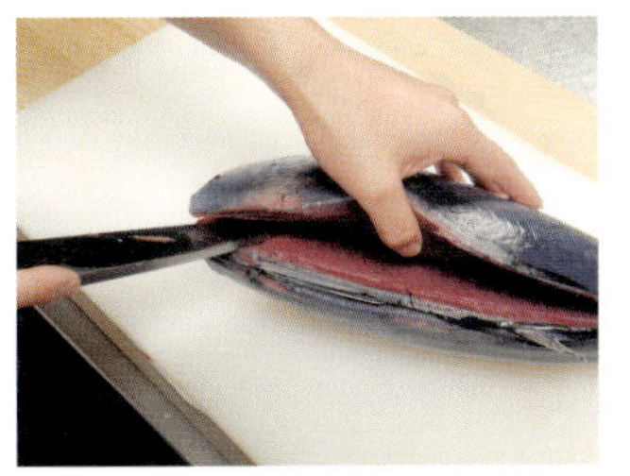

5

左手で身を支えながら、中骨まで包丁を入れていく。

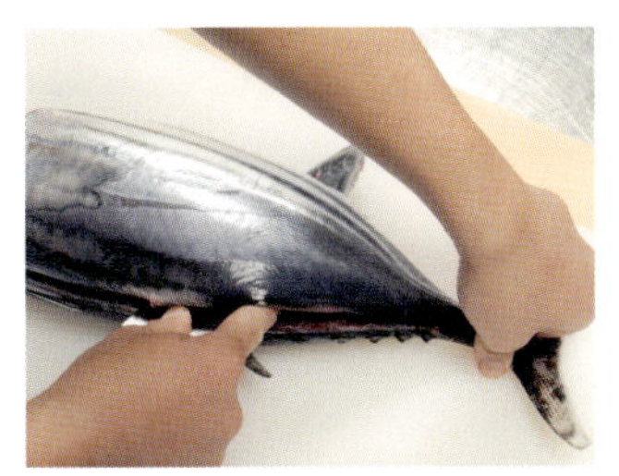

6

尾のつけ根に切っ先を差し込む。左手で尾をつかみ、尾から頭まで一気に下ろす。

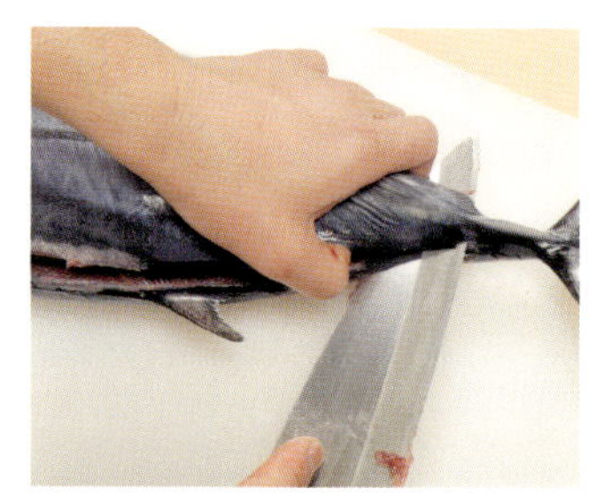

7

逆さ包丁で尾のつけ根に切っ先を差し込み、尾ビレの手前まで包丁を進める。

8

尾のつけ根に包丁で切り目を入れる。

9

頭のほうを右、背が手前になるように裏返し、左手を腹側に添え、頭のほうから皮目に包丁を入れる。

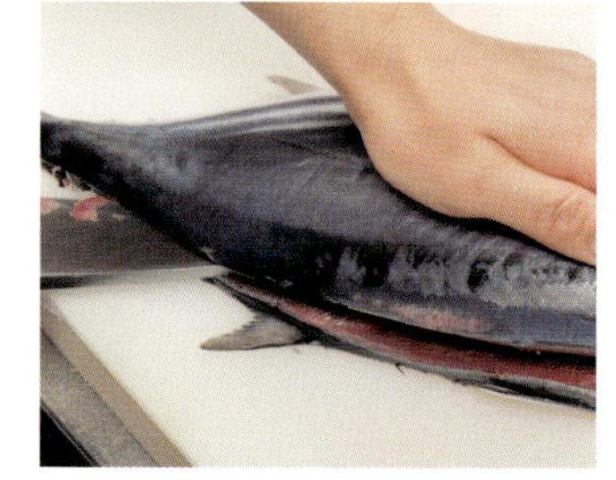

10

左手で身を浮かしながら、包丁を奥まで入れていく。鰹には力を入れないこと。

11

中骨までしっかりと包丁を入れる。

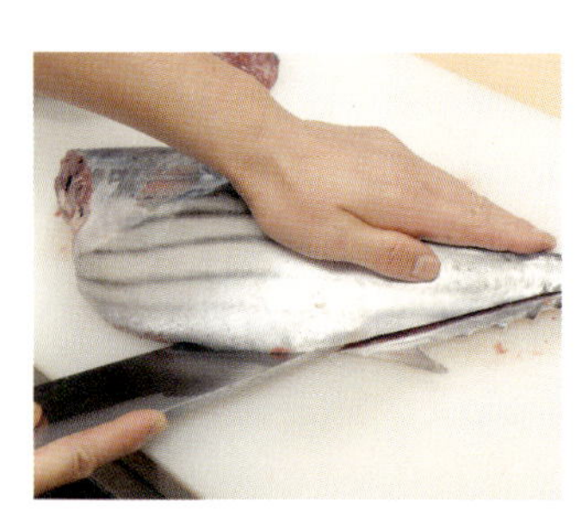

12

腹を手前に、頭のほうを左に置き、尾から頭に向かって包丁を入れる。

13

12を2～3回ほど繰り返し包丁を入れ、中骨に包丁が届いたら、尾のつけ根に切っ先を差し込む。

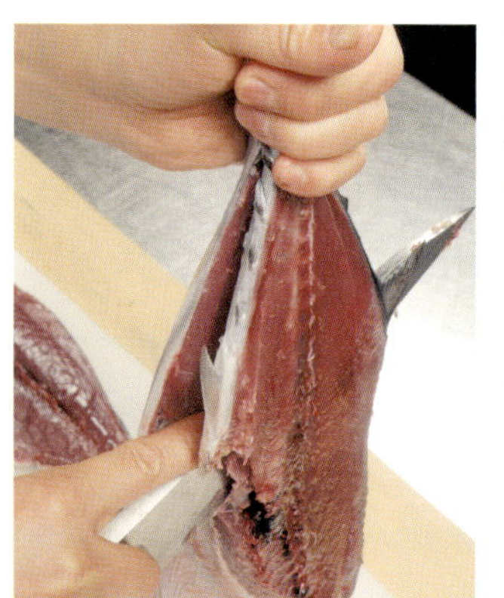

14

左手で尾を持ち上げ、身を立てて上から下に包丁を進める（身に負担をかけないように注意）。

仕上がり

腹骨をかく（出刃包丁）

1
三枚おろしにした身は頭のほうを奥にして置き、腹骨のつけ根を逆さ包丁で外す。

2
包丁をねかせて骨をすくう感じでそぎ取る。

3
その後もう一度包丁を入れて骨をすくう感じで腹骨をそぎ取る。

仕上がり

さく取り（出刃包丁）

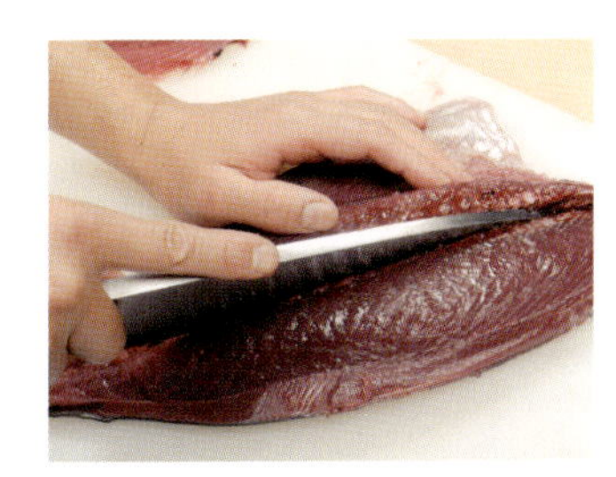

1
中骨が腹側につくように中骨の背側の際に包丁を入れる。

2
尾のほうへ包丁を進め、背身を切り離す。

3
中骨の腹側の際に包丁を入れていく。

4
包丁を進めて腹身を切り離す。皮の際に白い脂がある身は、脂がのっていておいしい。

仕上がり

Column

鰹は身がやわらかいので身割れしやすい。三枚におろしたら、中骨が腹側につくように中骨の背側に包丁を入れるのがポイント。

切り身にする（柳刃包丁）

1

さく取りをした身は皮目を上にし、頭のほうを左に置き、1cm 幅に包丁の刃元をあてる。

2

包丁を引きながら、刃の全体を使って切っていく。

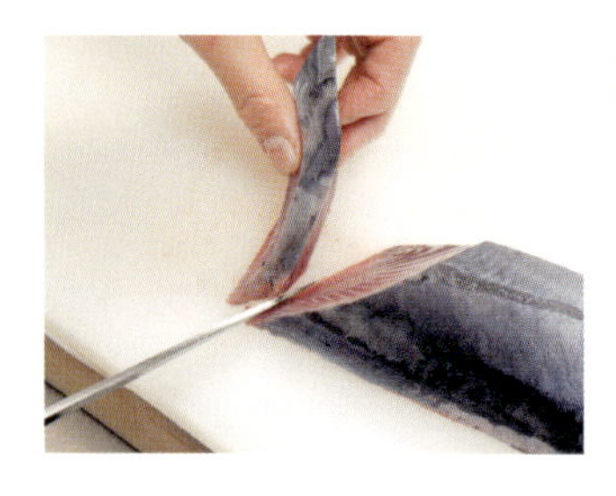

3

これを繰り返す。

仕上がり

皮を引く（柳刃包丁）

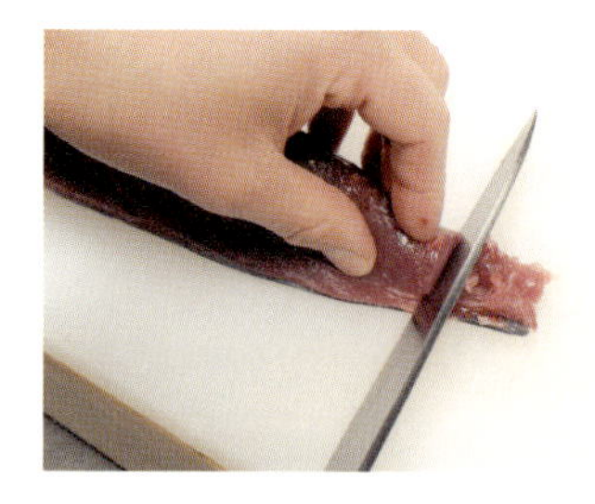

1

さく取りした身は尾のほうを右、皮を下にして尾の先に皮の際まで包丁を入れる。

2

左手で押さえながら、包丁を真横になるようにねかせて入れる。

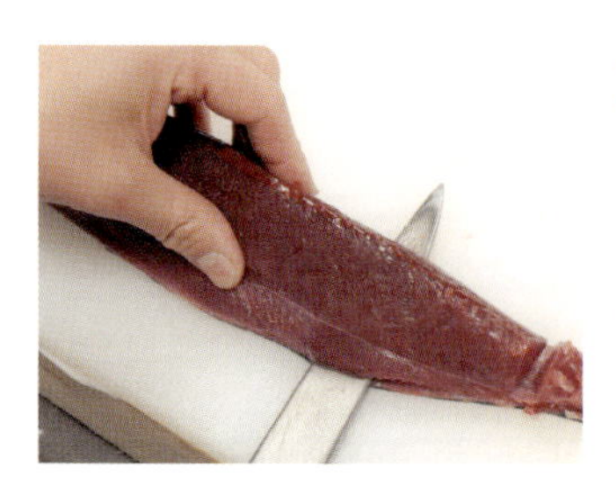

3

左手を頭のほうにずらして押さえ、包丁を押さえつけながら上下に動かす。

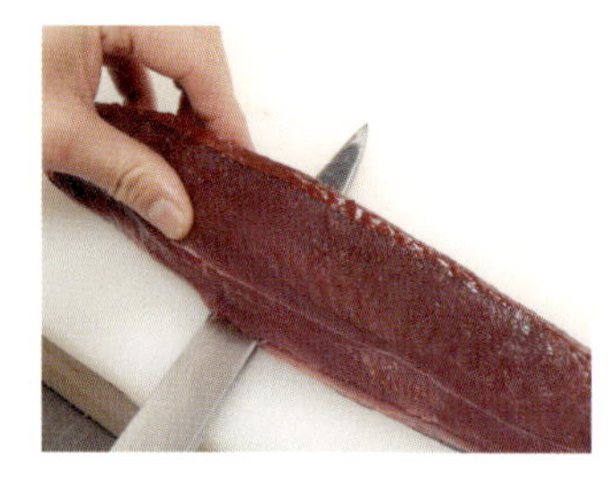

4

3を繰り返し、身を離す。

仕上がり

Column

鰹などの身がやわらかい魚の皮を引くときは、内引きといって、尾を右側におき、包丁を内側にねかせて入れ、少しずつ上下に包丁を動かしながら皮を取る。

鰹の香味揚げ

材料（２人分）
鰹（切り身）… 2切れ
塩・こしょう・小麦粉・溶き卵・揚げ油 … 各適量
レモン … 適量
【合わせ薬味衣】
揚げにんにく・アーモンド・松の実（それぞれきざむ）… 各適量

作り方
1. 切り身に塩、こしょうをして小麦粉をまぶし、溶き卵にくぐらせ、合せた薬味衣をたっぷりまぶす。
2. 1を中火で中がミディアムレアぐらいに揚げて切り分け、レモンを添える。

平造り

材料（２人分）
鰹（さく取りして皮を引いた身）… 100g
【あしらい】
茗荷・かいわれ菜・生姜 … 適宜

作り方
1. 鰹を平造り（P302参照）にし、器に盛る。

鰹のカルパッチョ

材料（２人分）
鰹（さく取りにした身）… 1さく
玉葱（スライス）… 1個分
茗荷（せん切り）… 2本分
大葉（せん切り）… 10枚分
白炒り胡麻・ポン酢醤油 … 各適量

作り方
1. 鰹の皮を下にして、扇状に金串を刺し、皮に塩をふる。火で全体をさっと炙り、焼き目がついたら氷水に入れて冷まし、水けをきる。
2. 器に玉葱を敷き厚めに切った鰹を並べ、茗荷、大葉、白炒り胡麻をのせ、ポン酢醤油を添える。

鯵（あじ）

【旬】
鯵は一年を通じて出回っているが、小鯵では初夏から盛夏、大鯵では秋から冬が旬。

【目利き】
目が透き通っていて、エラから血がにじみ出ていない物。背が盛り上がっていて、身が厚く、ハリとツヤがある物が新鮮。

【保存法】
頭と内臓を取るか、三枚におろして塩をして、出てきた水分をふき取り、一枚ずつラップに包み、冷蔵庫で保存。

三枚おろし（小出刃包丁）

1
尾のほうから包丁をねかせて上下に動かし、包丁を少し浮かす感じでゼイゴを取る。

2
尾から頭に向かってウロコをこそげ取る。細かいウロコがあるので、丁寧に取る。

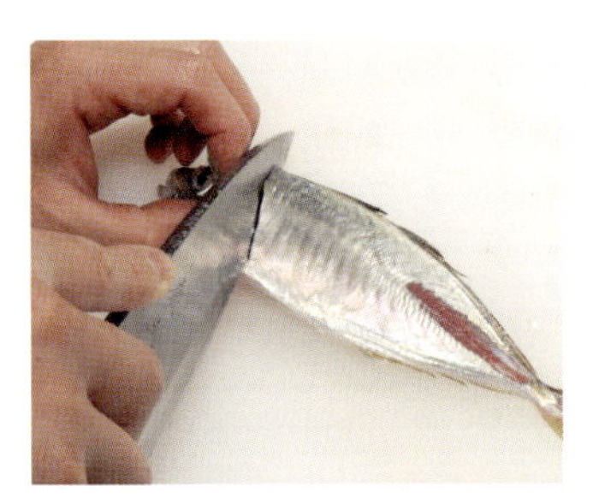

3
頭を左にして置き、胸ビレと腹ビレの後ろに包丁を斜めに入れ、頭を切り落とす。

4
頭のほうを右、腹側を手前に置き、頭のほうから肛門まで切る。

5
腹に包丁を入れ、刃元で内臓をかき出す。

6
頭、ゼイゴを取り、内臓をかき出した状態。

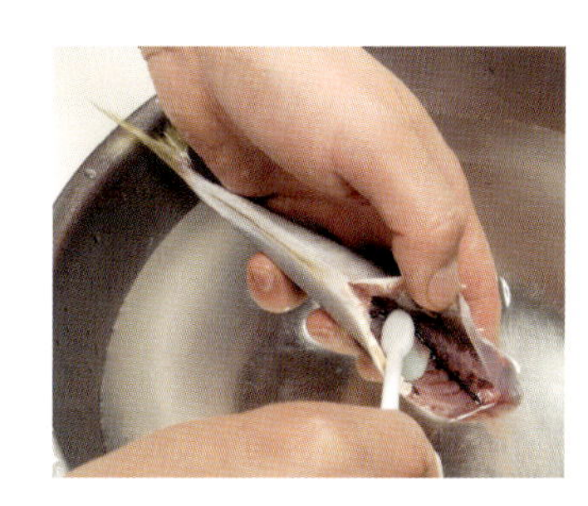

7

ボールに水をはり、歯ブラシで血合いをかき出し、包丁で取れなかったウロコや汚れを洗う。

8

外側も内側も水けをよくふき取る。

9

頭のほうから尾に向かって腹に切り込みを入れる。2度くらいに分けて、中央の太い骨の上まで切る。

10

背が手前にくるように向きを変え、尾のほうから切っ先を入れて、背ビレの上に包丁を入れる。

11

中骨に沿って包丁を3度ほど切り込み、中央の中骨の上を滑らせるように切る。

12

尾のつけ根に逆さ包丁で切っ先を入れ、身を切り離す。

13

裏に返し、中骨が下になるように置き、頭のほうから上身と同じ要領で、背に包丁を入れる。

14

向きを変え、尾のほうから腹側に包丁を入れ、中央の太い骨まで切る。

15

左手で尾を押さえ、尾のつけ根から中骨の上を滑らせるように切り、身を切り離す。

仕上がり

腹骨をかく→中骨を切り離す（小出刃包丁）

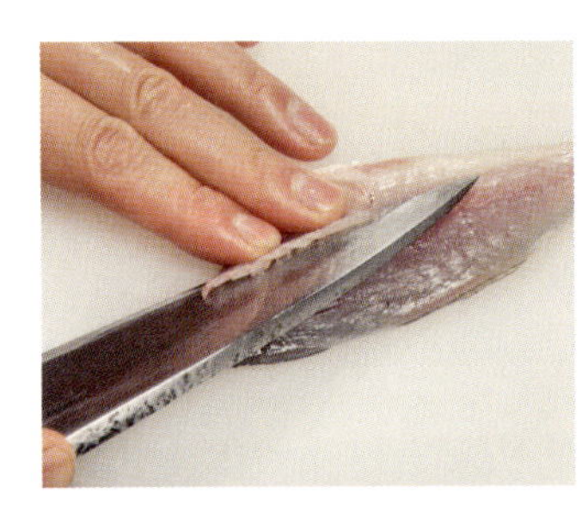

1
腹骨が左にくるように置き、腹骨のつけ根の右側から包丁をあてる。

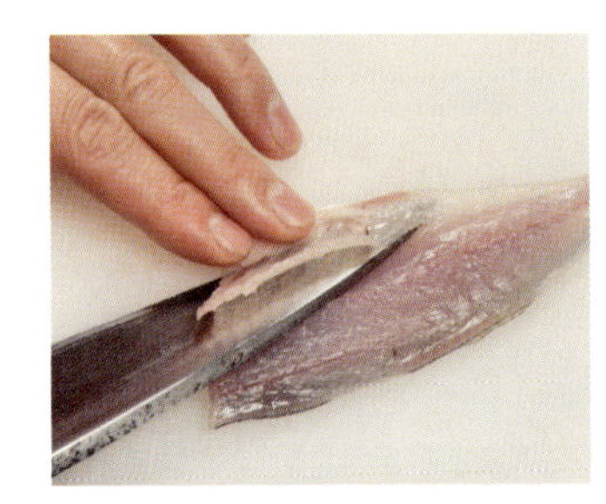

2
腹骨を立たせ、骨が浮いたらそこへ包丁をねかせて入れる。

3
骨だけをすくうように薄くそぎ取る。

4
中骨の際に包丁を入れる。

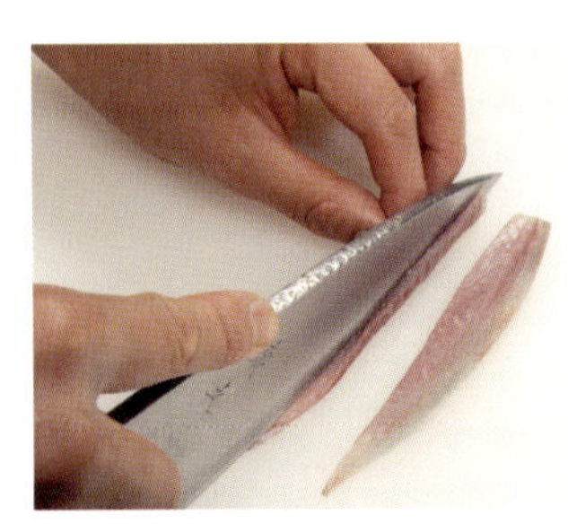

5
反対側の際にも包丁を入れる。こうすると、小骨を抜く行程が省ける。

鯵の酢どりあんかけ

材料（2人分）

鯵（三枚におろし、中骨を切り離した身）…1尾
プチトマト…2個
ズッキーニ…3cm
茄子…1/2本
揚げ油・小麦粉・片栗粉・水溶き片栗粉・生姜の絞り汁・針葱…適宜

a
- 鰹出汁…50cc
- みりん・濃口醤油・酢…各10cc
- 砂糖…小さじ1

作り方

1. プチトマトはヘタを取り、ズッキーニは縦半分に切り、茄子はまだらになるように皮をむいて縦4等分に切る。鯵の身とそれぞれの野菜は衣（小麦粉1：片栗粉1：水1.2）をまぶして中温で揚げ、彩りよく盛りつける。

2. aをひと煮立ちさせ、水溶き片栗粉を加えとろみをつけ、生姜の絞り汁を加えて**1**にかけ、針葱を添える。

たたきにする(骨抜き・小刃包丁)

鯵のたたき

材料(2人分)
鯵(三枚におろした身)…2尾分
酢…適量
茗荷…1本
大葉…10枚
玉葱…1/4個
生姜(みじん切り)…大さじ1
ポン酢醤油…適量

作り方
1. 身は薄塩をして20分おく(A参照)。骨を抜いて酢に氷を入れて冷たくした氷酢で表面を洗ってから水けを取り(B~C参照)、皮を引いて細切りにする(D~E参照)。
2. 茗荷、大葉はせん切り、玉葱は輪切りの薄いスライスにしてそれぞれ水に浸けてシャキっとさせ、水けを取っておく。
3. **1** に生姜のみじん切りをまぶして(F参照)、**2** と共に彩りよく盛りつけ、ポン酢醤油で食べる。

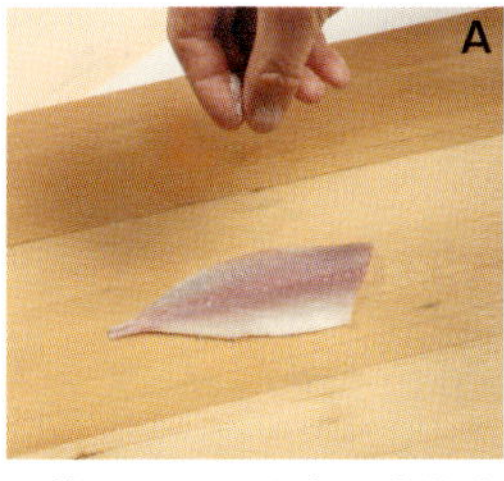

三枚におろした身は皮目を下にし、まな板にのせ、身にも塩をふる。

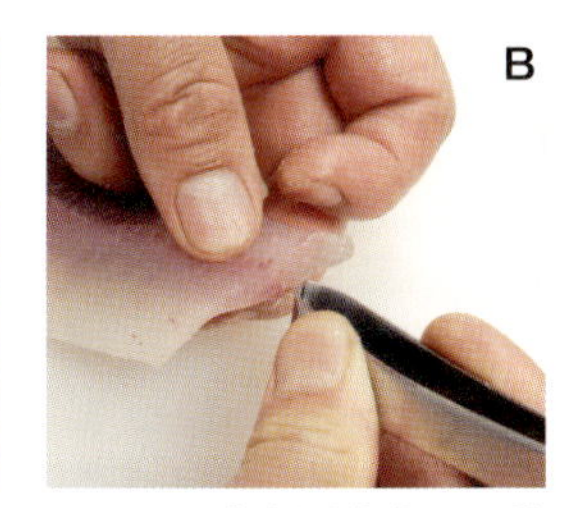

ボールに水を用意する。骨抜きで骨を抜く。骨を抜いたら、水をはったボールに入れるとやりやすい。

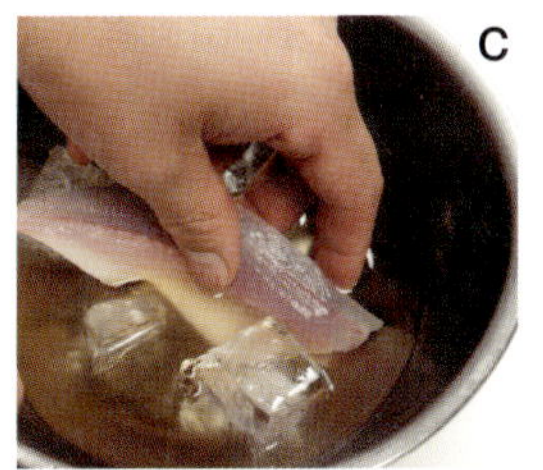

氷酢で身をふり洗いして、しめ、水けをよくふき取る。

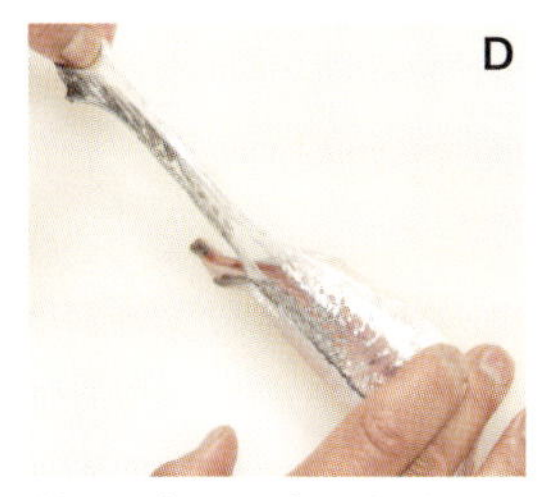

頭のほうから皮がむけていることを確認し、尾のほうへ向かって一気に皮を引く。

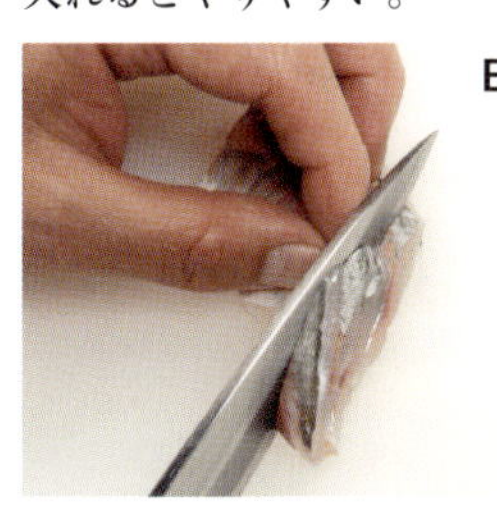

皮目を上にして、刃先で斜めに細く引き切りにする。

きざんだ生姜と和える。

腹開き（小出刃包丁）

1

ゼイゴとウロコを取った鯵は指でエラブタを開き、下アゴのエラのつけ根を逆さ包丁ではずし、上アゴのエラのつけ根を切る。

2

エラのまわりの薄い膜をえぐり取り、エラを切っ先でぐるりとかき出す。

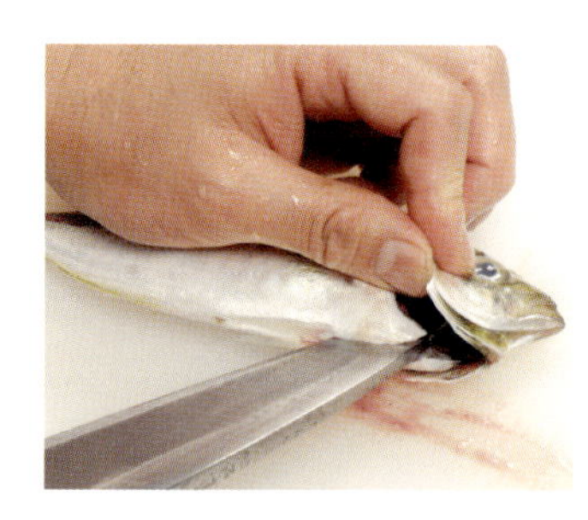

3

頭を右、腹を手前にして置き、下アゴのやわらかいところから肛門まで切る。

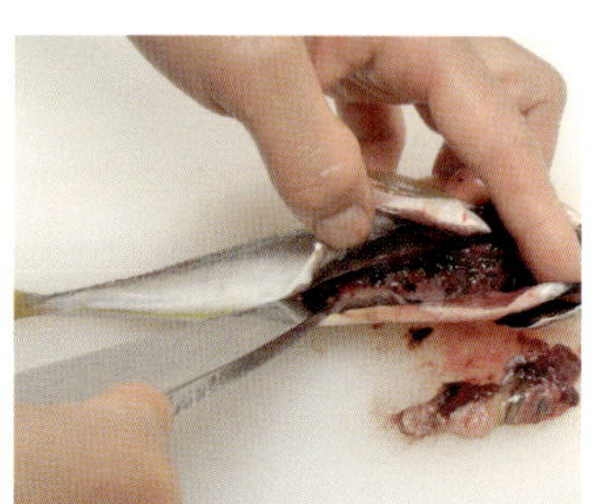

4

切っ先で内臓をかき出す。

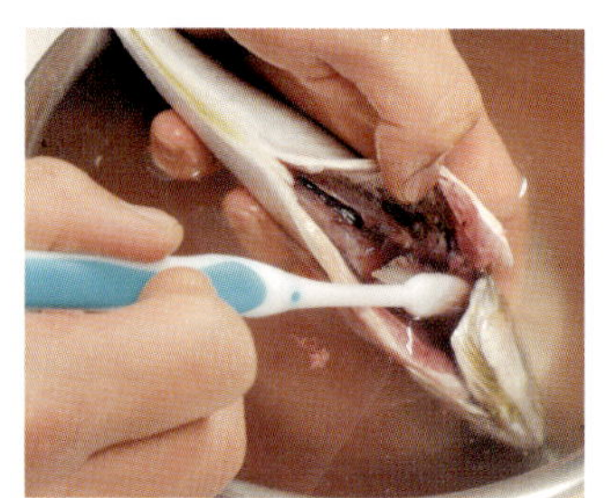

5

ボールに水をはり、歯ブラシで血合いや汚れを洗う。

6

タオルで表面と腹の中の水けを丁寧にふき取る。

7

頭を右、腹を手前にして置き、頭のほうから尾に向かって包丁を入れる。

8

中骨の上に包丁を差し込み、沿わせるよう尾のほうまで切り進める。繰り返し包丁を入れ、開いていく。

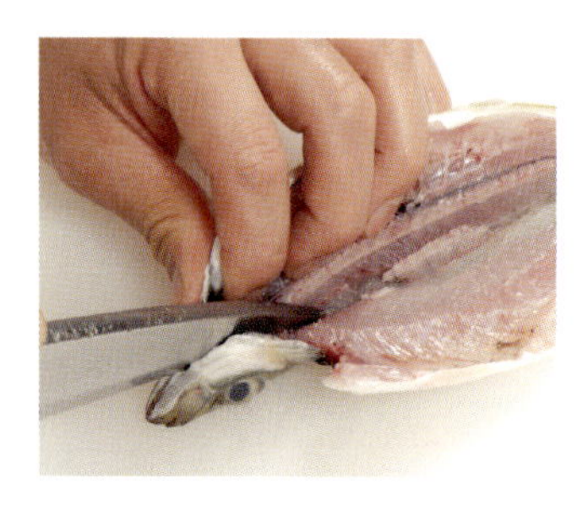

9

向きを反対にして下アゴを切り離し、頭を半分に切る。このときくちびる部分は割らずに残しておく。

仕上がり

いしる干しにする

バットに腹開きしたあじを入れ、合わせた漬け汁を入れる。

鯵のいしる干し

材料（2人分）
小鯵 … 4尾
【漬け汁】
いしる …1カップ
酒 …1カップ
みりん … 大さじ2

作り方
1. 鯵を腹開き（P70参照）にする。
2. 漬け汁に鯵を20分浸け（A~C参照）、取り出して風通しのよい場所で表面が乾くまで天日干しにし、裏側に返して同様に干す。
3. 表になるほうから焼き、皮目をパリッと焼く。

ペーパータオルを上にかぶせて浸す。

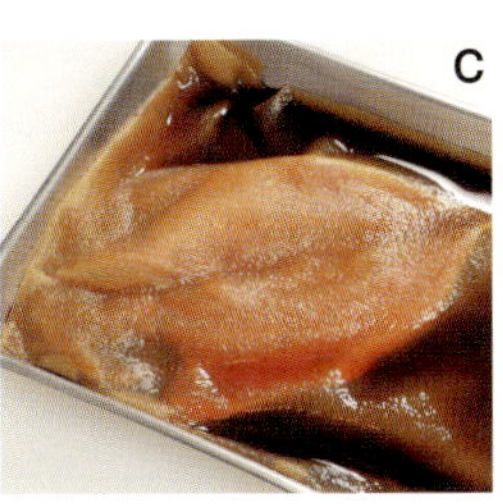

こうすることで、いしるの漬け汁が浸透しやすくなる。

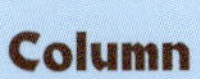

いしるとは、魚醤のこと。腹開きにした鯵をいしるに浸け、天日干しにすることで、いしる独特の香りとコクを味わえます。

つぼ抜き（小出刃包丁・割箸）

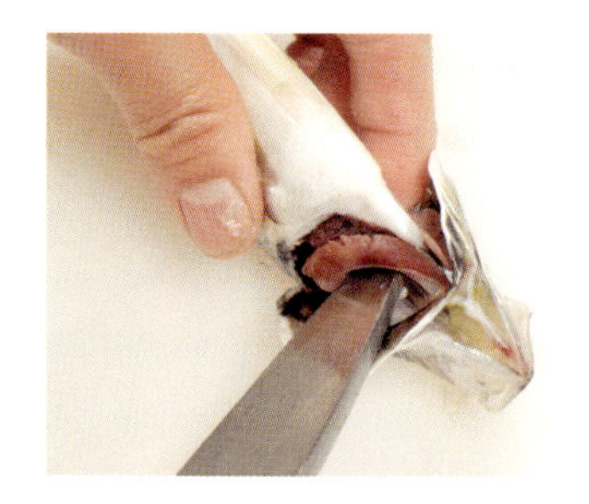

1
指でエラブタを開き、下アゴのエラのつけ根を逆さ包丁ではずし、上アゴのエラのつけ根を切る。

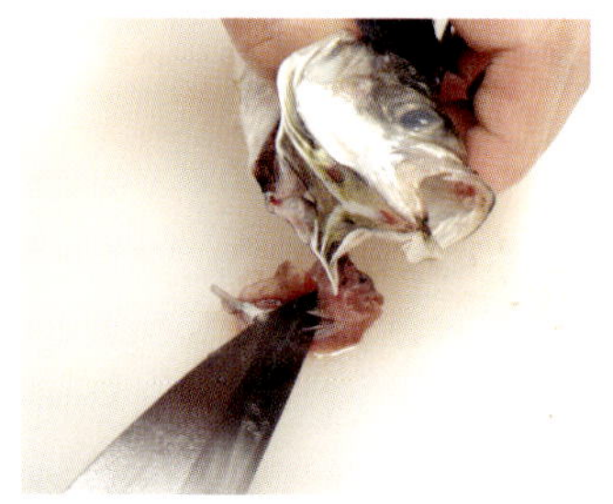

2
エラのまわりの薄い膜をえぐり取り、エラを切っ先でぐるりとかき出す。

3
エラから割箸を内臓を挟むようにして入れる。

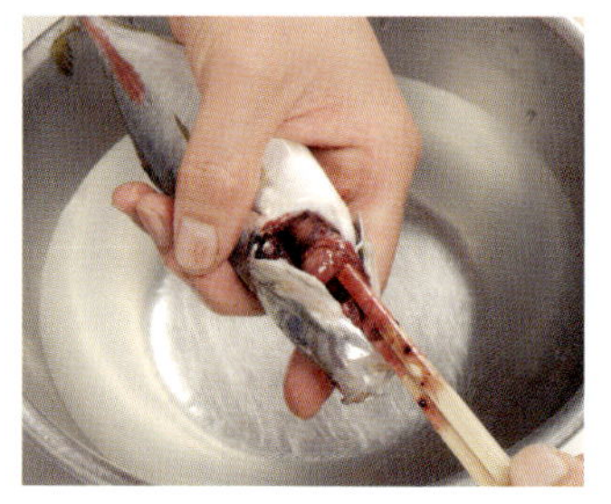

4
割箸を回しながら内臓をかき出す。

5
ボールに水をはり、割箸にペーパータオルを巻きつけた物でエラの中を洗う。

6
指で腹の中をしっかり洗う。

7
タオルで表面と腹の中の水けをふき取る。

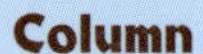

Column

つぼ抜きは、あまり大型ではなく、細長い筒状の魚を姿で使う場合に用いる。割箸を使うことがほとんどだが、小魚の場合は竹串を使う。

姿焼き（小出刃包丁・金串）

鯵の姿焼き

材料（2人分）
鯵 … 2尾
塩 … 適量
【あしらい】
かぼす・大根の塩漬けからすみあえ（あれば）… 各適宜

作り方
1. 鯵はつぼ抜きをして内臓を取り除いて、水で洗い水けをふき取る（P72参照）。金串を打ち、水洗いした鯵の側面に十字の包丁目を入れ、焦げやすいヒレには化粧塩をして保護する（A～H参照）。
2. 塩を適量ふり表になる方から焼く。

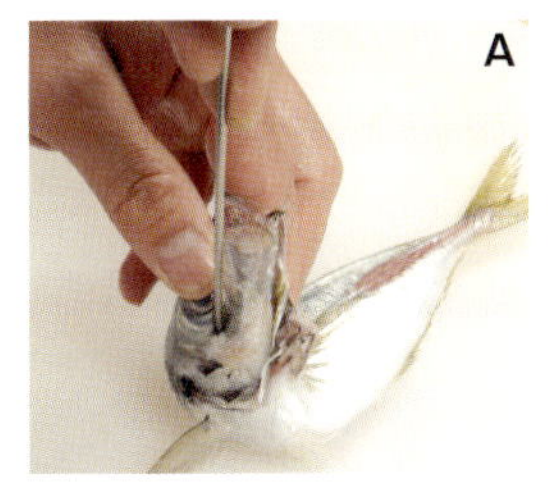

A 頭を手前にして置き、目の横から串を入れ、串先を中骨の上に出す。

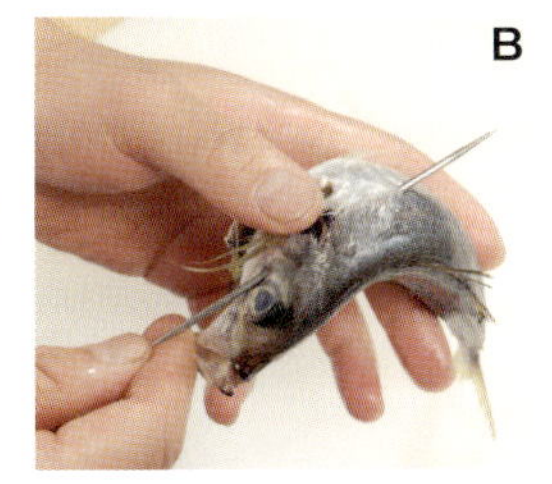

B 串を身のやや右側に刺し、中骨の下に出す。

C 尻尾を曲げて、中骨の上に出す。

D 最後は串先を中骨の下に出す。

E 上からみると踊っているように見えるところから、踊り串ともいう。

F 身にねじりが加わり、動きのある仕上がりに。

G 仕上がったとき表になるほうに、飾り包丁を入れる。

H 胸ビレ、尾ビレ、背ビレに化粧塩（P301 参照）をする。

塩をする

鯵茶漬け

材料（2人分）

鯵（三枚におろした身）… 2尾分
ごはん … 2膳分
柴漬け（みじん切り）… 20g
大葉（せん切り）… 6枚
切り胡麻 … 少々
吸い地（P105参照）… 適量
焼き海苔 … 適量

作り方

1. 鯵の身の重さの5％の塩をして30分おき、塩水（3％）で表面を洗い流して水けをふき取る（A～D参照）。

2. **1** を焼いて大きめにほぐして熱々のごはんにのせ、柴漬け、大葉、切り胡麻を盛り、吸い地をはって海苔を添える。

A

抜き板（P302参照）に塩をふる。事前に湿らせたふきんで抜き板をふいて湿らせ、手と塩は乾燥させる。

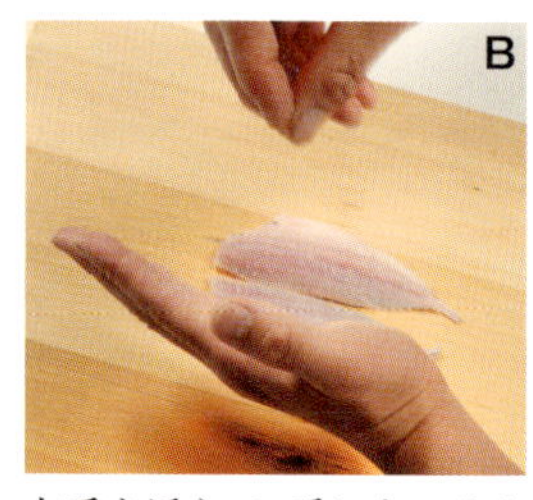

B

左手を添えて、手にあてるように塩をする。塊がなく、まんべんなくふることができる。

C

塩をすることによって汚い汁が出てくるので、塩水（水だと水っぽくなる）で洗う。

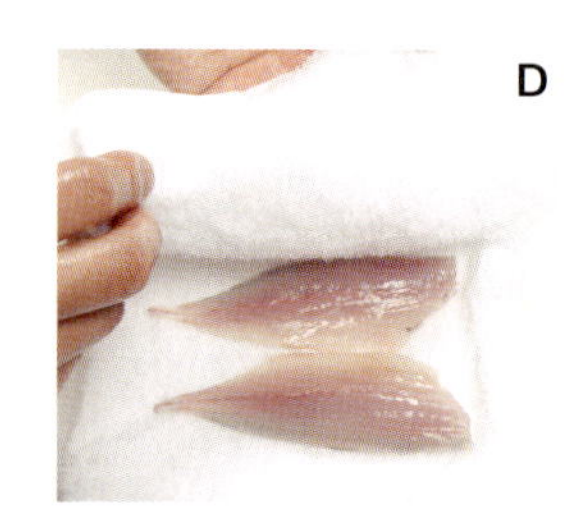

D

水けをしっかりとふき取る。

つみれにする（柳刃包丁）

鯵つみれの大葉包み揚げ

材料（２人分）

鯵（三枚におろした身）… 2尾分

a［溶き卵・片栗粉 … 各大さじ1/2
　 田舎味噌 … 小さじ1/2

b［長葱・生姜（みじん切り）… 各小さじ1

c［薄力粉 … 100g
　 卵黄 … 1個
　 氷水 … 200cc

大葉 … 12枚

片栗粉・揚げ油・塩・天つゆ … 各適量

作り方

1. 鯵は皮を引いて適当な大きさに切り叩く（A～C参照）。

2. すり鉢に **1** とaを入れよくすり混ぜ、bを加えてゴムベラなどでよく混ぜ合わせる（D～F参照）。

3. 大葉の裏側に片栗粉をまぶし、**2** を適量のせてもう一枚の大葉で挟むようにして（G～H参照）cの天衣にくぐらせて中温で揚げ、塩または天つゆなどを添える。

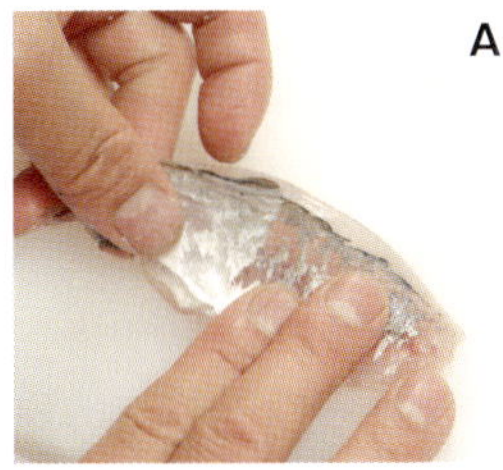

A 三枚におろした身は頭のほうから皮がむけていることを確認し、尾のほうへ向かって一気に皮を引く。

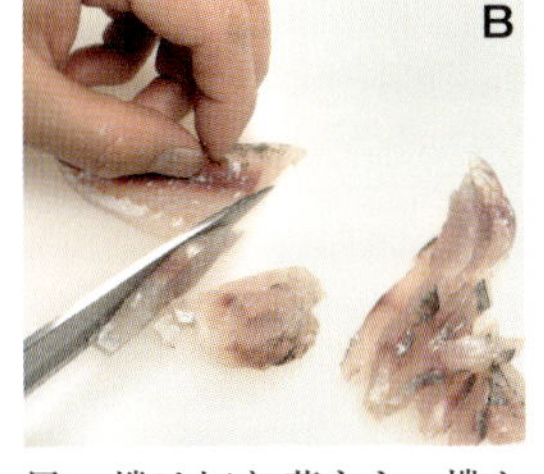

B 尾の端は切り落とし、端から粗く包丁を入れる。

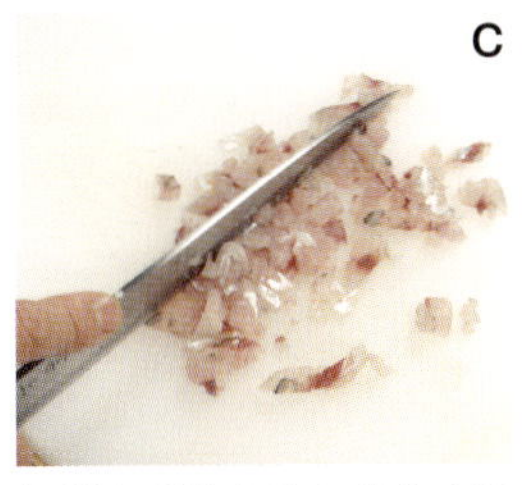

C きざんだ身をひとまとめにし、大まかにきざんで叩く。

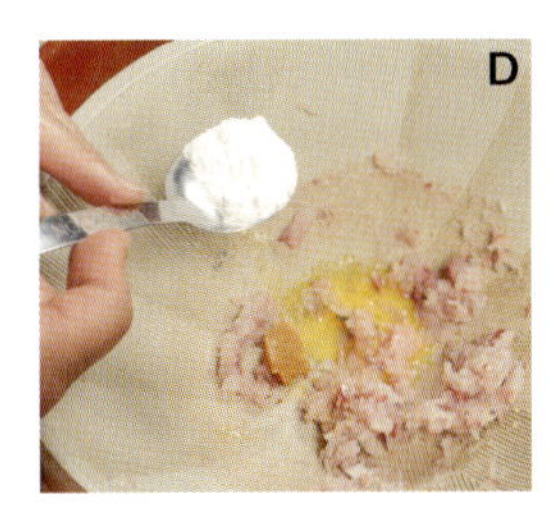

D すり鉢にきざんだ身、味噌と溶き卵、片栗粉を入れる。

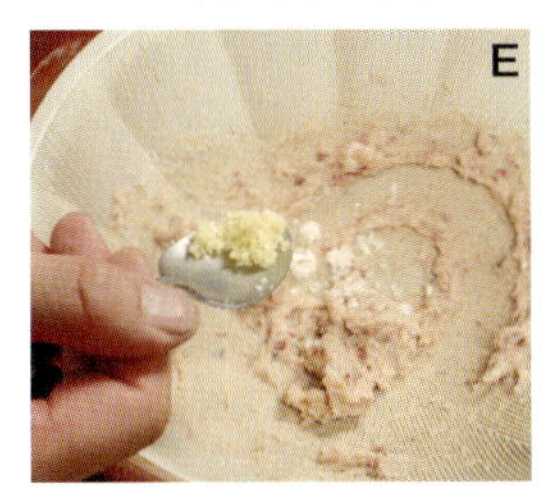

E きざんだ葱と生姜を入れる。

F ゴムベラで全体をよく混ぜ合わせる。

G まな板に大葉を並べ、上から片栗粉を表面にふる。

H つみれを6等分して上にのせる、大葉を上から重ねる。

鮎（あゆ）

【旬】
初夏から夏が旬。六月一日の解禁日から、落ち鮎の初秋まで出回る。

【目利き】
適度に腹が張っていて、色ツヤのよい物。大きすぎず、小さすぎない物がよい。

【保存法】
鮮度のよいうちに早めに食べ切ること。調理するまでに時間がかかる場合は、内臓を取って流水で洗い、水けをよくふき取り、冷蔵庫で保存を。

内臓を取る→筒切りにする（小出刃包丁）

1
頭を左、腹を手前にして置き、ウロコを尾のほうから、頭に向かって包丁の刃先でこそげ取る。

2
腹のウロコも丁寧に取る。

3
左手に鮎を腹を上にして持ち、腹を親指で押しながら便を出す。

4
頭を左、腹を手前にして置き、頭のつけ根上から包丁を入れて頭を切り落とす。

5
向きを変え、逆さ包丁で尾のほうから腹に切り込みを入れる。

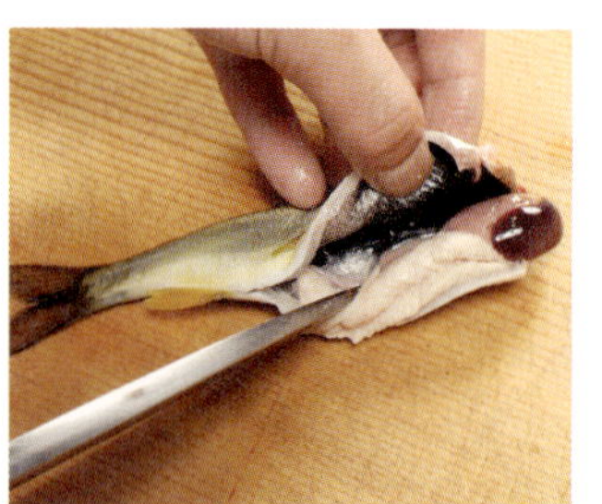

6
内臓を切っ先でかき出す。

鮎背越し

材料（2人分）

活鮎 … 1尾

【あしらい】

大根のつま・花穂じそなど … 適宜

作り方

1. 活鮎のウロコを取る。便を出し、頭を切り落とす。

2. 包丁で2㎜くらいの間隔で切っていく。

3. 氷水ですばやく洗う。

4. 器に氷をのせ、**3** を盛り、あしらいを添える。

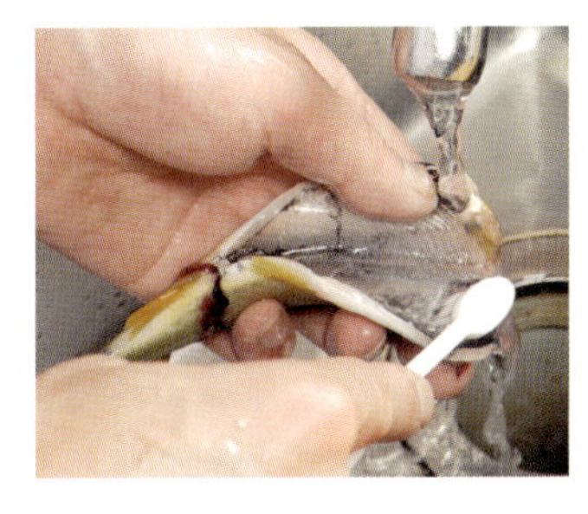

7

流水で血合いと汚れを歯ブラシで落とし、水洗いする。

8

タオルなどで水けをふき取り、尾を切り落とす。

9

包丁で背ビレを押さえて、ひっぱりながら取る。

10

同様に全てのヒレを取る。

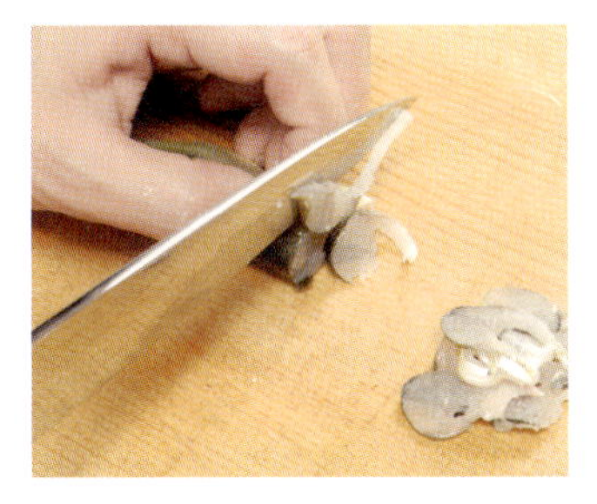

11

柳刃包丁で頭のほうから2mmほどの輪切りにする。背越しにするときは、腹を割らずに筒切りにする。

仕上がり

卵を出す→串を打つ（小出刃包丁・金串）

1

ウロコ、内臓を取り除いた鮎は、頭を左、腹を手前にして置き、腹に切り目を入れる。

2

刃先を使って切り目を広げる。

3

親指で鮎の腹を押し、卵を押し出す。

4

左手で鮎の頭が下、腹が手前になるように持ち、口から金串を刺す。

5

胸ビレの上に一度出し、泳いでいるように身をくねらせ、尻ビレまで串を刺す。

6

盛りつけて裏になるほうに串を出すこと。腹の切り目は内臓を取る際のもの。

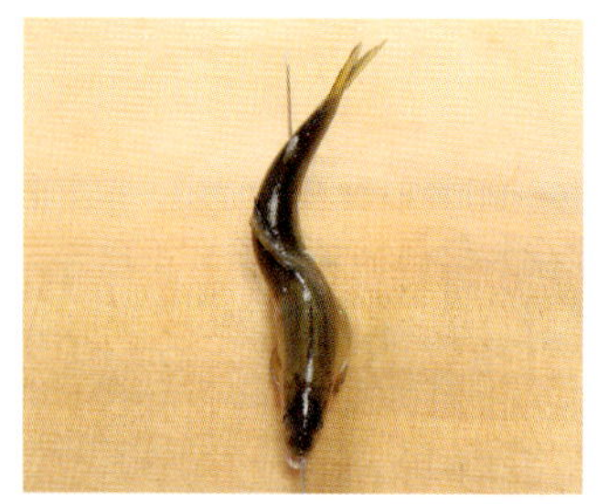

7

上から見ると、泳いでいるように見える。

8

こちらが表になるほう。

Column

鮎に用いた串の入れ方は、川をさかのぼる様子に見えることからのぼり串という。または、焼き上がった魚が踊っているようにみえることから、踊り串（P301参照）とも呼ばれる。

塩をする

1
串に打った鮎は焼き上がりを美しく、ヒレの焦げを防ぐために、すべてのヒレを広げながら塩をつける。

子持ち鮎の塩焼き

材料（２人分）
子持ち鮎…２尾
塩…大さじ１
【あしらい】
大根おろし・プチトマト（湯むきしたもの）…各適宜

作り方
１. 鮎のウロコ、内臓を取る。
２. 腹に包丁を入れ、親指で鮎の腹を押し、卵を出す。
３. 串を打ち、塩をして熱した焼き網に表になるほうからのせて焼き、裏返して裏面を焼く。表が四分、裏が六分ぐらいの焼き加減を目安にする。大根おろしとプチトマトを添える。

鱸（すずき）

【旬】
せいご、ふっこ、鱸と呼ばれる出世魚で、六月から九月が旬。

【目利き】
目に濁りがなく、エラが鮮やかな赤い物。身に厚みがあり、尾のほうまで太っている物が新鮮。

【保存法】
生きている鱸は、活け締めし、脱血する。氷を用いて冷蔵すると味を落とさない。

さく取りをする→切り身にする（出刃包丁）

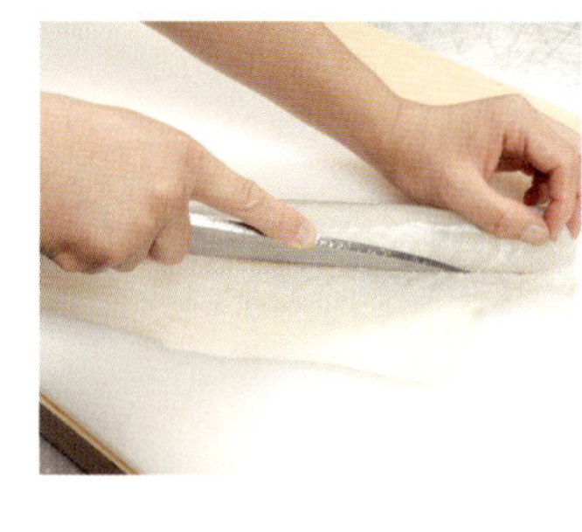

1
三枚におろした（P28-29参照）身は頭のほうを右にして置き、中骨の際に切っ先を入れ、そのまま引いて、切り離す。

2
中骨がついた身のもう一方の際に切っ先を入れる。

3
頭のほうから尾に向けて包丁を進め、中骨の部分を切り離す。

4
左からさく取りした背身、中骨、腹身。

5
頭のほうを左に、皮目を下にして置き、頭のほうから斜めに包丁を入れる。

串を打つ（金串）

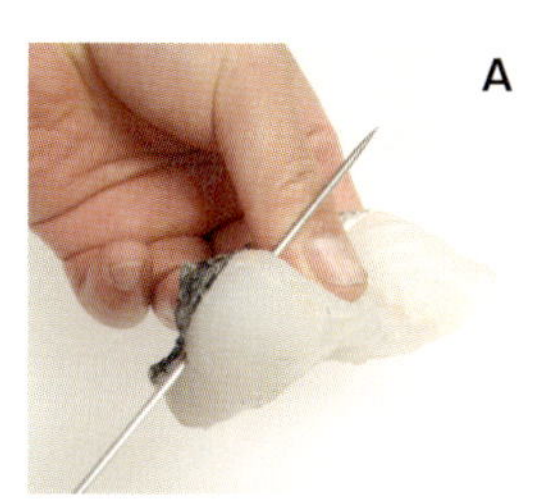

切り身にした身の上から串を入れ、さらに身の下から身の上に串先を出す。

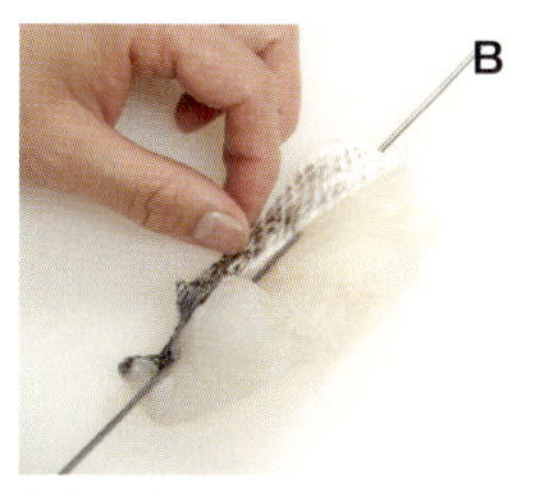

串先を身の下に出し、最後は皮目に串先が出るように出す。

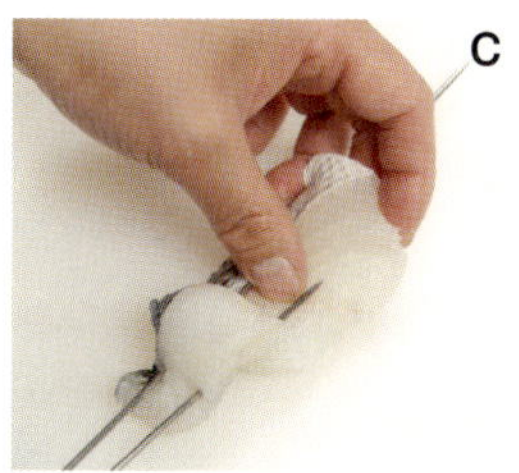

それと平行にもう一本、身が波打つように串を打つ。

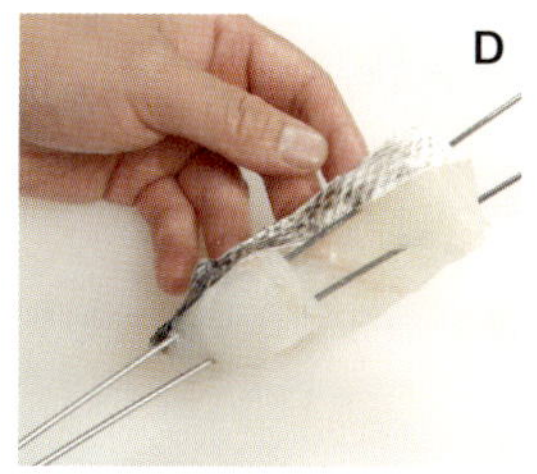

完成。

鱸の蓼（たで）焼き

材料（2人分）

鱸（さく取りをして切り身にしたもの）… 2切れ
塩 … 適量
【たれ】
出汁 … 20cc
酒 … 20cc
濃口醤油 … 20cc
蓼の葉（みじん切り）… 適量
【あしらい】
はじかみ生姜 … 適宜

作り方

1. 鱸の切り身に串を打ち（A ～ D 参照）、ひと塩し、皮目から八分通り焼く。

2. 混ぜ合わせたたれをすくいかけながら焼く。器に盛り、はじかみ生姜を添える。

Column

串の打ち方もいろいろある。身に対して真っすぐ打つ「平串」、身の上から身の下、を繰り返す「ぬい串」、一尾魚に串を打つときは「踊り串（P78 参照）」といって、上から見ると泳いでいるかのように見せる打ち方などがある。

皮を引く→平造り（柳刃包丁）

鱸の平造り

材料（2人分）
鱸（さく取りした身）… 適量
【あしらい】
岩茸・山葵・針葱・紫芽
… 各適宜

作り方
1. 身は皮を引き、平造りにする（A ～ F 参照）。平造りにするときは背身のほうが適している。
2. 器に盛り、あしらいを添える。

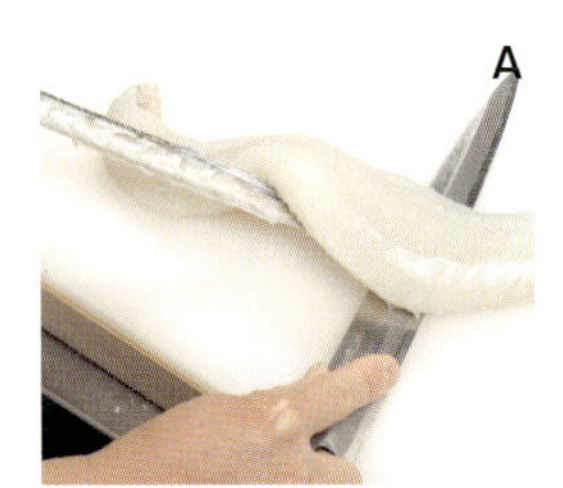

尾のほうから逆さ包丁を皮の上に水平に入れ、上下に動かしながら、左手で皮を引っ張って取る。

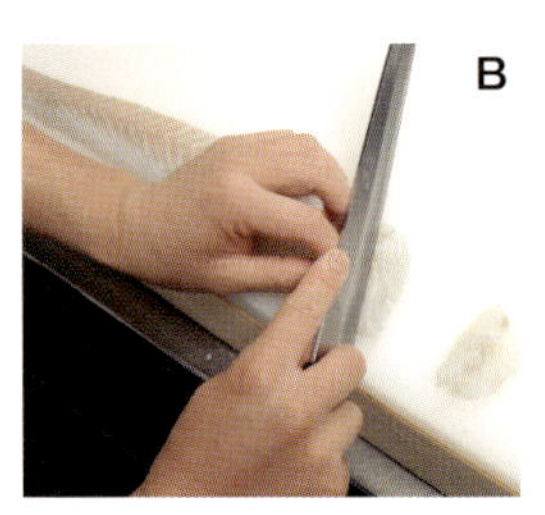

皮目を上、身の薄いほうを手前にして置き、右端から切る。切り始めは、まな板に刃元をあてる。

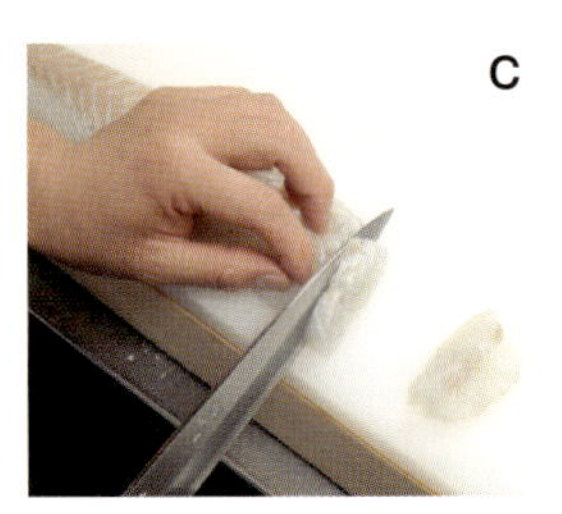

包丁の刃の全体を使って、力を入れずに一気に包丁を引きながら切る。

1枚切るごとに包丁で右側へ寄せてまとめる。包丁を右に倒して身を離す。

同様にして切り進める。

完成。

湯洗いにする（柳刃包丁）

材料（２人分）

鱸（さく取りした身）… 適量

【酢味噌】

a
- 白味噌 … 大さじ２
- 酢 … 大さじ１
- 砂糖 … 大さじ 4/5
- コチュジャン … 適量

【あしらい】

浅葱・茗荷・独活 … 各適宜

作り方

１. 身は皮を引き、一口大のそぎ切りにして、60℃弱のお湯にサッとくぐらせて氷水に取り、水けをよくきっておく（A~E 参照）。

２. 皮はやわらかめにゆでて切り分け、長めに切った浅葱、茗荷、細切りにした独活などをあしらいに**１**と共に盛り合わせる（F 参照）。混ぜ合わせた a の酢味噌を添える。

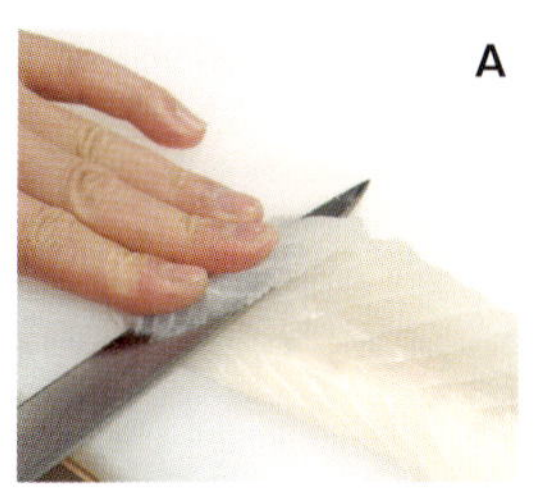

さく取りをして皮を引いた身は皮目を上、身の薄いほうを手前にしておき、左手を添えて包丁を引いて切る。

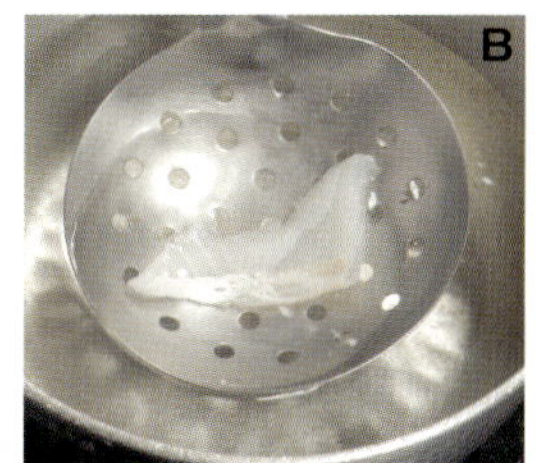

玉じゃくしにのせて、サッと60℃の湯にくぐらせる。

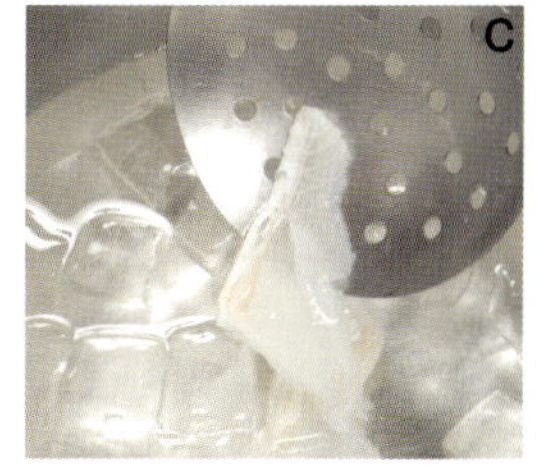

氷水に入れ、身をしめる。

同様に繰り返す。

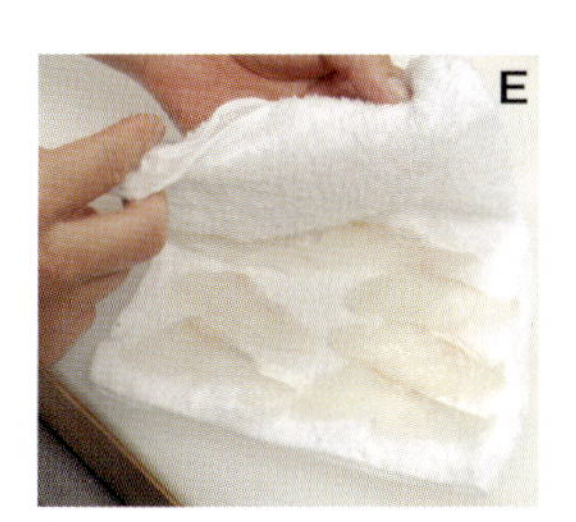

水けをタオルで丁寧にふき取る。

盛りつける。まず、鱸を一番下に敷き、茗荷スライス、鱸、浅葱、皮の順に重ねていく。

【旬】
味は一年中ほとんど変わらないが、盛んに出回る夏が旬。

【目利き】
背中の色や白い斑点が鮮やかで、表面のぬめりが透明な物。身に弾力がある物が新鮮。開いてある場合は白く透き通っていて肉厚な物が新鮮。

【保存法】
いずれの料理にも活を使い、首際を締めて、仮死状態にして（活け締め）手早く背開きにする。

背開き（小出刃包丁）

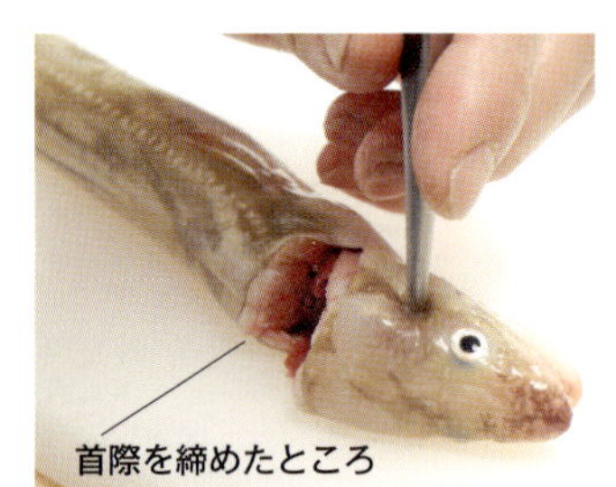

1
頭を右、背を手前にして、ほおのやわらかい部分に目打ちをする。

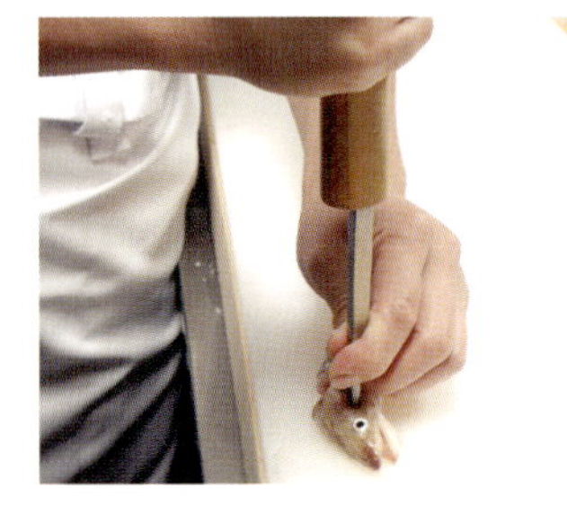

2
上から目打ちを叩きながら、しっかりと固定する。

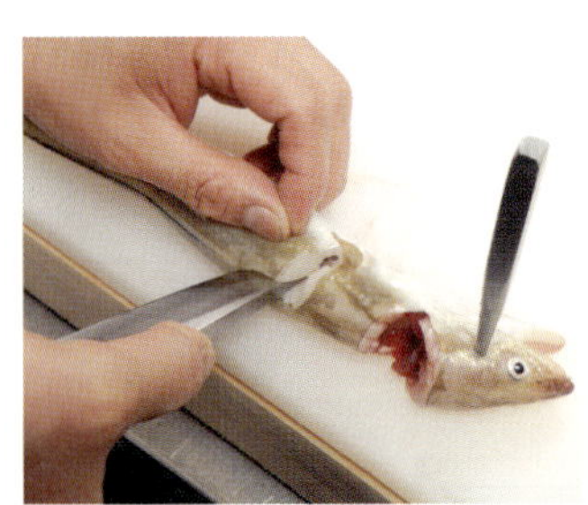

3
頭から数cm離れたところに包丁を垂直に入れ、包丁をねかせて尾に向かって背の中心を切る。

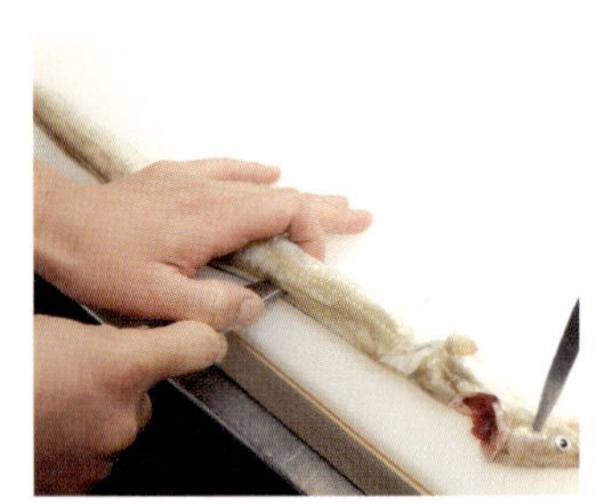

4
切っ先を腹の皮の際まで入れ、包丁のみねに添えた左手の親指で包丁を左へ押すようにして動かす。

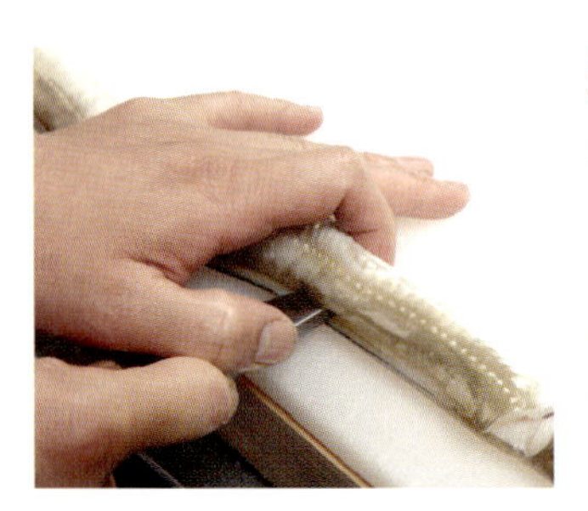

5
包丁が穴子に対して常に直角になるように指を添え、中骨に沿って左側に動かす。

6
腹側の皮が切れないように、左手の人差し指を腹に添えて切っ先を押さえ、包丁と一緒に動かす。

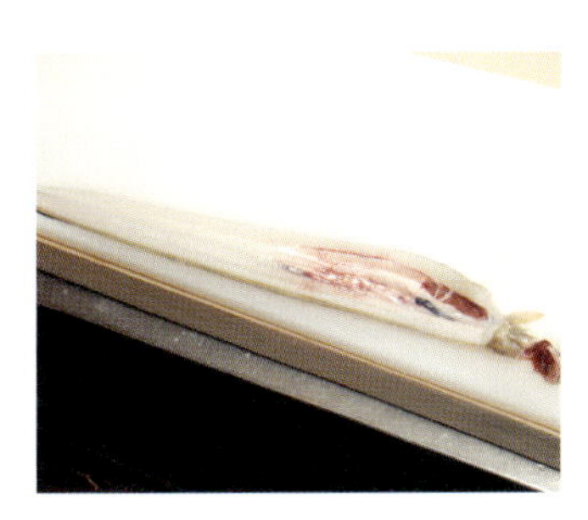

7

身を開く。

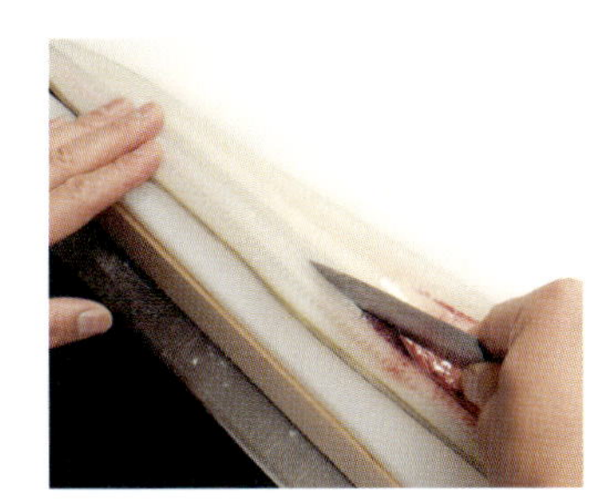

8

中骨の腹側の端に逆さ包丁で頭のほうから切り進める。

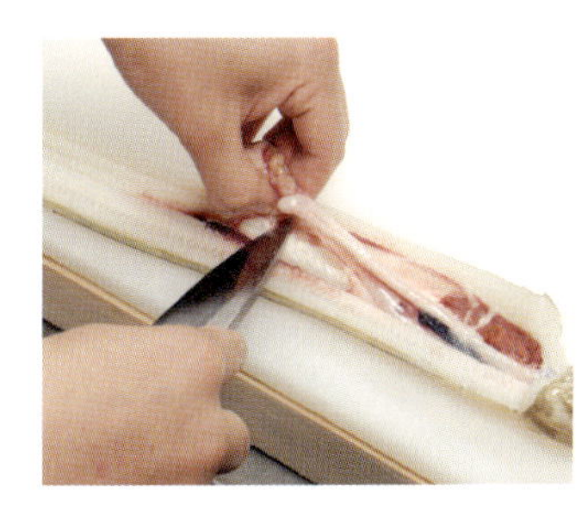

9

内臓を左手の指でつまみ、包丁で身とくっついている薄い膜を切り離す。

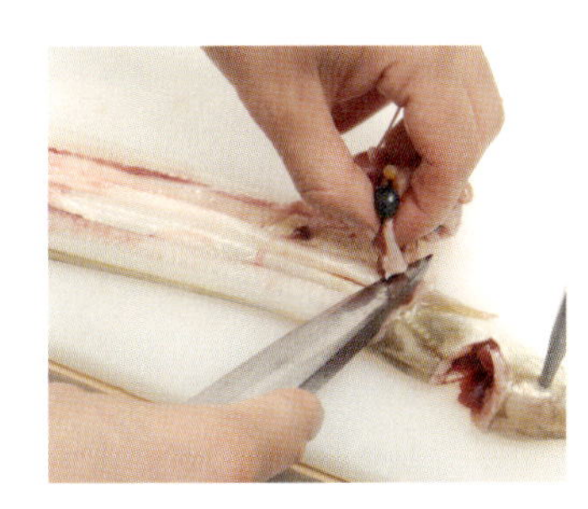

10

頭のほうまで膜をはがしたら、包丁で内臓を取り出す。

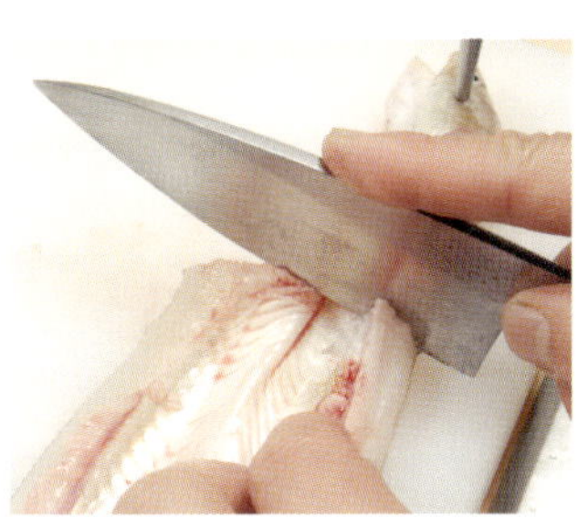

11

頭のほうに包丁をまっすぐ入れ、中骨をすくう。

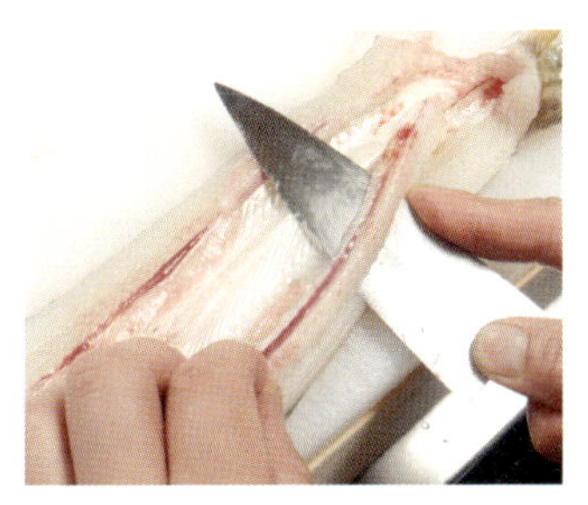

12

11の中骨を左手でつまみ、刃をねかせて一気に動かし中骨を切り取る。

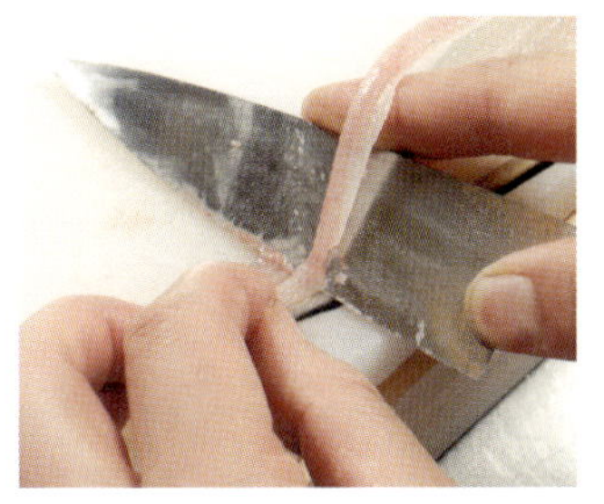

13

尾のほうまで切り進める。

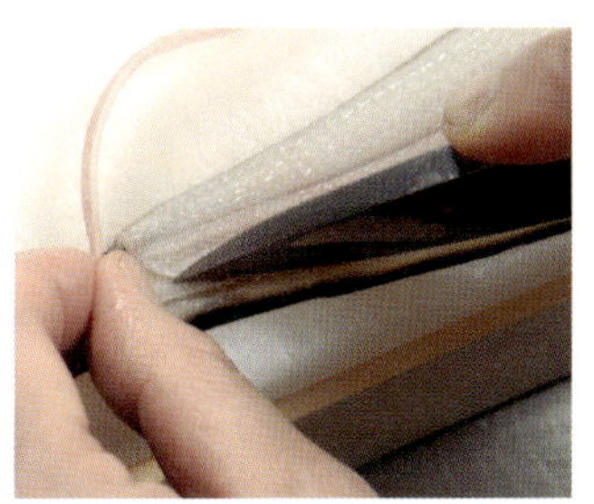

14

尾に斜めの切り込みを背ビレの際まで入れる。

15

刃を頭のほうに向けるようにして包丁の向きを変え、背ビレを切り進める。

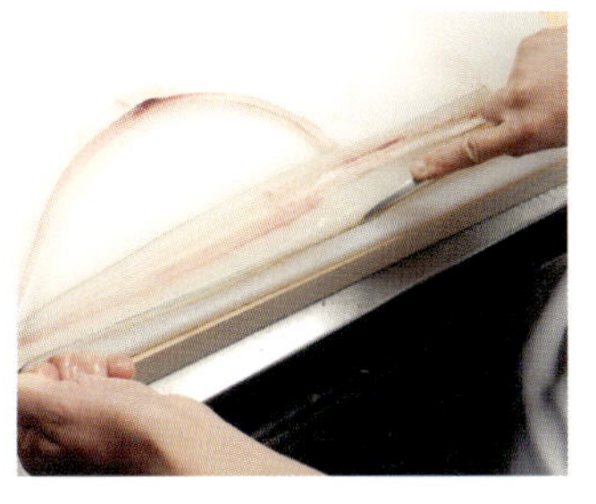

16

そのまま包丁を進めて背ビレを切り取る。

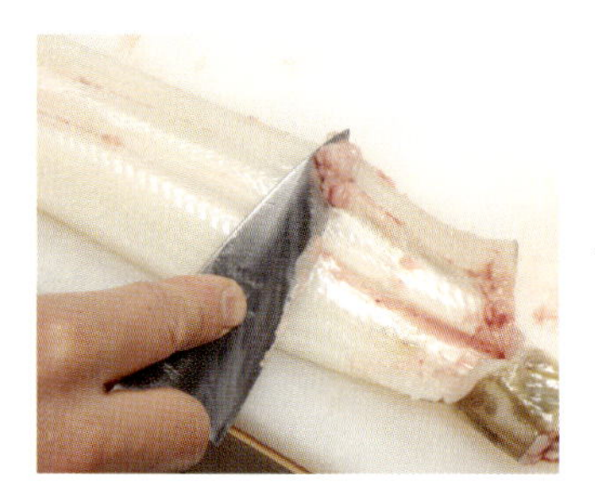

17

身を開き内臓を取り除いたら、逆さ包丁で腹骨のつけ根に切り込みを入れて骨を起こし、薄皮と共にすき取る。

18

頭を切り落とす。

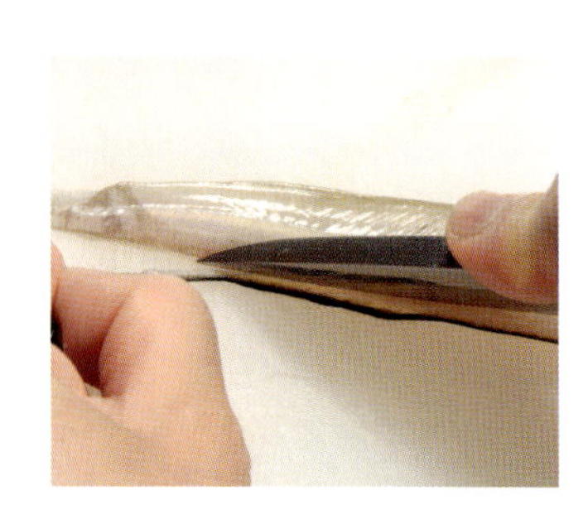

19

腹ビレを左手で引っぱりながら、切っ先をヒレに沿わせて頭のほうに動かし、腹ビレを切り取る。

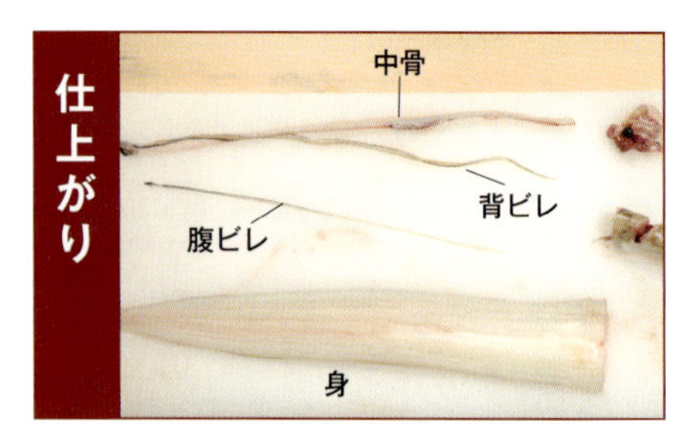

下処理

1

身を熱湯の中に入れる。

2

氷水にすぐに取り、身を締める。

3

白くなったぬめりをヘラなどでこそげ取る。

4

氷水でぬめりと汚れをきれいに洗う。

5

タオルなどで水けをしっかりふき取る。

＊活け締め

生きている魚の首際（延髄部分）に包丁を入れて血抜きをし、一気に締めて仮死状態にすること。このとき中骨も一緒に断ち切る。これで手早くさばくことによって鮮度を保つ。

骨切り（柳刃包丁）

穴子と茄子の胡麻あんかけ

材料（2人分）

穴子（背開きして下処理した身）…1/2本

茄子…2本

【胡麻あん】

a
- 出汁…70cc
- みりん…10cc
- 濃口醤油…10cc
- 胡麻ペースト…大さじ2強

【あしらい】

小麦粉・揚げ油…各適量

山葵・浅葱（小口切り）…各適量

作り方

1. 穴子は骨切りの要領で包丁目を入れ（A~C参照）小麦粉をまぶす。

2. 茄子は横半分に切って斜めに包丁目を入れ、水けを取る。

3. aは出汁とみりんと濃口醤油を合わせて温め、胡麻ペーストを少しずつのばしながら混ぜる。

4. **1**と**2**を中温に熱した揚げ油で揚げて器に盛り、温めた**3**を適量かけ山葵と浅葱を添える。

A 背開きして下処理したものを、頭のほうを右側に、身を上にして1mm間隔で切り込みを入れる。

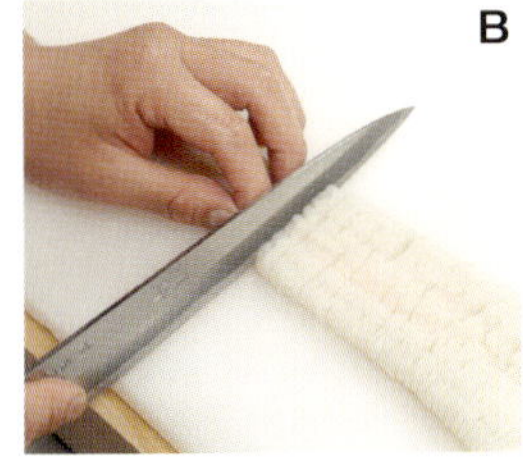

B 皮目ぎりぎりのところまで、1mm間隔で切り込みを入れていく。

C 完成。

穴子当座煮

材料（2人分）

穴子（背開きして下処理した身）…1本分

木綿豆腐…1/4丁

【たれ】

a
- 出汁…350cc
- みりん…50cc
- 濃口醤油…50cc
- 砂糖…大さじ2

木の芽…適量

作り方

1. 身を大きめの短冊に切る。

2. 水きりをした豆腐を半分に切り、aのたれで炊く。なじんできたら**1**を入れ、サッと炊き上げて器に盛り、木の芽を添える。

鱧（はも）

【旬】
旬は七月から八月。関西ではなじみの深い魚で、夏場の魚料理にはかかせない。

【目利き】
全体にふっくらし、表面に光沢とぬめりがある物。尾にしっかりと丸みのある物が新鮮。傷が表面になく、やや紫がかった物が良質。

【保存法】
鱧は腹開きした後に、広げたまま冷蔵庫で保存すると、身の表面が乾燥し、中は反対に水っぽくなるので、丸めて保存する。

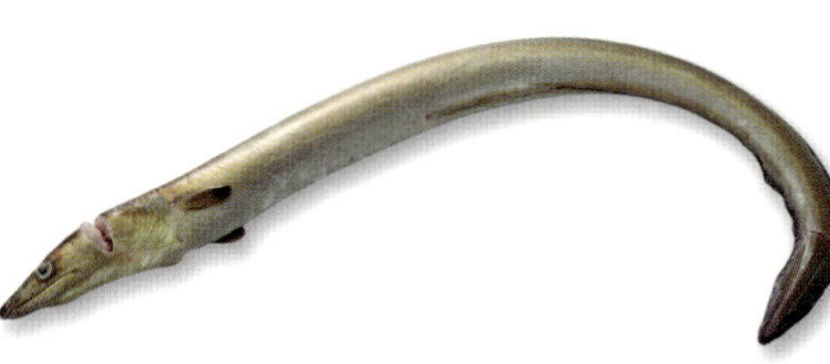

腹開き（タワシ・出刃包丁）

1
活け締めした鱧はタワシで水をつけながらこすり、ぬめりを取る。

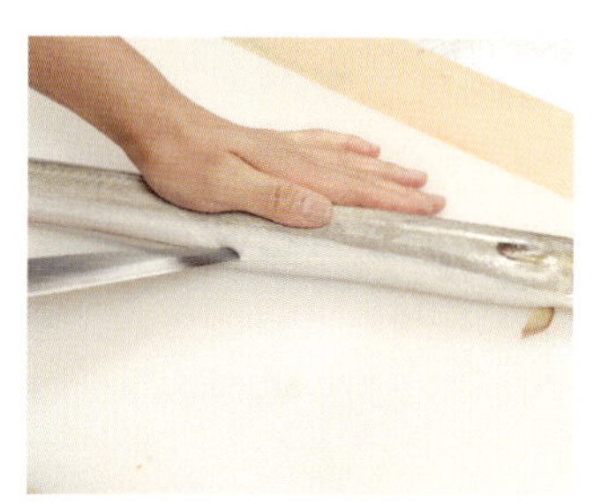

2
頭を右、腹を手前にして置き、肛門に切っ先を逆さ包丁にして入れる。

3
頭のほうに向かって逆さ包丁を少しずつ切り進める。

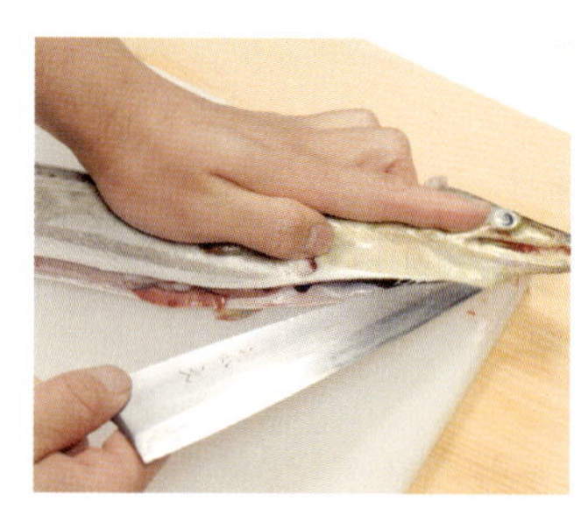

4
下あごの部分まで切り進める。

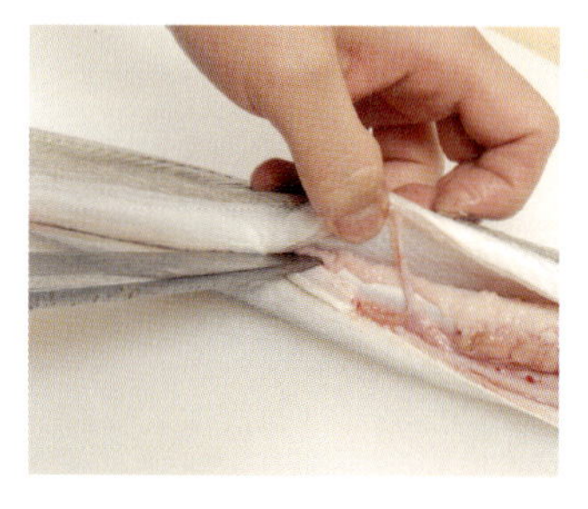

5
肛門のところへ切っ先を入れて、尾に向かって10cmくらい内臓がなくなるところまで切る。

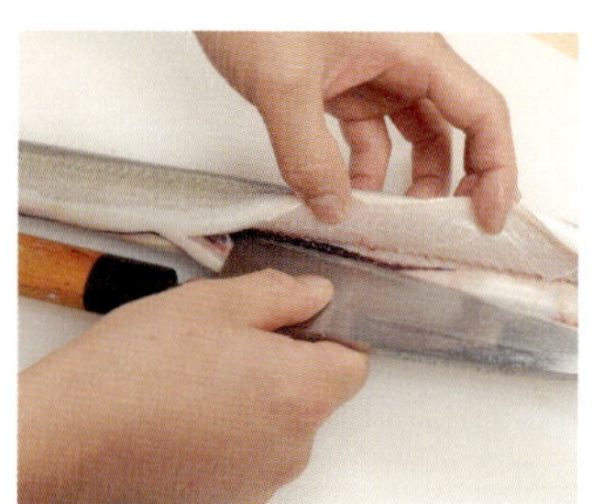

6
刃元をあてて、内臓をかき出す。

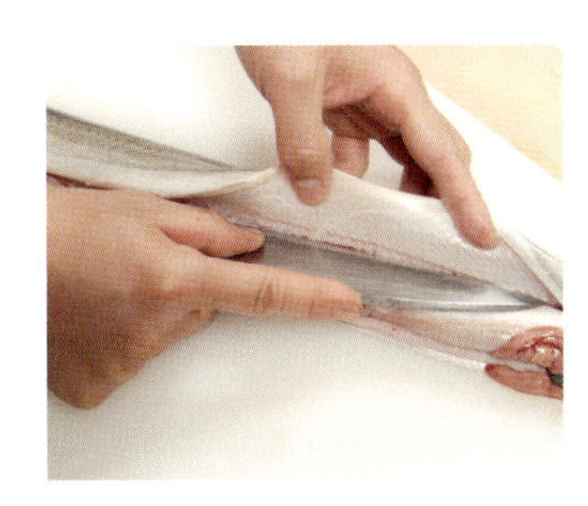

7
左手で身を起こしながら内臓に沿って、身との間の薄い膜に切っ先で切り込みを入れる。

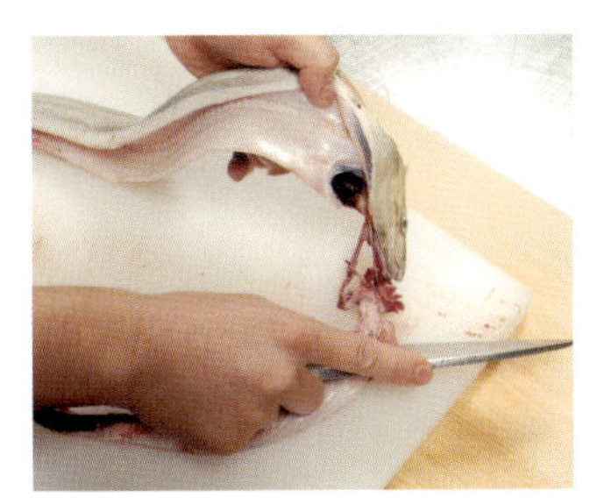

8
卵、肝、浮き袋を傷つけないよう、刃先で血合いの膜に切り込みを入れ、内臓を引っぱり出す。

9
中骨に沿って、水をつけながらブラシでよく洗う。

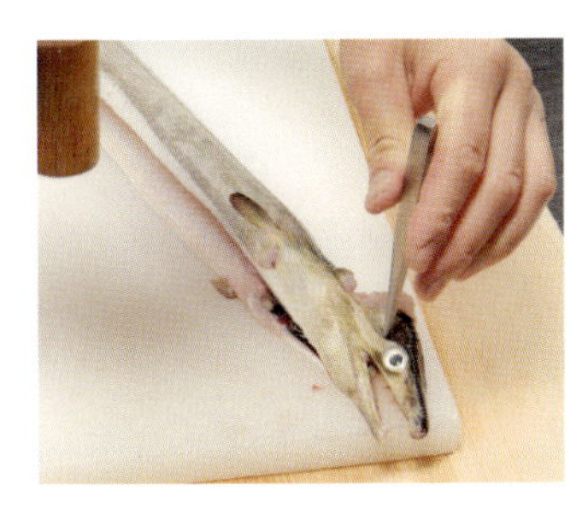

10
頭を右、腹を手前にして置き、ほお骨に目打ちする。

11
中骨の曲がっている関節をまっすぐ伸ばし、目打ちを強く叩き、固定する。

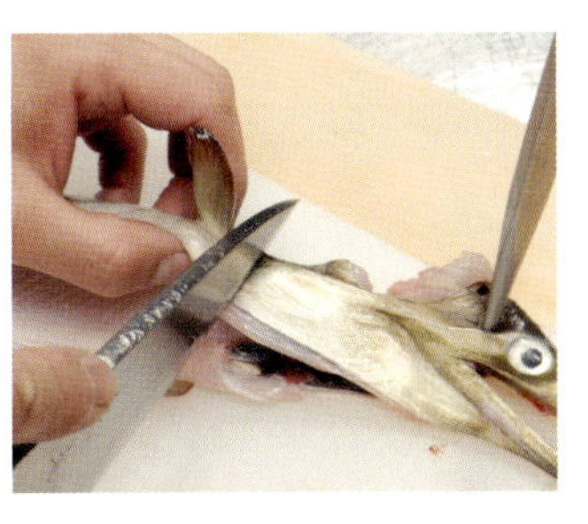

12
ヒレの上に包丁を垂直に入れる。

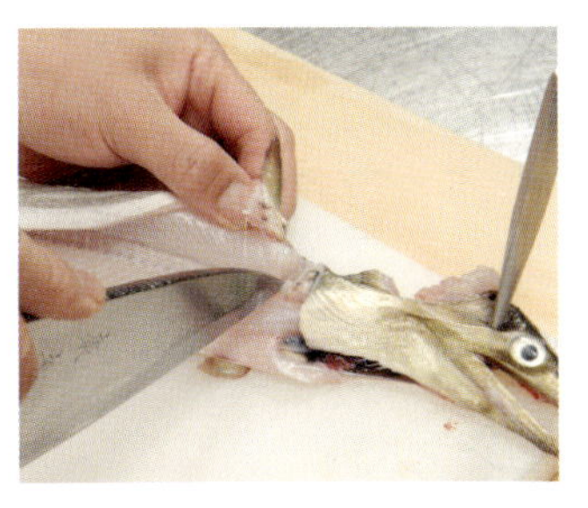

13
中骨まで切り込みを入れる。

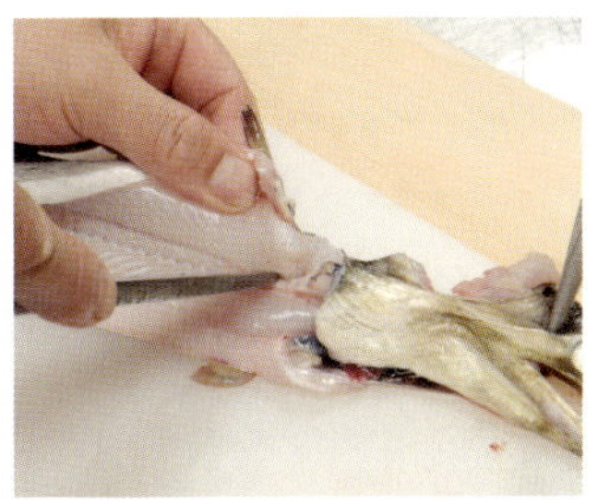

14
包丁を返して、中骨の三角形の辺に添うように、包丁を斜めに起こしながら中骨に沿って切る。

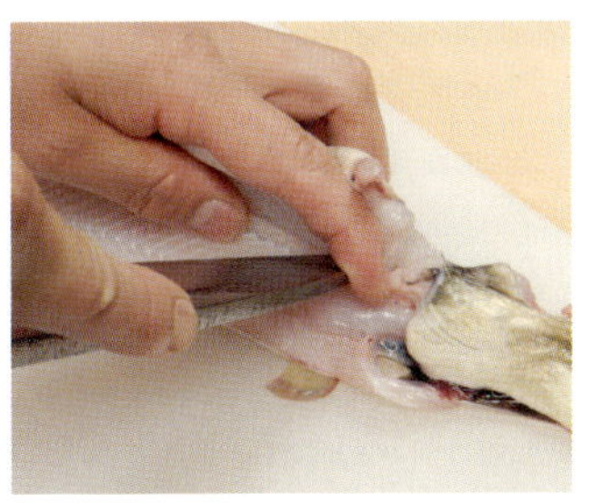

15
左手の親指が骨のレールの上を滑るように、左手の人差し指で包丁を押しながら切る。

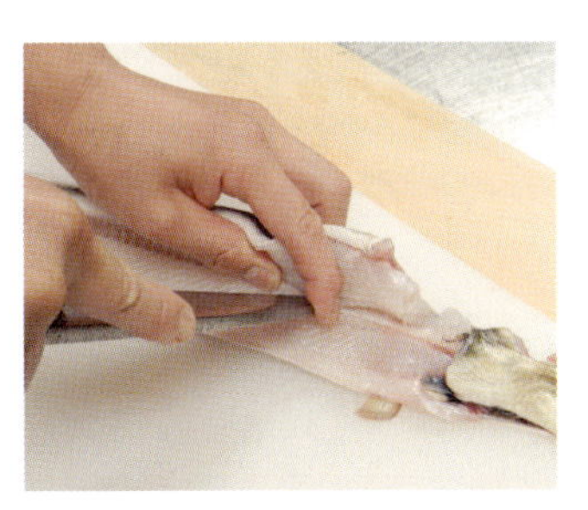

16
三角の中骨がなくなるまで切り進める。

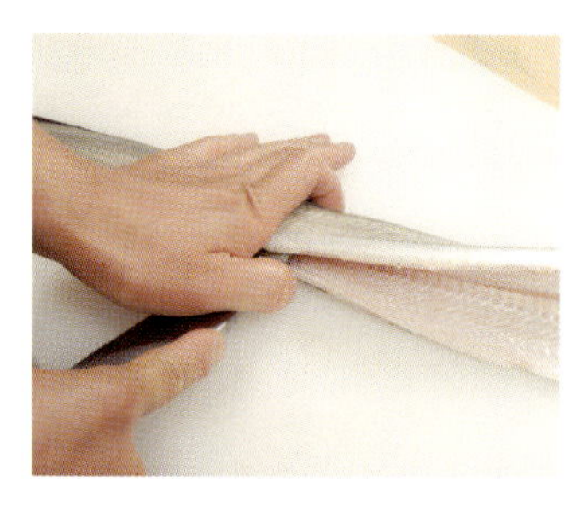

17

三角の中骨がなくなったら包丁の背を左手の親指で押しながら最後まで切り進める。

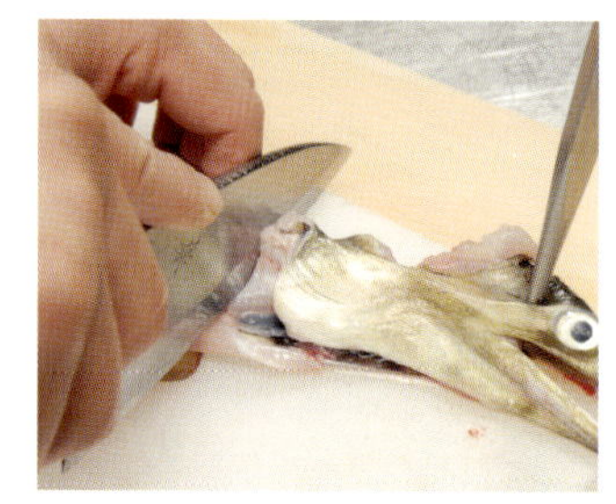

18

頭を切り落とす。

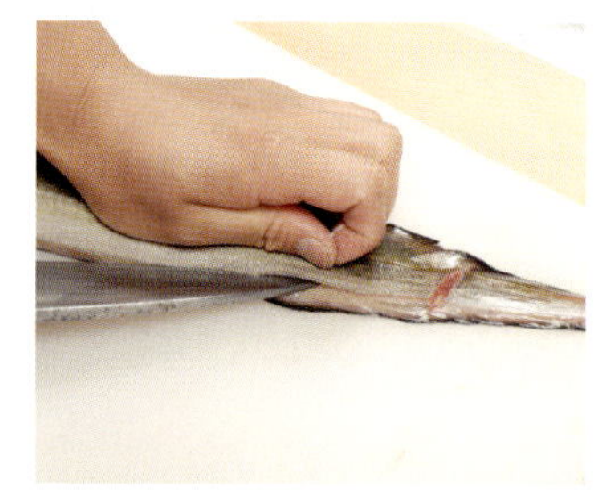

19

頭のほうを左、皮を上にして置き、切っ先で尻ビレの上を軽く切り、包丁を返してヒレの上を切り進める。

20

左手で身を押さえ、包丁をねかせ、ヒレの上を中骨に沿って尾のほうから頭のほうへ切り進める。

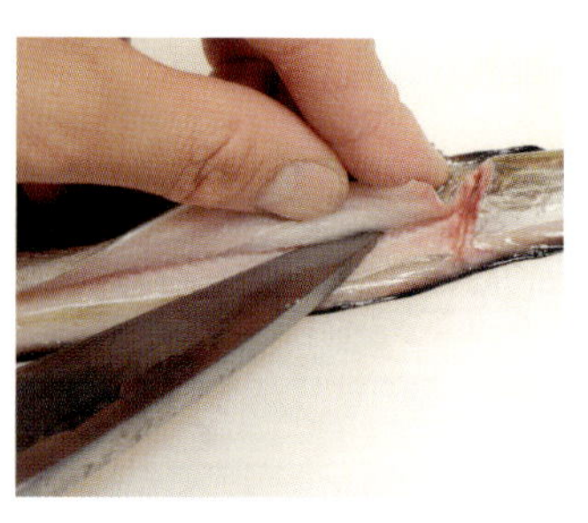

21

さらに尾に包丁を水平にして入れ、左手で身を起こしながら、中骨に沿って切っ先を入れる。

22

骨の上をなぞるように包丁を入れ、三角の中骨の手前まで切り込みを入れる。

23

骨の向こう側に包丁を立てるようにして切り込みを入れていく。

24

三角の中骨の上にきたら、骨を切るようなつもりで少しずつ包丁を首のほうまで進める。

25

骨に包丁をぴったりとあてて、骨をなぞるように尾のほうから頭のほうへ引いていく。

26

何度か繰り返しながら中骨を切り外す。

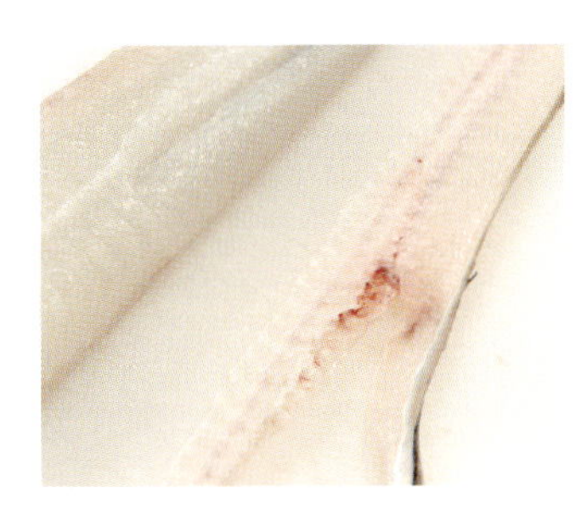

27

赤い血がついているところまでが、三角の形をしている中骨になる。

28

尾を切り離す。

29

身を上にして置き、腹骨の両際に包丁をねかせた感じで入れて、腹骨を浮かせながら切り進め、腹骨を取る。

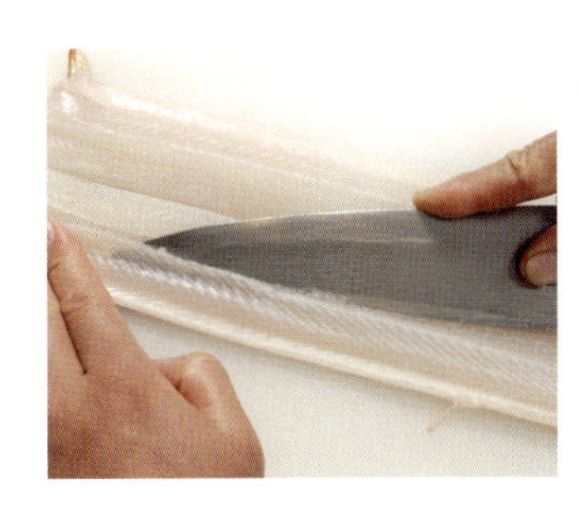

30

左側の腹骨は頭のほうから下までそぐ。右側の腹骨は、包丁を尾のほうから入れて、浮かせて頭のほうまでそぐ。

31

背ビレの端を刃元で押さえ、左手で身をめくるようにして引っぱる。背ビレが残らないようにゆっくりと取る。

32

背ビレを包丁でおさえて身を引っぱって取る。ヒレを斜めに切り落としてきれいにする。

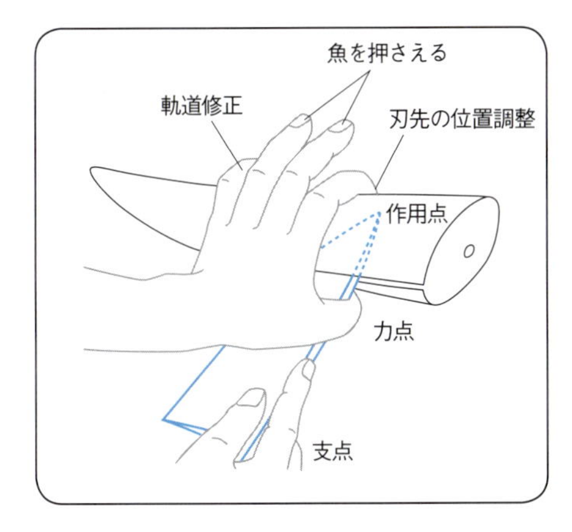

Column

鱧をさばくときの包丁の持ち方のコツは、右手で包丁の柄を持ち、人差し指でみねを支えること。そして、左手の親指を包丁の背にひっかけるようにして包丁を押し進め、左手人差し指は背部の皮一枚を隔てて刃先を支えるのがポイント（上の図参照）。

骨切り（鱧切り包丁） 料理はP93

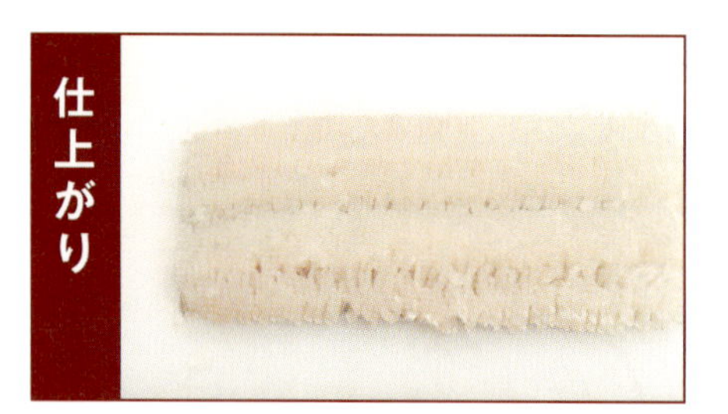
仕上がり

〈鳴門揚げ出し用〉
腹開きした身を、頭のほうを右、身を上にして置く。包丁を押し出すように1㎜間隔で入れ、骨切りする。

仕上がり

〈刺身用〉
刺身用は2～3㎝幅で切り落とす。

仕上がり

〈沢煮椀用〉
頭のほうから包丁を1㎜間隔で入れ、2枚切りにする。1枚目は切り離さず、2枚目で皮まで切る。

湯引き 料理はP93

1
骨切りした鱧を3㎝幅に切って、熱湯の中に全体を静かに入れる。

2
身が縮れて白く花のように開いたら、引き上げる。

3
氷水に取り、完全に冷えたら引き上げ、水けをふき取る。

仕上がり

鱧の鳴門揚げ出し

材料（2人分）

鱧（骨切りした身）…15cm1枚
茗荷…1個
浅葱（5cm長さ）…10本
もみじおろし…大さじ1
小麦粉…適量
揚げ油…適量

【合わせだし】

a ┌ 出汁…1/2カップ
　 │ 薄口醤油・みりん
　 └ …各10cc

作り方

1. 鱧の皮目を上にして小麦粉をふり、手前からくるくると巻き、楊枝で止め、小麦粉をつけて中温の揚げ油で揚げる。
2. 食べやすい大きさに切り分けて器に盛り、縦半分に切り素揚げした茗荷を添える。
3. 合わせてあたためたaを器にはり、浅葱ともみじおろしを適量添える。

鱧の刺身

材料（2人分）

鱧（骨切りした身）…3cm幅・6切れ

【あしらい】

防風・人参のけん・大葉・山葵…適宜

作り方

1. 鱧は湯引きして氷水に取り、身をつぶさないように水けをふき取り、よく冷やした器に盛り、あしらいを添える。

材料（2人分）

鱧（骨切り・2枚切りにした身）…10切れ
葛（水で溶いた物）…適量
牛蒡（せん切り）…20g
人参（せん切り）…16g
独活（せん切り）…20g
長葱（せん切り）…20g
三つ葉…10g
吸い地（P105参照）…200cc
塩・七味唐辛子…各適量

鱧の沢煮椀

作り方

1. 鱧に葛をまぶす。
2. 彩りよく合わせた野菜を沸騰した吸い地に入れ、再度沸いてきたらザルに取り椀に盛る。塩を加えた湯で湯引きした**1**も盛り、三つ葉を加える。
3. 塩で吸い地の味をととのえて、**2**のお椀にはり七味唐辛子をひとふりする。

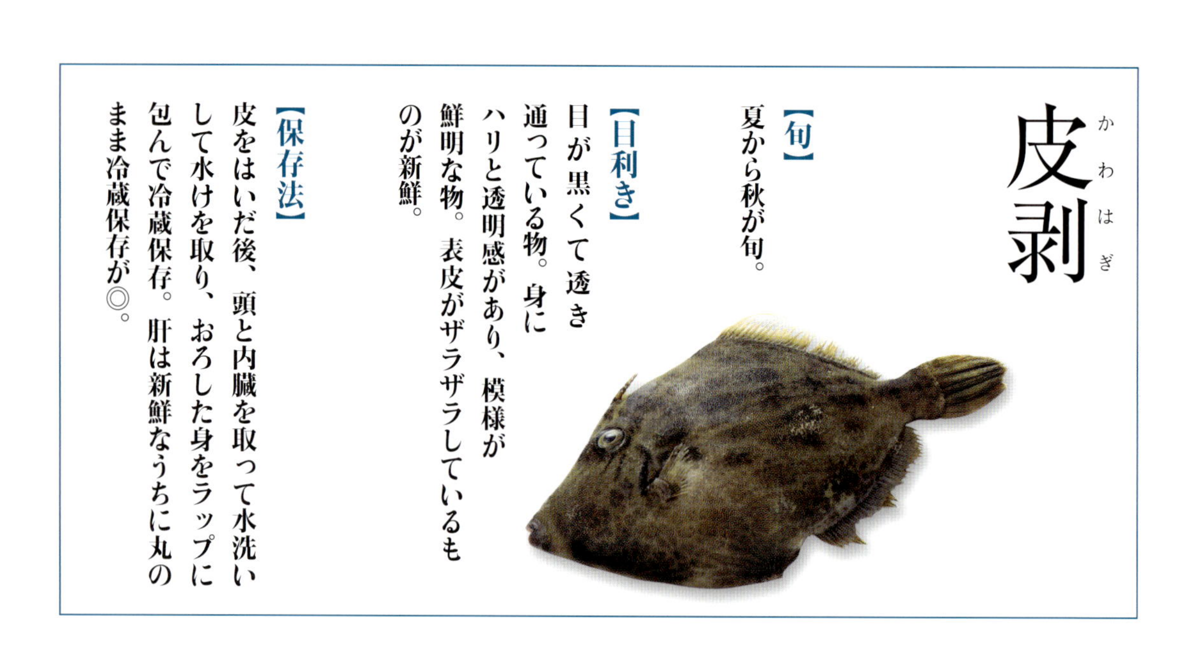

皮剥（かわはぎ）

【旬】
夏から秋が旬。

【目利き】
目が黒くて透き通っている物。身にハリと透明感があり、模様が鮮明な物。表皮がザラザラしているものが新鮮。

【保存法】
皮をはいだ後、頭と内臓を取って水洗いして水けを取り、おろした身をラップに包んで冷蔵保存。肝は新鮮なうちに丸のまま冷蔵保存が◎。

皮をはぐ（出刃包丁）

1
目の上にあるつのを取る。作業するときに危ないので取っておく。

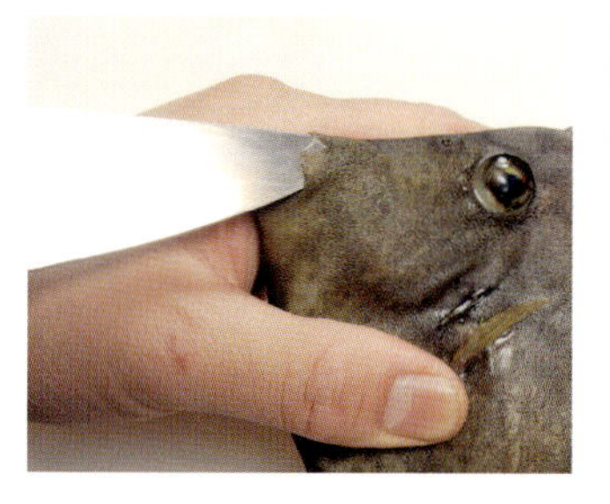

2
口先に切っ先を入れ、切り目をつける。口元は皮が動きやすい。

3
切り込みから手で皮をはいでいく。親指を使いながらはぐとうまくむける。

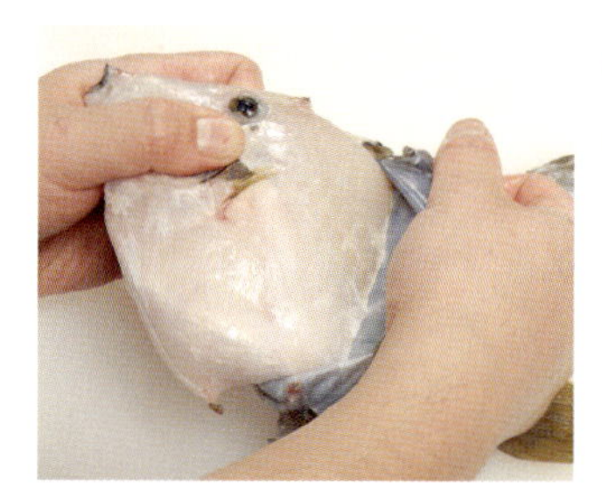

4
皮は端をめくり、一気にむく。頭が終わったあとはむきやすい。

5
後ろ側も同様にむき、全体をきれいにむく。

仕上がり

肝を取り出す→三枚おろし（出刃包丁）

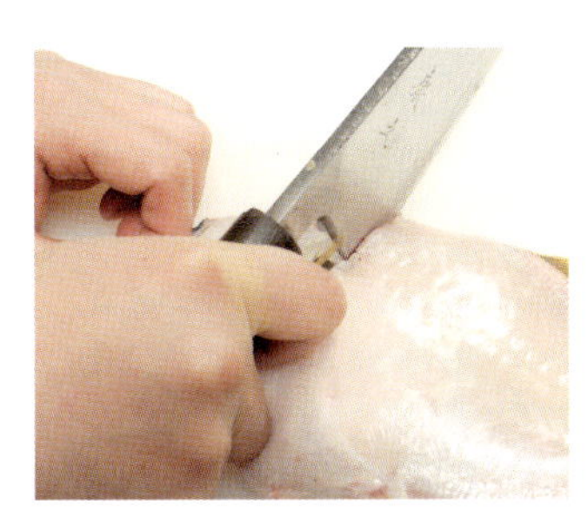

1
頭を左、腹を手前にして置き、つのが生えていた部分の後ろに包丁の刃元を入れ、押し切る。

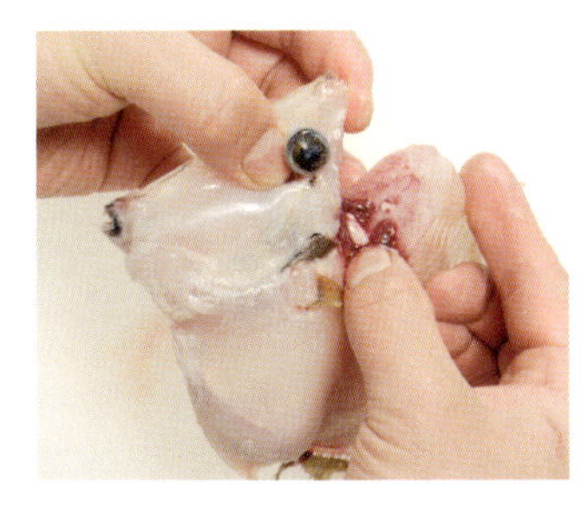

2
両手で頭と背の切り目を持って、左右に開く。

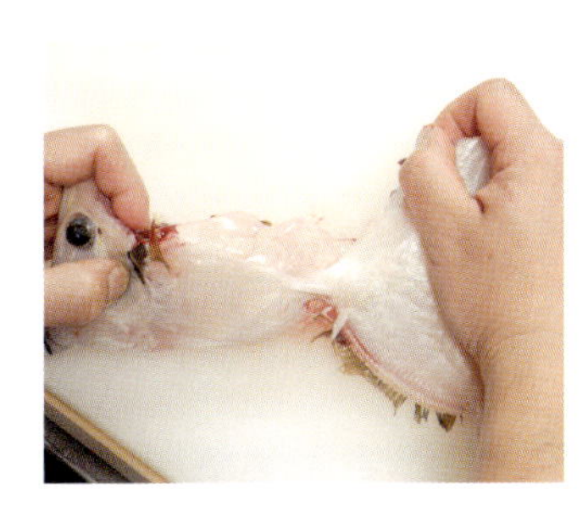

3
背側から左右に開く感じで頭と内臓を引きちぎる。

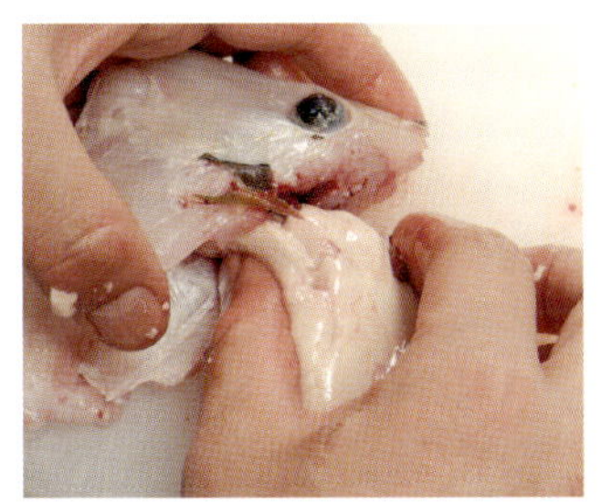

4
肝は傷つけないように手でやさしくはずす。

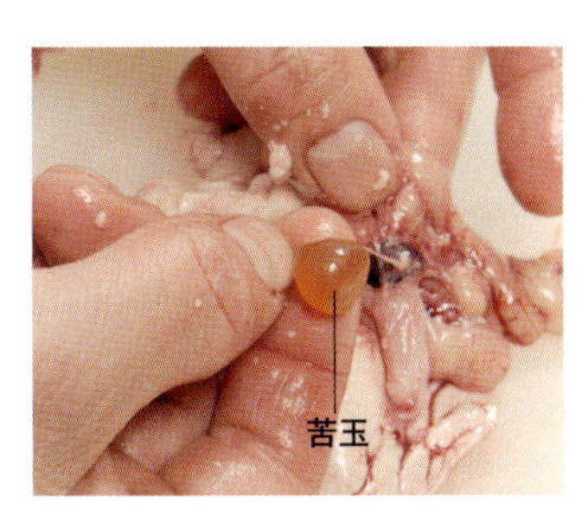

5
苦玉（胆嚢）は苦みが出るので、つぶさないように取り出す。

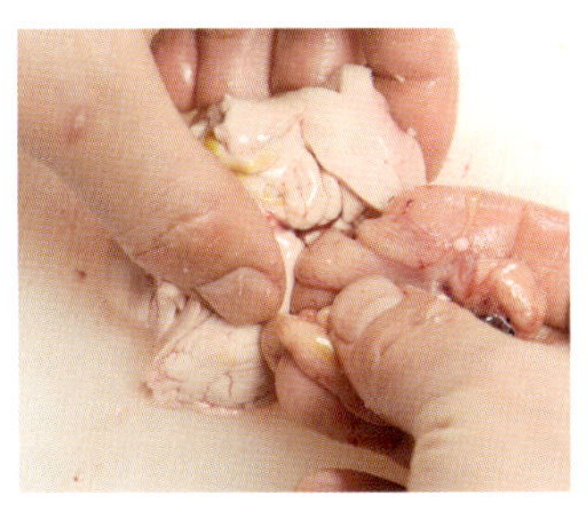

6
腸を手で丁寧にはずす。

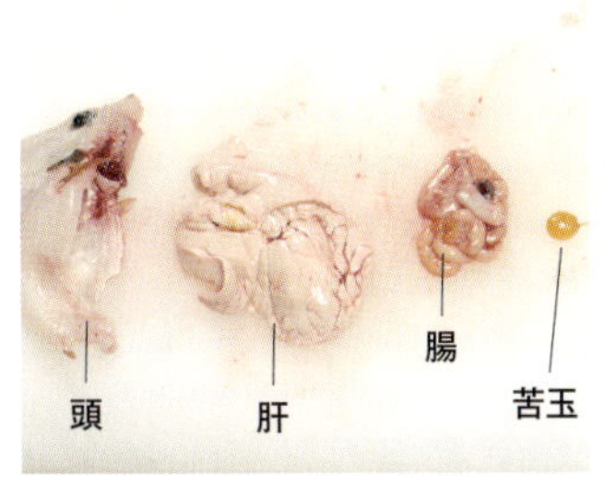

7
腸や苦玉を取り除いた肝は、料理によく使われるので取っておく。

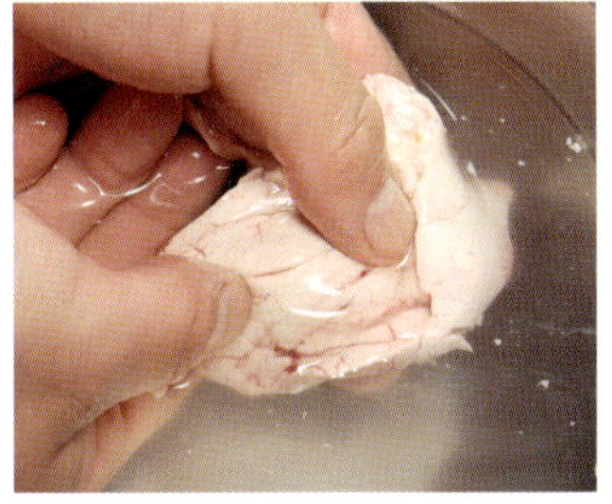

8
肝を塩水（3%）で洗う。

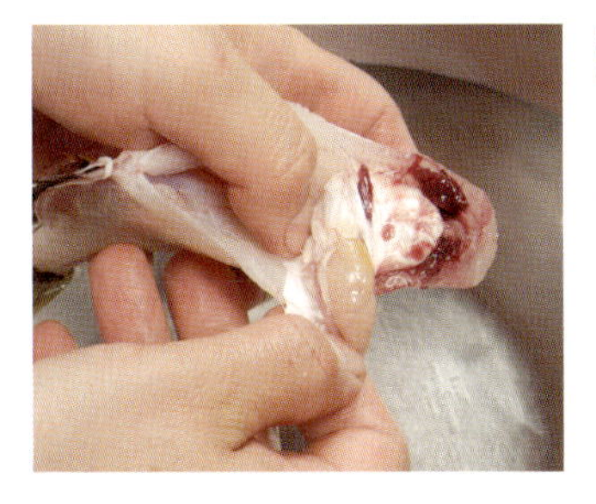

9
身についている残りの内臓を取り出す。

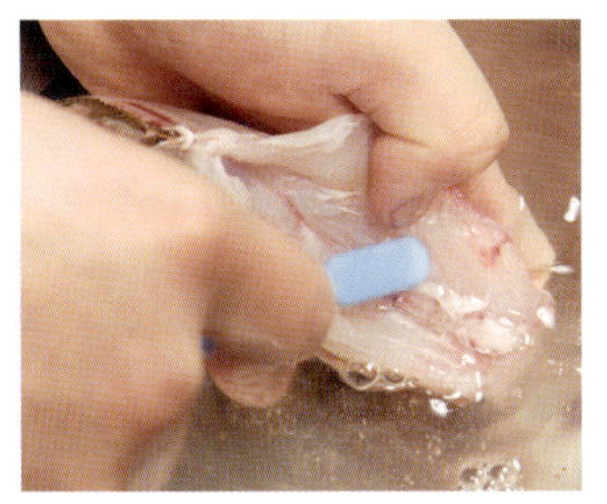

10
腹の中を歯ブラシで水洗いし、血抜きする。

11

タオルで水けをよくふき取る。

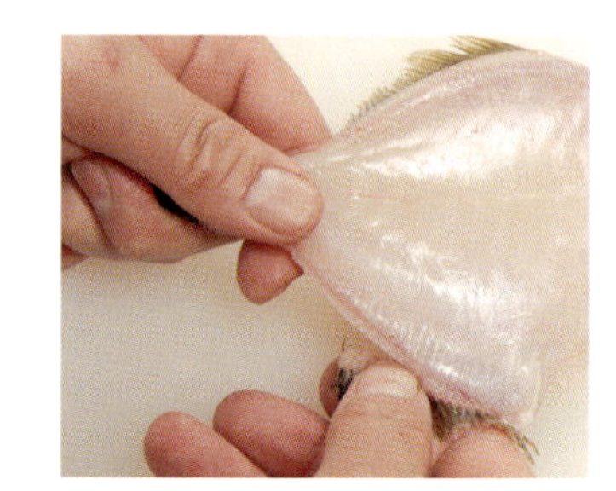

12

頭のほうを右、腹を手前にして置き、尻ビレを尾のほうから手で引っぱりながら取る。

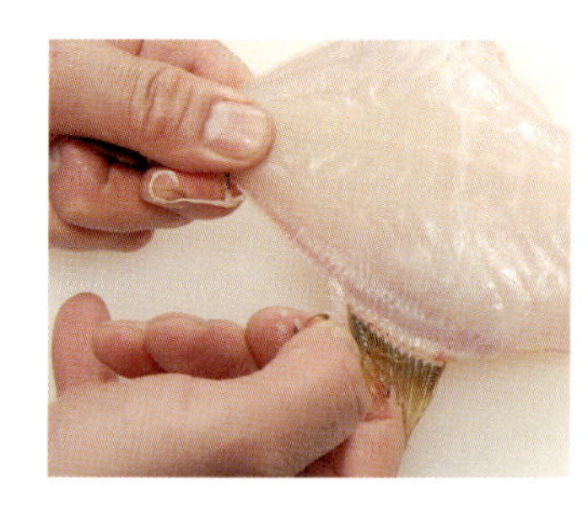

13

背を手前にして背ビレも同様に手で取る。

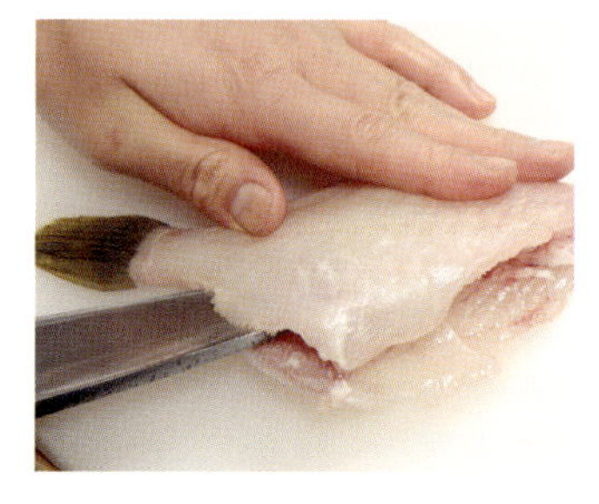

14

腹を手前に戻し、頭のほうから尾に向かって包丁を入れていく。2～3回繰り返しながら包丁を入れていく。

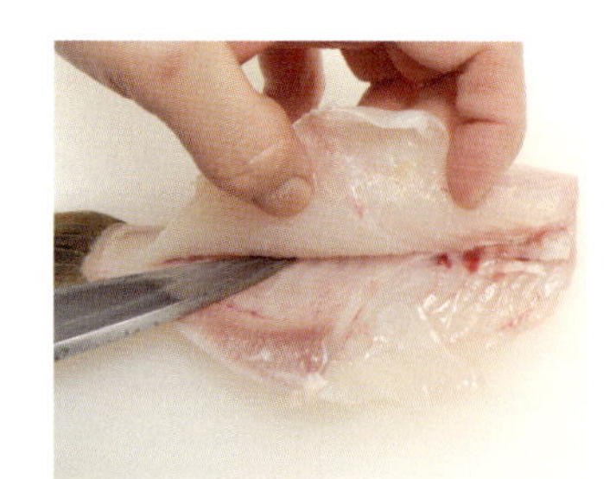

15

中骨まで、包丁を入れる。

16

中骨まで包丁を入れたら頭のほうを左、背を手前にし、尾のほうから包丁を中骨まで入れる。

17

中骨まで入れたら、包丁の切っ先を尾のつけ根に刺す。

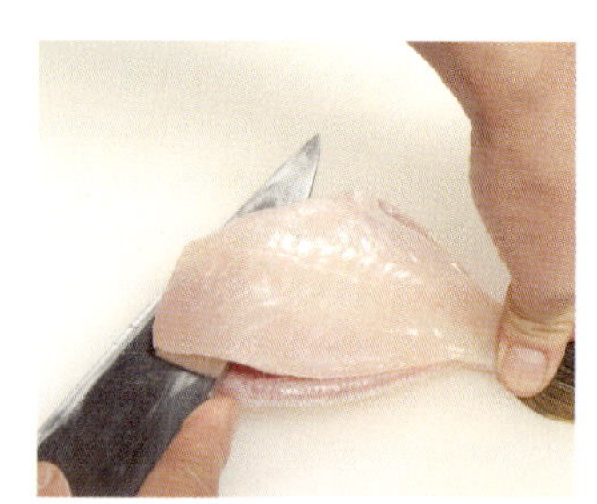

18

尾のほうから頭のほうへ中骨の上を滑らせるようにして身を切り離す。

19

逆さ包丁を尾に入れ、切り離す。反対側も同様に身をはがし、三枚におろす。

仕上がり

皮剥の肝醤油かけ焼き

材料（2人分）

皮剥（三枚におろした身）…2尾分
塩…適量
しし唐辛子…4本
肝…50g
a［みりん…60cc
　 醤油…40cc

作り方

1. ひと塩した身に平串を打ち、5mm間隔に切り込みを入れる。火にかけ8割くらい火が通ったら、合わせたaに、ゆでて裏ごしした肝を混ぜた物をかけながら焼く。
2. しし唐辛子は、焼いて醤油（分量外）をまぶして添える。

皮剥の刺身

材料（2人分）

皮剥（三枚におろした身）…1尾分
肝（裏ごししたもの）…10cc
刺身醤油…20cc
【あしらい】
山葵・花穂じそ・若布

作り方

1. 身は真ん中から切り分けて腹側に小骨を残すように切り分け、腹側に残った小骨を取り除き、そぎ切りにして盛る。あしらいを添える。
2. 刺身醤油に裏ごしした肝を混ぜて添える。

肝と白菜のポン酢サラダ

材料（2人分）

皮剥（三枚におろした身・肝）… 各2尾分
a［出汁…250cc
　 みりん…20cc
　 白醤油…20cc
b［白菜（芯の部分）…適量
　 胡瓜…1本
　 ラディッシュ…1個
切り胡麻・クレソン・浅葱…各適量

【ポン酢だれ】
c［ポン酢醤油…大さじ3
　 もみじおろし…小さじ1
　 みりん…大さじ1
　 胡麻油…小さじ1
　 生姜汁…小さじ1

作り方

1. 身はさく取りをしてそぎ切りにする。ボールに温めたa、肝を入れてラップなどでふたをして密封し、蒸して火を入れ冷まし、細かく切る。
2. bは食べやすい大きさに切り、冷水に取ってザルに上げておく。
3. 白菜と胡瓜を合わせたc少々で洗うようにからめ、水けをきって器に盛り、**1**を盛る。cをかけ、切り胡麻、クレソン、ラディッシュ、浅葱を彩りよく盛る。

魳(かます)

【旬】
夏から秋にかけて旬。

【目利き】
目が黒く澄んでいて、腹部は鮮やかな銀白色をしていて、弾力性がある物が新鮮。

【保存法】
頭や内臓を取る、もしくは、背開きにして一夜干しにして、一枚ずつラップをして冷蔵保存。

大名おろし（小出刃包丁）

1
頭を左、腹を手前にして置き、包丁を尾から頭に向かって動かし、ウロコを全体にこそげ取る。

2
ボールに水をはって洗い、ウロコや汚れを落とす。タオルで表面の水けをよくふき取る。

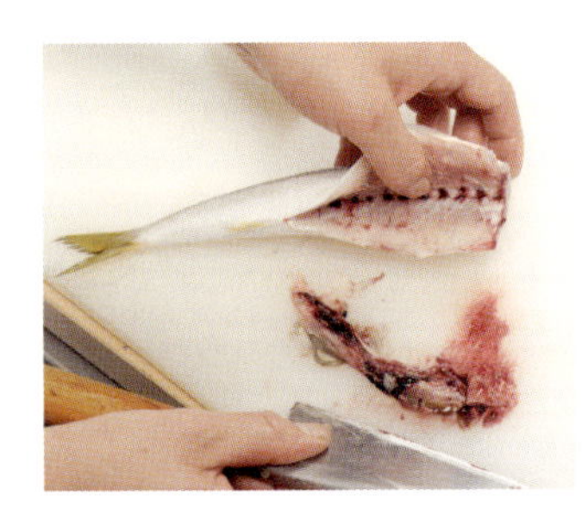

3
頭のほうを左、腹を手前にして置く。頭を落とす。向きを変え、腹に切り込みを入れ、刃元で内臓をかき出す。

4
ボールに水をはり、歯ブラシで血合いをこすりながら水洗いをし、水けをよくふき取る。

5
頭のほうを右、腹を手前にして置き、頭のほうから中骨の上に、包丁を入れて刃が入れやすくなるための切り目を作る。

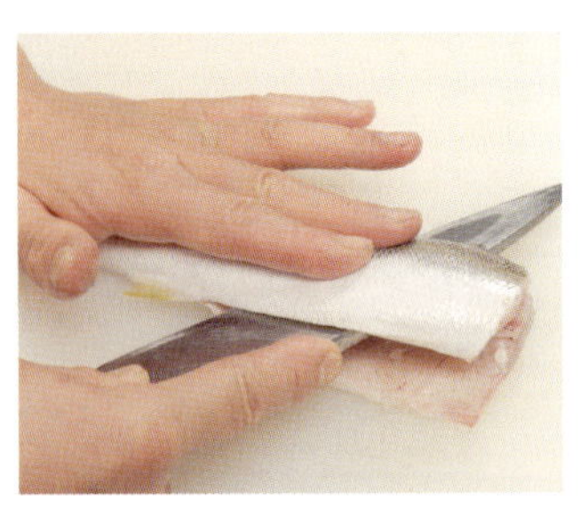

6
中骨の上に刃を沿わせるようにして切り進める。

鮖の幽庵焼き

材料（２人分）

鮖（大名おろしにした身）…１尾分

a
- みりん…60cc
- 醤油…40cc
- 柚子（厚めのスライス）…１枚

【あしらい】

銀杏…６個

塩…適量

作り方

1. 身はaのたれに20分ほど漬ける。

2. **1**は両づま折り（P302参照）を打つ。包丁目を入れて焼き、仕上げにたれを２～３度かけ、焼き上げる。

3. 鍋に塩を入れて熱し、殻を割った銀杏を入れて２～３分ほど煎る。

4. 器に**2**を盛り、**3**を添える。

7

包丁をそのまま進め、尾まで一気におろす。

8

裏返して背を手前にして頭のほうに包丁を入れ、刃が入れやすくなるための切り目を作る。

9

切りはじめは、身を左手で押さえながら、腹骨の部分の身を持ち上げ、切り進める。

10

中骨に沿わせるようにして尾まで切り進める。

11

最後は左手を身の上にのせて押さえ、包丁を尾まで入れて切り離す。

仕上がり

背開き（小出刃包丁）

1

頭を左、背を手前にして置き、左手でしっかり押さえ、背側の尾のつけ根に切っ先を入れる。

2

1を2～3回繰り返し身を少し持ち上げながら、中骨まで切る。

3

タオルで頭を押さえ、口先のほうまで切り込み、頭を半分に切る。口は切り離さない。

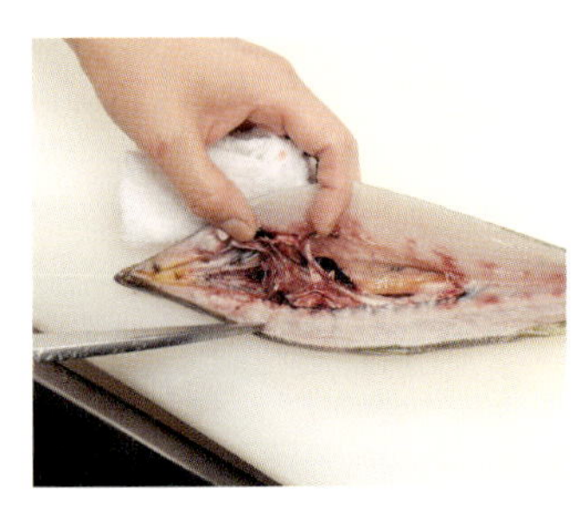

4

身が開くように、切る。

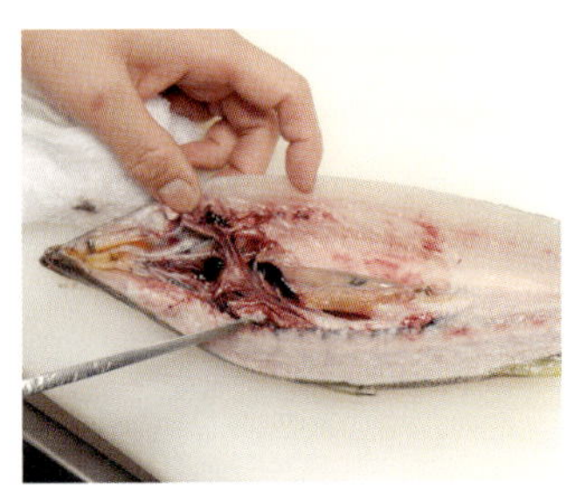

5

内臓を丁寧に取り除く。

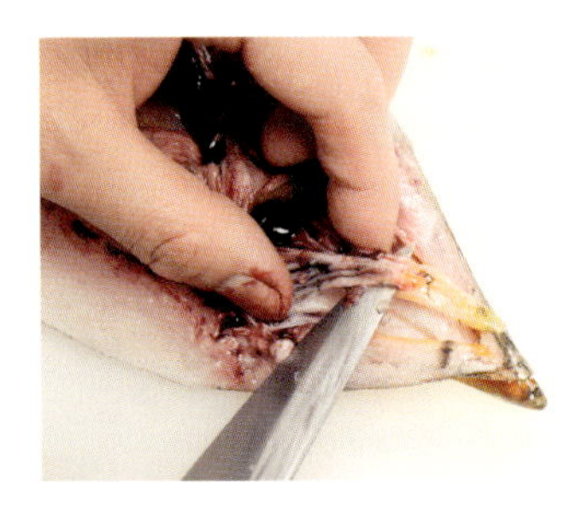

6

エラのつけ根に切っ先を逆さ包丁で入れ、身と離す。

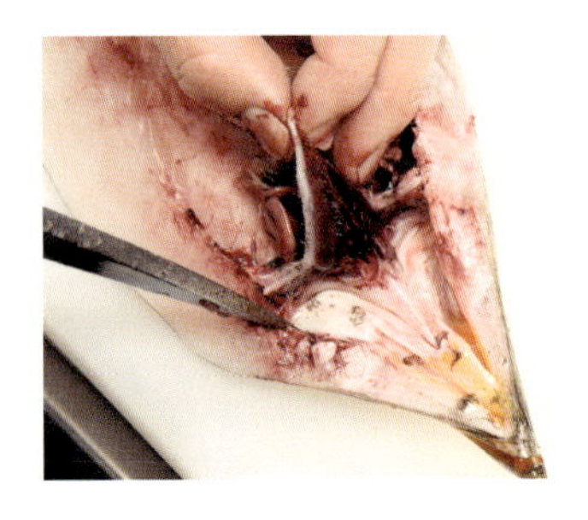

7

血合いの際に切り込みを入れ、血合い部分を取り除く。

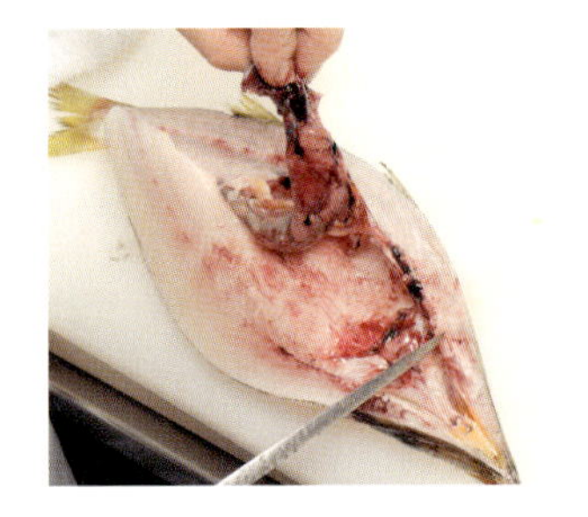

8

包丁で身を押さえ、左手で引きはがすように内臓を取る。

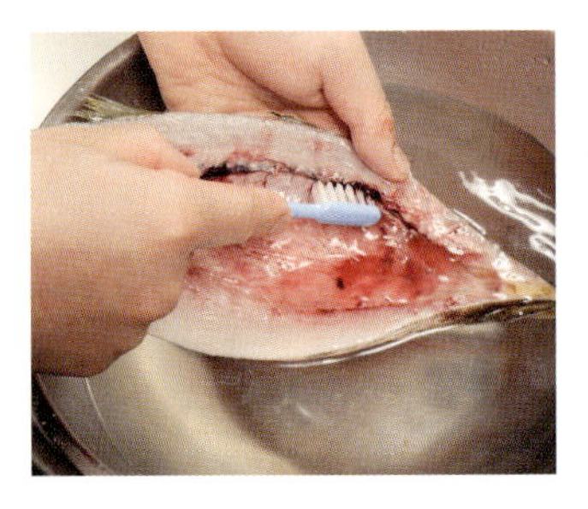

9

塩水（3％）で、歯ブラシを使って水洗いする。身が壊れやすいのでやさしく洗う。

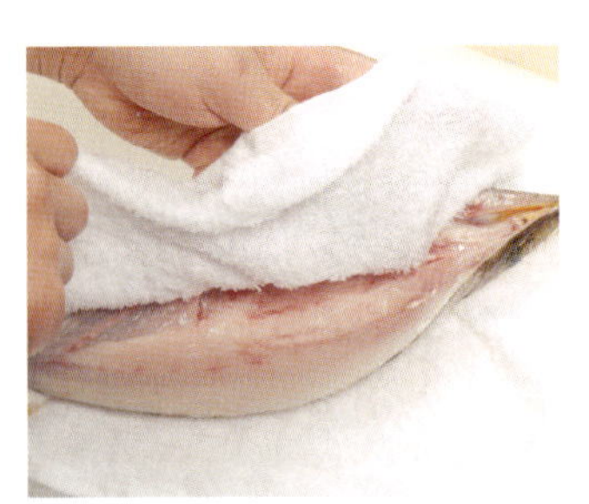

10

水けをタオルできれいにふき取る。

干物を作る

干物のおろし和え

材料（2人分）
魳（背開きにした身）… 1尾分
大根おろし … 1/2 カップ
生姜醤油 … 大さじ 1
すだち … 1/2 個

作り方

1. 身は 3％の塩水に 30分漬け（A~C 参照）、風通しのよい場所で表面が乾くまで天日干しにし、裏側に返して同様に干して干物を作る。

2. 1 を焼いて身をほぐし、生姜醤油で味つけした大根おろしで和え、くし形に切ったすだちを添える。

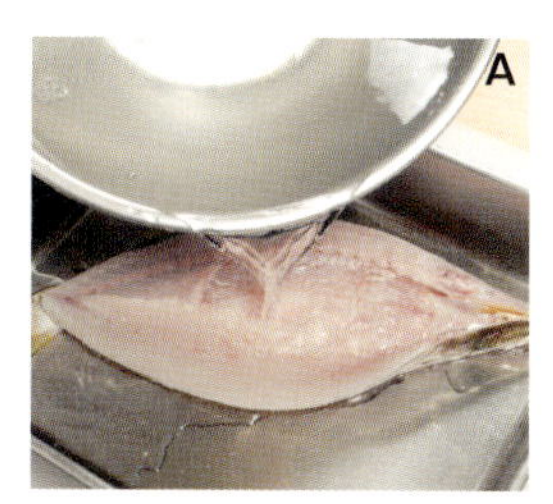
A
バットにかますを入れ、立て塩（P302 参照）を加える。

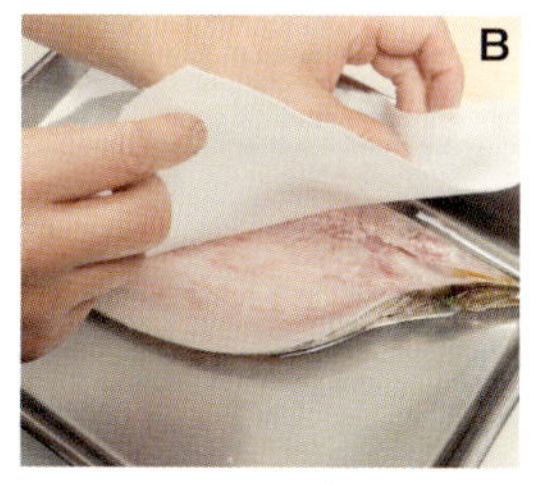
B
ペーパータオルを上からかけてあげると全体に塩が行き渡る。

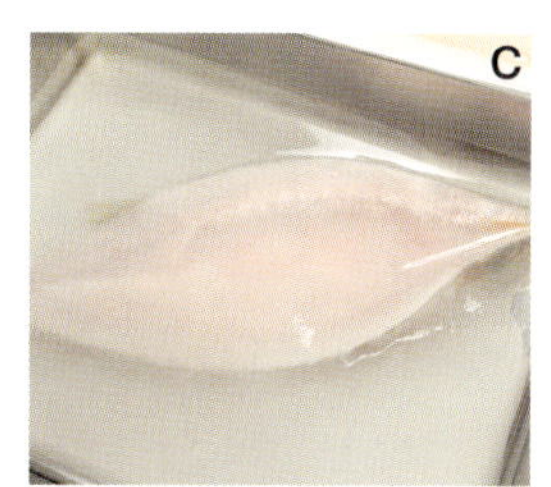
C
30分ほど漬ける。

Column

背開きにして干すときは、網などに並べて天日干しで干すのがおすすめ。干し時間は好みで調節する。

鱚（きす）

【旬】
夏に旬を迎える。

【目利き】
目が澄んでいて、ウロコが銀色に光り、はがれていない物。体に光沢、ハリがあり内臓の出ていない物が新鮮。

【保存法】
頭と内臓を取り、しっかりと洗って水けをふき取り、ラップに包んで冷蔵保存。

つぼ抜き（小出刃包丁・竹串）

1
頭を左、腹を手前にして置き、包丁で尾から頭に向かって動かし、ウロコをこそげ取る。

2
ヒレの下も丁寧にウロコをこそげ取る。

3
頭を右、腹を上にして、エラブタを左手で開き、切っ先をエラにあてる。

4
左手の人差し指でエラを押し、切っ先にエラを引っかけながら内膜を切る。

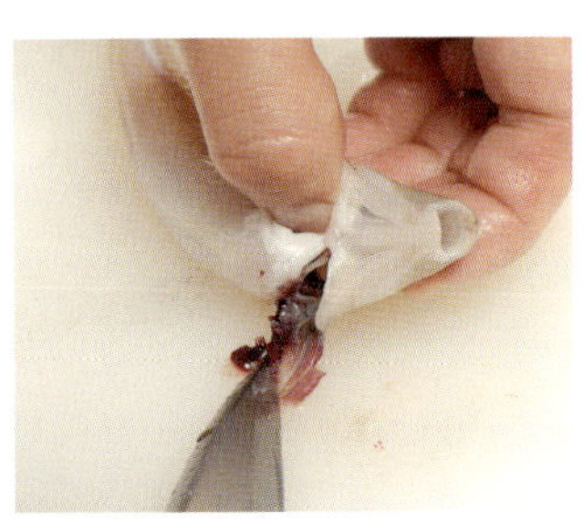

5
切っ先をエラに刺し、左手で内臓を押し出しながら、包丁をねじり、エラを外に出す。

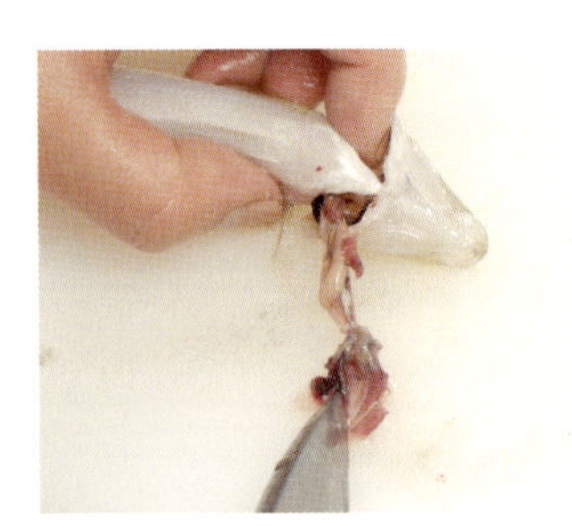

6
エラを外に出したら、そのまま包丁を引いて内臓を取り出す。

鱚の南蛮漬け

材料（２人分）

鱚 … 6尾
焼き葱(ぶつ切り)… １本分
らっきょう(甘酢漬け)… 適量
小麦粉・揚げ油 … 各適量

【南蛮酢】

鷹の爪(小口切り)… １本分

a
- 出汁 … 400cc
- 醤油 … 20cc
- 酢 … 40cc
- 砂糖 … 大さじ1・1/2
- 塩 … 小さじ1/4

作り方

1. 鱚はウロコを取り、つぼ抜きをして内臓を取ってよく水洗いをする。水けをよくふき取る。

2. aを合わせて鍋に入れ、ひと煮立ちさせておく。

3. **1** は小麦粉をまぶして中温の揚げ油で2度揚げし、アツアツのうちに **2** に焼き葱、鷹の爪、らっきょうと共に漬ける。

7

竹串２本を腹に入れる。

8

残った内臓を竹串で挟むように奥まで入れる。

9

串をねじりながら内臓を取り出す。

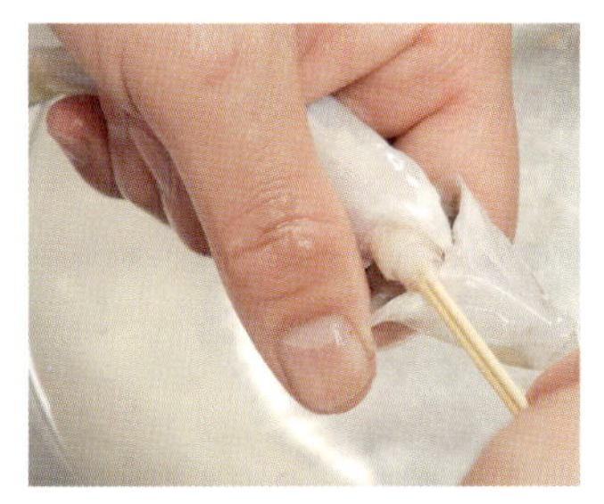

10

串にペーパータオルを巻きつけ、中の内臓を最後まできれいに取り除く。

11

内臓がきれいに取れた状態。

仕上がり

腹開き（小出刃包丁）

1

頭と内臓を取り、頭のほうを右、腹を手前にして置き、左手で身を押さえながら、腹に包丁を入れる。

2

包丁を入れて尾のほうまで切り進める。

3

もう一度、包丁を頭のほうから入れ、左手で上側の身を持ち上げながら中骨に沿って切る。

4

中央の太い骨を越え、背の皮のぎりぎりまで切り開く。

5

身を開き、皮を上、頭を左に置き換える。

6

切っ先で尾のほうから中骨の上に切り込みを入れる。

7

中骨に沿って包丁を切り進める。

8

左手で身を持ち上げながら、身を切り離す。

9

尾のつけ根の部分で、中骨を切り落とし、腹骨をそぎ取る。天ぷらにする場合は背開きにする。

仕上がり

松葉おろし（小出刃包丁）

結び鱚の吸い物

材料（2人分）

鱚…2尾
豆腐…1/6丁（50g）
じゅんさい…大さじ2
オクラ（茹でて2～3等分にした物）…1本分
塩・木の芽…各適量

【吸い地】

出汁…360cc
塩…1～1.5g
薄口醤油…少々

作り方

1. 鱚は薄塩をして15分おく。
2. 豆腐は2等分にして吸い地120ccで温め、下味をつける。
3. 鱚を松葉おろし（A~F参照）にして表面に焼目をつけて蒸す。
4. 御椀に**2**と**3**を盛り、オクラ、じゅんさいを添えて吸い地をはり、木の芽を散らす。

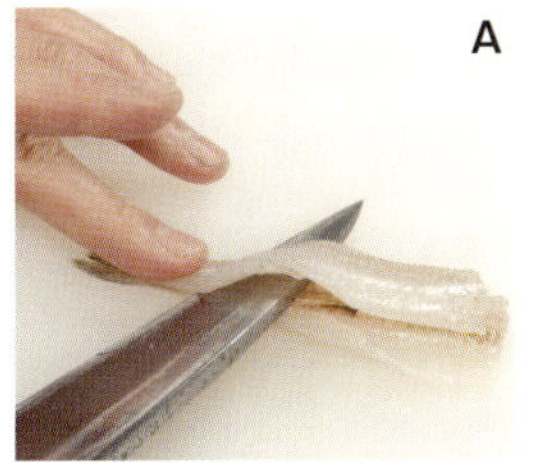

A 頭と内臓を取り、頭を右、腹を手前に置く。頭のほうから中骨に沿って包丁を引くように尾の手前まで切る。

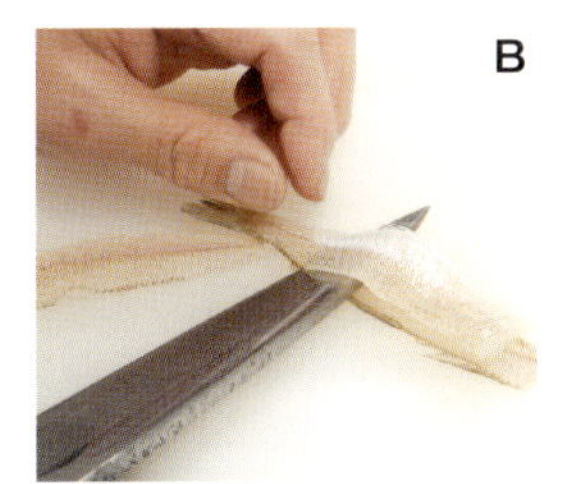

B 裏側にして中骨から切り離した身を左側に皮を上になるように伏せておく。右側の身を頭のほうから同様に切る。

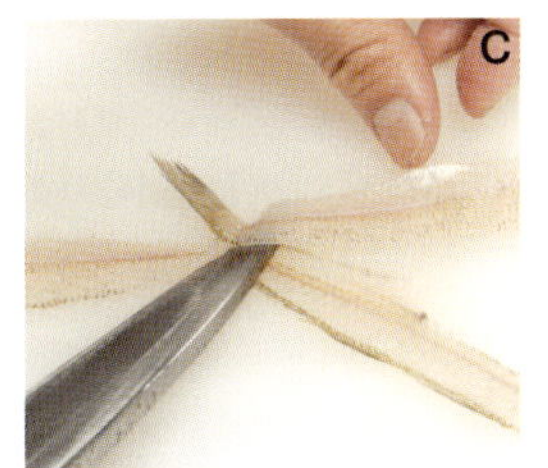

C 尾の手前まで切る。

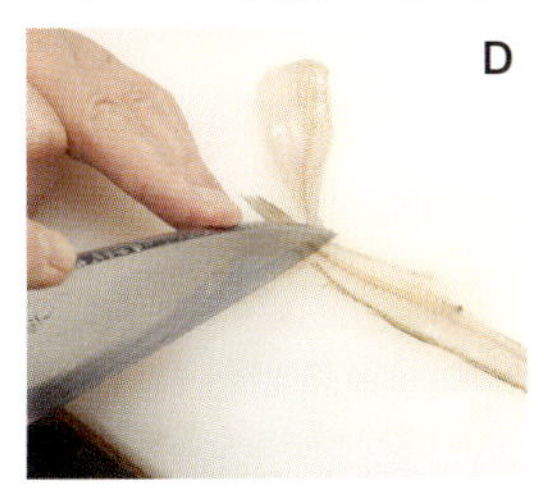

D 尾を身につけたまま、中骨を尾のつけ根で切り落とす。

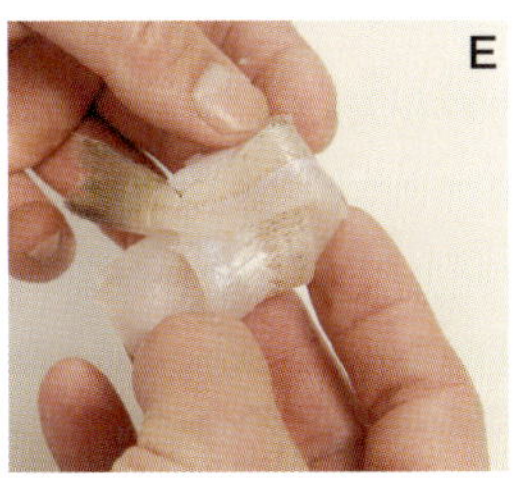

E 手前と向こう側の腹骨を削ぎ取り、身を左右に交差するように結ぶ。

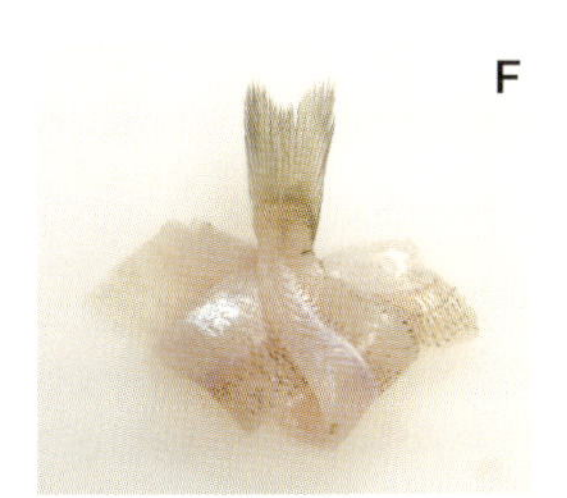

F 完成。

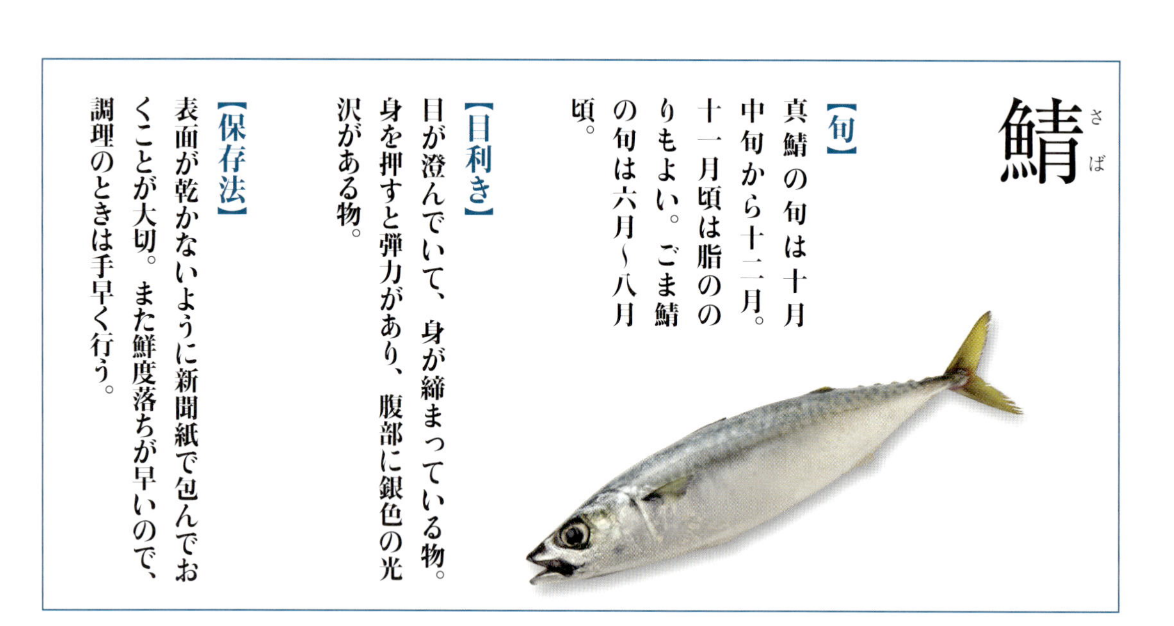

鯖（さば）

【旬】
真鯖の旬は十月中旬から十二月。十一月頃は脂ののりもよい。ごま鯖の旬は六月～八月頃。

【目利き】
目が澄んでいて、身が締まっている物。身を押すと弾力があり、腹部に銀色の光沢がある物。

【保存法】
表面が乾かないように新聞紙で包んでおくことが大切。また鮮度落ちが早いので、調理のときは手早く行う。

ウロコを取る→頭を落とす（出刃包丁）

1
頭を左、腹を手前にして置き、尾から頭へ向かって包丁全体を使ってウロコとぬめりを取る。

2
裏返して腹側のウロコとぬめりを同様に取る。

3
背側も同様に丁寧に取る。

4
頭を右、腹を手前にして置き、エラの内側に包丁を入れる。

5
左手の指でエラブタを開きながら、包丁でエラ部分に切り込みを入れる。

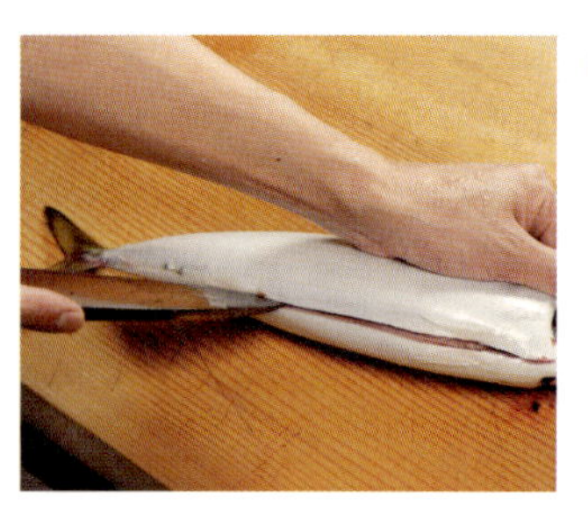

6
切っ先をエラの下から入れ、腹を引くように尾に向かって肛門のあたりまで切る。

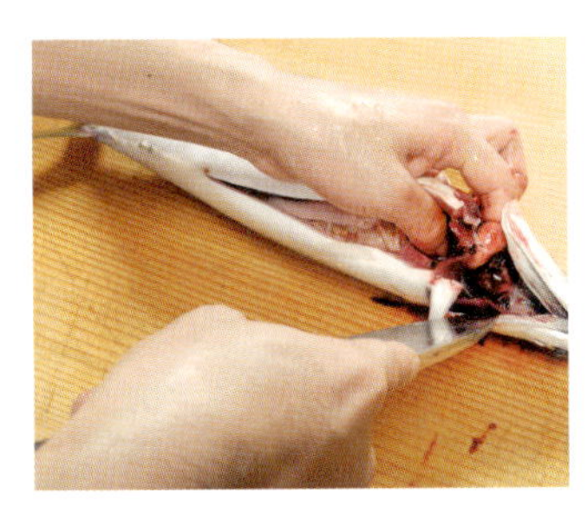

7

切っ先を使い、内臓についている薄い膜を切り離す。

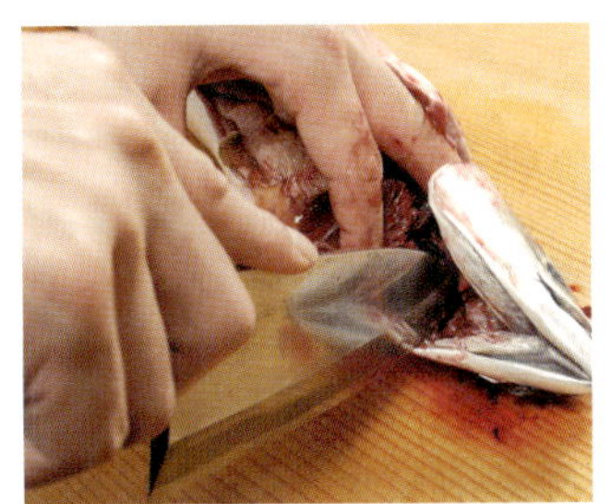

8

エラの部分も切り離す。

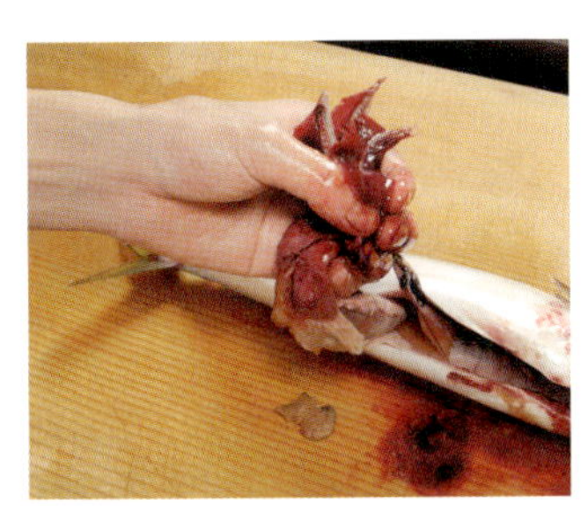

9

左手でエラを引っぱり、内臓を取り出す。

10

頭を落とさずにエラを切り離して引っぱると、内臓がきれいに取り出せる。

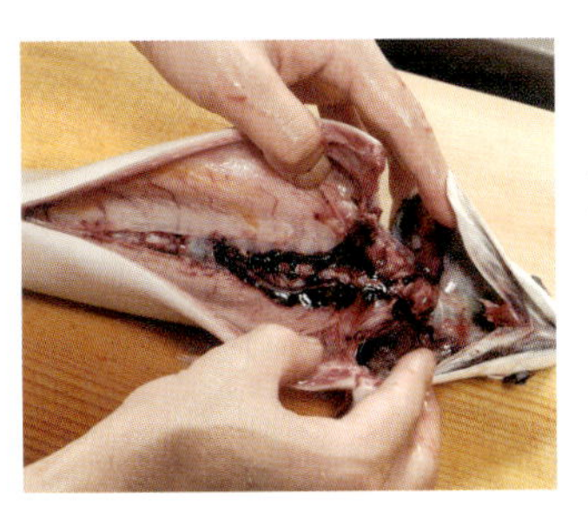

11

腹の中を開き、血合いの膜に切っ先で切り込みを入れ、刃元で血合いをかき出す。

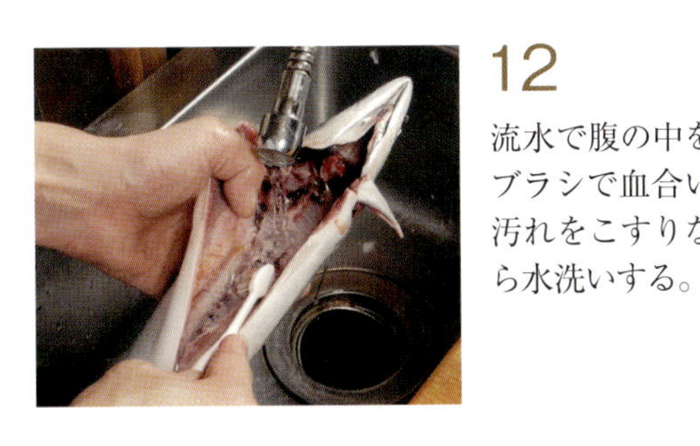

12

流水で腹の中を歯ブラシで血合いや汚れをこすりながら水洗いする。

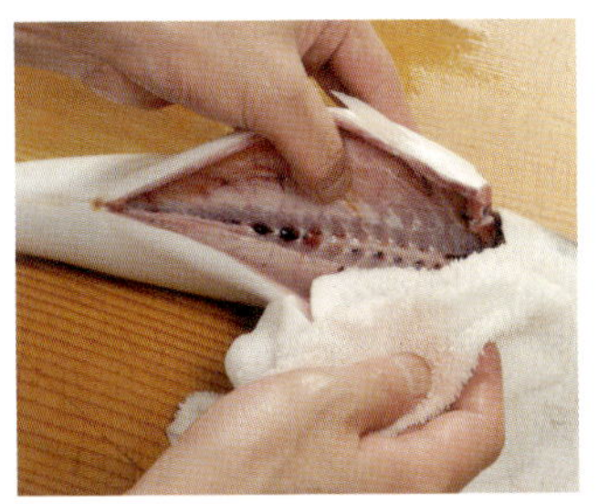

13

タオルなどで表面、腹の中の水けを丁寧にふき取る。

14

頭を右、腹を手前にしておき、包丁を少しねかせて胸ビレの後ろに斜めに包丁を入れる。

15

裏返して、同様に包丁を入れる。

16

包丁を立てて頭を切り落とす。

三枚おろし（出刃包丁）

1

ウロコ、頭、内臓を取った鯖は頭のほうを右、腹を手前にして置き、頭のほうから腹を引くように切り進める。

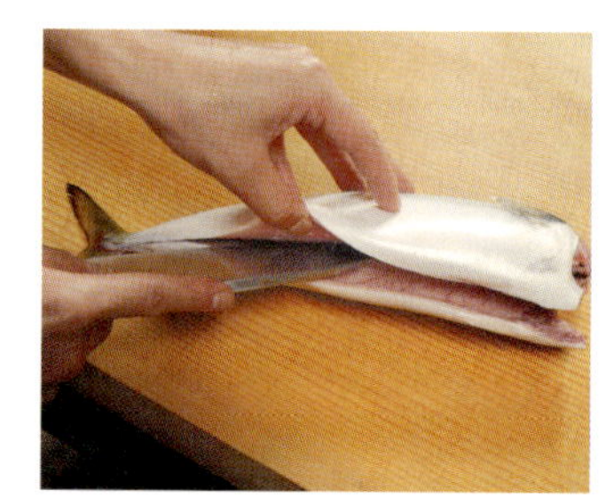

2

肛門の下のほうまで切る。

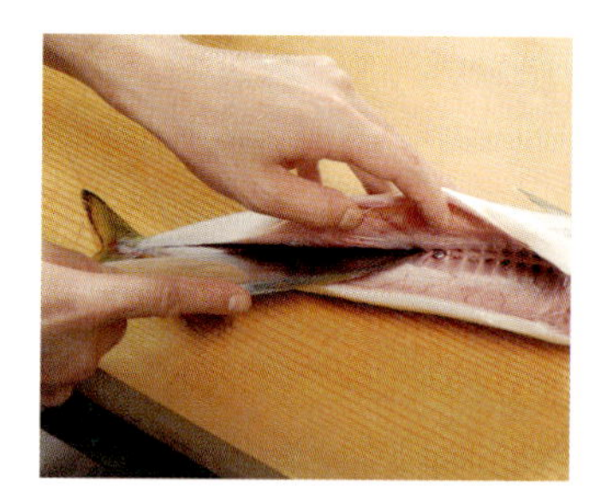

3

2～3回繰り返しながら、左手で身を持ち上げつつ、中骨に沿わせるように切る。

4

中骨にあたったら、頭が左、背が手前になるように向きを変えて置き、包丁を尾のほうから背ビレの下に入れる。

5

左手で腹側を押さえて背を浮かせながら切り進める。

6

そのまま頭のほうまで包丁を滑らせる。

7

中央の中骨にあたるまで中骨に沿って切り込みを入れる。

8

尾のつけ根に切っ先を逆さ包丁で刺すように入れ、尾に向かって少し切る。

9

包丁を尾のほうから頭に向かって中骨に沿って切り進め、身を切り離す。

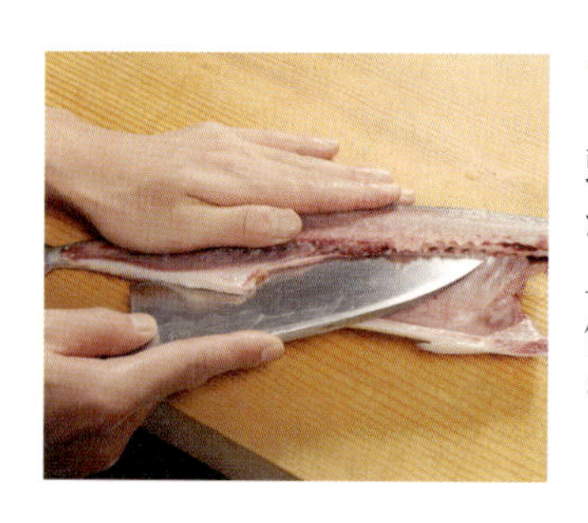

10

頭のほうを右、骨がついている身を上にして置き、腹側の骨の下に包丁を入れる。

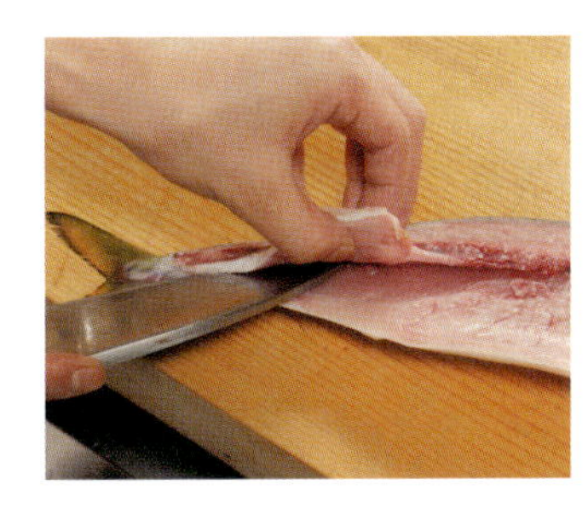

11
下から骨を押し上げるようにして尾のほうに向かって切り進め、中央の骨のあたりまで切り込みを入れる。

12
向きを変え、頭のほうを左、背側を手前にしておく。

13
背ビレの下に包丁を入れ、尾のほうから頭のほうへ切り進める。

14
中骨の下まで切り込みを入れる。

15
左手で骨がついている身を持ちながら、中央まで包丁を入れる。

16
左手で尾を持ち、尾のつけ根に包丁を刺し込み、中骨の上を滑らせるように頭のほうへ向かって切る。

17
身を左手で押さえ、逆さ包丁で切り進め、身を切り離す。

Column

鯖は二枚おろし（大名おろし）で焼き物として用いる場合と、三枚おろしにする場合がある。鯖を焼き物として用いる場合は腹骨を取る必要がない。ただし、血合い骨（P302参照）は骨抜きで丁寧に取ること。

腹骨をかく→煮物用（出刃包丁）

鯖味噌煮

材料（2人分）

鯖（三枚におろした上身）…1枚
水…600cc
酒…100cc
昆布…20g
生姜（薄切り）…1片分
焼き葱（ぶつ切り）…1/5本分
a ┌ 味噌…180g
　 │ 濃口醤油…60cc
　 │ 砂糖…大さじ2
　 └ みりん…大さじ1
青菜…適宜

作り方

1. 身は適当な大きさに切り（A～F参照）、熱湯を表面にかける。
2. 分量の水に酒と昆布、生姜、焼き葱を入れ、**1** と共に火にかけて煮る。火が通ったらaを入れ味をととのえる。
3. 器に盛り、ゆでて切った青菜を添える。

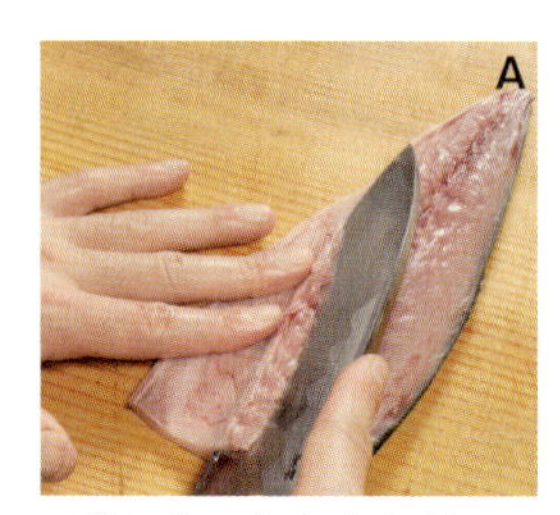

三枚におろした身を頭のほうを手前、身を上にして置き、腹骨をすき取る。

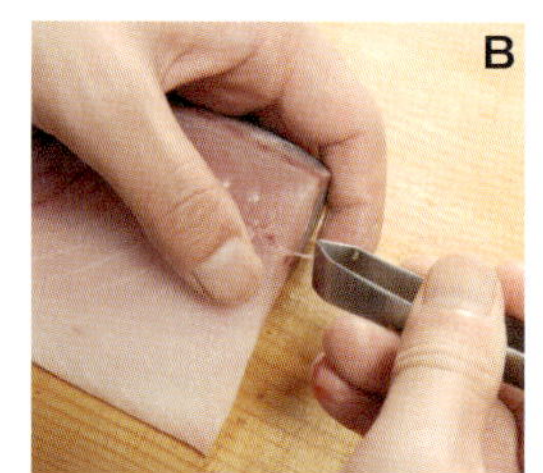

骨抜きで細かい骨を取る。

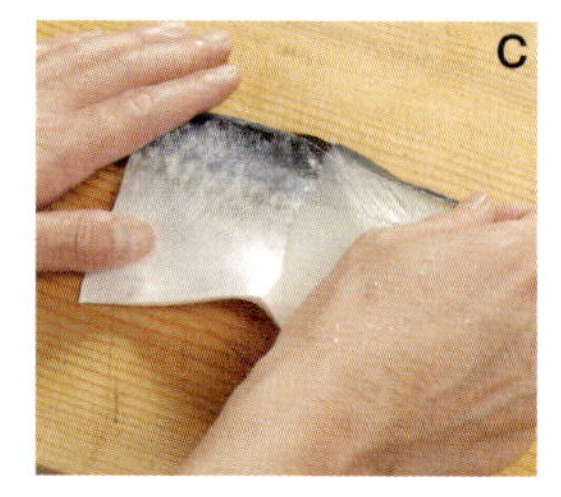

皮目を上にしておき、皮をむく。

食べやすい大きさに切る。

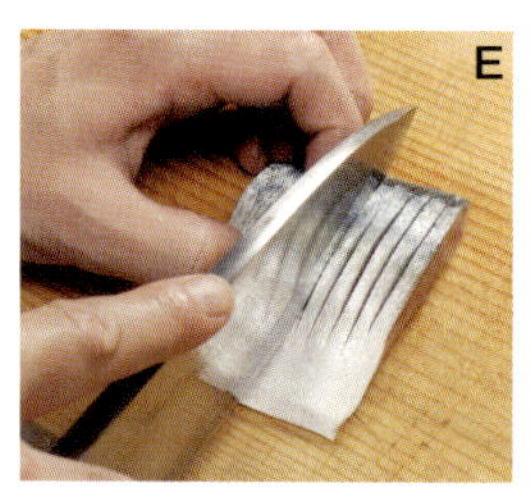

火の通りをよくするために、縦に10本ほど飾り包丁をする。

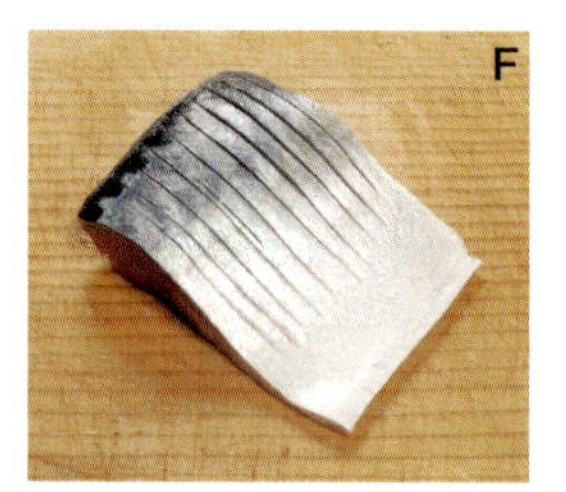

完成。

〆鯖にする

〆鯖

材料（2人分）
鯖（三枚におろした上身）…1枚
塩…60g
砂糖…40g
酢…鯖がつかる分
【あしらい】
大根のつま・大葉・花穂じそ・黄菊…各適宜

作り方
1. 身に砂糖をまぶして40分おき、塩をして約1時間おく。
2. 酢に**1**の鯖を漬け、冷蔵庫で20分おいてから酢をふいておく。
3. しめた後に腹骨をかき、小骨を取り、皮をむく。食べやすい大きさに切り分ける（A~F参照）。

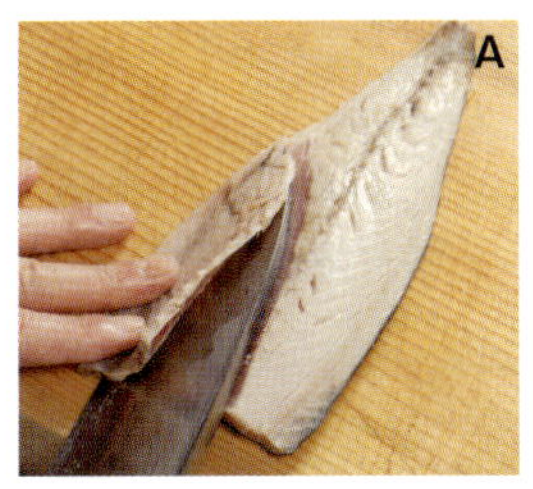

上記の**1**〜**2**の要領でしめた後に腹骨をすき取る。

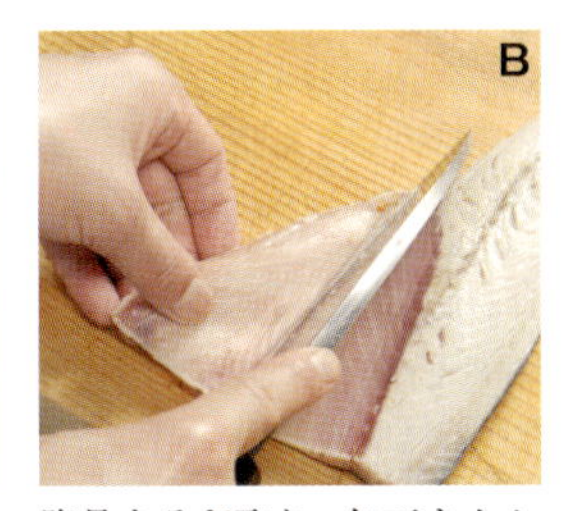

腹骨をそぎ取り、包丁を上から入れて切り離す。

骨抜きで小さい骨を丁寧に取る。

皮目を上にしておき、皮をむく。

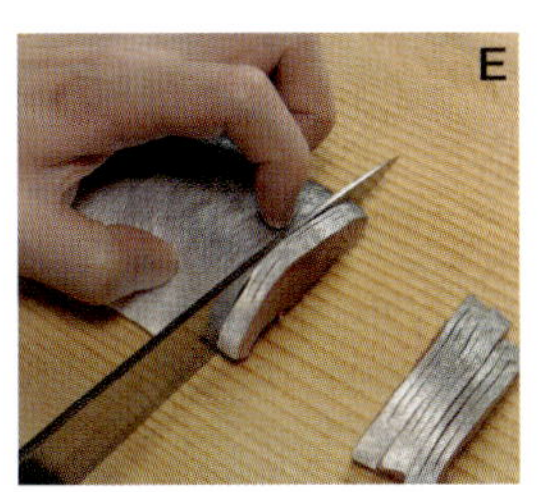

背を手前にして置き、右側から切り目を2mm間隔で2本入れて、食べやすい大きさに切る。

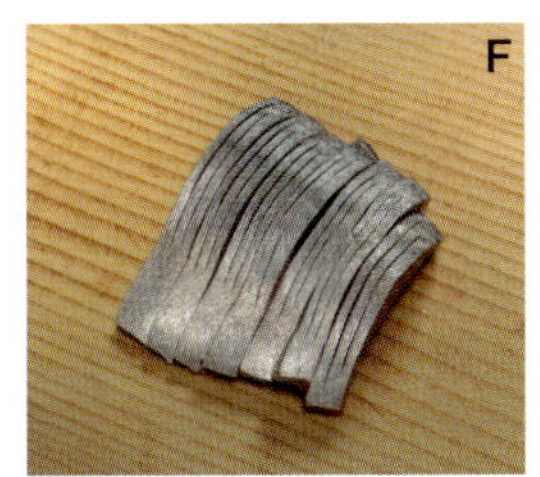

完成。

秋刀魚（さんま）・鰯（いわし）

【旬】
秋刀魚の旬は九月～十二月。真鰯の旬は秋、うるめ鰯の旬は夏、かたくち鰯の旬は秋から冬。

【目利き】
目が澄んでいて、ウロコがはがれていない物が新鮮。光沢があり、姿がピンとはって目もはっきりした物を選ぶ。

【保存法】
頭と内臓を取ったり、おろしたりの下処理をし、ラップで包み冷蔵庫で保存。

鰯

秋刀魚

大名おろし→三枚おろし[秋刀魚]（小出刃包丁）

1

頭を左に、腹を手前にして置き、包丁の刃先を少し立て、尾から頭のほうに向かって、ウロコを取る。

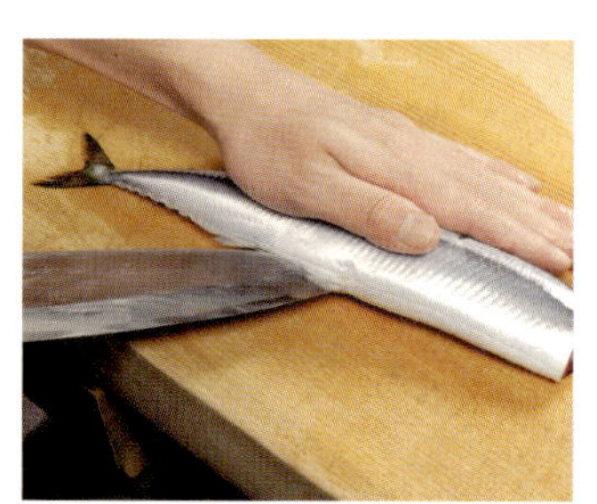

2

頭を落とし、頭のほうを右、腹を手前にして置き、頭のほうから肛門のあたりまで切り込みを入れる。

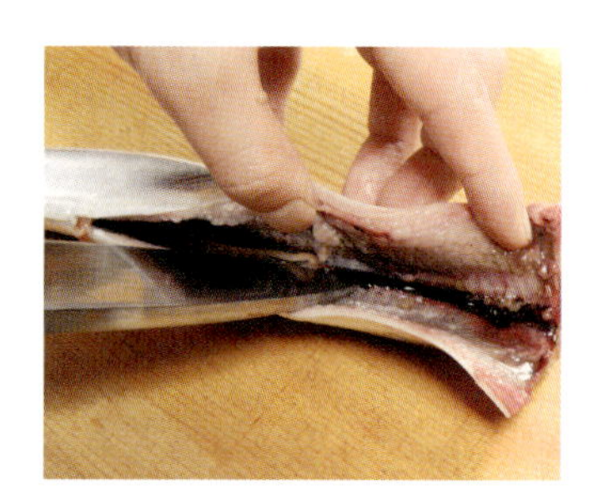

3

内臓と血合いを切っ先でかき出す。

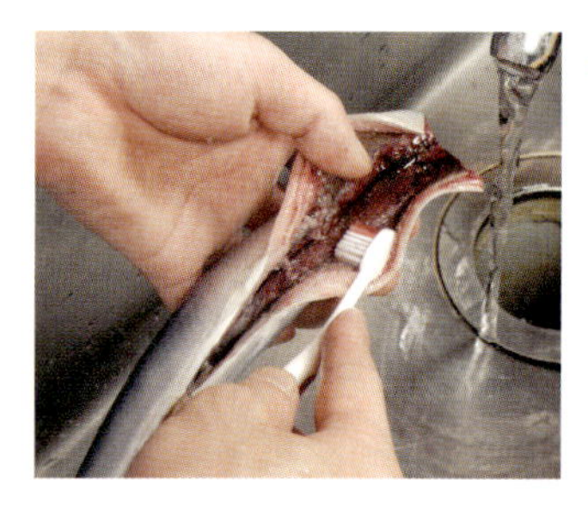

4

流水で流しながら、歯ブラシで血合いと汚れを落とし水洗いする。タオルなどで水けをふき取る。

5

頭のほうを右、腹を手前にして置き、頭から尾まで中骨の上を滑るように切り進める。

6

大名おろし完成。

秋刀魚の七味干し

材料（2人分）

秋刀魚 … 1尾
濃口醤油 … 50cc
酒 … 50cc
みりん … 50cc
七味唐辛子 … 少々

作り方

1. 秋刀魚を三枚におろして骨を抜く。
2. 濃口醤油、酒、みりんを同割に合わせたものに**1**を30分ほど漬ける（七味を少々）。
3. **2**の汁けをきり、平らな網に並べて下に皿を敷き、冷蔵庫に一晩おく。
4. **3**を焼く。

7
骨がついている身を下にし、頭のほうを右にしておき、頭のほうから同様に中骨の上を滑らせ、切り離す。

8
三枚おろし完成。

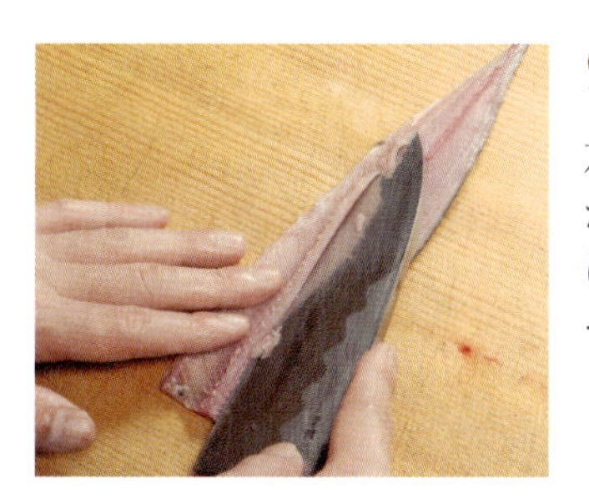

9
左手でおさえながら、包丁を斜めに入れて腹骨をそぐ。

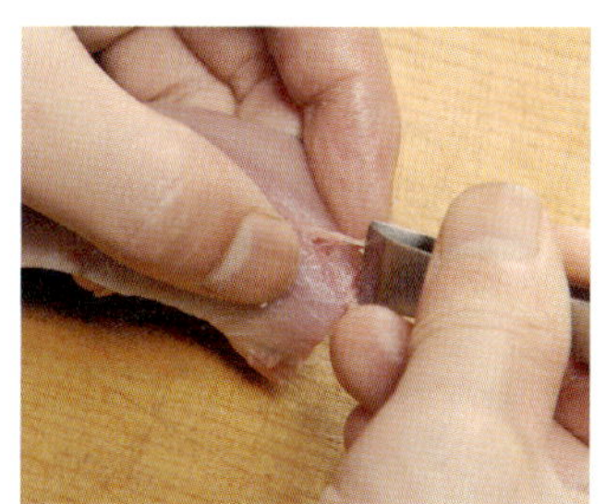

10
小骨を骨抜きで丁寧に取り除く。

Column

小出刃包丁でおろす他に、柳刃包丁を使うのもおすすめ。包丁を腹に入れ、尾に向かって中骨の上を滑らせるように一気におろすのがコツ。

手開き［鰯］（小出刃包丁）

1

包丁の刃先を少し立て、ウロコを取り、胸ビレの後ろに包丁を入れ、頭を切り落とす。

2

頭のほうを右、腹を手前にして置き、左手で背を押さえて、腹側に肛門まで切り込みを入れる。

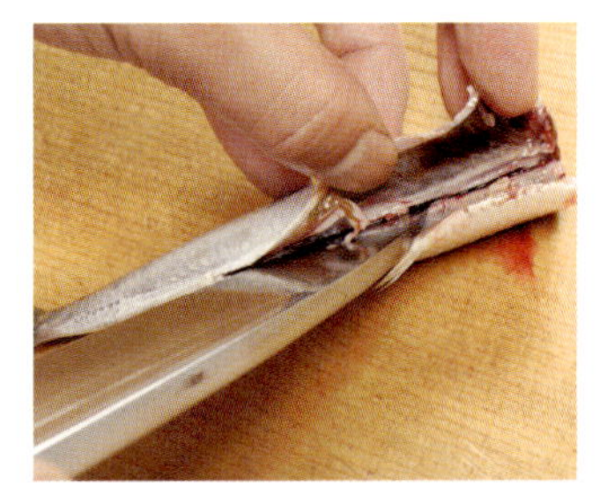

3

切っ先で内臓、血合いをかき出す。

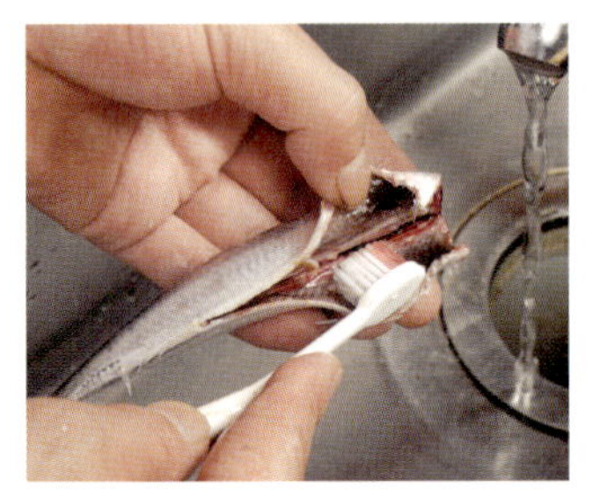

4

流水で流しながら、歯ブラシで腹の中の汚れや血合いを洗い流す。

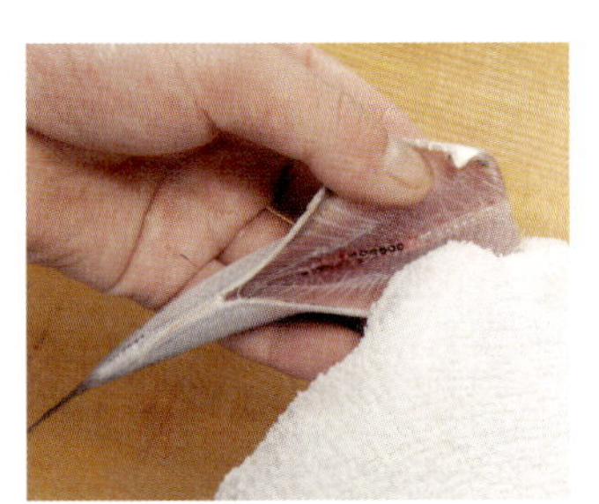

5

タオルなどで表面と腹の中まで水けを丁寧にふき取る。

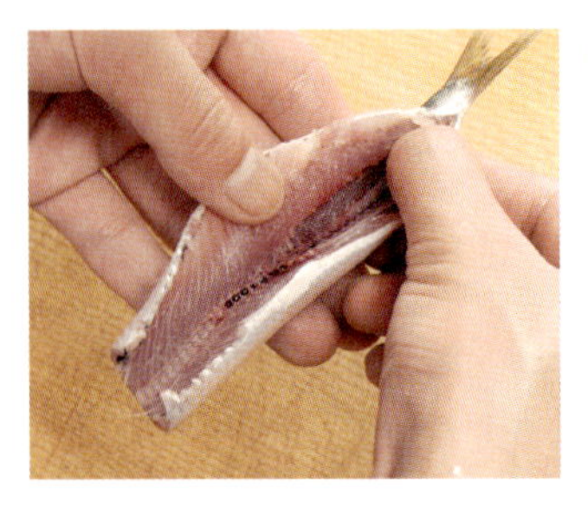

6

左手で尾が右側にくるように持ち、右手の親指を中骨に沿わせながら動かし、身を開く。

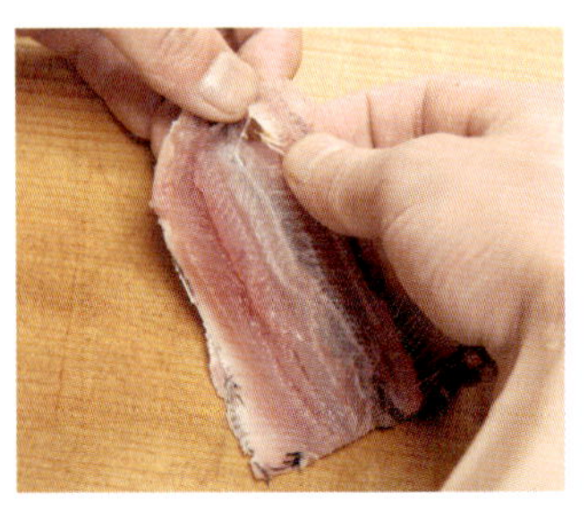

7

中骨を尾のつけ根部分でつまんで折る。

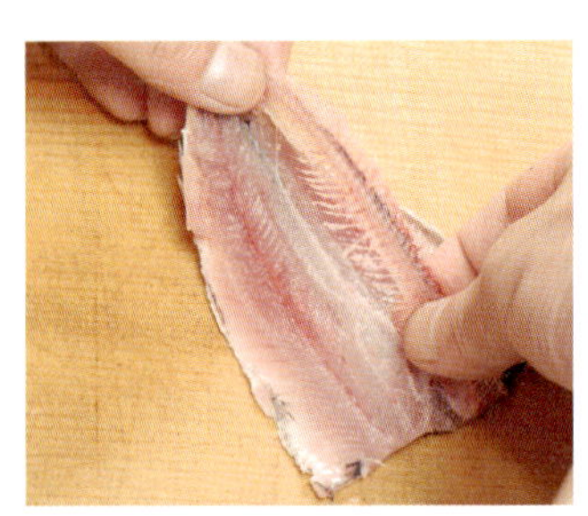

8

中骨を少しずつ身からはがしていく。

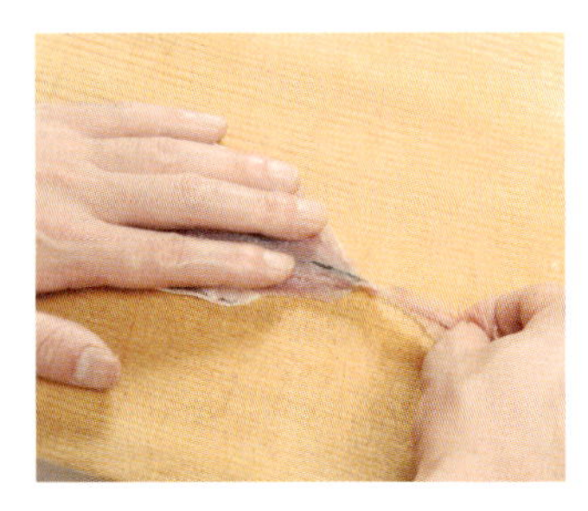

9

中骨を引っぱって取る。

10

手開きにして中骨をはがした状態。

11
尾を切り落とす。

12
尾のほうを手前にして置き、左側の腹骨をすき取り、刃先を立てて引き、腹骨を切り離す。

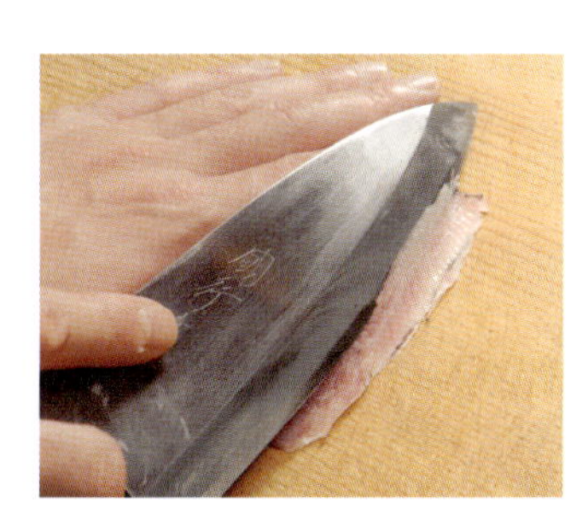

13
右側の腹骨を、逆さ包丁ですき取る。

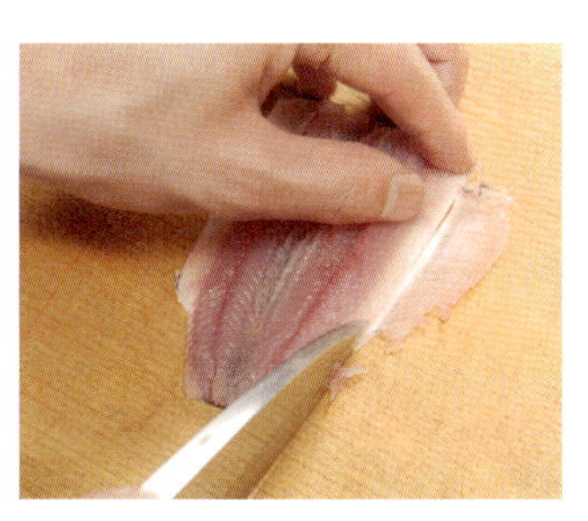

14
刃先を立てて引き、腹骨を切り離す。

仕上がり

鰯は小骨が多いので、手開きにしたあとは、丁寧に両側の腹骨をすき取ることを忘れずに。

鰯包み揚げ

材料（2人分）

鰯（手開きにしたもの）…1尾分
プロセスチーズ…80g
大葉…5枚
小麦粉…適量
卵白…少々
ゆかり…少々
揚げ油…適量

作り方

1. チーズを棒状に切り、大葉を巻く。
2. 鰯を開いて **1** をおき、端から丸めて楊枝で止め、小麦粉をまぶす。
3. 泡立てた卵白にゆかりを入れ、香りが出るようにする。
4. **2** に **3** の衣をつけ、160℃くらいの揚げ油で半生状態に揚げる。あとは余熱で火を通す。

鮭（さけ）

【旬】
川をのぼる十月～十一月ごろが旬。この時期に一般に大量に出回る。四月～六月ごろ、川にのぼる前の沖で穫られた物が最上とされている。

【目利き】
ウロコが銀色に光っていて、体が太くピンとはった物。エラは鮮やかな朱色で、くしの歯状のエラの一つ一つがしっかりしている物が新鮮。

【保存法】
ウロコ、エラ、内臓を取り除き、大名おろしにして切り身にした後、ラップに包んで密閉し、冷蔵庫に保存。

皮を引く［すき引き］（柳刃包丁）

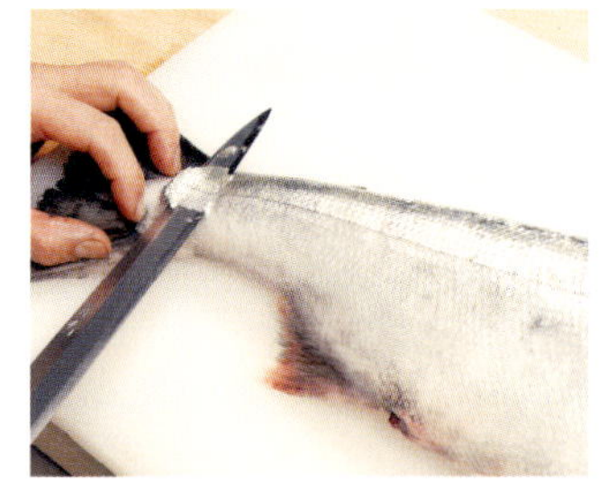

1
頭を右、腹を手前にして置き、尾のほうから、逆さ包丁で皮を引く。身にピタッとつけて動かすのがコツ。

2
背側の皮もゆっくり上下に動かしながら引いていく。

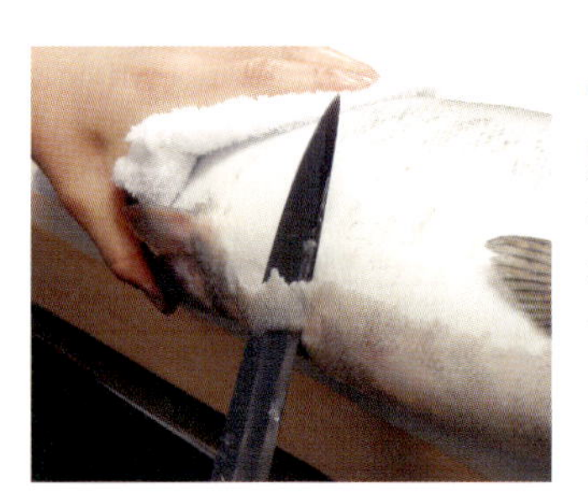

3
腹の下の皮は、鮭を立てると安定しない為、包丁を立てて皮を引く。

4
身をはると包丁が入れやすいので、左手で押さえながら、包丁を入れて皮を引くこと。

5
身が浮いてしまうので、皮は引っぱらないようにして、すみずみまで皮を引く。

仕上がり

いくら茶碗

材料（2人分）

ほぐした生の筋子 … 1/2 カップ
全卵 … 1 個
鰹出汁 … 180cc
薄口醤油 … 少々
なめこ … 大さじ 2
めんつゆ（ストレート）… 100cc
水溶き片栗粉 … 適量
生姜汁 … 小さじ 1

作り方

1. 生の筋子は P285 を参照してほぐし、汁けと汚れを取り除く。
2. 割りほぐした卵に薄口醤油を混ぜ、ザルでこす。
3. ゆでたなめこを入れた茶碗蒸しの器に 6 分目ほど **2** を入れ、アルミホイルで蓋をして固まるまで 7 ～ 8 分蒸す。
4. めんつゆを沸かし、水溶き片栗粉を加えてとろみをつけ、**1** を入れて火を止め、手早く混ぜて生姜汁を加え、**3** にかける。

卵巣を外す（出刃包丁）

1
頭を右、腹を手前にして置き、左手でエラブタを持ち上げ、下アゴに切っ先を刺し込む。

2
切っ先で下アゴのやわらかい部分を垂直に切る。

3
逆さ包丁を水平にして肛門から腹の中心を切る。卵を傷つけないように浅く腹だけを切る。

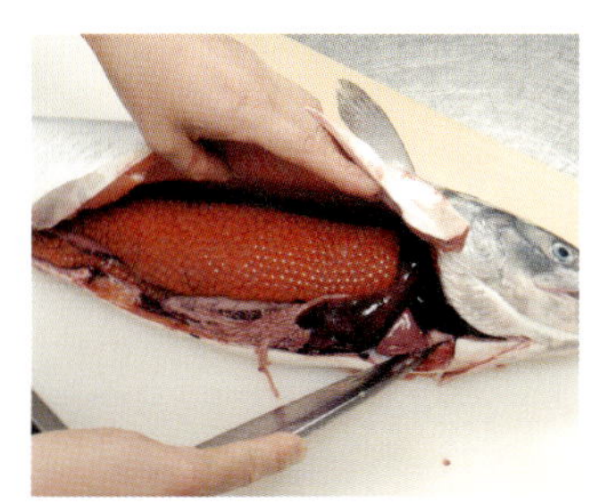

4
左手で腹を開き、切っ先を使って内臓の薄い膜を切る。

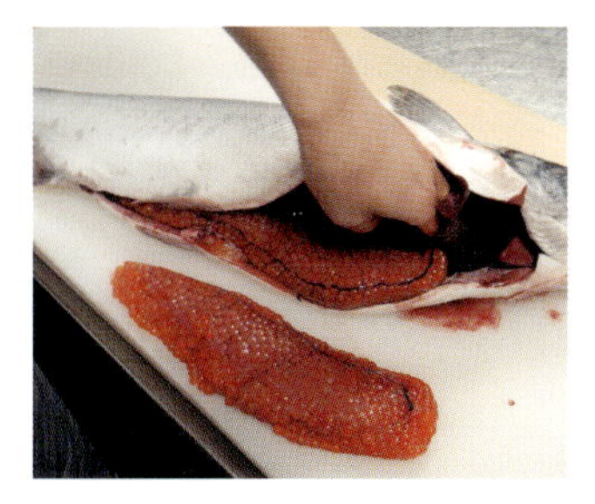

5
卵巣を手でやさしく取り出す。

仕上がり

大名おろし→三枚おろし（出刃包丁）

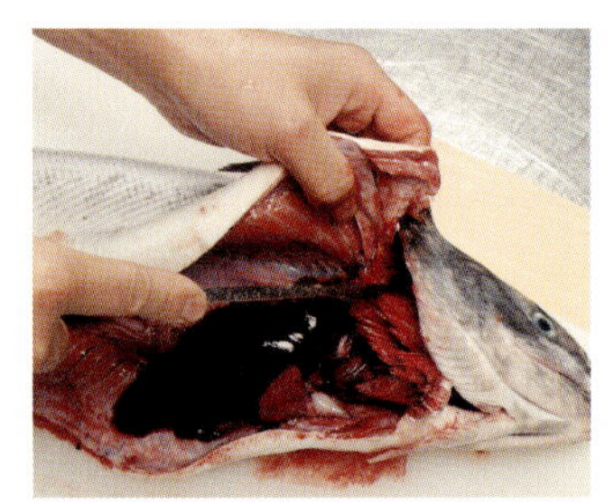

1
皮を引き、卵巣を外した鮭は頭を右、腹を手前にして置き、エラのつけ根を外す。

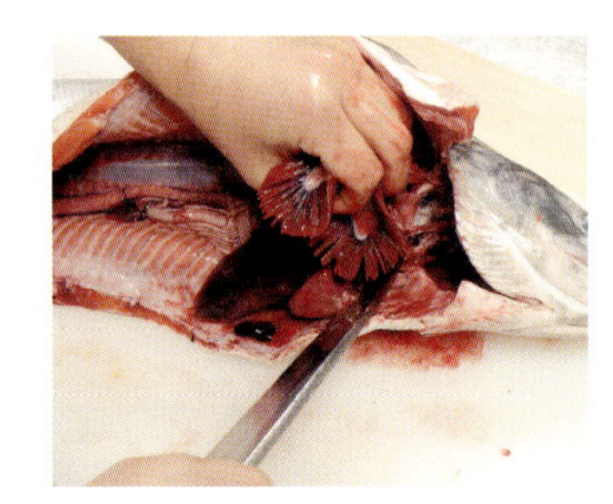

2
左手でエラを持ち上げ、包丁で膜を外す。

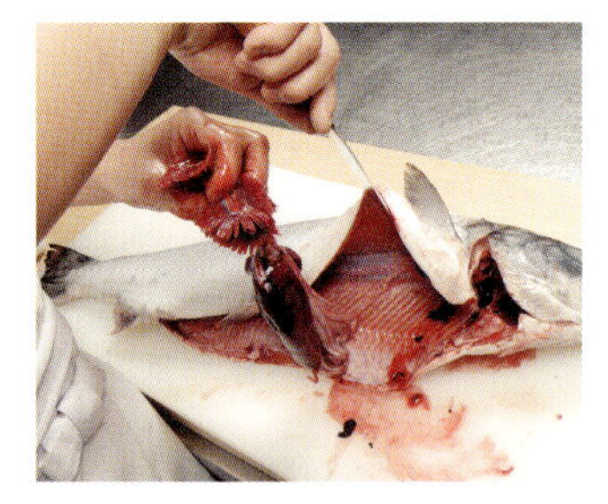

3
エラを引っぱりながら内臓を取り除く。

4
残った内臓も手で取り除く。

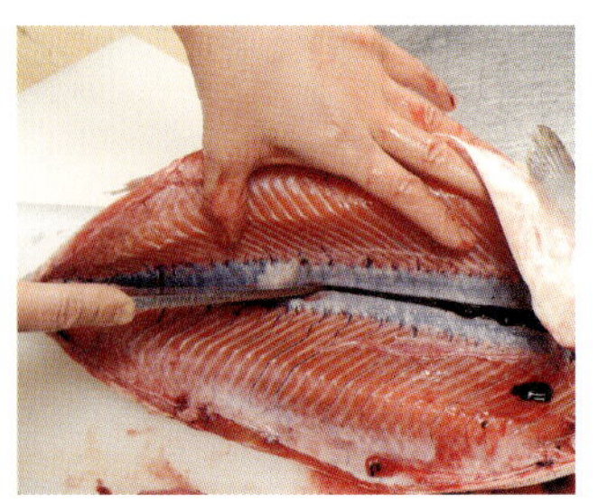

5
中央の血合いの膜に包丁を入れる。

6
血合いを手で取り出す。

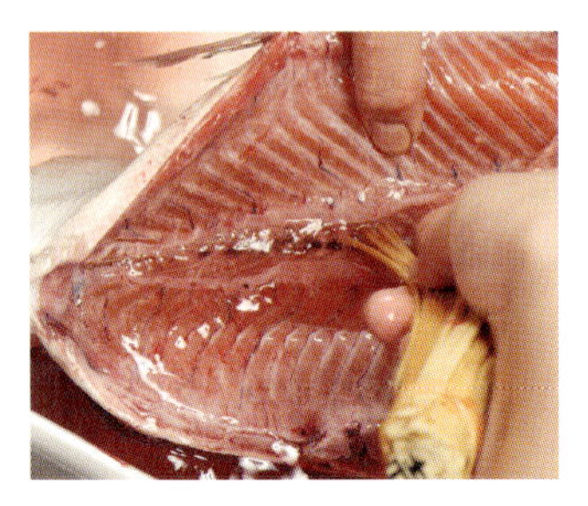

7
水をはったボールに入れ、ささらでしっかりと汚れと血合いを取り出し、水洗いする。

8
タオルなどで表面の水けを丁寧にふき取る。

9
腹の中の水けもしっかりとふき取る。

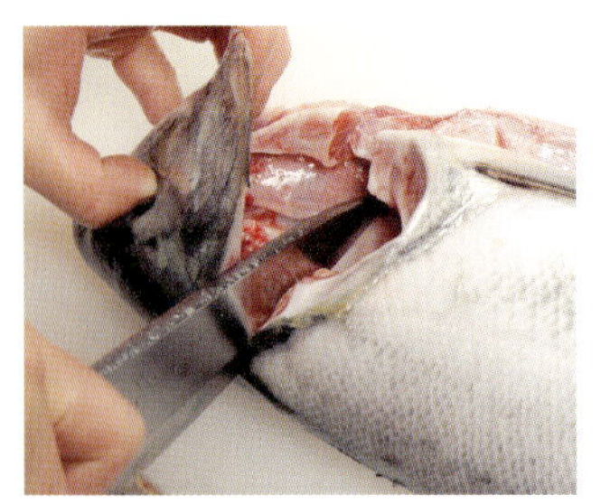

10
頭を左、背を手前にして置き、エラブタを手で持ち上げ、エラブタのつけ根の背側を包先で切る。

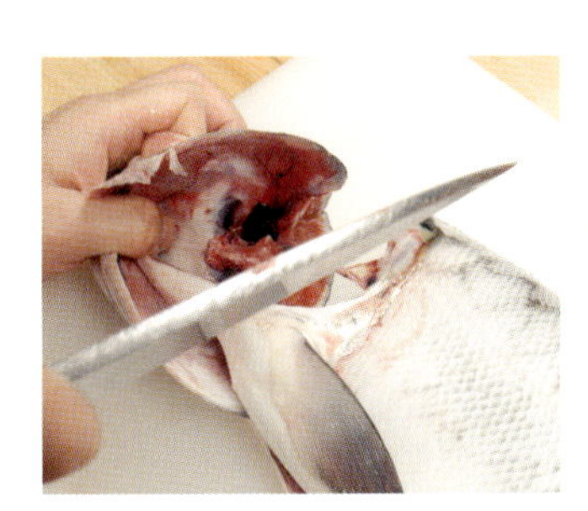

11

向きを変え、同様にして切り、頭を落とす。

12

頭のほうを右、腹側を手前にして置き、中骨の上に包丁を入れる。

13

そのまま中骨の上を滑らせ、尾まで切り、身を切り離す。

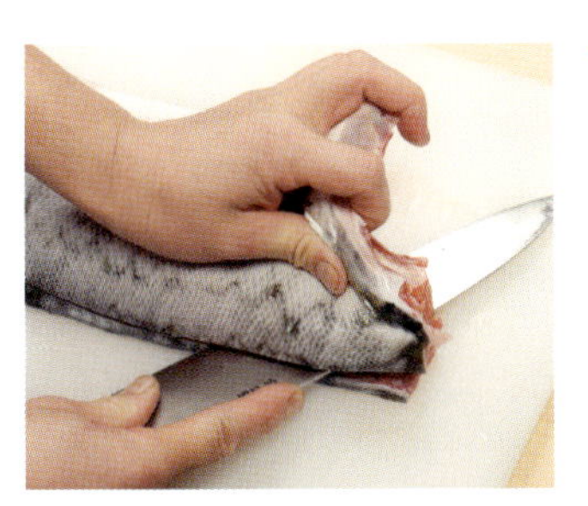

14

裏返して、中骨の上に包丁を入れる。

15

身を持ち上げながら、中骨に沿わせるように切り、身を切り離す。

仕上がり

鮭の山椒煮

材料（2人分）

鮭（切り身）… 2切れ
塩 … 少々
小麦粉・揚げ油 … 各適量
実山椒の佃煮 … 大さじ1

【たれ】

a
- 酒 … 150cc
- 水 … 150cc
- みりん … 50cc
- 濃口醤油 … 50cc
- 砂糖 … 1/4カップ

作り方

1. 切り身に薄塩をして、小麦粉をまぶし、170℃の揚げ油で揚げる。

2. 鍋に油をきった**1**を入れ、合わせたaをひたひたに入れ実山椒の佃煮を加えて煮上げる。

腹骨をかく→はらすを切る（出刃包丁）

1
三枚におろした身を下に、頭のほうを左にして置き、胸ビレの下の部分（カマ）を切り落とす。

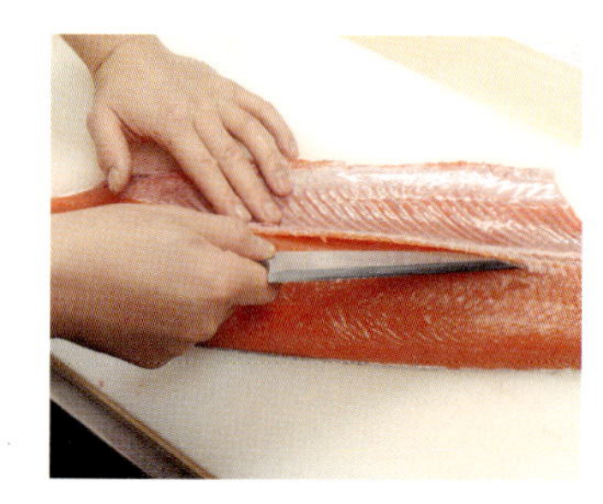

2
背のほうを右、皮目を下にして置き、身の中心から、腹骨のつけ根を逆さ包丁で外す。

3
尾のほうに向かって、包丁をねかせて入れる。

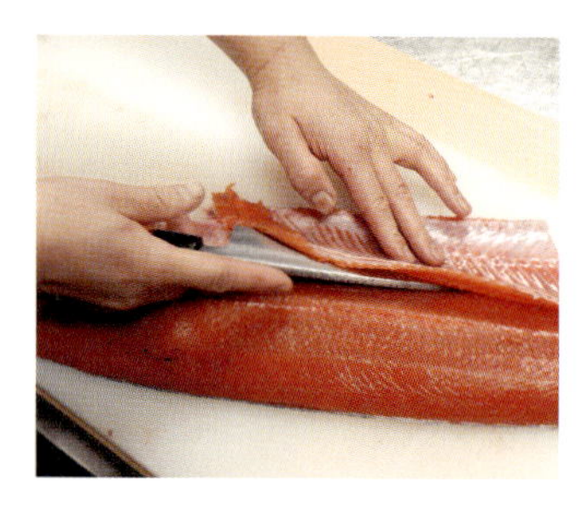

4
下のほうから外側に向かって腹骨をそぎ切りにして、頭のほうの腹骨もそぎ取る。

5
はらす(腹の部分)を切り取る。

はらすとは、鮭のお腹の部分で、脂が一番のっているところ。鮭の体長に平行に細長く切るのがコツ。炭火であぶって、皮がパリパリ、身がトロ～っとした状態がおいしい。

鮭の焼きカルパッチョ

材料（2人分）

鮭（さく取りした背身）…100g
水菜…2株
玉葱（スライス）…1/2個分
パプリカ（黄）…1/8個
椎茸…2個
酒・塩…各少々
バルサミコドレッシング…適量
いくらのしょうゆ漬け…大さじ2

作り方

1. 背身は骨を抜いて皮を切り落とし、薄切りにして、薄塩をふり30分おく。水菜は水洗いしてざく切り、パプリカは皮をむいて細切り、椎茸は酒、塩をからめ焼いて厚めのスライスにする。

2. **1**の野菜を彩りよく皿に盛りつけ、**1**の鮭をおきバーナーでサッと炙り、バルサミコドレッシングをたっぷりめにかけ、いくらを添える。

頭を割る→切り分ける（出刃包丁）

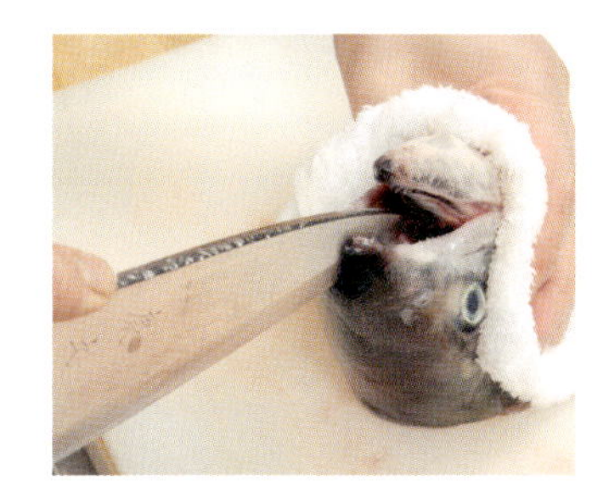

1
頭を手前に、口を上にして置き、タオルの上からアゴの下をつかんで口を開け、上アゴの歯と歯の間に包丁を入れる。

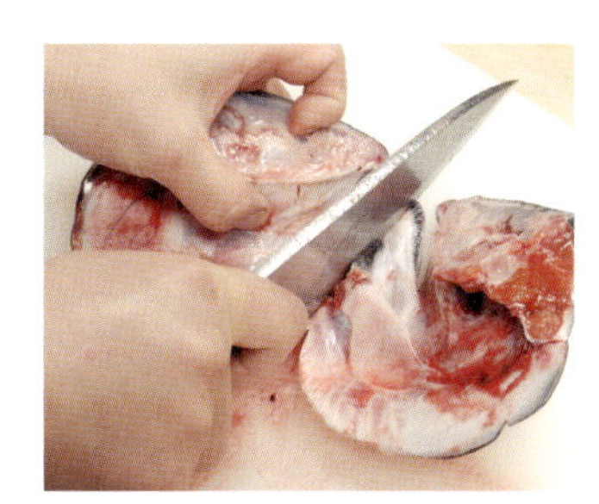

2
叩くようにして、そのまま2つに割り、頭を左右に開げて中心から2つに割る。

3
2つに割ったら、皮目を上にしておき、目と上くちびるの間に切っ先で切り目を入れる。

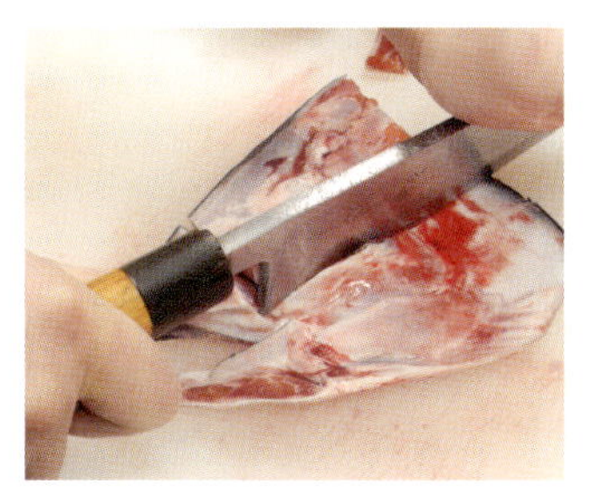

4
裏返して3の切り込みの端からエラブタの上あたりを刃元で強く叩きながら切り離す。

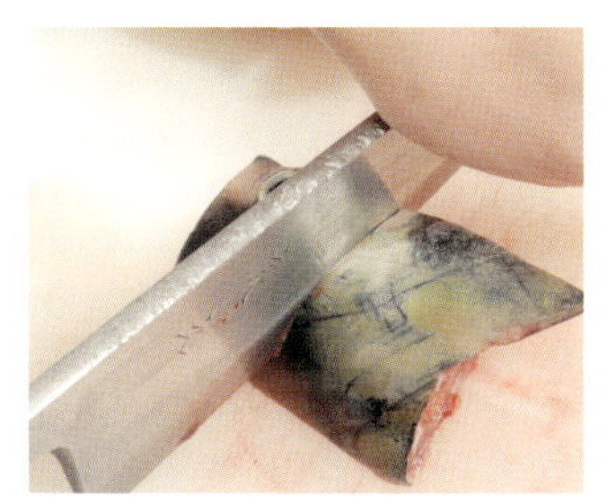

5
目と頭の部分が大きければさらに半分に切る。

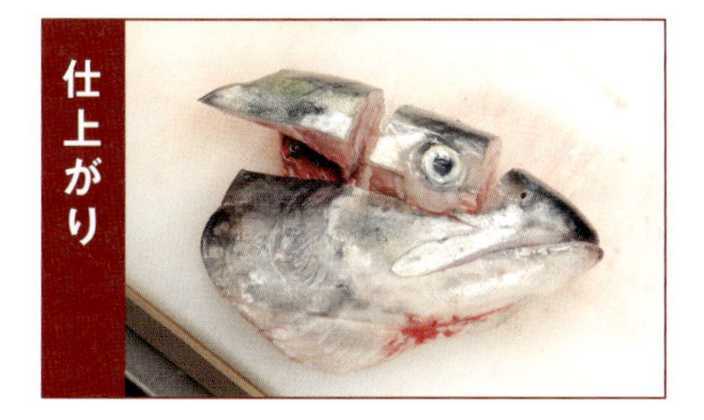

仕上がり

鮭のあら汁 味噌仕立て

材料（2人分）
鮭のカマやあら、中骨など…1/2尾分
人参（5cm）…1/4本分
大根（5cm）…1/4本分
蒟蒻…1/8枚分
長葱（5cm）…1/4本分
味噌…適量

作り方
1. 鮭のカマとあらに薄塩をして1時間ほどおく。中骨も同様にする。
2. 人参と大根は厚めの短冊、蒟蒻は薄めの短冊切りにし、それぞれ下茹でする。長葱は小口切りにする。
3. 1の5倍量の水（分量外）を加えて煮て、30分ほどしたら**2**の大根、人参、蒟蒻を加え煮て、味噌適量で味噌汁の味つけのなるように味をととのえ、火を止めて少しおく。
4. 3を温めて器に盛り、**2**の長葱を加える。

鮃（ひらめ）

【旬】

冬に旬を迎える白身の魚。逆に三月から七月の産卵期は味が落ちる。

【目利き】

表面にぬめりとツヤがあり、エラが鮮紅色の物。腹に締まりがあり、尾のつけ根まで肉づきのよい、身の厚い物が新鮮。

【保存法】

五枚におろし、一枚ずつラップに包んで冷蔵保存。昆布〆にすれば冷蔵庫で三日ほど保存可能。

皮を引く→頭と尾を切り落とす（柳刃包丁→出刃包丁）

1

まな板に濡れたタオルを敷き、その上に鮃の頭を右にして置き、尾から頭に向かってウロコを薄くそぐ。

2

裏返して、腹側も同様にウロコをそぐ。包丁の真ん中から切っ先を前後に大きく動かして切るのがコツ。

3

頭を左にして背のほうを手前にして置き、エラのつけ根に出刃包丁で切り込みを入れる。

4

裏返して、内臓を傷つけないようにエラブタに包丁を入れ、左手で頭を引っぱりながら内臓も一緒に取る。

5

裏返し、尾を切り落とす。

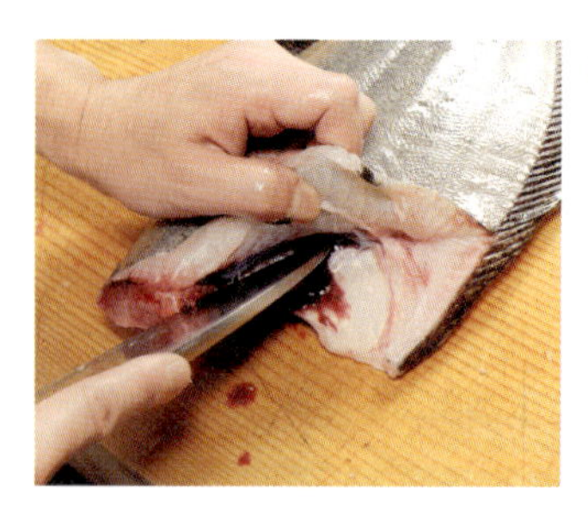

6

腹の中に切っ先を入れ、こそげ落とすように血合いを取る。

内臓を外す（出刃包丁）

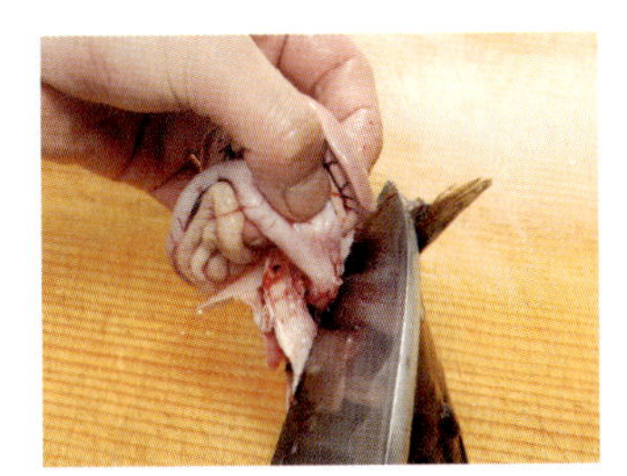

1
切り取った頭にくっついている内臓は包丁で押さえながら、手で引っぱりつつ切り離す。

2
苦玉（胆嚢（たんのう））はつぶさないように丁寧に取る。

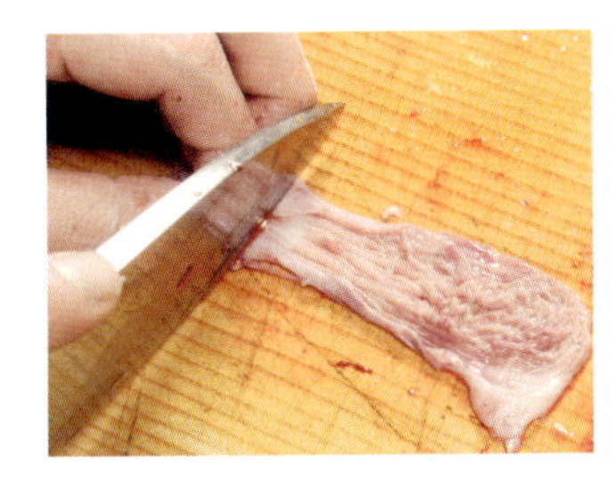

3
胃を取り出して開き、胃の中にいる魚や虫をこそげ取る。

4
肝を取り出し、血管に沿って包丁の刃先を入れ、流水に5～10分さらして血抜きをする。

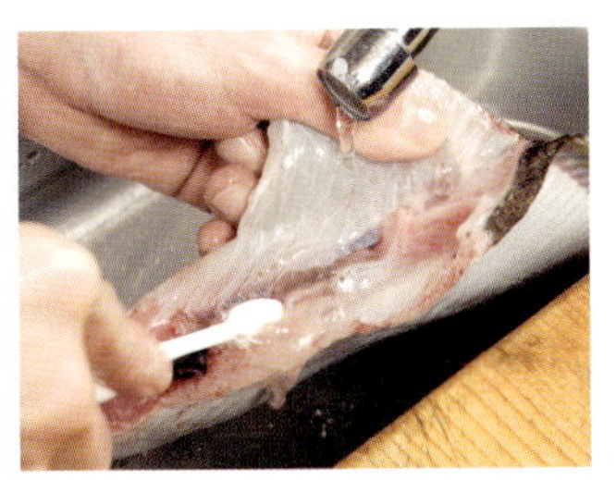

5
流水で血合い部分を歯ブラシで洗い流す。

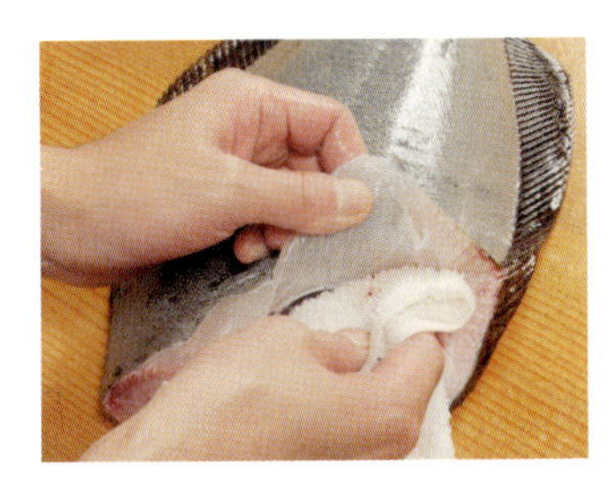

6
タオルでふき、水けをふき取る。表面と腹の中も丁寧にふき取る。

五枚おろし（出刃包丁）

1
下処理をした鮃は表側を上、尾を手前にして置き、背側のエンガワとヒレの境目に、切り込みを入れる。

2
身を逆向きにして、同様にエンガワとヒレの間に切り込みを入れる。

3
裏返して同様に切り込みを入れる。

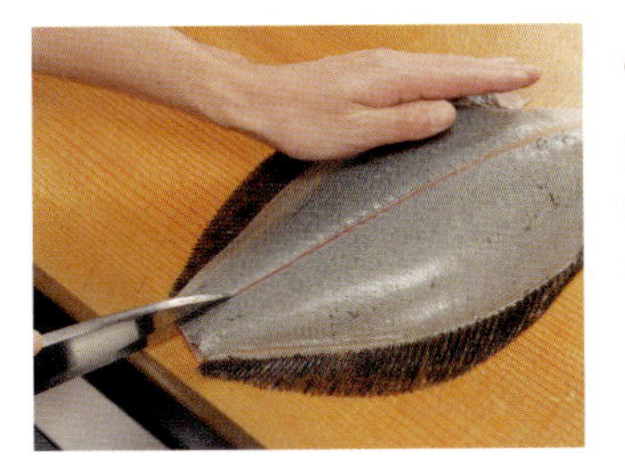

4
表の身の中央に太い骨まで切り込みを縦に入れる。

5

中央の切り込みから包丁を入れ、腹骨のつけ根部分を切り落とし、そのまま包丁を尾まで進め、身を外す。

6

上下の向きを変え、同様に身を切り離していく。

7

左手で身をめくるように持ち上げながら、切り離す。

8

裏側にして、尾を手前にして置き、エンガワとヒレの境目に切り込みを入れ、身の中央に切り込みを入れる。

9

中央の切り込みから包丁を入れ、腹骨のつけ根部分を切り落とし、そのまま包丁を進め身を外す。

10

上下の向きを変え、同様に身を切り離す。

刺身、あらい、昆布〆の場合は五枚におろす。他に酒蒸しや煮つけに用いる場合は、ウロコとエラを取り除き筒切りにする。ムニエルやフライにも適している。

エンガワの処理（柳刃包丁）

1

五枚おろしにした表側のエンガワと身の境目に包丁を入れ、尾のほうまで切り進める。裏側の身も同様に。

2

包丁を真横にねかせて皮と身の間に入れ、まな板に押しつけながら上下に細かく動かして皮を引く。

鮃の薄造り

材料（２人分）
鮃（五枚におろした身と肝）… １尾分
【あしらい】
浅葱・紅葉おろし … 各適量

作り方
1. 身は皮を引き、一枚ずつ大きく包丁を使い薄造りにする。
2. 肝を添えて、刻んだ浅葱、紅葉おろしを盛りつける。

鮃大葉和え

材料（２人分）
鮃（五枚におろした身）… 1/2 尾分
昆布（鮃が並ぶ長さ）… ２枚
塩 … 適量
大葉 … ２枚
黄菊・ポン酢醤油 … 各適量

作り方
1. 身は皮を引き、一枚ずつ薄造りにする。
2. 昆布に塩をし、鮃を並べて昆布〆にする。
3. 昆布をはずした **2** に刻んだ大葉を加えてあえ、器に盛り、ゆでて水けを絞った黄菊を天盛りし、ポン酢醤油をかける。

鮃の菊花あんかけ

材料（２人分）
鮃（五枚におろした身）… 1/2 尾分
吉野葛 … 適量
【銀あん】
a ┌ 出汁 … 300cc
a │ 薄口醤油 … 5cc
a │ 塩・みりん … 各少々
a └ 水溶き葛 … 適量
黄菊・人参 … 各適量

作り方
1. 身は切り身にする。
2. 吉野葛を **1** にまんべんなくつけ、蒸し器で蒸す。
3. 黄菊を a と合わせて温めた銀あんに入れ、器に盛りつける。より人参（薄くむいた人参に包丁目を入れて竹串で丸めた物）を添える。

鰤(ぶり)

【旬】
十一月〜二月頃が旬。鰤の未成育魚わらさも冬が旬だが、幼魚や若魚は夏場に出回る。

【目利き】
目が黒く、澄んでいる物。背が青黒く、黄色い線が鮮やかで尾のつけ根や尾が黒ずんでいない物。腹が銀白色で透明感のある物。

【保存法】
臭みが気になるようなら、塩をふり、出てきた水分をふき取り、一切れずつラップで包み冷蔵保存する。

皮を引く→三枚おろし（柳刃包丁→出刃包丁）

1
尾を左、頭を右にして置き、尾のほうから柳刃包丁を滑らせるようにして、ウロコをそぎ取る。

2
背のウロコも丁寧にそぎ取る。

3
背を下にして腹を上にし、同様にして皮をそぎ取る。ここまでは柳刃包丁を使う。

4
胸ビレ（2カ所）を根元から出刃包丁を入れて切り取る。

5
左手でエラに切っ先を入れ、えぐるように切り込みを入れていく。

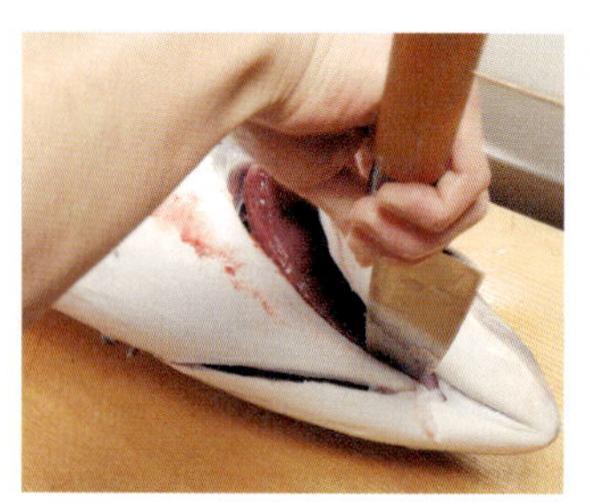

6
裏返して反対側も同様にする。

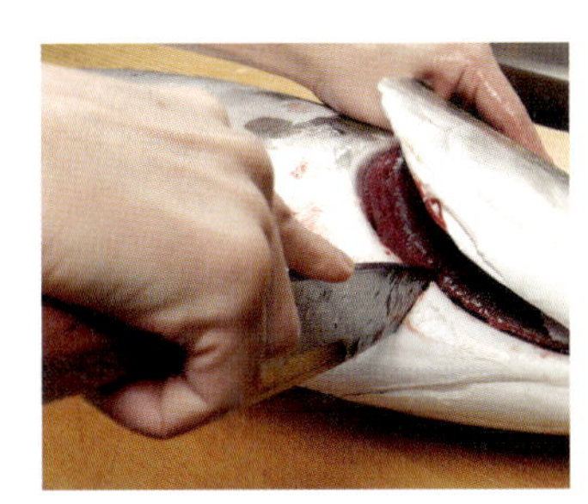

7

エラブタの真ん中あたりから縦に切り込みを入れる。

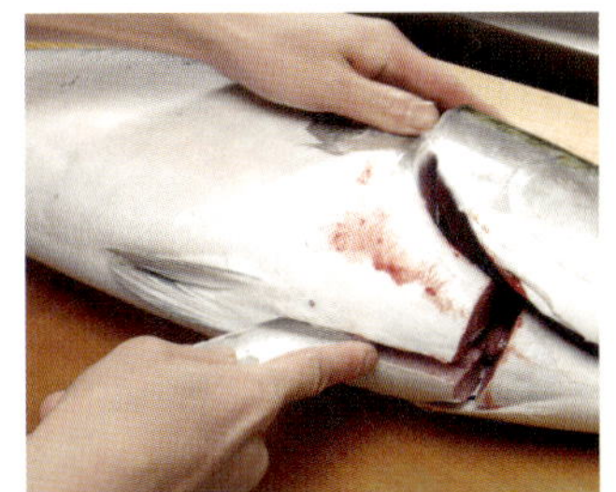

8

7の切り込みから直角に包丁を横にして腹に切り込みを入れて切り進める。

9

肛門のところまで切り込みを入れる。

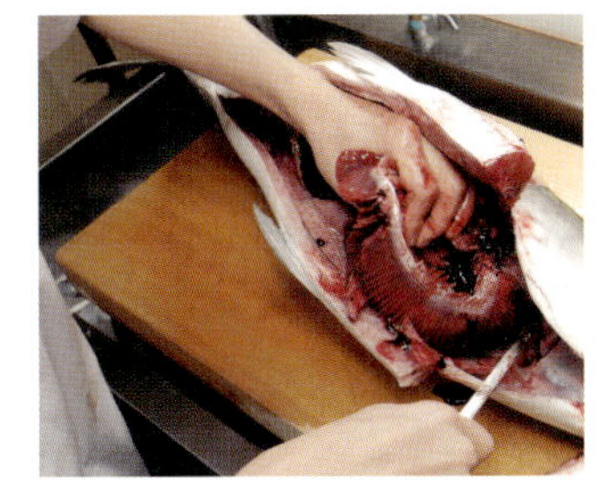

10

内臓と中骨、身の間を包丁で切り込みを入れながら、手で引っぱって内臓を取る。

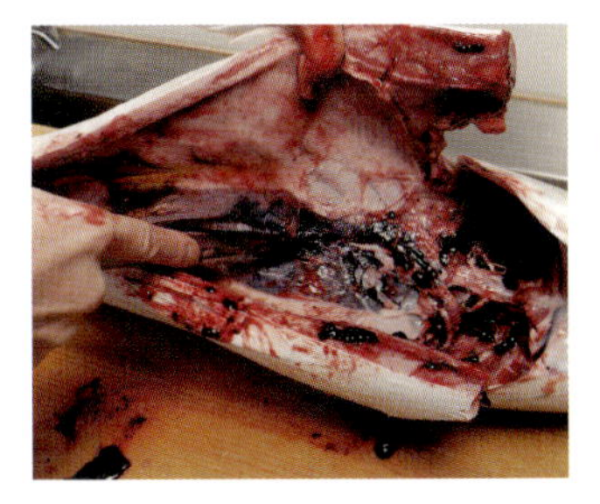

11

血合いに包丁で切り込みを入れる。

12

頭を左、背を手前にして置き、エラを左手で持ち上げ、頭のつけ根に骨ごと包丁で切り込みを入れる。

13

裏返して同様に頭のつけ根に切り込みを入れ、頭を切り離す。

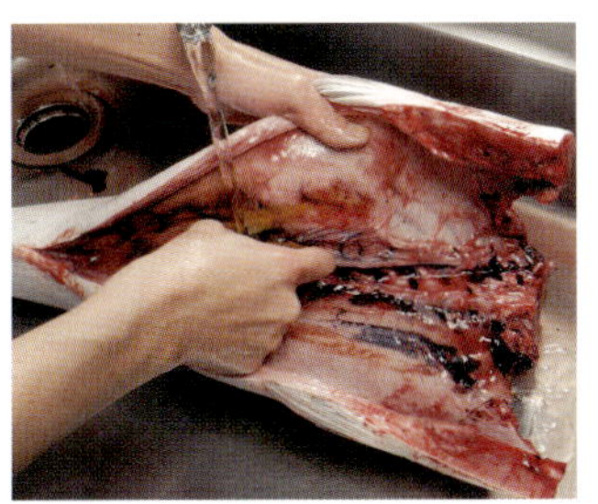

14

ささらを使って腹の血合い部分を流水で洗う。汚れや血合いを洗い流す。

15

タワシで頭の中の部分もしっかりと洗う。

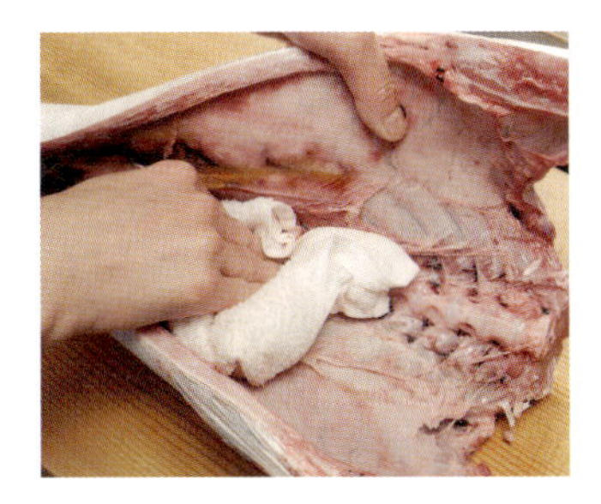

16

タオルなどでしっかりと表面と腹の中の水けをふき取る。

17

頭のほうを右に腹のほうを手前に置き、尾のつけ根に包丁を入れる。

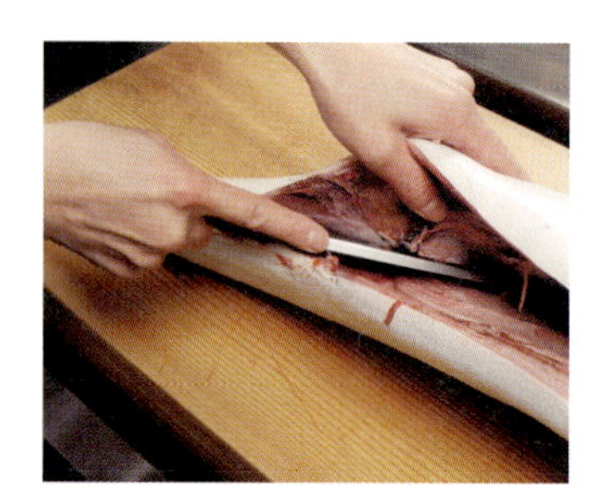

18

頭のほうから、尾のほうに向けて中骨の上まで切り込みを入れる。

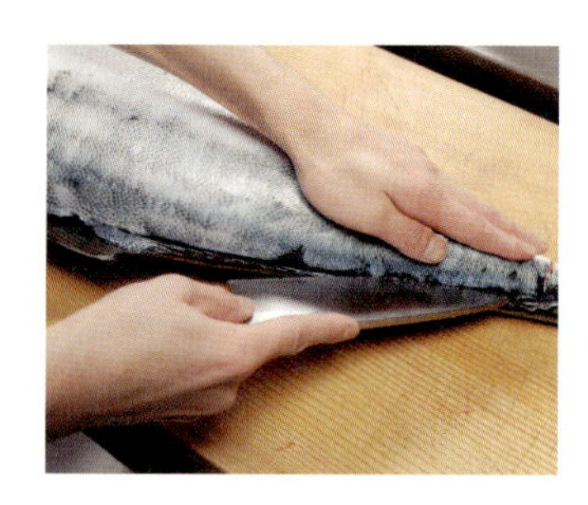

19

尾を右、背を手前にして置き、尾のつけ根から包丁を入れ、切り進める。

20

そのまま頭のほうへ包丁を滑らせる。2～3回繰り返し、中骨まで切り込みを入れる。

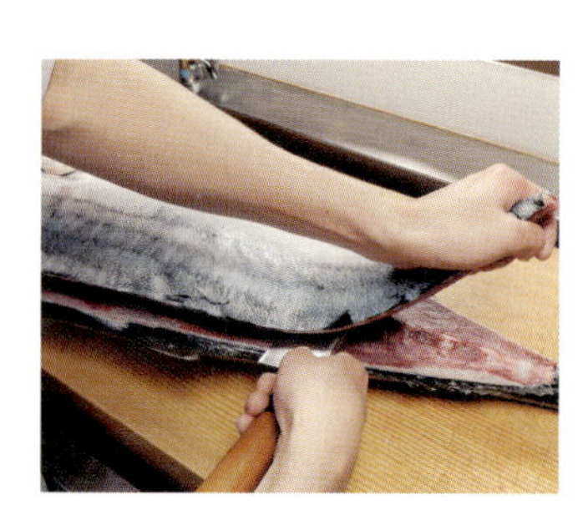

21

尾の切り目を左手で持ち上げ、中骨の上に包丁を入れ、頭のほうに向かって滑らせる。

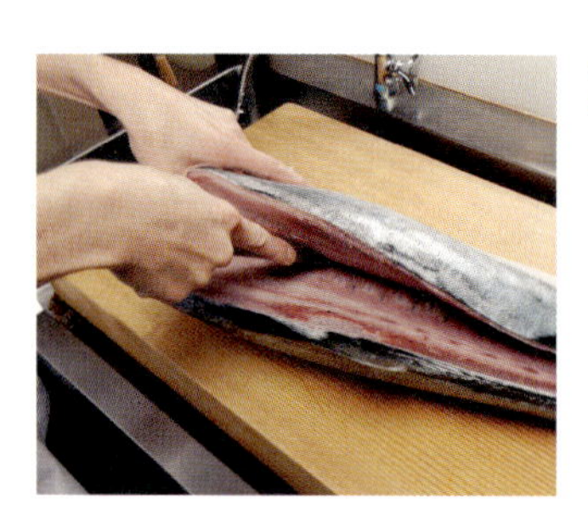

22

身を切り離す。

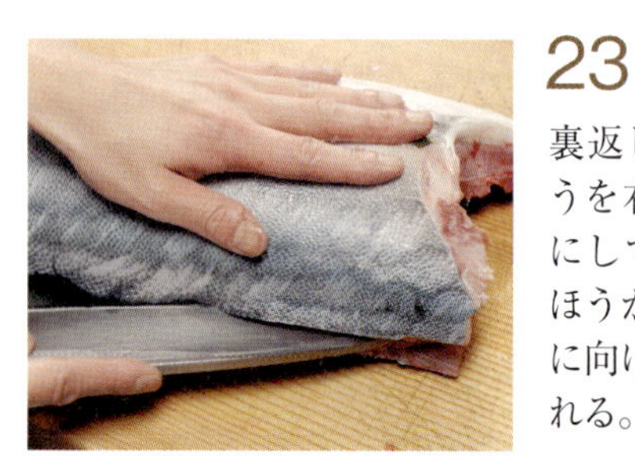

23

裏返して、頭のほうを右、背を手前にして置き、頭のほうから尾のほうに向けて包丁を入れる。

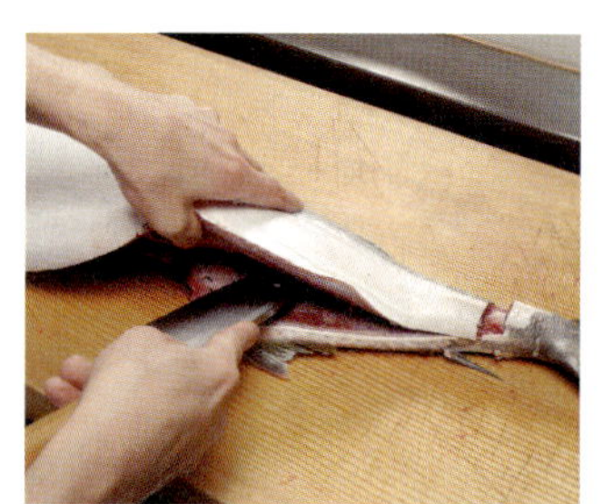

24

中骨の上まで切り込みを入れたら、向きを変え、尾のつけ根から頭のほうに向けて包丁を入れる。

25

2～3回繰り返して、中骨の上まで切り進めたら、身を左手で持ち上げながら、骨と身を切り離す。

仕上がり

切り身にする（出刃包丁→柳刃包丁）

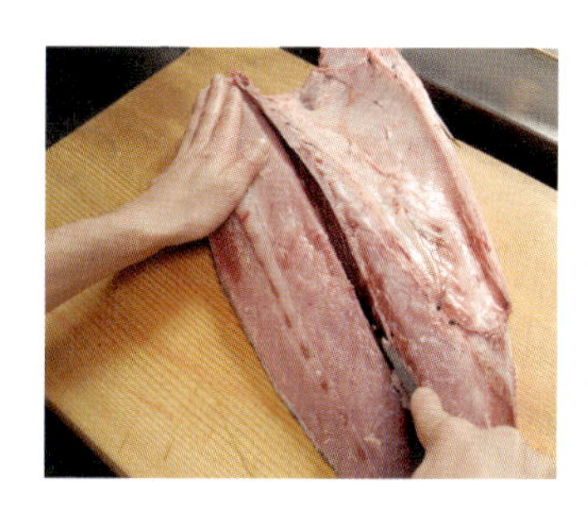

1
三枚におろした身は、頭のほうを左にして置き、出刃包丁で縦に半分に切る。

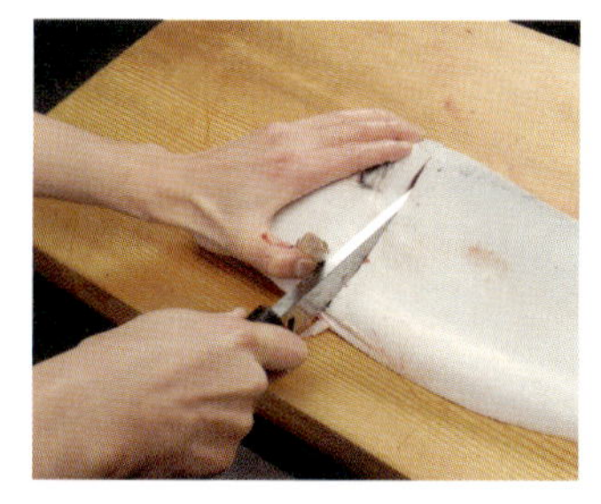

2
背身は皮目を上にして置き、左から2cm厚さほどに出刃包丁で切り分ける。

3
腹身は腹骨をかき、切っ先で切り離す。

4
血合いの部分を切り落とす。

5
皮目を上にして置き、左から2cm厚さほどに柳刃包丁で切り分けていく。

あらの下処理（出刃包丁）

1
三枚おろしにして残ったあらは適当な大きさに切る。骨がかたいので出刃包丁を使うとよい。

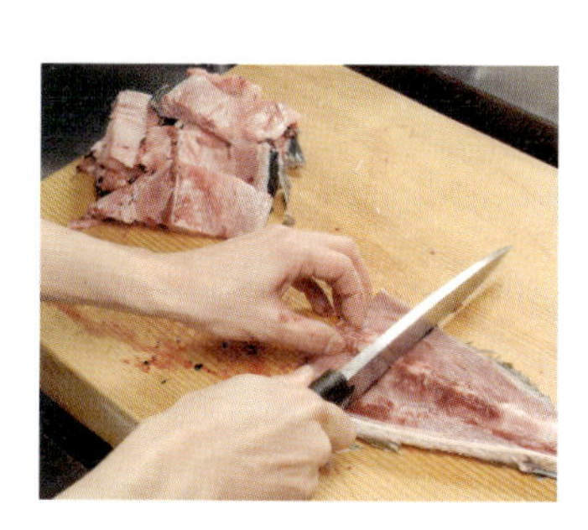

2
中骨も適当な大きさに切る。

鰤ごはん

材料（２人分）

鰤（三枚におろした身）…200g
米…２合
昆布出汁…360cc
塩…少々
柚子（色紙切り）…少々
ゆでた青菜…適量
しょうゆ…少々
大根おろし…適量

作り方

1. 身は適当な大きさに切る。
2. 米は昆布出汁で炊く。
3. 鰤を塩焼きする。ごはんが炊き上がったら、焼いた鰤と柚子、ざく切りにした青菜をのせ混ぜる。
4. 最後にしょうゆ少々を加えた大根おろしをのせる。

鰤大根

材料（２人分）

鰤（三枚におろした身）…200g
大根…200g
水…600cc
a ┌ 酒…200cc
　│ 濃口醤油…100cc
　└ 砂糖…70g
柚子の皮、ゆでた青菜など少々

作り方

1. 身は適当な大きさに切り分け、熱湯を表面にかける。
2. 鍋に分量の水を入れ、a、**1**を入れて調味し、じっくりと煮る。
3. 大根は輪切りにし、米のとぎ汁適量（分量外）でゆでて水けをきる。じっくりと煮た**2**の出汁に加えて好みのかたさになるまで煮上げる。
4. 柚子の皮などを添えて盛りつける。

鰤照り焼き

材料（２人分）

鰤（三枚におろした身）…300g
a ┌ 酒…150cc
　│ みりん…150cc
　└ 濃口醤油…200cc
ゆでた青菜…適量
大根おろし…適量

作り方

1. 身は皮目を上にし、2cm厚さに切り分ける。
2. **1**をaに10分ほど漬ける。
3. **2**のたれを塗りながら焼き上げる。
4. 大根おろし、ゆでた青菜を添える。

鮪（まぐろ）

【旬】
本鮪の旬は冬、キハダ鮪、ビンナガ鮪の旬は夏。

【目利き】
身がきめ細かく、ツヤのある物。赤身の色が鮮明で、血汁があまり出ていない物が新鮮。

【保存法】
冷凍まぐろを買う時は凍っている物か、半解凍の物を選ぶ。保存する時は冷凍室で。冷蔵室で持つのは半日。

さく取り（柳刃包丁）

1
腹身のブロックを使う。皮目を上にして、包丁をねかせて入れ、皮を切り取る。

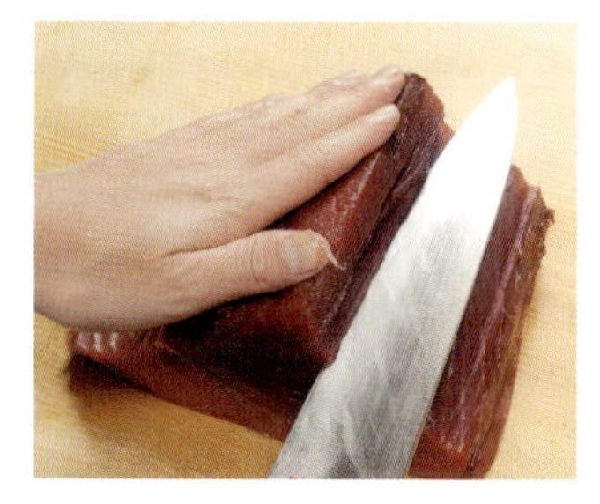

2
血が多くて黒っぽい血合いの部分を左手で押さえながら、切り取る。

3
上から1/4のところに包丁をねかせて横に入れて、さくの厚みを考えて赤身部分を切り分ける。

4
赤身部分ととろの部分の境目を垂直に包丁をおろして切り分ける。

5
赤身部分は、2㎝幅くらいに包丁を入れて切る（さく取り）。

6
残りの赤身も同様にさく取りする。

7

大きいものは半分に切る。

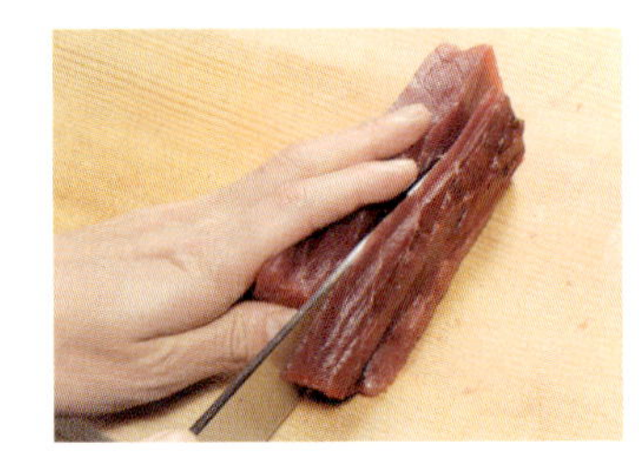

8

3で切り分けた身をさくの厚みを考えて切り分ける。

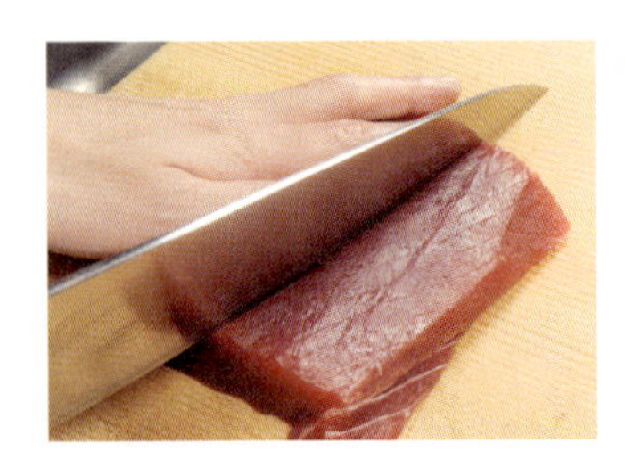

9

同様に2cmくらいに包丁を入れて切っていく。

仕上がり

すき身を取る

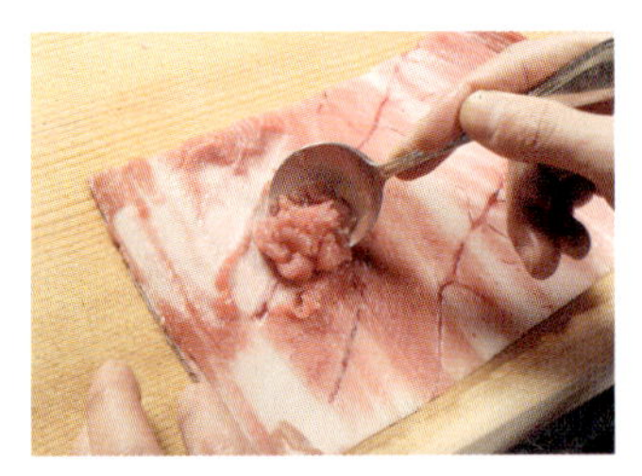

1

皮についた身を、スプーンで丁寧にこそげ取る。

仕上がり

平造り（柳刃包丁）

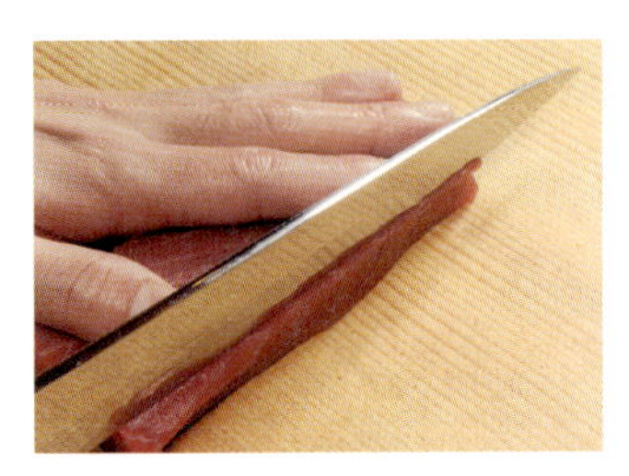

1

さく取りした身の端を切り落とし、形を整える。

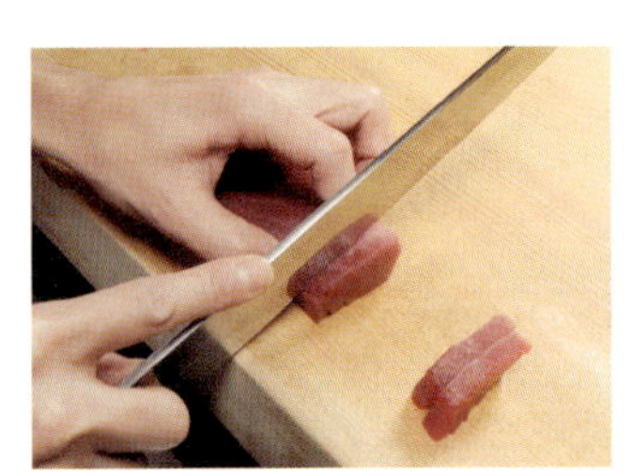

2

1を横に置き、切っ先を引きあげ、刃元から引きながら身を切る。

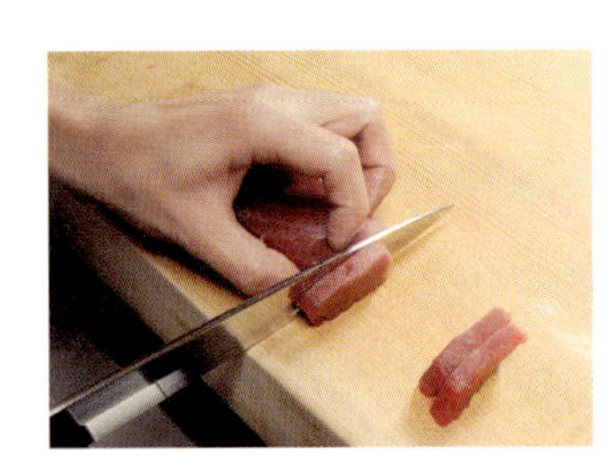

3

包丁全体を使うようにして切る。一枚切るごとに、包丁で右側に寄せる。

仕上がり

鮪のぬた和え

材料（2人分）

鮪（さく取りした赤身）…200g
分葱…1束
玉味噌（P253参照）…100g
辛子酢…大さじ2（酢大さじ2、辛子少々）

作り方

1. 身に薄塩をして、1時間くらいおき、熱湯をかけてアクを除き、一口大に切り分ける。
2. 分葱はざく切りにし、サッと茹でてザルに取り、冷ます。
3. 玉味噌に辛子酢を入れてのばし、**1** と **2** を和える。
4. 柚子釜（P278参照）に盛りつける。

鮪平造り三種盛り

材料（2人分）

鮪（さく取りした赤身・中トロ・大トロ）…各1/2さく

【あしらい】

大根のつま・大葉・黄菊…各適宜

作り方

1. 身の角が立つように大きく包丁を使い、平造りにする（P132参照）。

鮪ねぎま鍋

材料（2人分）

鮪（さく取りした赤身）…1さく
長葱…1本
出汁…600cc
薄口醤油…100cc
酒…100cc

作り方

1. 身を適当な大きさに切る。
2. **1** に熱湯をかけ、氷水に入れて水けをきり、長葱はぶつ切りにして焼く。
3. 小鍋に出汁を入れて薄口醤油、酒で味をととのえ、**2** の鮪と長葱を入れてあたためる。

鯥（むつ）

【旬】
寒鯥といって寒中に脂がのっておいしくなる。産卵期は十月〜三月。

【目利き】
目玉が澄んでいて、光っている物が新鮮。ハリと光沢があり、背身が太っているものは、脂がのって新鮮。

【保存法】
内臓とエラを取って水洗いし、水けをしっかりふいて冷蔵庫で保存を。

三枚おろし（出刃包丁）

1
頭は左、腹を手前にして置き、ウロコ引きで尾から頭に向かってウロコを取る。

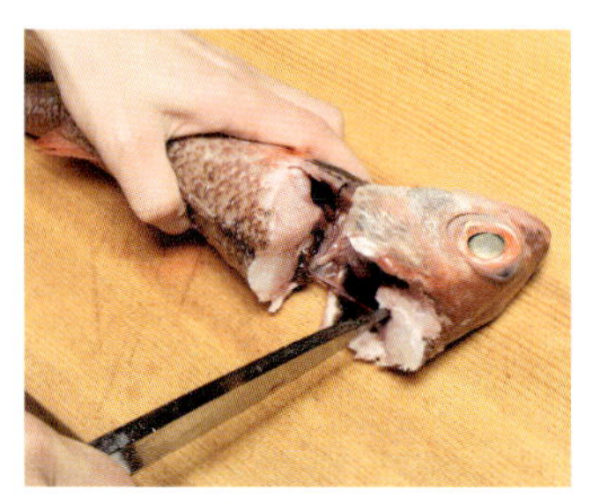

2
頭を右、腹を手前にして置き、エラに縦に包丁を入れ、裏返して同様にし、頭を引っぱりながら内臓を取る。

3
頭のほうを右、腹を手前にして置き、尾に包丁を入れる。頭のほうから尾まで刃先を入れる。

4
2〜3回繰り返し、中骨まで切り進める。

5
頭のほうを左、背を手前にして置き、尾のほうから頭に向かって切っ先を入れ、中骨に沿って切り込みを入れる。

6
尾のつけ根から包丁をねかせて入れ、頭のほうに向かって切り進め、腹骨のあたりまで切り進める。

赤鯥の煮つけ

材料（２人分）

赤鯥（ウロコと内臓を取り除いたもの）… １尾分
里芋 … 適量
蕗 … １本
柚子の皮（せん切り）… 少々

a
- 水 … 500cc
- 酒 … 300cc
- 濃口醤油・みりん … 各100cc
- 砂糖 … 大さじ３〜４

作り方

1. 赤鯥は皮目に1cm 間隔に切り目を入れる。
2. 鍋にａを合わせて火にかけ、ひと煮立ちしたら **1** を入れ、15〜20分煮る。
3. 下ゆでした里芋を **2** に入れて煮からめ、器に盛りつけ、ゆでて筒切りにした蕗、柚子の皮を添える。

7
腹骨にあたったら、中骨を越えて包丁を入れ、身を切り離す。

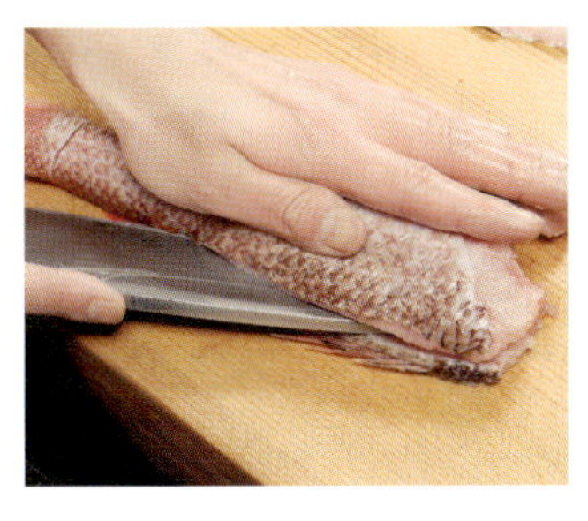

8
頭のほうを右、背を手前にして置き、尾に包丁を入れる。頭のほうから尾まで背ビレのつけ根に沿わせながら皮目を切る。

9
２〜３回繰り返し、中骨のあたりまで、左手で身を持ち上げながら、切り進める。

10
尾を右、背を手前にしておき、尾のつけ根から頭のほうに切り進める。

11
中骨まできたら中骨に沿わせて切り込み、身を切り離す。

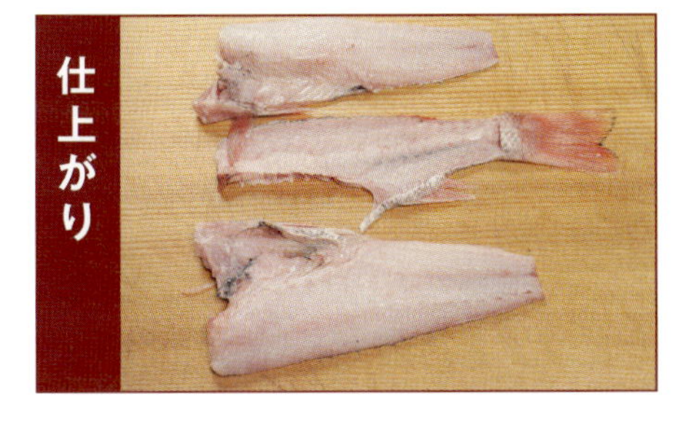

甘鯛（あまだい）

【旬】

秋から冬に旬を迎える。

【目利き】

目が透き通りくぼんでいない物。表面にツヤがあり、背の紅色の鮮やかな物、身に弾力があり、腹のしっかりとした物が新鮮。

【保存法】

内臓を取り除いて、流水で洗ったのち、水けをよくふき取る。三枚におろし、一切れずつラップで包み、冷蔵庫で保存。

ウロコを取る→内臓を取る（ウロコ取り・出刃包丁）

1

頭を左にして置き、ウロコ引きでウロコを取る。水洗いしながら、隅々までウロコを取る。

2

エラブタを左手で持ち上げ、エラに切っ先で切り込みを入れる。

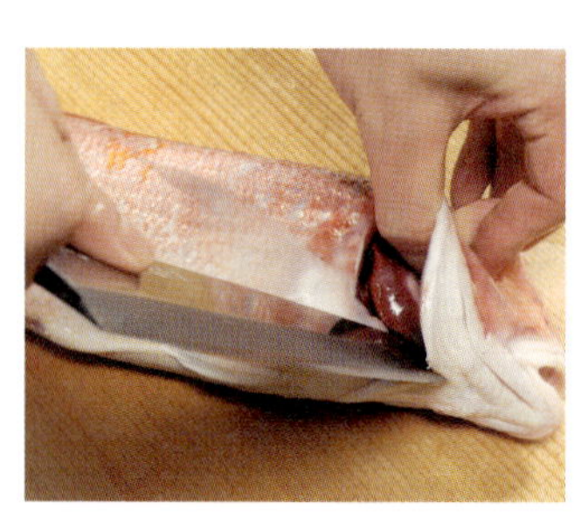

3

裏返して、もう片ほうのエラにも同様に切っ先で切り込みを入れる。

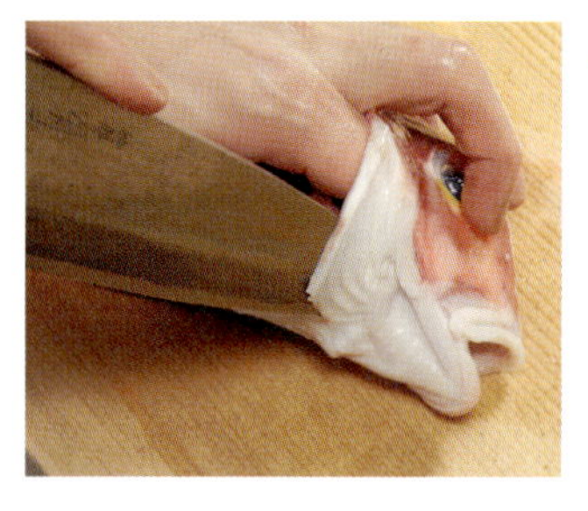

4

エラから切り込みを縦に入れる。

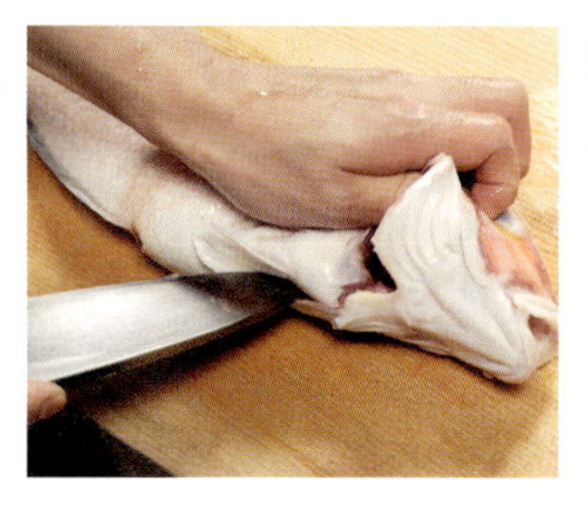

5

4の切り込みに直角に包丁を入れ、刃先をねかせて切り進め、肛門のあたりまで切り込みを入れる。

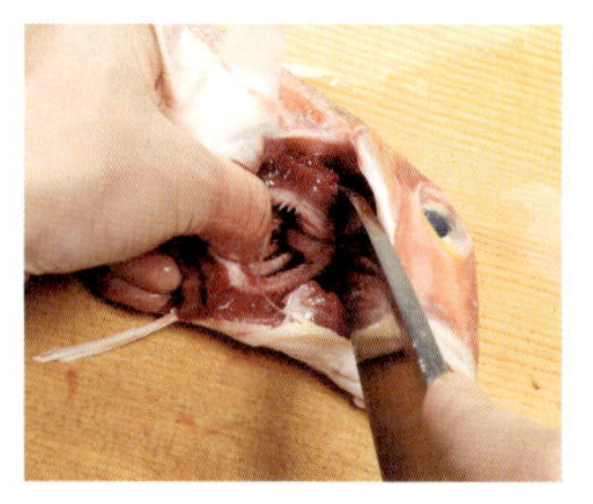

6

切っ先で薄い膜などを切り、エラを外す。

甘鯛みぞれ椀

材料（2人分）

甘鯛（三枚におろした片身）… 1/2枚
甘鯛のあら … 適量
塩 … 適量
水 … 400cc
酒 … 120cc
昆布 … 20g
薄口醤油 … 少々
大根おろし … 適量
すだち … 少々

作り方

1. 身は皮目を上にして適当な大きさに切り分け、あらと一緒に塩をして、20分ほどおき、熱湯を表面にかける。
2. 鍋に **1**、分量の水と酒、昆布を入れ、沸騰させる。
3. 塩、薄口醤油で味をととのえて、大根おろしを入れる。
4. お椀に **3** を盛り、すだちの輪切りを添える。

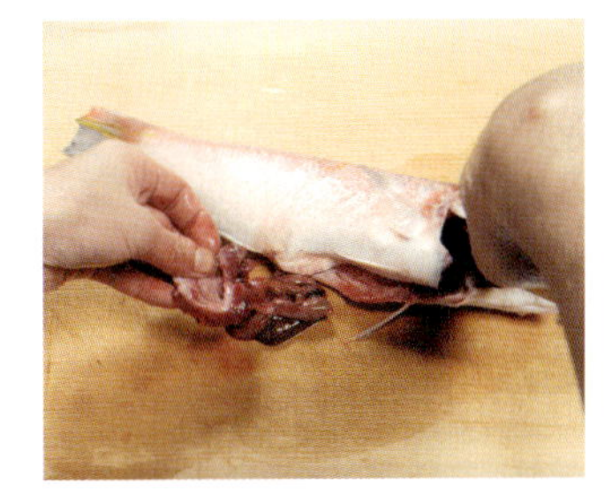

7

エラをそのまま左手で引いて内臓も一緒に取る。

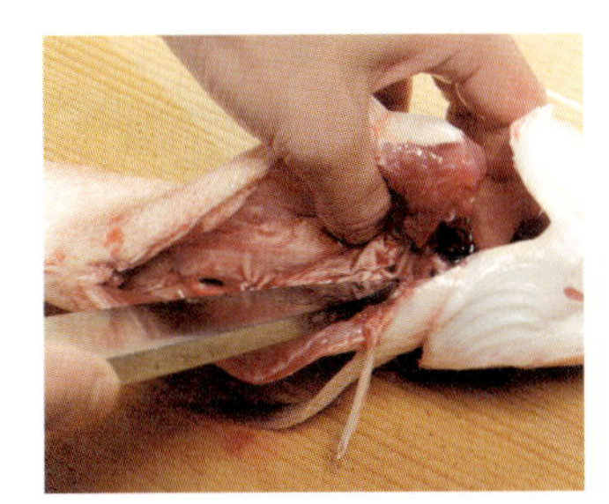

8

切っ先で血合い部分に切り込みを入れる。

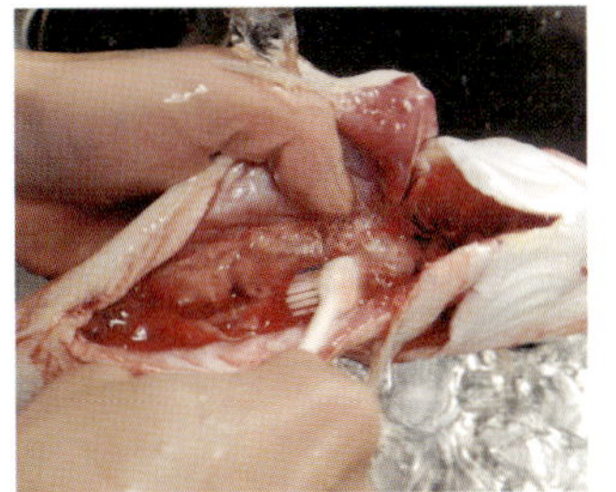

9

歯ブラシを使い流水で洗いながら、血合いと汚れを洗い流す。

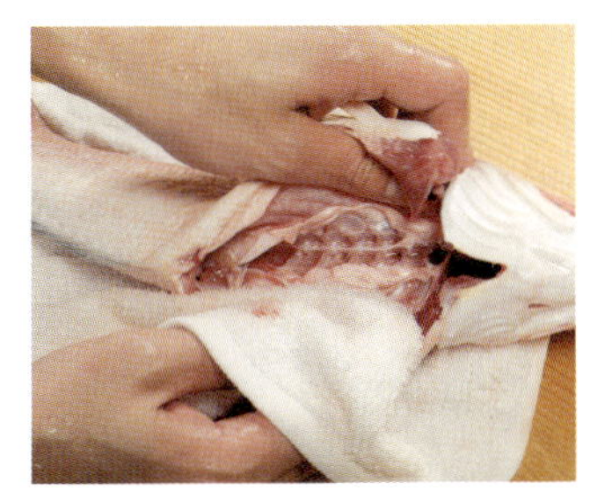

10

タオルなどで腹の中の水けをしっかりとふき取る。

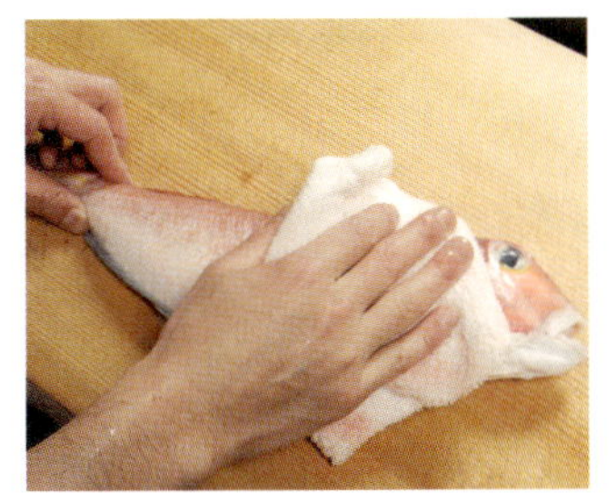

11

外側の水けもタオルでふき取る。

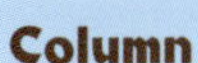

Column

頭を落とすよりも先に、エラと内臓を取り除き、水洗いをして血合いや汚れをきれいにしておけば、そのまま尾頭つきでも、頭を落として切り身にしてもOK。

背開き（出刃包丁）

1

頭を右、背を手前にして置き、切っ先を頭のつけ根から入れ、尾に向けて切り進める。

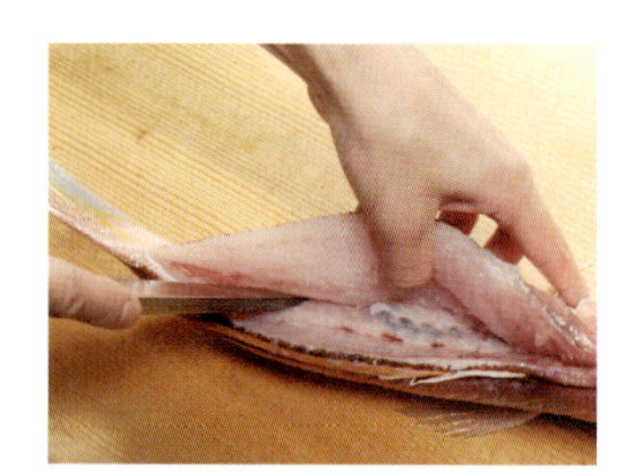

2

1を2～3回繰り返し、中骨のところまで切り進める。

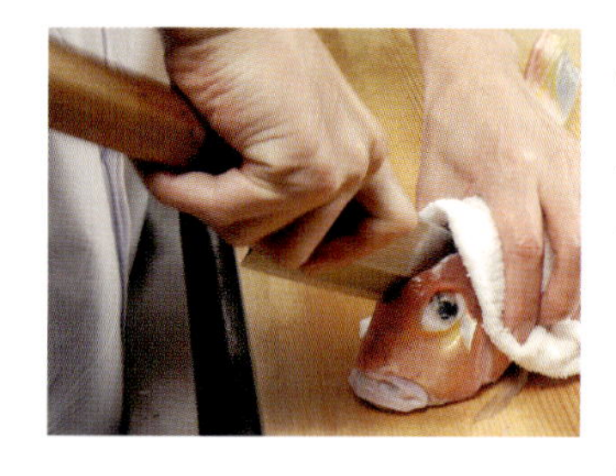

3

頭を手前に、背を上にして置き、頭をタオルの上からしっかりと押さえ、頭に切っ先を入れる。

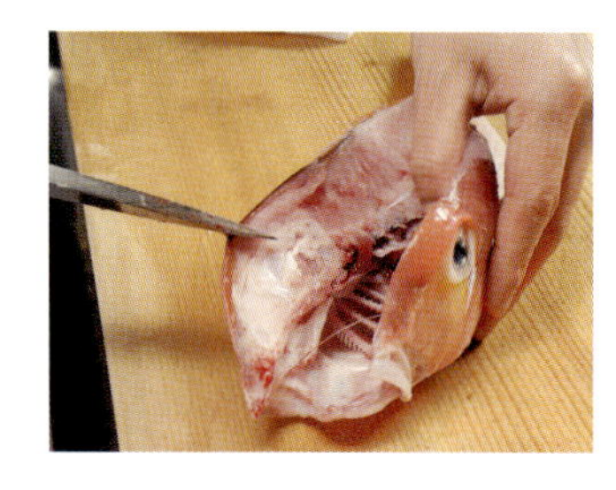

4

包丁の柄に力を入れて、頭を二つに割り、包丁を入れながら開いていく。

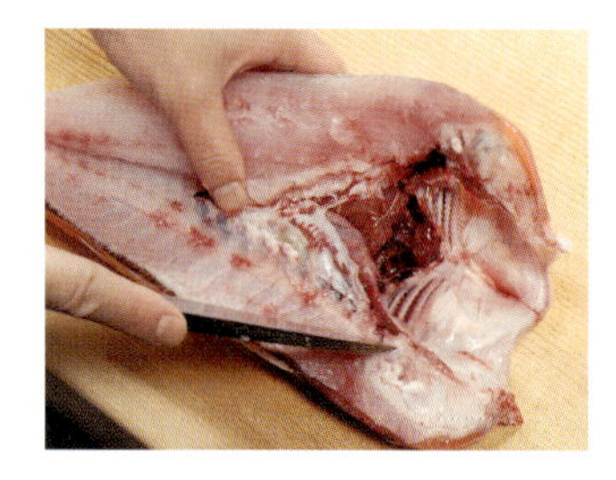

5

頭を左右に開く。

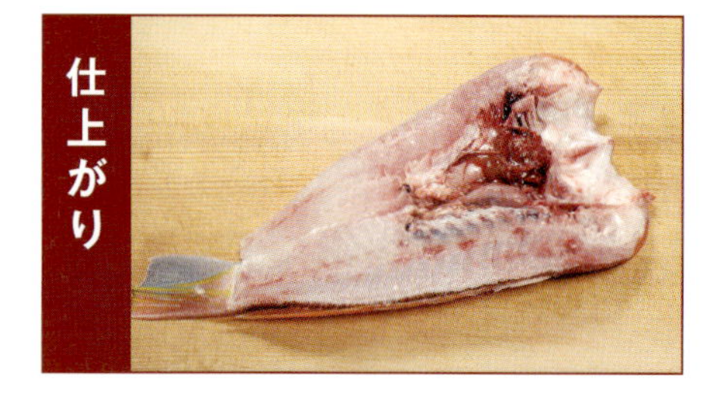

仕上がり

内臓を取る→洗う（出刃包丁）

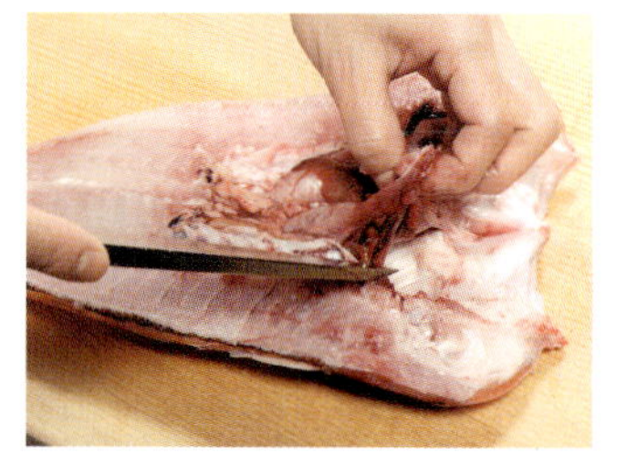

1

背開きにした身のエラに切り込みを入れ、両方のエラを外す。

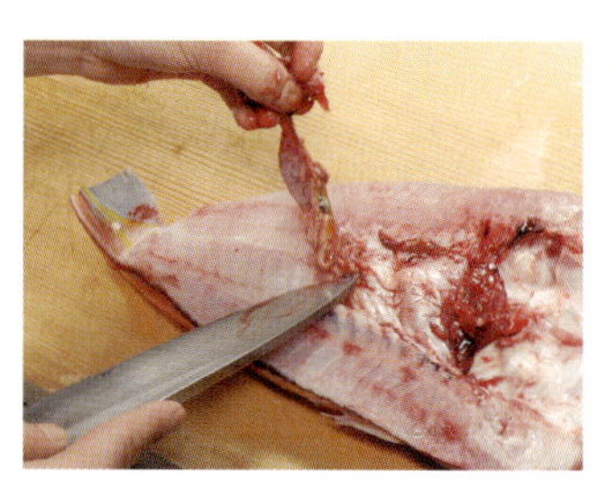

2

エラを切り取り、頭のほうから引っぱって残りの内臓を取る。

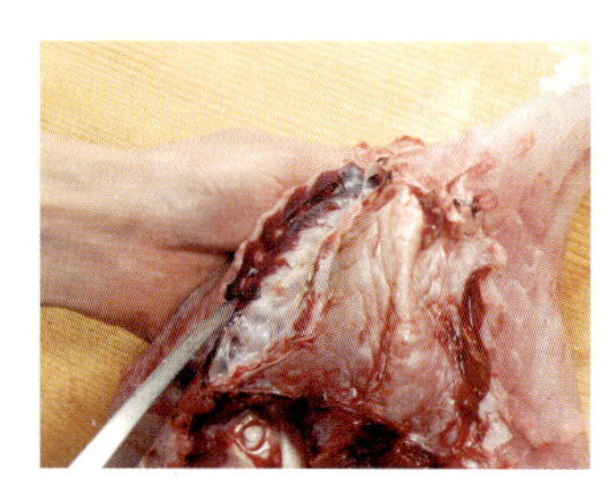

3

切っ先で血合いに切り込みを入れる。

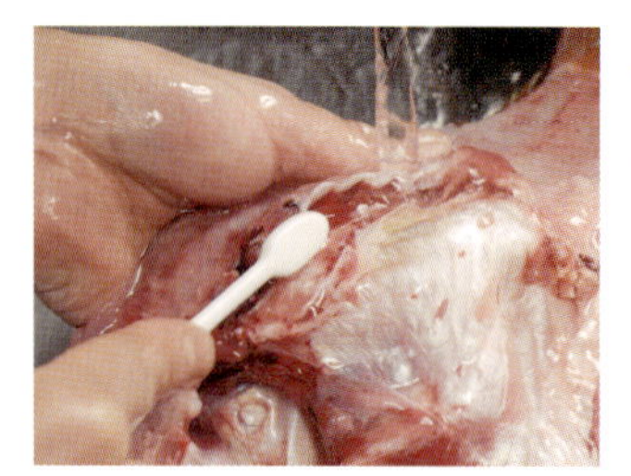

4

歯ブラシで汚れと血合いを取りながら、流水で洗い、水けをよくふき取る。

三枚おろし（出刃包丁）

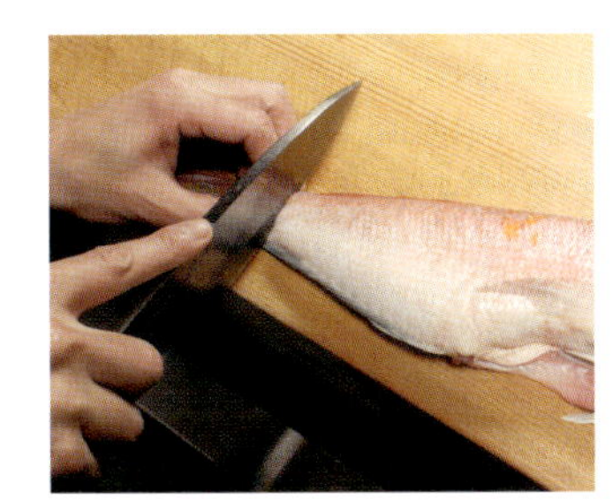

1

ウロコ、内臓を取った身は、頭を右、腹を手前にしておき、尾のつけ根に刃先で切り込みを入れる。

2

向きを変え、胸ビレの後ろに包丁を入れ、頭を切り落とす。

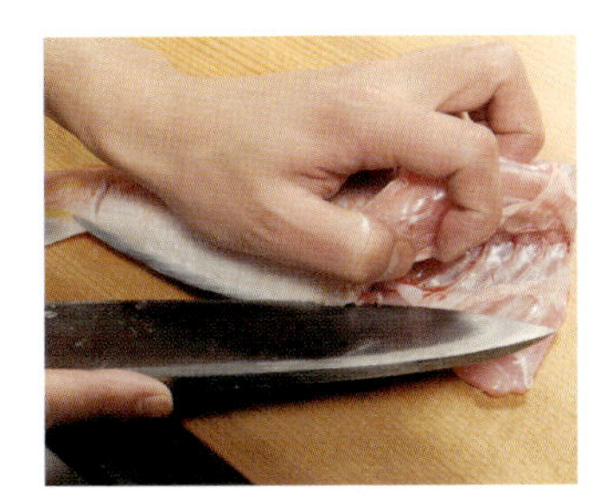

3

頭のほうを右、腹を手前にしておき、腹に頭のほうから、包丁を入れる。

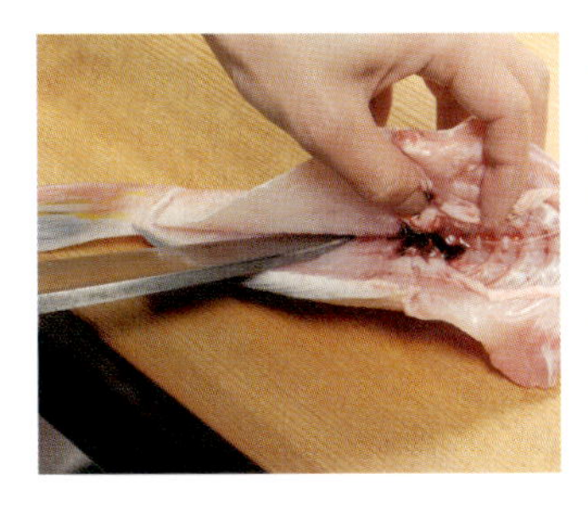

4

尾のつけ根まで切り進め、これを2~3回繰り返し、中骨のあたりまで切り進める。

5

頭のほうを左、背を手前にしておき、尾のほうから頭のほうへ包丁を入れる。

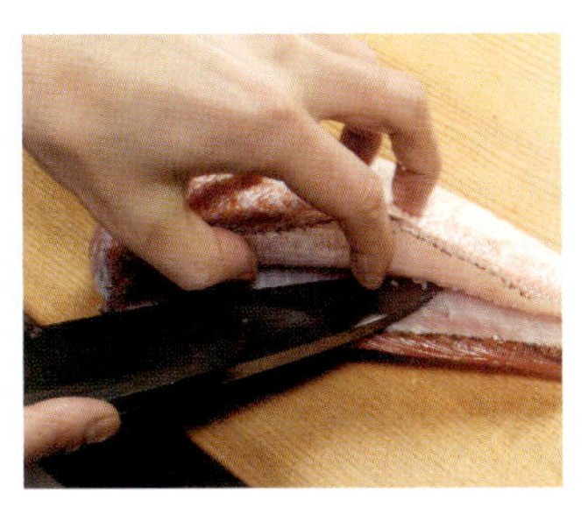

6

5を2～3回繰り返し、中骨のあたりまで切り進める。

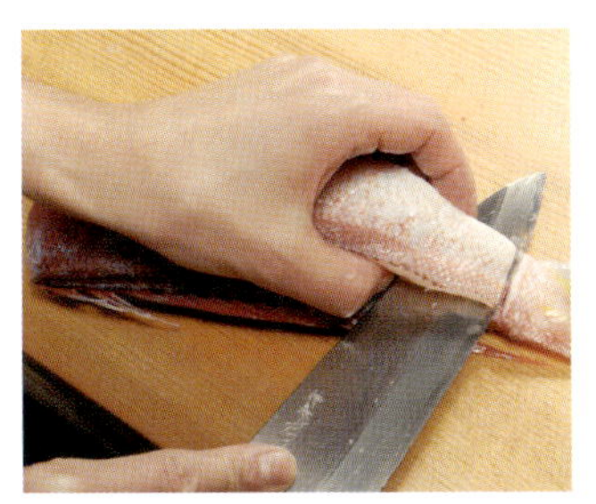

7

尾のつけ根に逆さ包丁を入れ、包丁を返して頭のほうまで一気に切り進める。

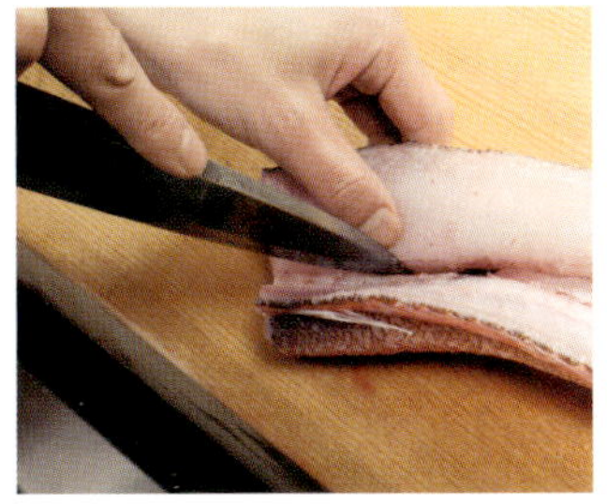

8

腹骨に包丁があたったら、切っ先を立てるようにして切り進める。

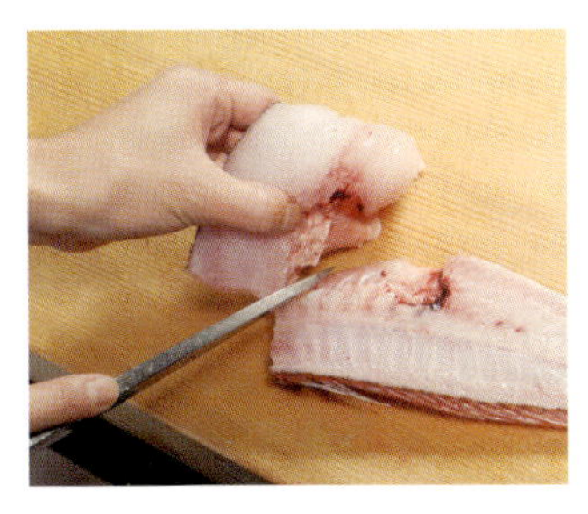

9

腹骨から身を切り離す。

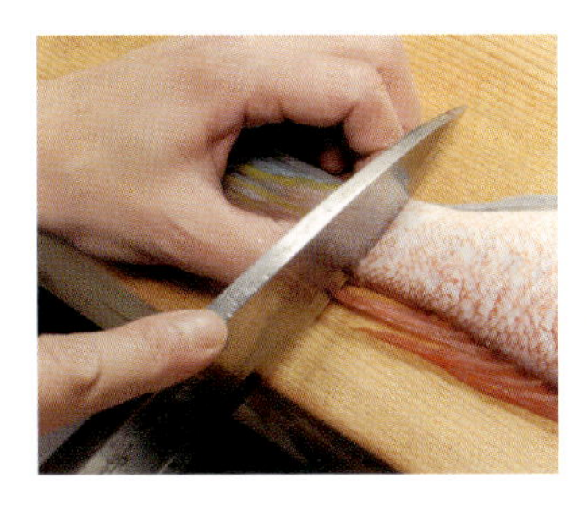

10

裏返し、尾を左、背を手前にしておき、1と同様に尾のつけ根に切り込みを入れる。

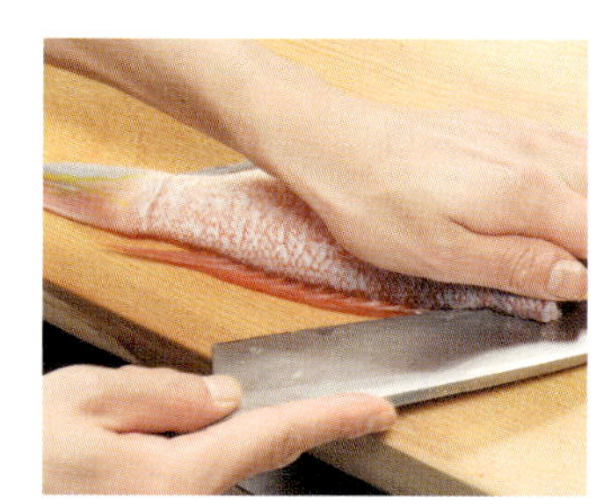

11

背側の頭のほうから尾に向かって、切り進める。

12

11を2～3回繰り返し、中骨にあたったら、中骨に沿って切っ先で尾のほうへ切り進める。

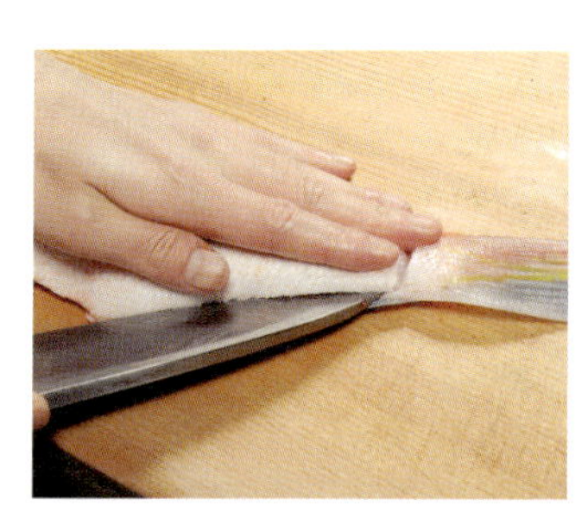

13

向きを変え、腹側に尾のほうから頭に向けて切っ先で切り進める。

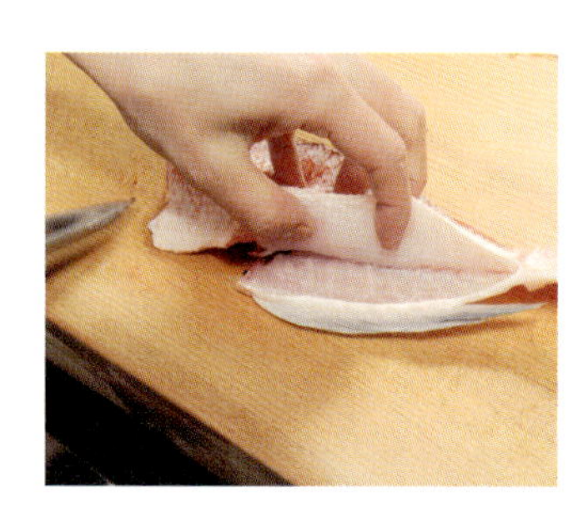

14

13を2～3回繰り返し、中骨のあたりまで切り進める。

15

尾のつけ根に向かって逆さ包丁を入れ、尾のつけ根を切り離す。

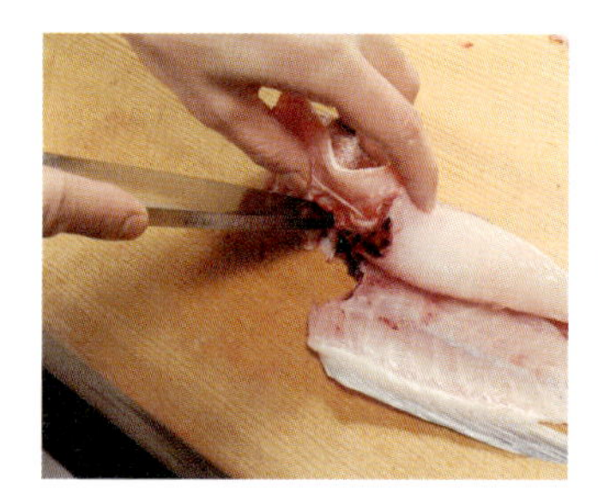

16

腹骨のところに包丁を斜めに入れて切り進める。

若狭焼き

材料（2人分）

甘鯛（三枚におろした片身）…1枚分
菊花蕪（P279参照）…2個
揚げ銀杏…適量
塩・酒…各適量

作り方

1. 身の皮目を上にして2cm幅に切り分け、切り身にする。

2. **1**に薄塩をして、酒、塩をかけながら焼き上げ、器に盛り、菊花蕪、揚げ銀杏を添える。

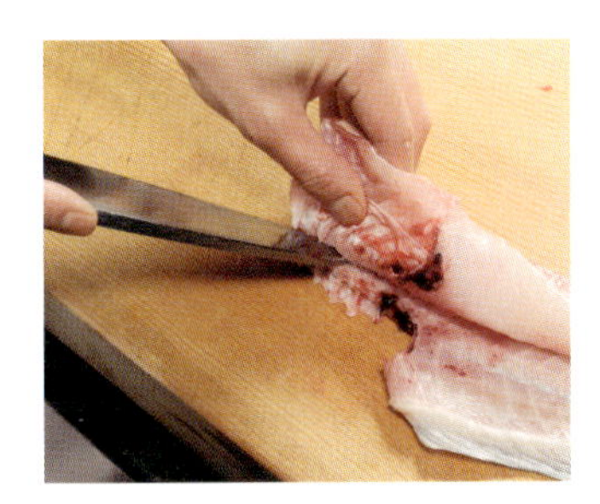

17
少し強めに包丁を入れて切り離す。

18
上から三枚におろした上身、中骨、下身。

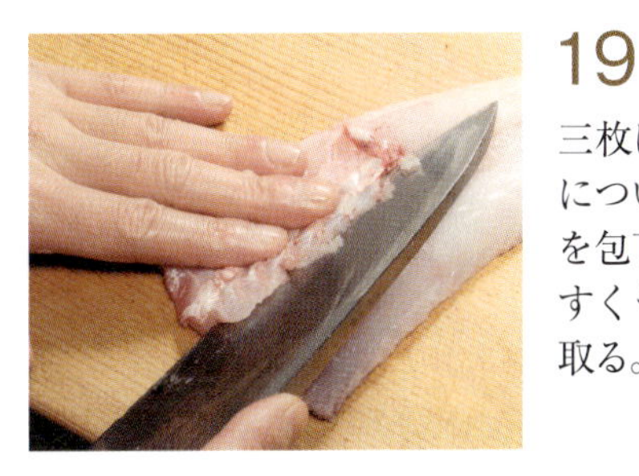

19
三枚におろした身についている腹骨を包丁をねかせてすくう感じでそぎ取る。

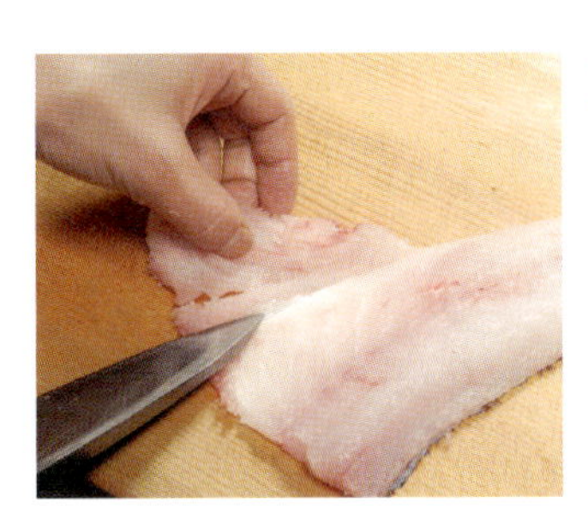

20
包丁を立てて、端を切り取る。

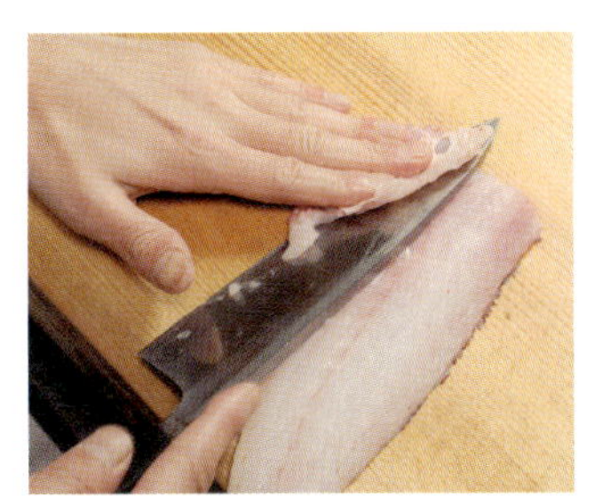

21
もう一方の身も同様にする。

Column

甘鯛の腹骨を取るときは、最初に逆さ包丁で腹骨のつけ根を起こすと取りやすくなるのでおすすめ。

松皮造り

材料（2人分）
甘鯛（三枚におろした片身）… 1/3 枚
【あしらい】
大葉 … 2 枚
山葵 … 5g
黄菊 … 適量

作り方
1. 身は皮目を上にしてさらしをのせ、皮が噛み切れるように熱湯をかけ、氷水にすぐ落とす。
2. 皮目に切り目を入れ、甘鯛の角が立つように大きく包丁を使い、平造りをする。

魚介・貝の基本のおろし方

魚介・貝の名称

魚と同様に蟹や烏賊、貝にも部位別に呼び名があります。それぞれを覚えておくと便利です。

【海老】

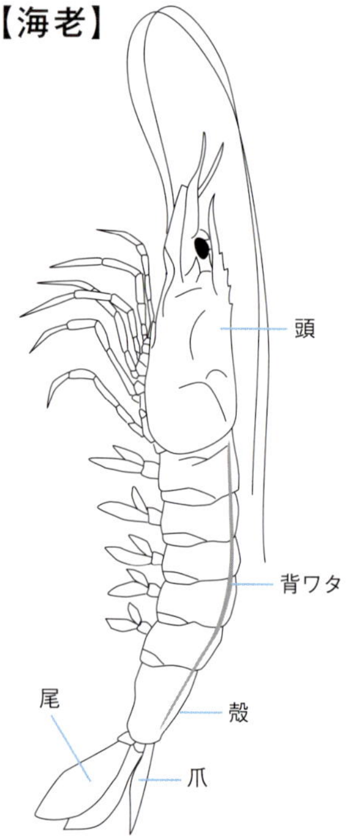

頭
背ワタ
尾
殻
爪

【烏賊】

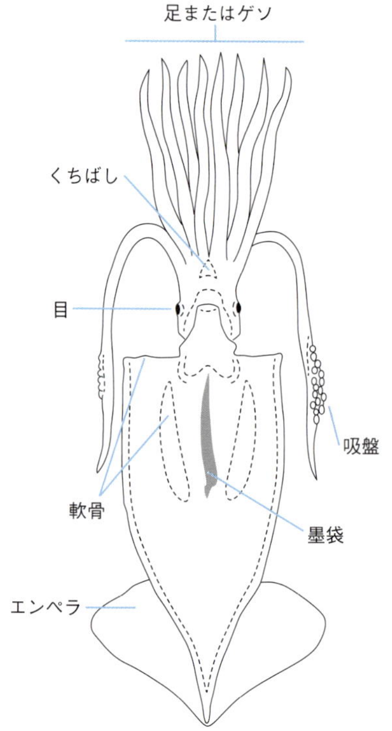

足またはゲソ
くちばし
目
吸盤
軟骨
墨袋
エンペラ

【蟹】

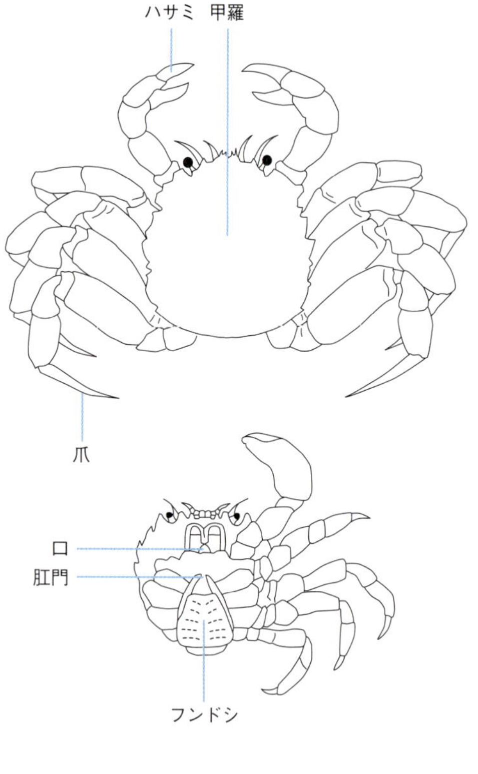

ハサミ
甲羅
爪
口
肛門
フンドシ

【二枚貝】

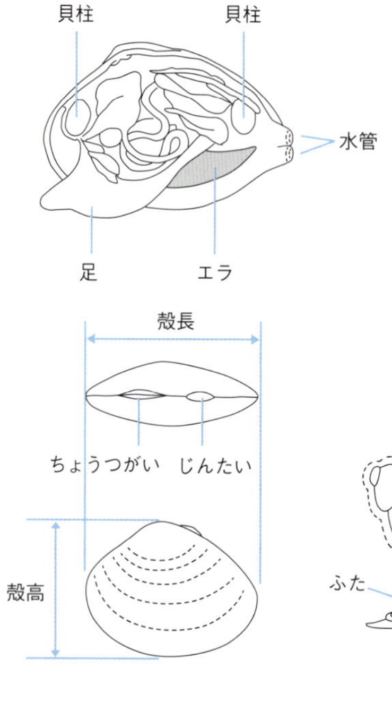

貝柱
貝柱
水管
足
エラ
殻長
ちょうつがい
じんたい
殻高

【巻貝】

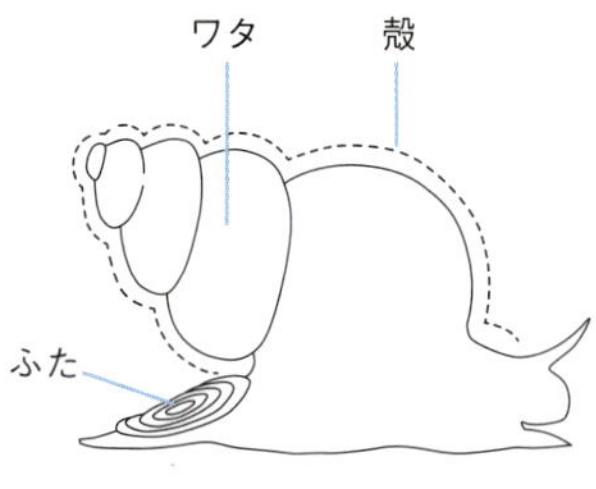

ワタ
殻
ふた

海老の殻をむく

車海老は片手で殻をむく。伊勢海老は包丁を入れて。

胴の部分の殻は上から一節ずつ殻をむいていく。包丁を入れる場合は、それぞれの境目に包丁を入れて手で殻をむく。

海老の背ワタを取る

海老の下処理の基本中の基本。背ワタの処理は忘れずにすること。

背を丸めて殻と殻のすき間に竹串を刺して取る。また、頭と胴の間に親指を差し込み、ゆっくり引っぱると頭と一緒に背ワタも一緒に取れる。殻をむいてから、背を開いて背ワタを取る方法もある。

烏賊の皮をむく

刺身などに使うときは、皮をむく。むきにくいので布巾を使うとよい。

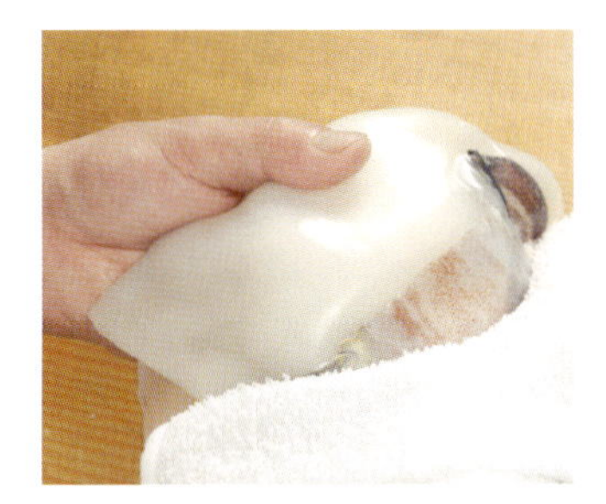

身と皮の間に親指を入れて皮をはがしとり、むきにくいところは乾いたタオルを使って薄皮をむく。

烏賊をさばく

烏賊をさばくときは水で濡らさない。鮮度が落ちやすいので注意。

左手で身を押さえ、右手で足の部分と軟骨を持ち、慎重に引き抜く。スミ袋をやぶらないように注意。

貝を殻から外す

貝を殻から外すには、貝むきなどの道具が必要なので用意しておく。

二枚貝には貝柱が2個ついている。まず、殻のすき間に貝割りを差し込み、殻を開き、それぞれの貝柱を外す。

貝の水洗い

中身を取り出したら、内臓やヒモを取り除いて水洗いをすること。

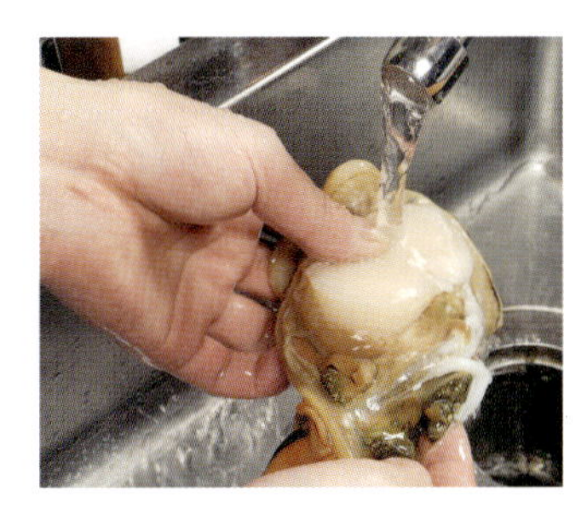

貝柱をはずして身を取り出したら、汚れや内臓、ヒモを丁寧に取り除く。よく水で洗い、水けをふき取る。

栄螺（さざえ）

【旬】
一年中出回るが春から初夏が旬。

【目利き】
持つと重みがあり、ふたを押すと動く物。水槽から選ぶなら、足を伸ばして、はいずりまわっているような元気な物が新鮮。

【保存法】
殻つきはその日のうちに使い切ること。薄い塩水につけて冷蔵庫に保存すれば、一～二日は保存可能。

下処理（貝割り、柳刃包丁）

1
ふたの隙間から貝割りを入れる。熱湯で一分ほどゆでると下処理しやすい。

2
殻の内側に身がくっついているので、右から左へ殻に添って動かす。

3
貝割りで引っぱり出す。

4
右手の人差し指で切れないように注意して、肝のくっついているところに入れる。

5
指を入れたまま、身を少し引き出したら指で持ち、貝の巻きに合わせて肝、内臓も一緒に引き抜く。

6
ヒモを切る。

栄螺のピリ辛酢味噌和え

材料（2人分）

栄螺（下処理をした身と肝）…2個分
分葱…1本　わかめ…20g
独活（千六本）…5cm分
三杯酢（酢20cc、みりん6cc、薄口醤油3cc）

a
- みりん…小さじ1･1/2
- 京白味噌（甘め）…30g
- 濃口醤油･酢･コチュジャン…各小さじ1
- 砂糖…3g

作り方

1. みりん60ccと濃口醤油40cc（分量外）を合わせ、鍋に身と肝を入れ、焦げないように注意して火が入ってつやが出てきたら火を止める。
2. 身はボールにあけ、塩（分量外）をまぶしてぬめりを取り除き、水けをふき取り、2mm厚さに切り、鍋に入れ酒（分量外）と共に火にかけ酒煎りとし手早く冷ます。
3. **2**の身、ゆでた分葱、わかめは三杯酢をまぶして軽く絞り、ボールに入れ、合わせたaで和える。
4. 独活と**1**の肝を添える。

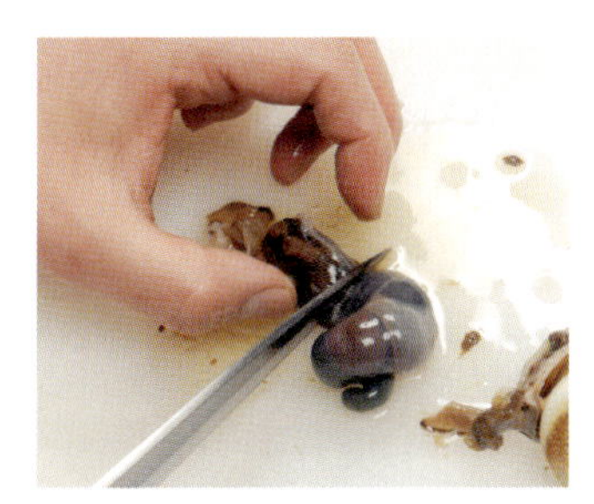

7
内臓の部分と肝の部分を切り離す。

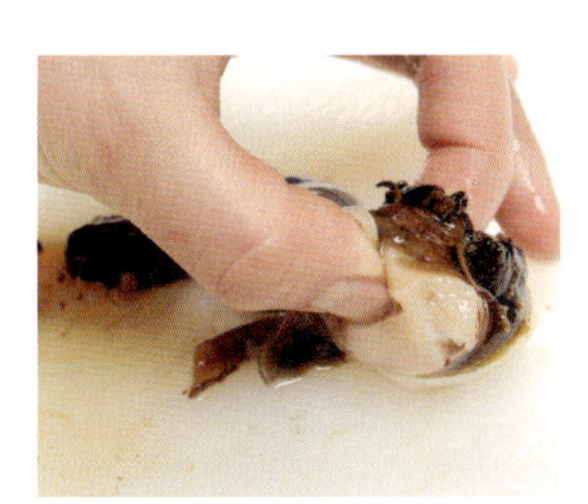

8
くちばしのまわりのくぼみの部分を左手の親指と人差し指でつかむ。

9
左手で身を引っぱりながら、ふたと身の際に包丁を入れる。

10
ふたを切り離す。

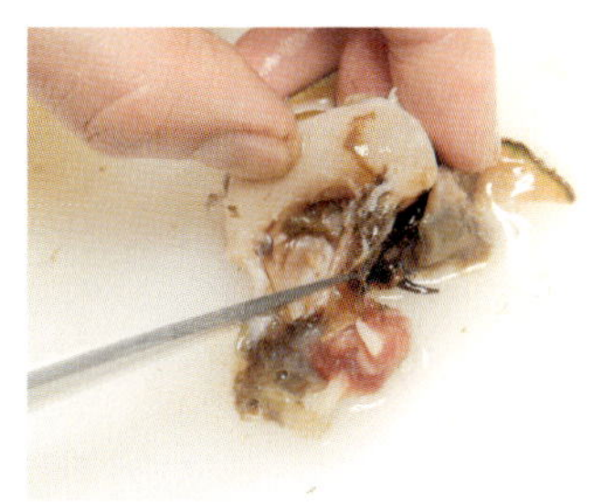

11
身のかたい部分を切り離す。

12
栄螺の下処理を済ませた状態。

13

手に塩を取り、下処理をした身と貝柱を塩でもむ。

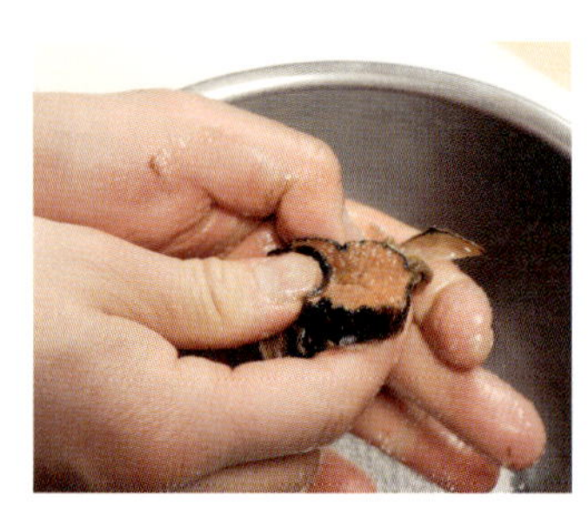

14

すみずみまで親指でこすりながらよく汚れを取る。

15

ボールに水をはり、洗い流す。

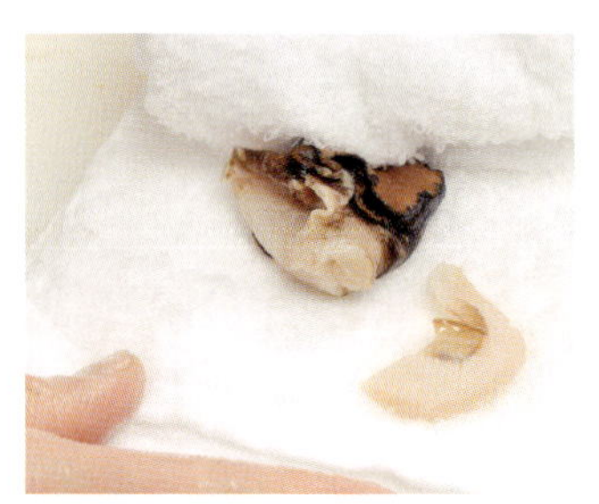

16

タオルなどで水けをしっかりふき取る。

17

ヒモを切り離す。

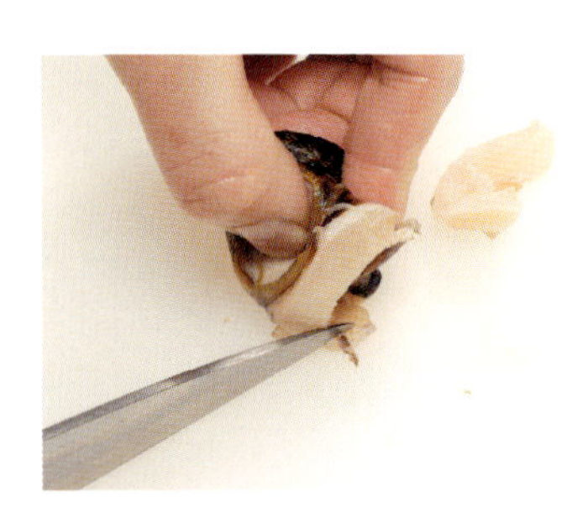

18

ひげのようなかたい部分を切り取る。

19

貝柱のかたい茶色の部分を切り離す。ヒモも汚れている部分やかたい部分を切り取る。

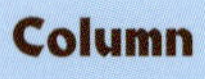

ふたがゆるんだときに貝割りを入れ、殻についている筋肉を外すのがポイント。そのあと指で抜くと簡単に取れる。栄螺はゆでてからのほうが殻から取り出しやすいが、生のままで殻から取り出すときも、手順はあまり変わらない。肝、内臓がちぎれないように慎重に取り出すこと。

蛤（はまぐり）

【旬】
旬は3～4月。夏は産卵のため味は劣る。

【目利き】
表面が滑らかで殻をかたく閉じた物。貝と貝をぶつけた時に、カチカチと澄んだ音の物がよい。

【保存法】
殻つきは砂抜きした後水けをふき取り、そのまま冷凍用保存袋に入れて冷凍保存。むき身は水けをふき取り、酒をふりかけて密閉容器で冷蔵庫で保存。

身を外す（ステンレスのヘラ）

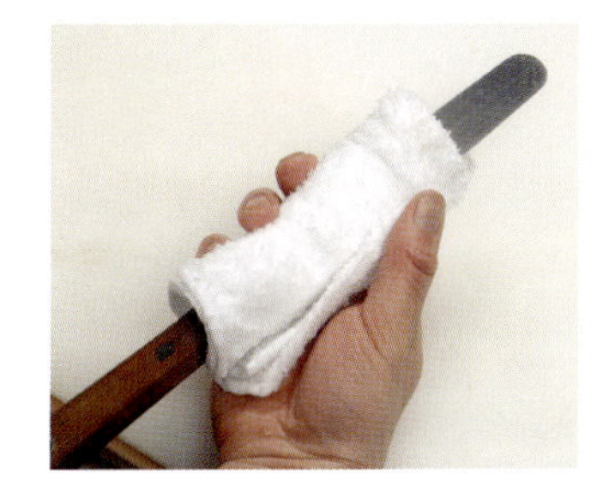

1
ステンレスのヘラにタオルを巻く。蛤は砂抜きをした物を使う。

2
タオルで巻いた部分を右手で持ち、蝶番（ちょうつがい）を下にして蛤を左手に持ち、口の部分に差し込む。

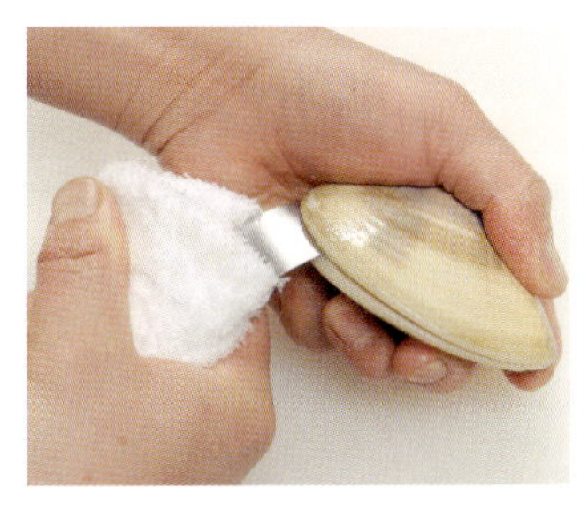

3
右手に力を入れながら身を傷つけないようにして殻に沿って動かす。

4
蝶番（ちょうつがい）のほうに向かってヘラを動かす。

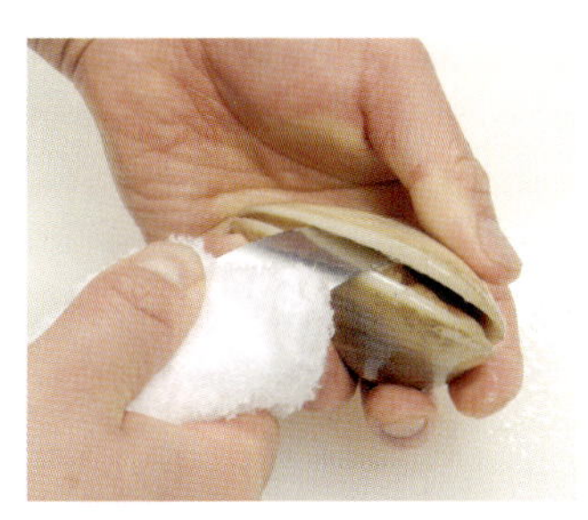

5
貝殻についた貝柱を外す。

6
口を開く。

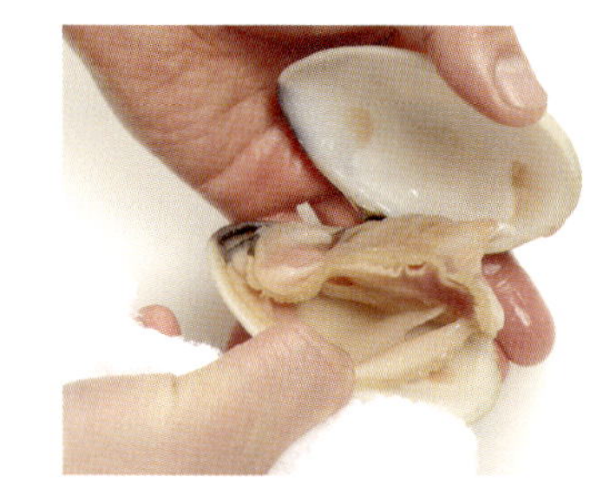

7

上についている身をステンレスのヘラではがしながら、口を開ける。

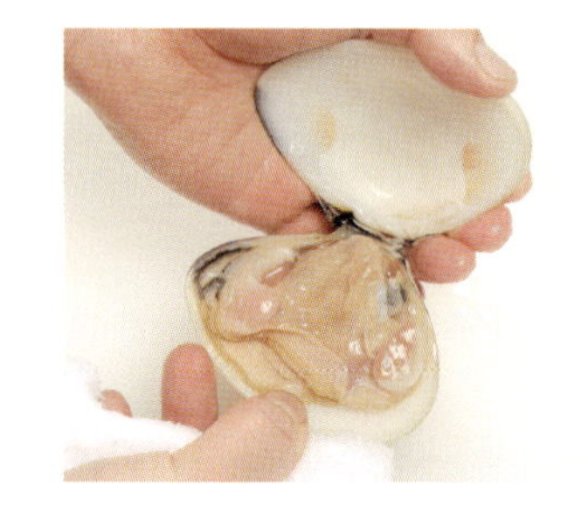

8

口がきれいに開いた状態。

9

身の下にステンレスのヘラを入れる。

10

ぐるりと身をすくうようにステンレスのヘラを動かす。

11

身を取り外す。

仕上がり

蛤の木の芽和え

材料（2人分）

蛤（むき身）…2個
酒…1/2カップ
木の芽…10枚
青寄せ（P198参照）…小さじ1/2
玉味噌（P199参照）…大さじ1
筍（角切り）…適量
独活（せん切り）…適量

作り方

1. 鍋にむき身を入れて酒をふり、酒の汁けがなくなるまで煎る。
2. 熱湯にくぐらせた木の芽と青寄せはまな板の上で包丁などで錬り混ぜ、玉味噌を少しずつ加え錬る。これにゆでた筍と **1** を加えて和え、針独活と叩いた木の芽（分量外）を天盛りにする。

火入れ

1

鍋にはまぐりを入れ、酒と水を少々入れる。

2

中火にかける。沸騰してきたら、裏返す。

3

裏返してから、口が開くまで加熱する。

4

口が開いた状態。

5

口が開いたらすぐに取り出して冷ますこと。

Column

貝は火を入れすぎるとかたくなります。口が開いたら鍋から取り出し、別のボールなどの容器に入れてそのまま冷ましましょう。

蛤の吸い物

材料（２人分）

蛤（火入れした物）…２個分
白身魚のすり身…50g
大和芋（すりおろし）…60g
卵白（泡立てた物）…1/3個分
片栗粉…15g
昆布出汁…36cc
小麦粉…少々
吸い地（P105参照）…200cc
わかめ（戻した物）…30g
独活（短冊切り）…６枚
生姜汁…小さじ1/5
木の芽…４枚

作り方

1. 火入れした蛤は身を外し粗熱を取り小さめの角切りにする。汁は取っておく。

2. すり身に大和芋、卵白、片栗粉を合わせ、昆布出汁でのばし、**1**の身に小麦粉少々をまぶして、軽く混ぜ合わせ適量をラップで包み茶巾絞りにして蒸す。

3. **1**で出た蛤の汁を吸い地と合わせて味をととのえる。

4. お椀に**2**と小さく切ったわかめ、独活を盛り、熱々の**3**をはり、生姜汁を加え、木の芽を添える。

烏賊（いか）

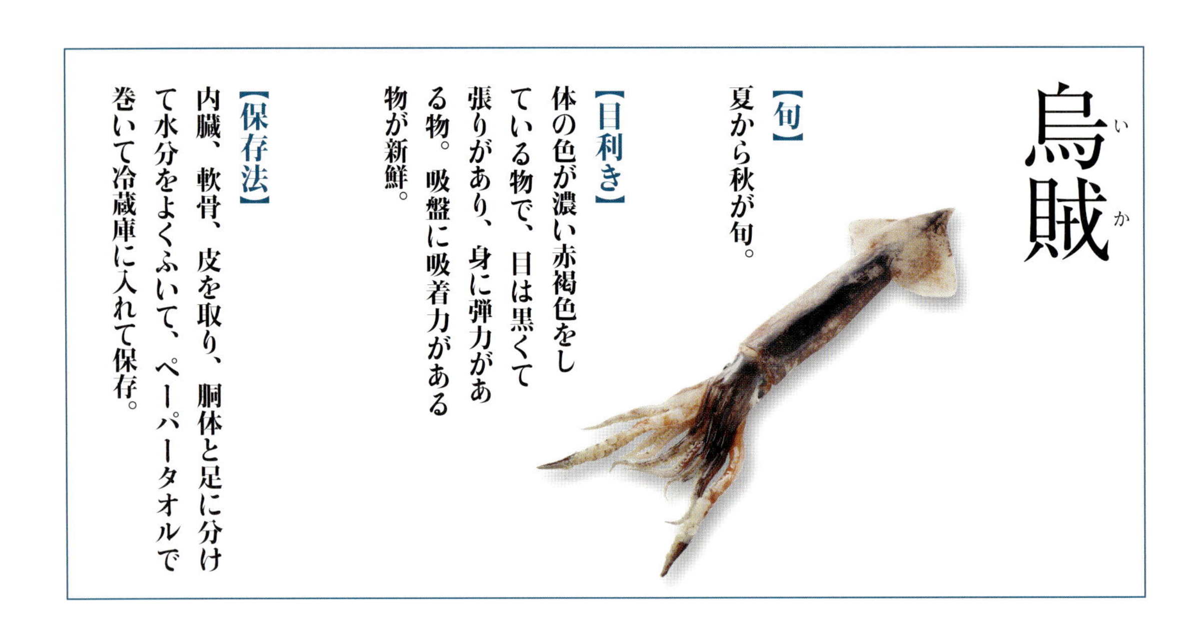

【旬】
夏から秋が旬。

【目利き】
体の色が濃い赤褐色をしている物で、目は黒くて張りがあり、身に弾力がある物。吸盤に吸着力がある物が新鮮。

【保存法】
内臓、軟骨、皮を取り、胴体と足に分けて水分をよくふいて、ペーパータオルで巻いて冷蔵庫に入れて保存。

下処理→内臓・足の処理（出刃包丁）

1
胴の中に左手の指を入れ、胴と内臓をつなぐ筋を外す。

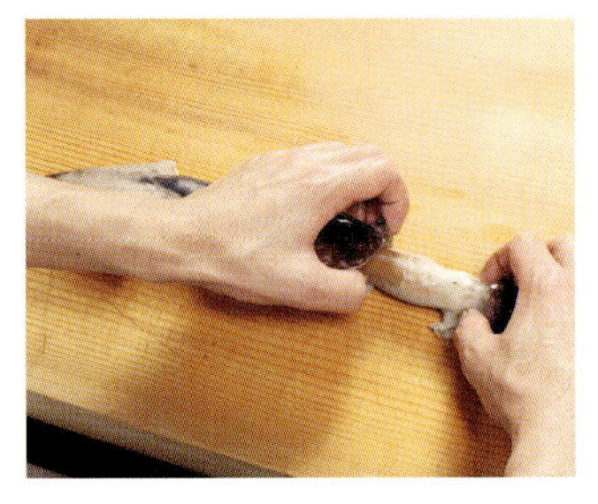

2
頭と足の部分を持ち、ひねりながらゆっくり右手で引っぱる。

3
胴を左手で押さえ、右手で慎重に内臓ごと引き抜く。

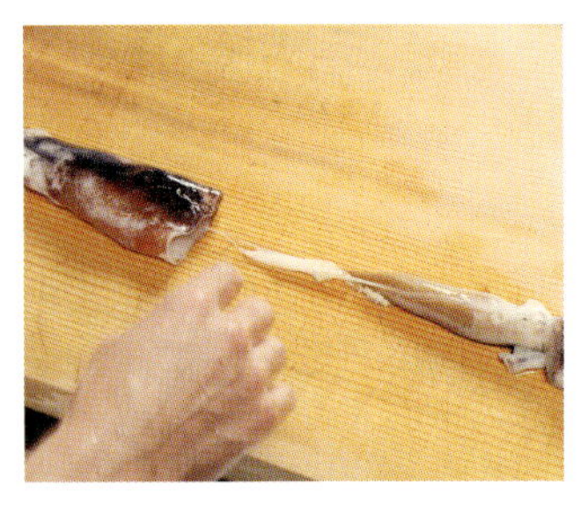

4
最後まで丁寧に引き抜く。

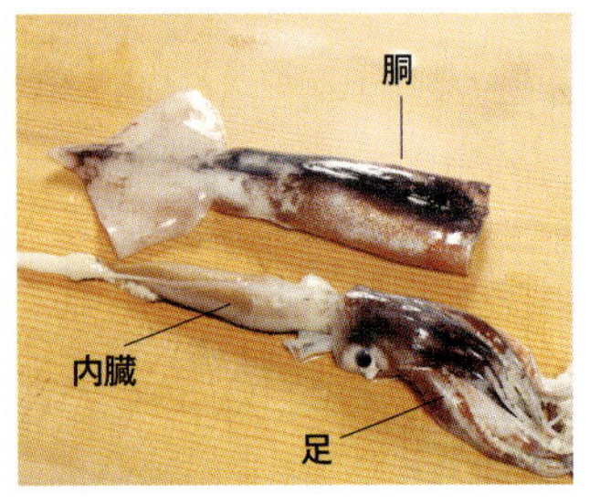

5
胴と足が完全に離れた状態。

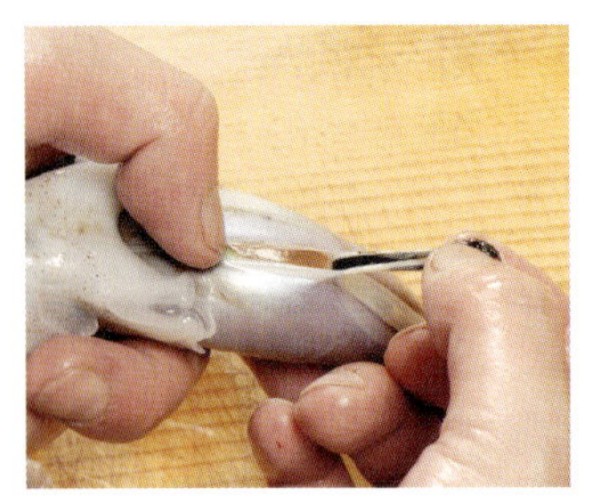

6
内臓についているすみ袋をつまんで、引っぱり取る。

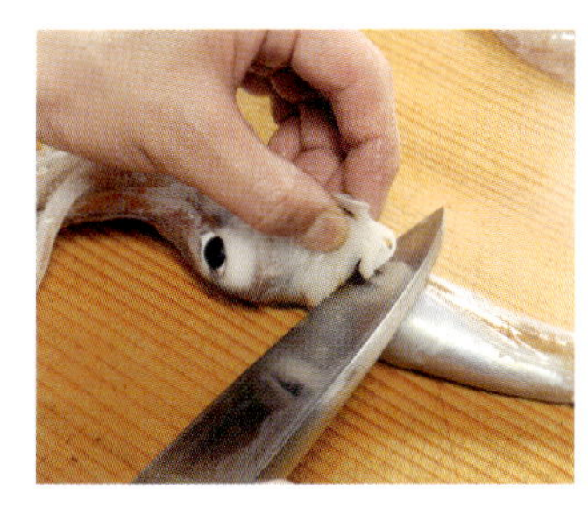

7

足を左にして置き、身を足のほうにつけて、内臓と身の境目に包丁で切り込みを入れる。

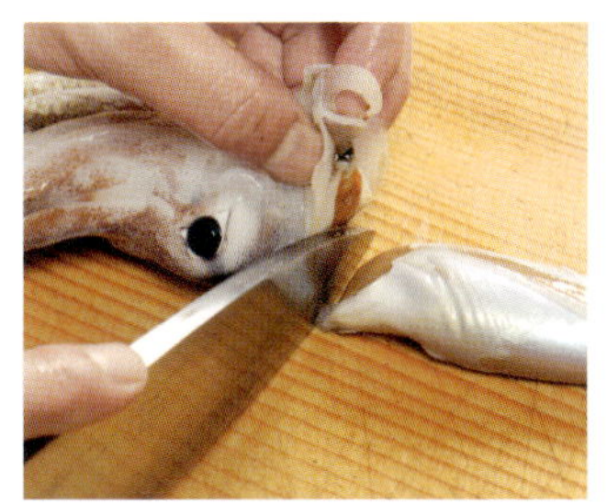

8

内臓だけを包丁で切り取る。

9

足を伸ばして、足先を右にしておき、長い足先と8本の足先を切り揃える。

10

目と目の間に包丁を縦に入れる。

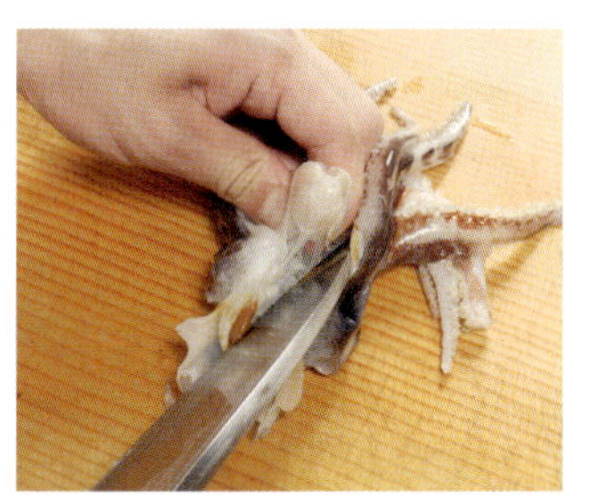

11

足を開いて、足のつけ根にあるくちばしのまわりに切り込みを入れる。

12

くちばしのまわりを指でつまんで押し、くちばしを飛び出させてから取る。

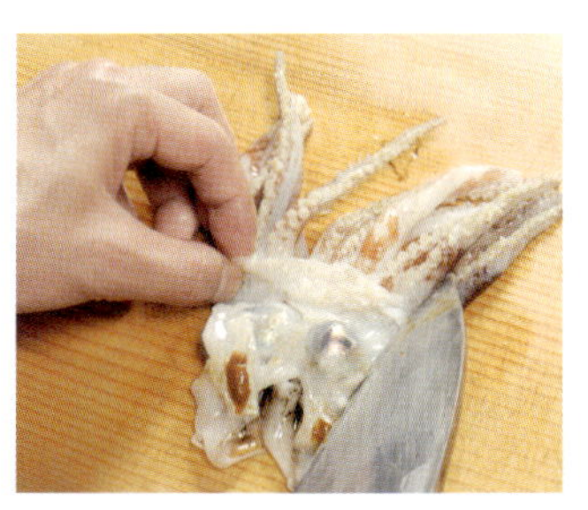

13

内側から開く。

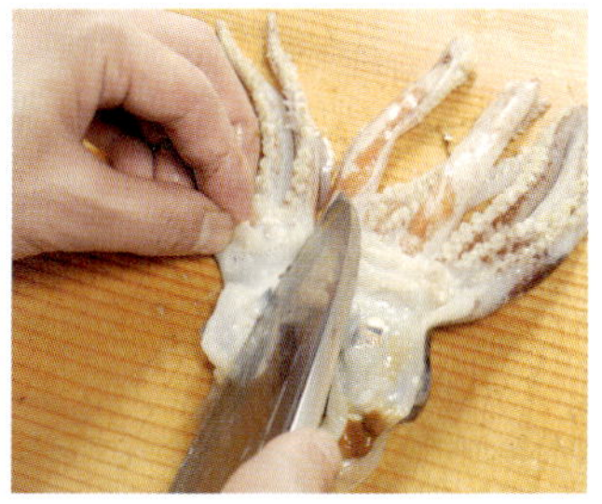

14

足がきれいに開くように切り込みを入れる。

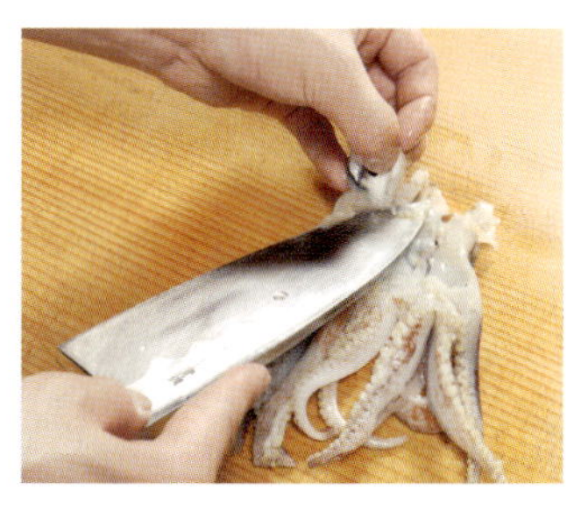

15

向きを変え、目の下から指を入れて目玉のまわりに切り込みを入れる。

16

下から指で押し、目玉を飛び出させて切り取る。

胴の下処理（出刃包丁）

1
エンペラを右手でつかみ、胴とエンペラのつなぎ目に右手の親指を入れる。

2
右手の親指を入れながらエンペラをむき取り、引っぱって取る。

3
胴とエンペラを外した状態。

4
胴の上のほうから縦に切り込みを入れる。

5
胴を開く。

6
内側を上にして置き、内側の内臓や薄皮を手で取る。

7
軟骨を手で取る。

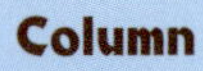

エンペラを外すときは、親指を胴とエンペラの間に入れて外すのがコツ。エンペラを外したときに、はがれた皮の部分から、少しずつ皮をむくのもおすすめ。

ルイベ

材料（2人分）
するめ烏賊…1杯分
酒・塩…各適量

作り方
1. するめ烏賊は胴と足、内臓に分けて下処理をし、胴と内臓を別々に塩をふる。
2. 一日冷蔵庫において酒で洗い流し、巻きすを使い身の上に内臓をおき、ロール状に巻いて、冷凍庫に入れる。食べる直前に薄く切り、盛りつける。

皮をむく（出刃包丁）

1
下処理をした胴はエンペラのほうを左にして皮目を上にして持ち、エンペラのほうから皮を引っぱる。

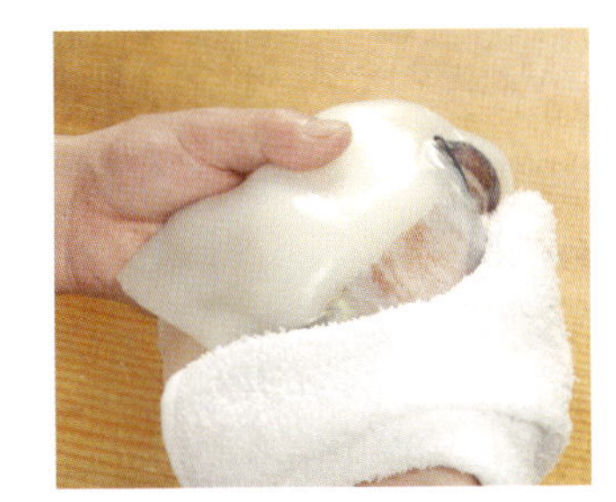

2
乾いたタオルを使って皮をはがすとやりやすい。

3
皮をはがしたら、すそを切り揃える。

4
軟骨があった上の端の部分はかたいので、切り取る。

5
タオルでつまんで余分な薄皮を取る。

6
内臓・足の処理、胴の下処理、皮をむいた状態。

友肝煮

材料（2人分）

するめ烏賊 … 1杯
酒 … 100cc
濃口醤油 … 50cc
七味唐辛子 … 適量

作り方

1. するめ烏賊は胴と足、内臓に分けて下処理をし、胴を開いて皮をむき、松笠切りにする（P302参照）。
2. **1** は熱湯にくぐらせサッと氷水にはなして水けをきる。
3. 内臓は切り目を入れて裏ごしし、酒と濃口醤油と共に鍋に入れ、**2** を入れてサッと煮る。
4. 器に **3** を盛り、七味唐辛子をふる。

エンペラの処理（出刃包丁）

1

エンペラの先のかたい部分を包丁でそぎ落とす。

2

皮を指でつまんでむいていく。

3

はがしにくいところは親指を皮と身の間に入れて、はがす。

4

乾いたタオルで外側へむけてこすりながら、薄皮をむく。

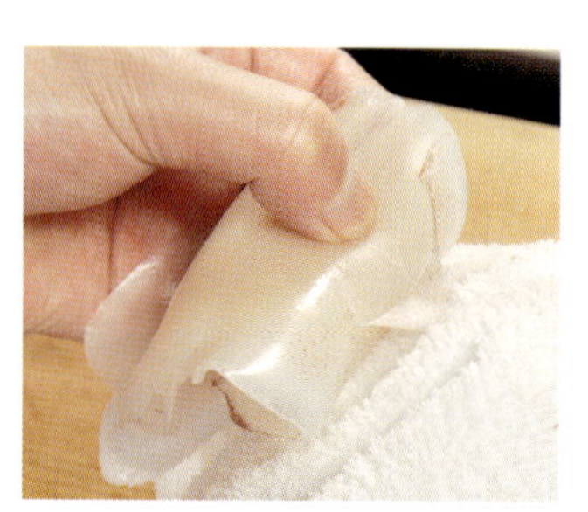

5

裏も同様に乾いたタオルでこすりながら皮をむく。

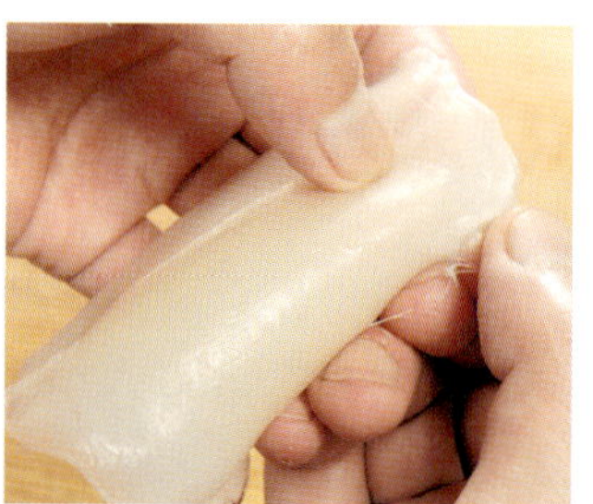

6

手でつまんで残りの薄皮をむく。

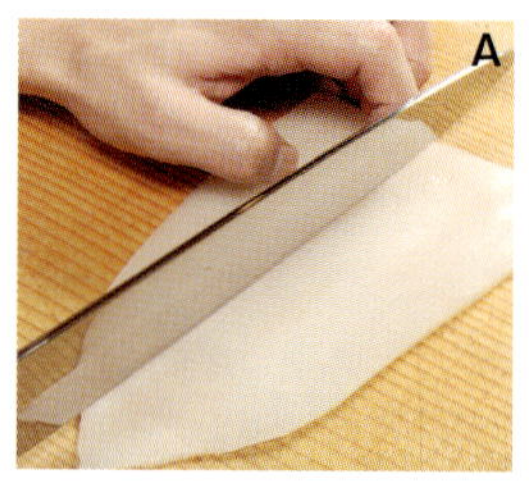

下処理をした胴の上のほうを下にして縦に置き、1～2mm幅の切り込みを入れて縦半分に切る。

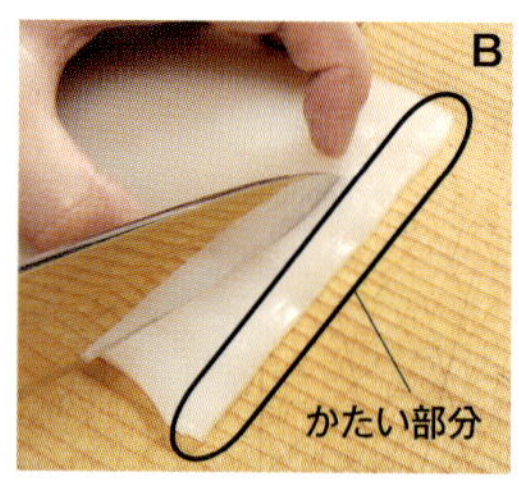

Aの1枚を横にして置き、端の下のかたい部分を切り落とす。

包丁を引きながら3～4mm幅に切る。端から端まで切り進める。

天ぷら用の切り方（柳刃包丁）

1
下処理をした胴をエンペラのほうを上にしておき、縦に4つに切る。

2
ひと切れを横にしておき、右から斜めに包丁を軽く入れる。

3
1〜2mm間隔に軽く包丁を入れる。

4
向きを90℃回転させて右から同様に軽く包丁を入れる。

5
はじめの切り込みと交差させながら、格子になるように切り込みを入れるのがコツ。

仕上がり

糸造り（柳刃包丁）

糸造り

材料（2人分）
するめ烏賊（下処理をした胴）…2杯分
【あしらい】
おろし生姜・浅葱・花穂じそ・海草麺…各適宜
作り方
1. 胴は外側の皮と内側の薄皮をむく。
2. 胴に1〜2mm幅の浅い切り込みを入れて縦半分に切る（A参照）。
3. 2の1枚を横にして置き、端から3〜4mm幅の糸状に切る（B~C参照）。

鮑（あわび）

【旬】
夏に旬を迎える。

【目利き】
生きていて、しかも元気のよい物。身が殻から盛り上がり、太っている物が新鮮。

【保存法】
殻つきのまま保存する時は、濡らした炭を身にかませておく。炭の効用で身やせせず日持ちもよくなる。身だけの時は、身の中程に開いている穴に爪楊枝を差し込んでおくと、身の縮みが少なくなる。

下処理→身を外す（タワシ・木ベラ）

1
鮑の身の部分にたっぷりの塩をふる。

2
白くなるくらい塩をふる。こうすると、身が引き締まる。

3
タワシを使い、脇のほうからよく洗う。

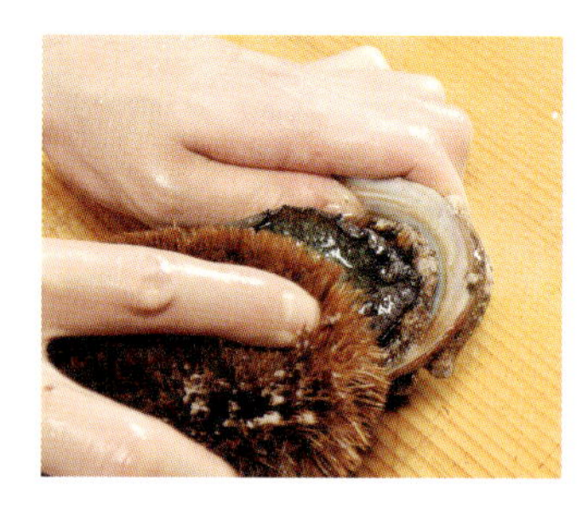

4
身の部分の汚れやぬめりを取るように、こすり洗いする。

5
殻と身の間や下のほうまで丁寧に洗う。

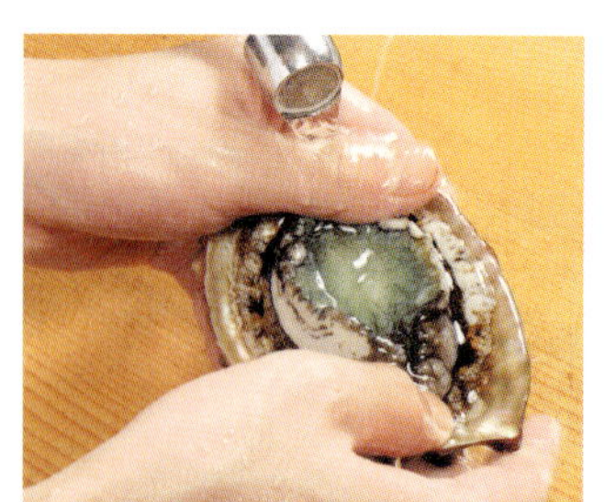

6
塩と汚れをよく洗い流す。

鮑の酒蒸し

材料（2人分）

鮑（下処理した物）…1個
水…800cc
昆布…20g
酒…200cc
塩…適量
三つ葉（ざく切り）・柚子の皮（せん切り）…各適宜

作り方

1. 下処理した鮑は、ヒモ、肝を外す。
2. 殻からはずした身は水、昆布、酒、塩で味つけし、蒸し器で1時間ほど蒸す。
3. 酒蒸しした鮑はさざ波切り（P168参照）にし、器に盛りつける。

7
木ベラを使い、身と殻の境目に入れる。

8
木ベラを底のほうまで深く入れる。

9
肝をつぶさないように、木ベラを動かし、殻と身を離す。

10
手で丁寧に身を外す。

仕上がり

Column
鮑の身を外すときに、一番注意したいのが、肝を傷つけないようにすること。金属のヘラで外す方法もあるが、木ベラのほうが、肝も傷つけず、簡単に外すことができる。

鮑のたたき

材料（2人分）

鮑 … 1 個
濃口醤油 … 適量
山葵 … 適量

作り方

1. 鮑は塩をふり、タワシでみがく。殻からはずし、身とヒモ、肝に分ける。
2. ガス台に網をおき、強火で両面を焼く。
3. 蒸して裏ごしした肝に濃口醤油で味をととのえる
4. **2** はさざ波切り（P168 参照）にして器に盛り、上に **3**、山葵を添える。

たたき（柳刃包丁）

1

肝のあるほうを上にして置き、手で肝を持ち貝柱に沿って包丁を入れる。

2

丸く円を描くように包丁を入れ、肝を外す。

3

肝を傷つけないように切り離す。

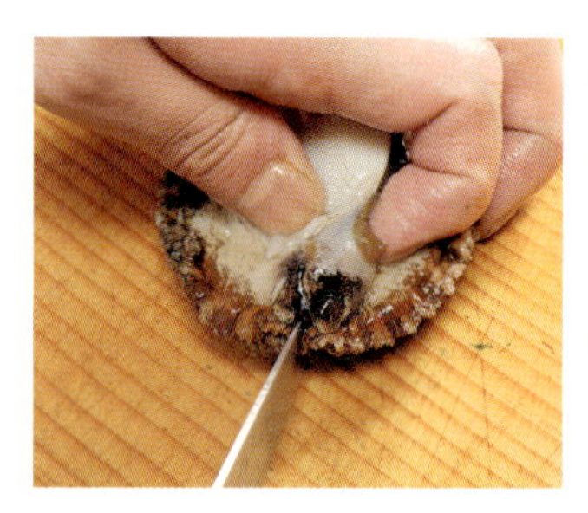

4

口の真ん中に包丁を入れて、親指で押して、口を取り出す。

5

表面をサッとあぶり、そぎ切り（さざ波切り）にする。

仕上がり

海老（えび）（伊勢海老・車海老）

【旬】
伊勢海老は十月から三月が旬。車海老は晩秋～冬と春～初夏の抱卵期の2回の旬がある。

【目利き】
車海老は体色が鮮やかで、縞が鮮明な物。身が張って弾力のある物。伊勢海老は身がずっしりと重く、殻が黒みがかった色をしている物が新鮮。

【保存法】
車海老は冷暗所において保存する。伊勢海老を生で食する時は、冷蔵庫に入れて12～24時間以内で食べ切ること。

下処理［伊勢海老］（出刃包丁）

1
頭を左に背を上にして置き、左手で頭を押さえながら頭と胴の左側の境目に包丁を入れる。

2
同様に右側の頭と胴の境目にも包丁を入れる。

3
腹を上にして置き、頭を左手で押さえながら、頭と胴の境目に切っ先をぐるりと入れる。

4
右手で胴を持ち、左手で頭をしっかり持つ。

5
胴をぐるりとまわすように引っぱりながら取り外す。

仕上がり

あらい［伊勢海老］（出刃包丁） 料理はP163

1

腹を上にして、頭のほうから尾に向かって際に切り込みを入れる。腹部のヒレのような部分は切り離す。

2

尾のつけ根に沿って包丁を入れて向きを変える。尾から頭のほうへ際に切り込みを入れる。

3

尾のつけ根のところから、外側の殻をむく。

4

身の下に親指を入れ、下の殻に沿って身を外していく。

5

殻と身を外した状態。

6

身を真ん中で縦に切る。

7

関節に包丁を入れ、食べやすい大きさに切る。

8

氷水に入れて締める。

仕上がり

具足煮の切り方［伊勢海老］（出刃包丁） 料理はP163

1

胴は右側の腹部のヒレのような部分に包丁を入れて、頭のほうから尾に向けて切り進める。

2

尾のつけ根に沿って切り込みを入れて、向きを変えて逆側も1と同様に切り込みを入れる。

3

手で腹側の殻と腹のヒレのような殻を一緒にはがす。

4

三つのぶつ切りにする。

5

頭を裏にして、頭の真ん中から下に向かって切っ先を入れる。

6

かたいので、包丁のみねを力強く押しながら、殻と身を切る。

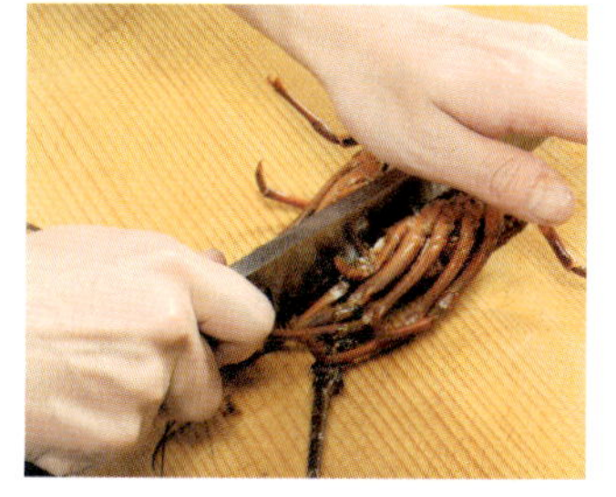

7

向きを変えて、5の切り目から頭の先に向けて刃先を入れて、2つに切る。

8

頭の中にある黒い部分（砂袋）と背ワタ、エラの部分を包丁の切っ先で落とす。

仕上がり

鬼殻焼きの切り方［伊勢海老］（出刃包丁） 料理はP163

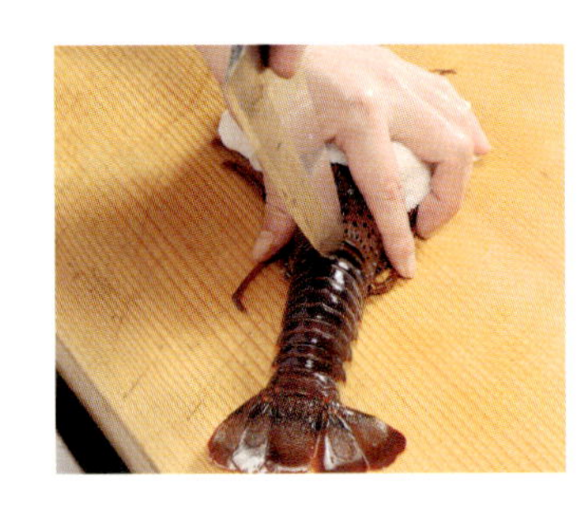

1

頭を左に背を上にして、タオルで頭を押さえながら持ち、胴体の真ん中から尾のほうへ切っ先を刺す。

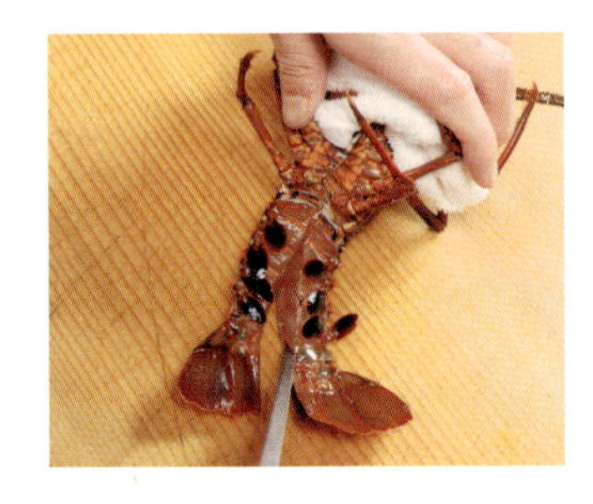

2

裏返して腹を上、尾を手前にして置く。縦に尾のほうに包丁を入れ、一気に包丁をおろして胴を二つに割る。

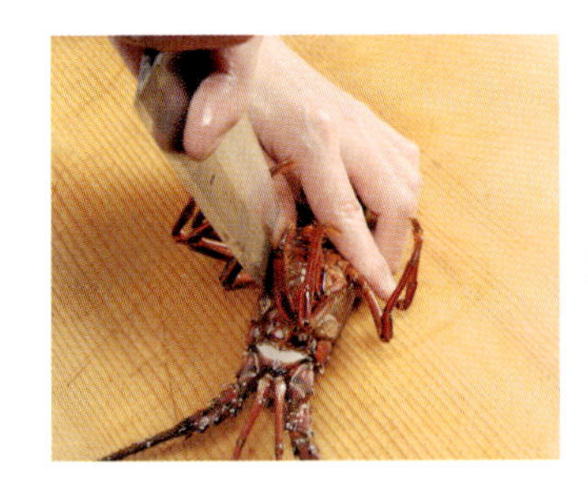

3

向きを変えて頭を手前にしておき、2の切り込みの端に切っ先を刺す。

4

頭のほうへ一気に包丁をおろして頭を二つに割る。

5

またひっくり返して、腹のほうに切っ先を刺す。

6

二つに切り離す。

7

頭の中にある黒い部分（砂袋）と背ワタを取る。

8

エラを包丁で切り取る。

9

逆側も取る。

あらい

材料（2人分）
伊勢海老 … 1尾
【あしらい】黄菊 … 適宜
作り方（P160 参照）
1. 伊勢海老を頭と胴に分ける。
2. 胴を三つに分ける。分けたら関節の所に包丁を入れる。
3. 切り分けた伊勢海老を氷水にすばやく放して混ぜ、花を開かせる。
4. 水けをよくきり、盛りつける。

具足煮

材料（2人分）
伊勢海老 … 2尾
a
- 水 … 500cc
- 酒 … 100cc
- 白味噌 … 60g

作り方
1. 伊勢海老の頭と胴を分け、ぶつ切りにする（P161 参照）。
2. **1** を鍋の中に入れ、a を入れ、落とし蓋をして汁けがなくなるまで煮詰める。

鬼殻焼き

材料（2人分）
伊勢海老 … 1尾
a
- 酒 … 100cc
- 濃口醤油 … 100cc
- みりん … 100cc

かぼす … 1個
作り方
1. 伊勢海老は真ん中から半分に切る。
2. 合わせた a に **1** を入れて 5 分ほど漬ける。
3. 焼き網で七割位焼けたら、**2** のたれを塗りながら焼き上げる。

下処理→殻をむく→天ぷら用［車海老］（柳刃包丁）

1
頭と胴体のつけ根に親指を入れて、頭を胴からはずし、静かに引っぱる。

2
こうすると頭と一緒に背ワタが取れる。

3
左手で尾を持ち、胴の殻の際に指を入れながら、殻をむく。

4
上から、頭と背ワタ、身、殻。

5
尾の爪（とんがり）の部分を指で倒す。

6
尾の爪を引き抜く。

7
尾の部分を開き裏側にして、きれいに色を出すように、包丁で尾の先の水分をこそげ取る。

8
腹側の関節に等間隔で切り込みを入れる。

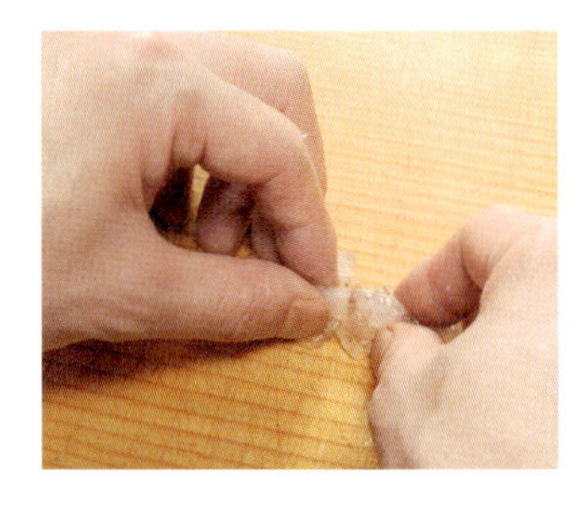

9
身をつぶすようにしてまっすぐのばす。こうすると揚げ物の時に身が縮まない。

仕上がり

背開き［車海老］（柳刃包丁）

1
殻をむいた身を、尾を右、背を手前にしておき、尾のほうから包丁を入れる。

2
左手で上の身を持ちながら切っ先で切り込みを入れる。背ワタが残っていたら取り除く。

3
尾のつけ根に包丁を入れて、きれいに開く。

車海老土佐酢ジュレがけ

材料（2人分）
車海老…3本（20g）
うに…少々
ゆでた蕪（さいの目切り）…適量
土佐酢ジュレ（P231の土佐酢を火にかけ、追い鰹をしてこし、戻したゼラチンで冷やし固める）…少々

作り方
1. 車海老を頭と身に分け、背ワタを取る。
2. 身のほうをサッと昆布出汁（分量外）でゆでる。
3. 2を小口切りにし、うに、蕪と和えて盛りつける。
4. 土佐酢のジュレをかける。

車海老黄身煮

材料（2人分）
車海老…6本
塩…少々
吉野葛…適量
卵黄…3個
出汁…500cc
酒・みりん…各50cc
砂糖…大さじ2
ゆでた青菜…適量

作り方
1. 車海老を頭と胴に分け、背ワタを取る。
2. 身のほうを開く。
3. 胴に薄塩をし吉野葛をつける。
4. 3を卵黄にくぐらせ、出汁に塩、酒、みりん、砂糖を入れ沸かしたところに入れてサッと煮る。
5. そのまま盛りつけ、ゆでた青菜を添える。

蛸（たこ）

【旬】

真蛸の旬は冬と夏。冬蛸は十一月~十二月、夏蛸は六月~七月が最盛期を迎える。水蛸は十一月~四月、飯蛸は秋から冬が旬。

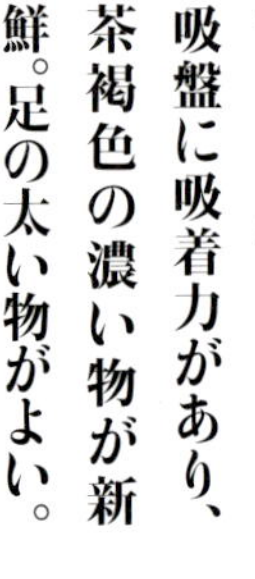

【目利き】

吸盤に吸着力があり、茶褐色の濃い物が新鮮。足の太い物がよい。また、ゆで蛸は足がかたくしまって皮の破れていない物がよい。

【保存法】

生蛸、ゆで蛸ともに鮮度の落ちが早いので、冷蔵庫保存でも一~二日のうちに食べ切ること。

水蛸

飯蛸

ゆで蛸

皮をはぐ［水蛸］（柳刃包丁）

1

足の先に縦に切り込みを入れる。

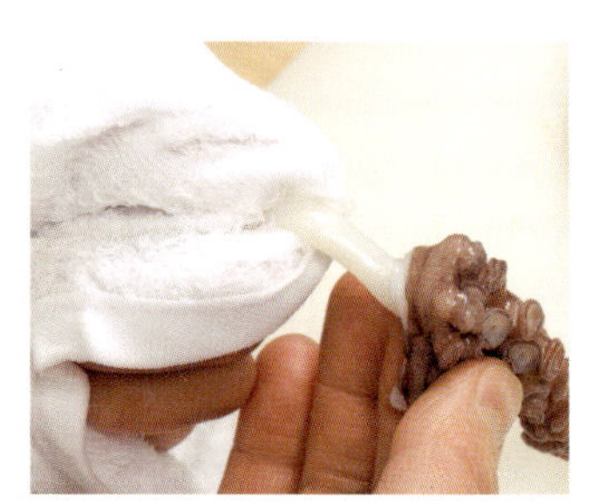

2

左の手の平に濡れたタオルを持って足の白い部分をつかみ、右手で皮をむいていく。

3

右手で皮を押さえ、左手で足の白い部分を少しずつ引っぱりながら皮をむく。

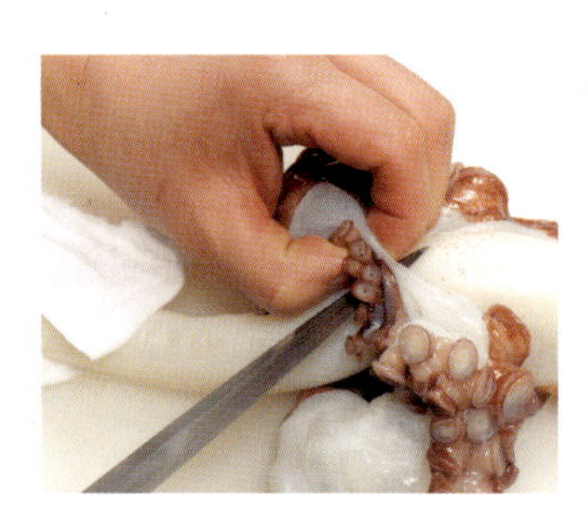

4

皮をむくのがきつくなってきたら、数カ所に包丁で切り込みを入れる。

5

同じように引っぱって皮をむく。

仕上がり

焼霜造り［水蛸］（柳刃包丁）

水蛸の焼霜造り

材料（２人分）

水蛸の足（皮をはいだもの）… 太いところ 8cm 分
梅肉 … 大さじ 2

【あしらい】

山葵・蕨 … 各適宜

作り方

1. 足は 2mm ぐらいの間隔で薄く切り込みを入れ、8 ～ 9 本の切り込みを入れたら切り離して 10 切れ作り、バーナーで表面をサッと炙る（A ～ F 参照）。ややぬるめのお湯で表面が縮れるくらい湯通ししてもよい。

2. 器に盛りつけ、山葵と蕨、梅肉を添える。

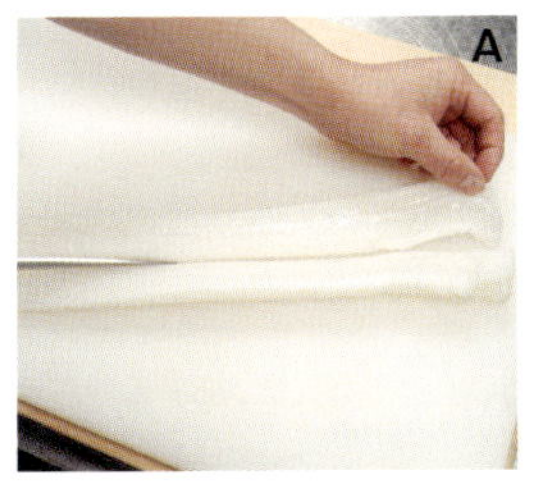

A 足の長さを半分に切る。足の太い部分は、包丁を引くようにして縦半分に切り分ける。

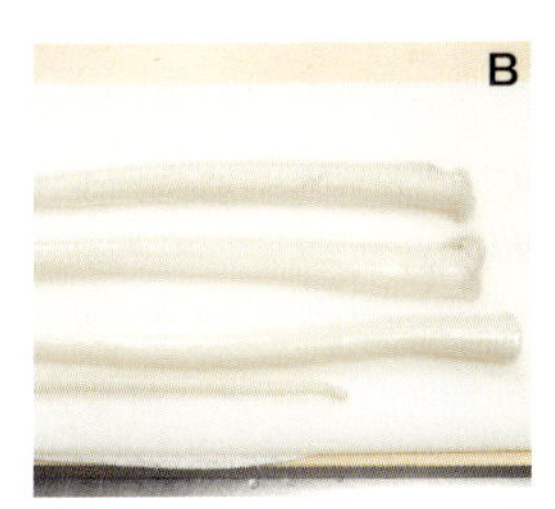

B A のようにしながら足の太さを揃えること。

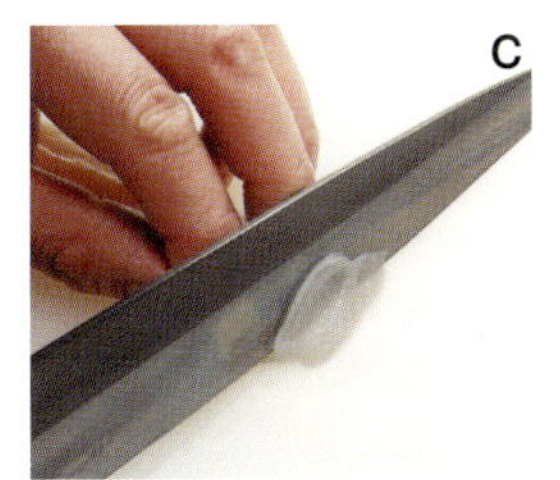

C 足の先を左にしておき、右側から 2mm ぐらいの間隔で薄く切り込みを入れる。

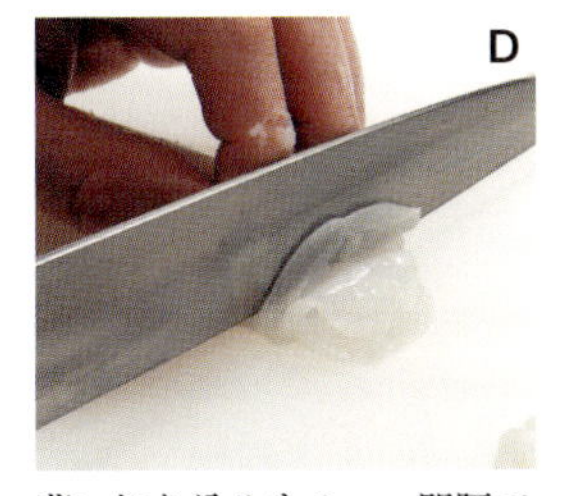

D 薄い切り込みを 2mm 間隔で 8 ～ 9 本入れたら切り離し、花のような形にする。

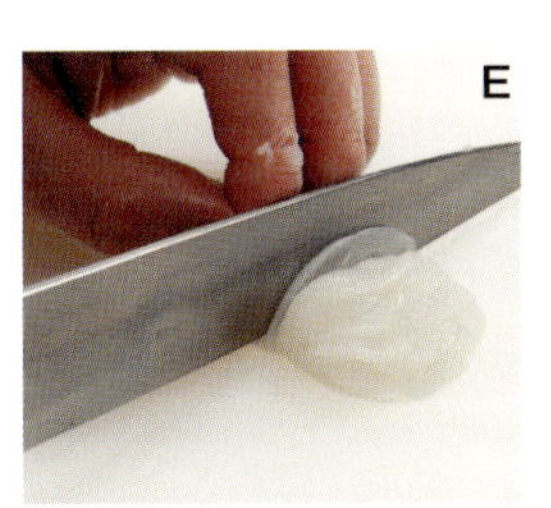

E 細い部分も D のようにすると大きさが均等になる。

F D と E をまな板の上で、包丁を横にして上から強く叩く。こうすることで、身が締まる。

さざ波造り[ゆで蛸](柳刃包丁)

ゆで蛸のさざ波造り

材料(2人分)
ゆで蛸…100g
【あしらい】
黄菊・赤芽・独活・胡瓜のせん切り・山葵…適宜

作り方
1. ゆで蛸に包丁をあて刃先を左右に小刻みに動かしながら切る(A~D参照)。
2. 器にあしらいと共に盛りつける。

裏側にして吸盤が上になるようにおき、足のつけ根に切り込みを入れ、足を切り離す。

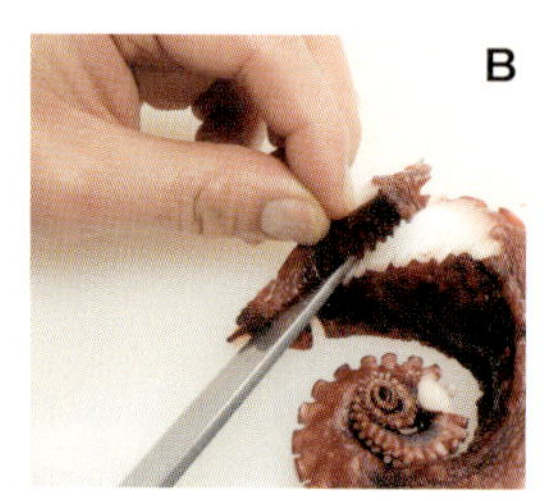

足は太いほうを左にしておき、刃先を身にあてる。

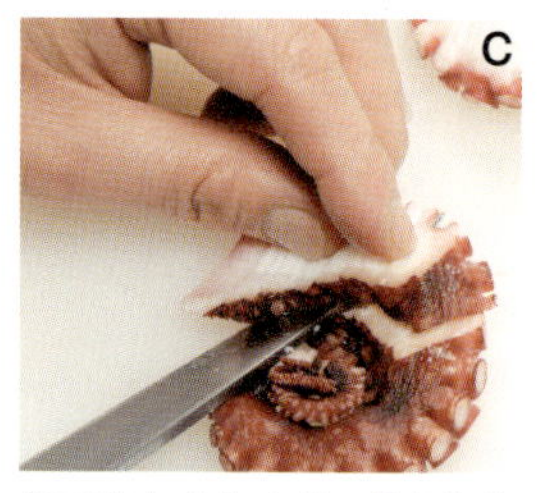

包丁をねかしたり、起こしたりと小刻みに動かしながら、薄くそぎ切りにする。

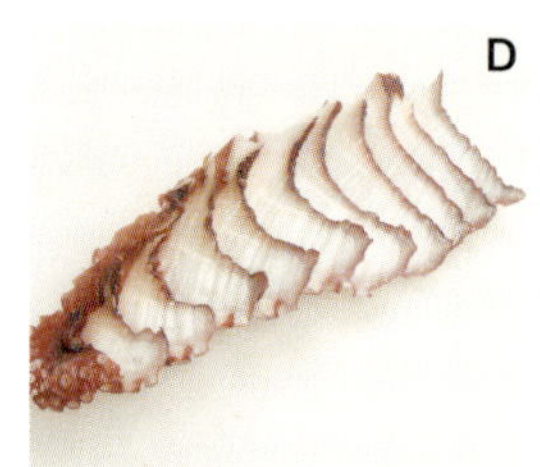

完成。

飯蛸の煎り煮

材料(2人分)
飯蛸…2杯
菜の花…10本
a
- みりん…小さじ3
- 濃口醤油…小さじ2
- 胡麻油…小さじ1
- おろしにんにく…小さじ1/3

ゆで卵黄の裏ごし…少々

作り方
1. 飯蛸は足と胴体に切り分け、足は2つに切り、目やくちばしを取り除く。塩少々をふってもみ、洗い流してぬめりを取り除き水けをよくふき取る。
2. aを合わせてたれを作る。
3. 鍋に**2**のたれを少々と**1**を入れ、サッとたれをからめてから火にかける。
4. 余熱で火が通ることを考え、8割火が通ったら、かためにゆでた菜の花を加えサッとからめて火からおろし、器に盛る。ゆで卵黄の裏ごしを添える。

下処理［飯蛸］（柳刃包丁）

1
頭の後ろに親指を入れて、かたい軟骨を外す。

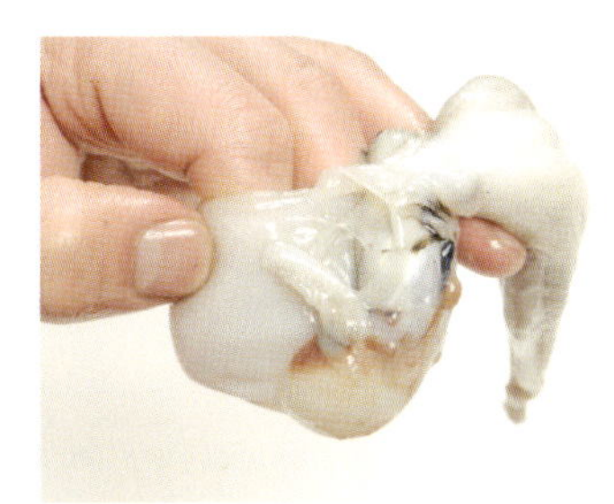

2
人差し指を下から入れて頭をひっくり返す。

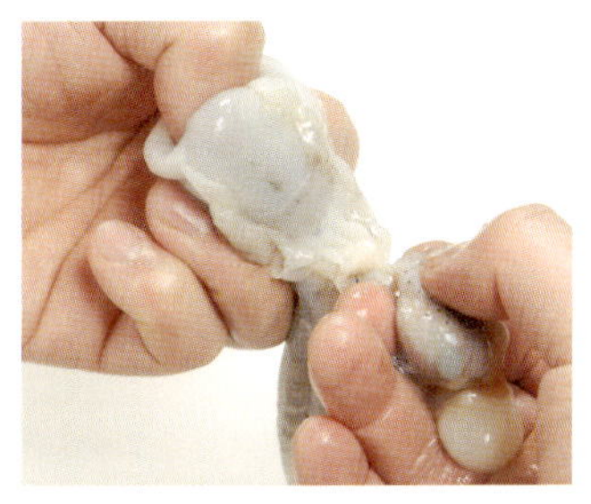

3
内臓を右手でつまんでゆっくり引っぱって取り外す。

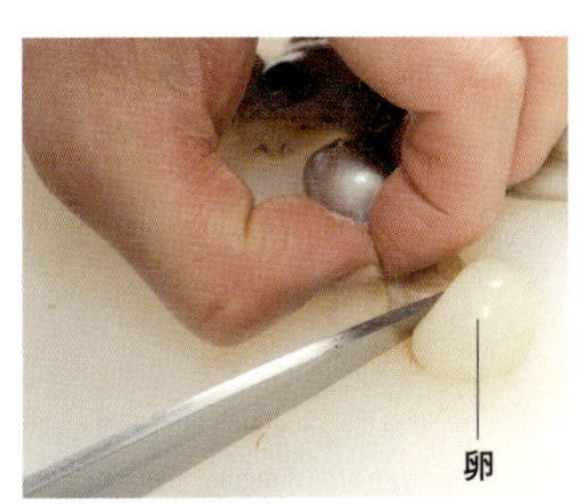

4
膜を破らないように卵を外す（あれば）。

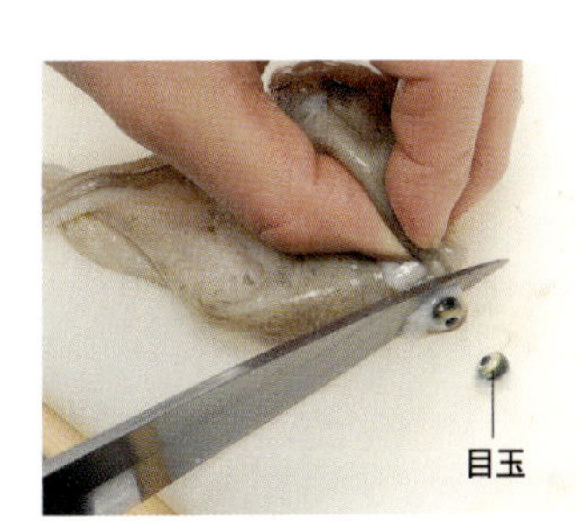

5
両側の目玉を切り、外す。

6
裏側の吸盤のところに軽く塩をし、よくこすってぬめりや汚れを取る。

7
ボールに水をはり、よく洗い流す。

8
水けをよくふき取り、足のつけ根を切り離し、胴と足に分ける。

9
くちばしのまわりに包丁を入れて、ぐるりと取る。

10
足を二つに切る。

蟹（かに）

【旬】
冷凍品は一年中出回っているが、渡り蟹の旬は夏。その他、毛蟹、ずわい蟹、たらば蟹などは冬が旬。

【目利き】
ハサミの大きさが揃っていて、甲羅がかたい物。持つとずっしりと重い物がよい。殻の色が鮮明で、黒ずんでいない物。

【保存法】
ボイルした蟹は濡らした新聞紙で包み、ビニール袋に入れて冷蔵保存がおすすめ。

たらば蟹

毛蟹

さばく［毛蟹］（ゆでた物）（出刃包丁）

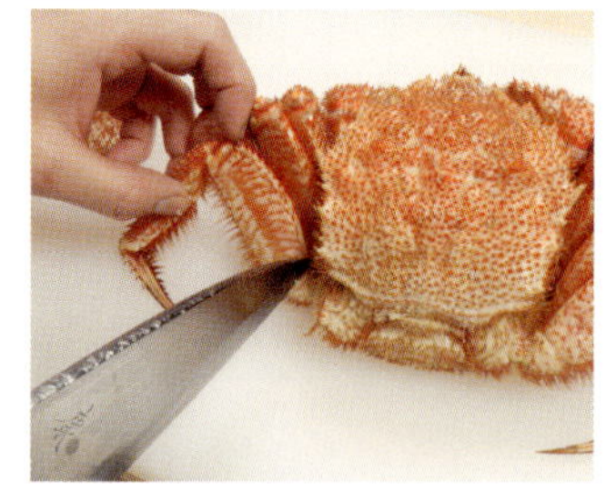

1
頭を向こう側に、背を上にして置き、足のつけ根に下から順に切っ先を入れて、切り離す。

2
胴の腹側を上に向け、足のつけ根にある三角形の殻（フンドシ）を手で取る。

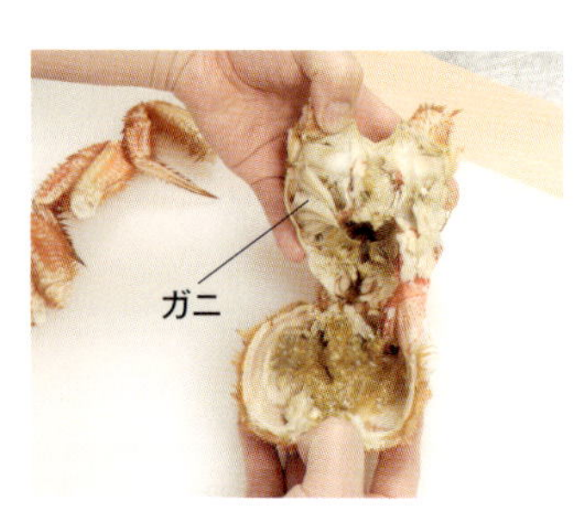

3
甲羅の下の部分に右手の親指を入れ、ふたを開けるようにして身を左手で持ち上げ、甲羅を取り外す。

4
身についている白い花びらのような部分を手で取り除く。

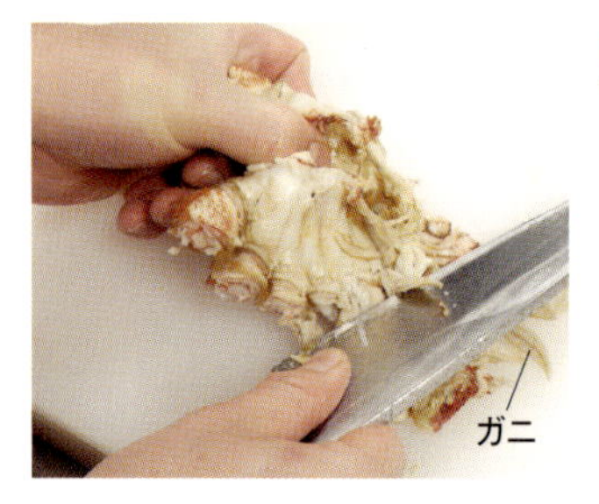

5
ガニ（胴の両側についている灰色のエラ）を切り取る。

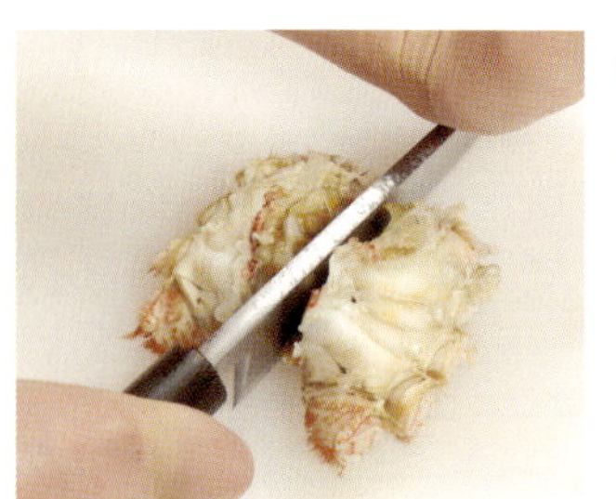

6
胴体を刃先を使って半分に割る。

蟹雑炊

材料（2人分）

ゆで毛蟹 … 1杯
塩 … 少々
鰹出汁 … 360cc
蟹味噌 … 蟹1杯分
ごはん（水で洗う）… 軽く2膳分
溶き卵 … 2個分

作り方

1. 塩で味つけした鰹出汁にむしった蟹の身と蟹味噌、ごはんを入れひと煮たちしたらザルに取り、甲羅などの器に盛る。汁は取っておく。

2. 汁の味をととのえ、卵を回し入れ半熟状態で **1** のごはんの上にはる。

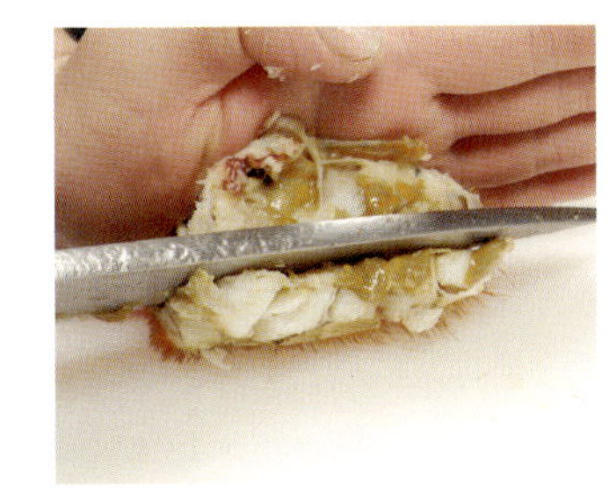

7

割った胴体の断面に刃先を横に入れる。

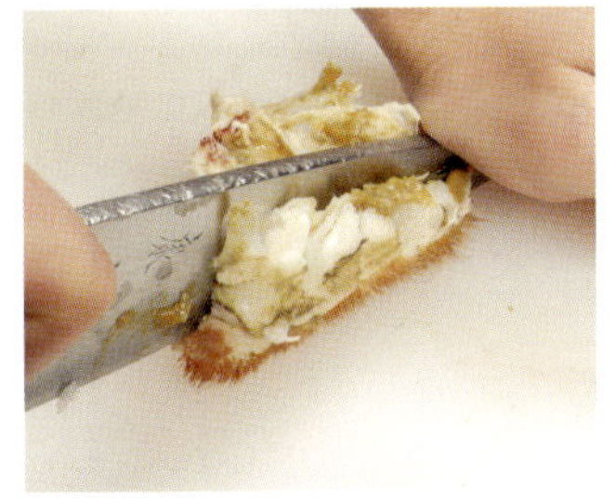

8

刃先を立てて縦に割る。

9

胴の身の切り方完成。

10

足は節のところで包丁を縦に入れる。先のほうも同様に入れる。

11

縦半分に切った殻を引っぱって、スプーンなどで身を取り出す。

12

Wの文字になるように切る。こうすると簡単に身が取れる。

さばく［たらば蟹（ゆでた物）］（出刃包丁）

1
ゆでた蟹は頭を向こう側に、背を上にして置き、足のつけ根に下から順に切っ先を入れて、切り離す。

2
ハサミの部分もつけ根から切っ先で切り離す。

3
胴体の腹側を上にしておき、胴体についている三角形の殻（フンドシ）を手ではがす。

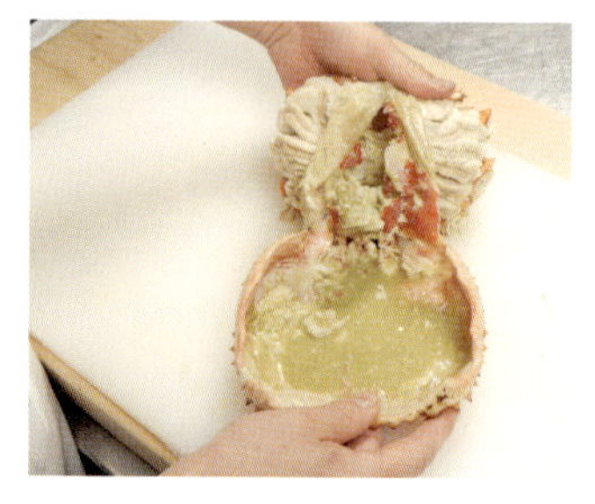

4
甲羅の下の部分に右手の親指を入れ、ふたを開けるようにして身を左手で持ち上げ、甲羅を取り外す。

5
ガニ（足のつけ根にある灰色のエラのこと）を取り除く。

6
胴体についている目や口などを包丁で落とす。

7
胴体を半分に切る。

8
7の断面に対して横半分に切る。

9
包丁を立てて縦に割る。

Column

蟹をゆでるときのポイントは、大きな鍋に水をはり、そこに蟹を入れて火にかけてゆでること。沸騰した湯の中に生きた蟹をいきなり入れると、足が取れてしまうことがあるので注意する。

さばく［たらば蟹（生）］（ハサミ）

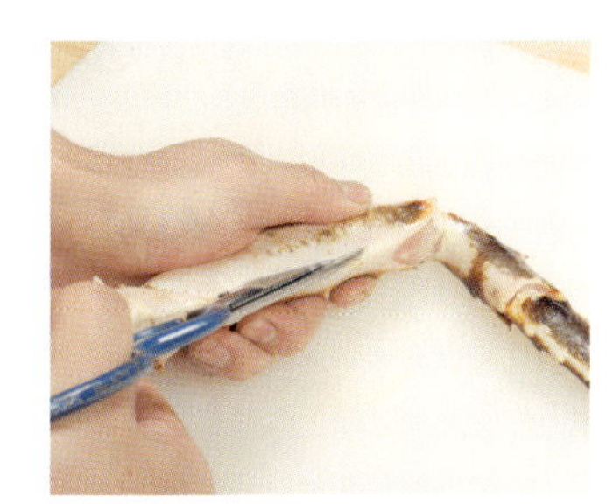

1
胴体から切り離した足の際にハサミで切り込みを入れる。

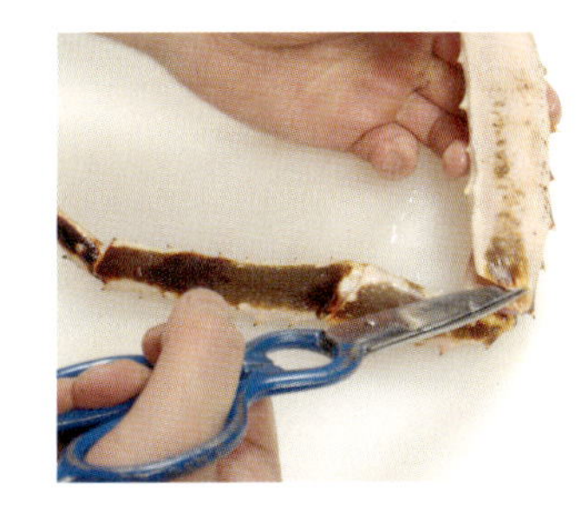

2
1を切り進め、節のところで直角に切る。

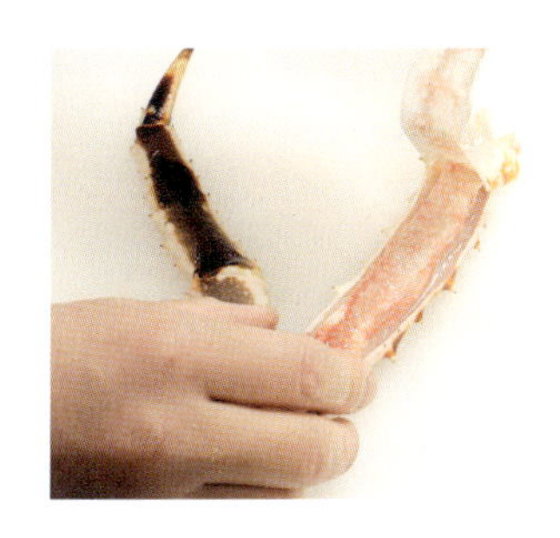

3
ぐるりと向きを変え、足のつけ根のほうに向けてハサミで殻を切り進め、殻を外す。

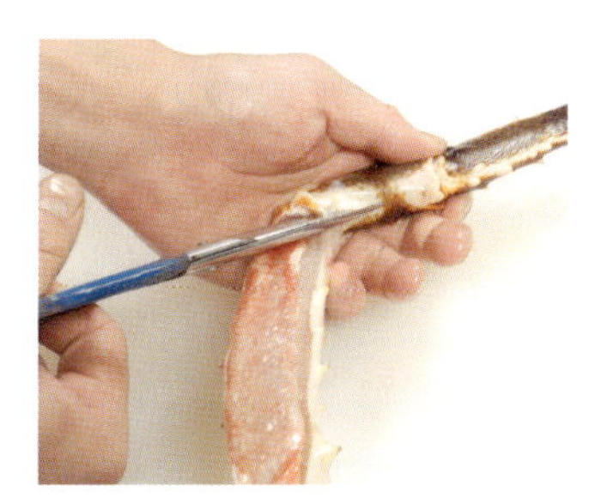

4
節のところから爪に向かってハサミを入れていく。

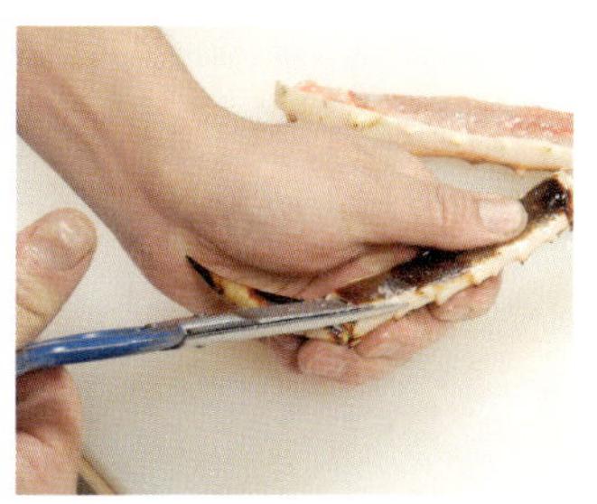

5
爪の節の部分でぐるりと向きを変え、足の関節に向けてハサミで切り込みを入れて殻を外す。

仕上がり

香味焼き

材料（2人分）
生たらば蟹 … 1/2杯
塩・胡椒・サラダ油・酒 … 各少々
長葱（青い部分）… 3本分
生姜（厚めのスライス）… 1片分
バター醤油（醤油大さじ2、バター10g）… 適量
レモン … 適宜

作り方
1. 蟹の足の内側にハサミで切り目を入れ、表面の殻のみを取り除く。塩、胡椒をして油をひいたフライパンにのせその上に長葱の青い部分、生姜をのせ、蓋をして蒸し焼きにし、火が通ったら酒を加えて火を止め、バター醤油を塗る。

牡蠣（かき）

【旬】
秋から冬が旬。岩牡蠣は夏が旬。

【目利き】
殻にふくらみがあって太っている物。持つと重みがある物。

【保存法】
生食用は即日消費が原則。殻つきは濡れた新聞紙を上において牡蠣が乾燥するのを防ぎ、冷蔵庫へ。むき身は水洗いしてしまうと鮮度が落ちるため、洗わず、そのままの状態で5℃以下で保存。

身を外す（貝割り）

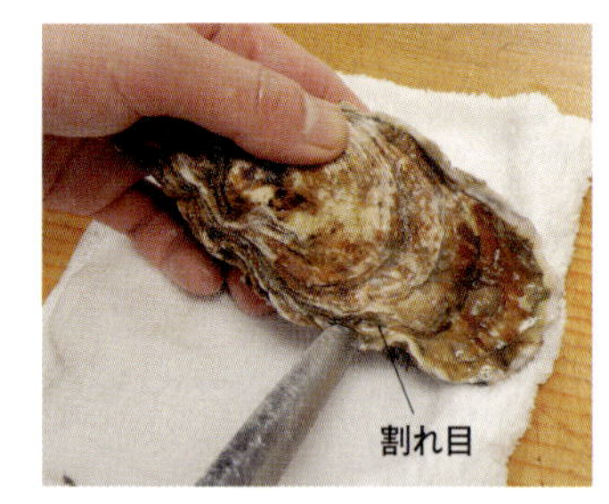

1
貝割りで割れ目をたどり、殻の先と蝶番（ちょうつがい）の間の合わせ目に差し込みながらひねる。

2
殻が少し空いたらそこに貝割りを差し込み上の殻の貝柱を外す。平らなほうを上にすると、身が下に残る。

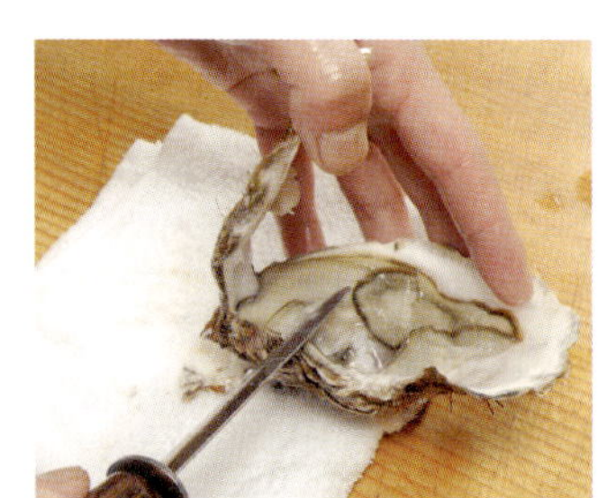

3
上の殻を持ち上げて外す。

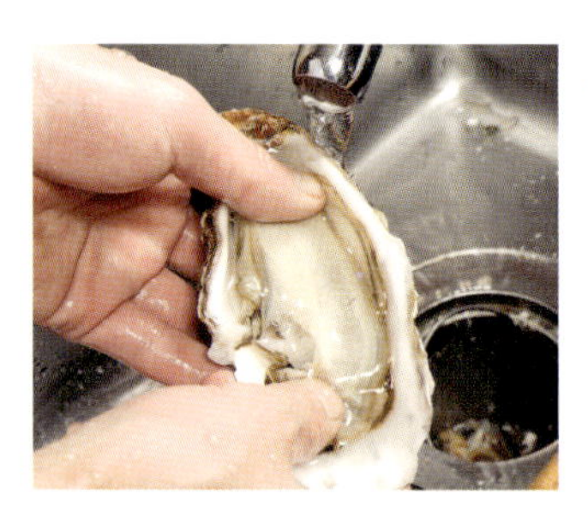

4
流水で下の殻の中の身を洗う。

5
下の殻と身の間に貝割りを差し込み、貝柱を外し、身を取り出す。

仕上がり

牡蠣マリネ

材料（２人分）
牡蠣 … 10 個
大根おろし … 適量
【マリネ液】
オリーブ油 … 250cc
レモン汁 … 50cc
塩・胡椒 … 各少々
砂糖 … 75g
酢 … 50cc
薄口醤油 … 50cc

作り方
1. 牡蠣を殻から外し、さっと熱湯に通して氷水で冷やして水けをふき取る。
2. **1** を大根おろしで洗う。
3. マリネ液を作り、**2** を浸け込んで冷蔵庫で１日ほどおく。

牡蠣の柚子味噌田楽

材料（２人分）
牡蠣（むき身）… 6 粒
大根おろし … 適量
百合根（ゆでたもの）… 少々
銀杏（ゆでたもの）… 10 個
白味噌 … 50g
柚子釜（P278 参照）… 2 個

作り方
1. 牡蠣を大根おろしで洗う。
2. 柚子釜に **1**、百合根、銀杏を入れ、白味噌をのせてオーブンで焼く。
3. 器に盛り、柚子のふたを添える。柚子のふたを絞っていただく。

帆立貝（ほたてがい）

【旬】

一年中出荷されているが、旬は冬。

【目利き】

殻つきの時は、口を力強く閉じるような物を。貝柱は、身にあめ色の透明感があり、こんもりと引き締まっている物が新鮮。

【保存法】

生食用は即日消費が原則。活帆立貝はポリ袋に入れて冷蔵庫で保存。1〜2日で食べ切る。

身を外す（貝割り・柳刃包丁）

1

左手に貝殻の膨らんでいるほうを下にして持ち、殻の合わせ目に貝割りを差し込む。

2

貝をまな板に立てて親指で殻を少し開け、支えて貝割りを差し込む。

3

上の殻についている貝柱を外す。身を傷つけないように注意。

4

上の殻をそのまま開き、取り除く。

5

貝割りを下の貝殻と身の間に差し込む。

6

貝割りを殻に沿って滑らせるように動かして貝柱を外す。

7

身を丁寧に手で外す。

8

左から、身と貝殻。

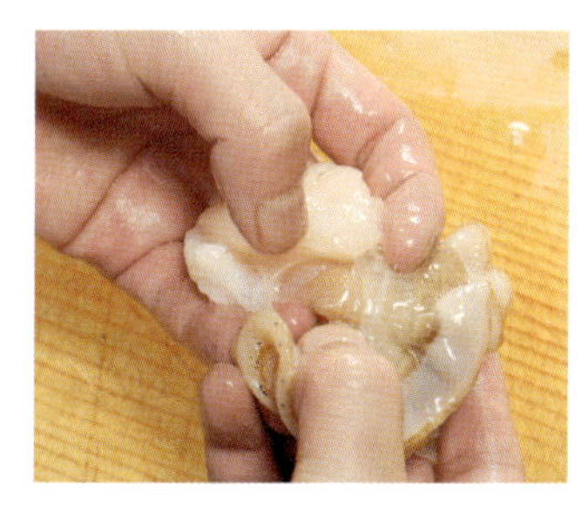

9

貝柱とヒモのすき間に指を入れる。

10

ヒモと内臓と肝を貝柱から外す。

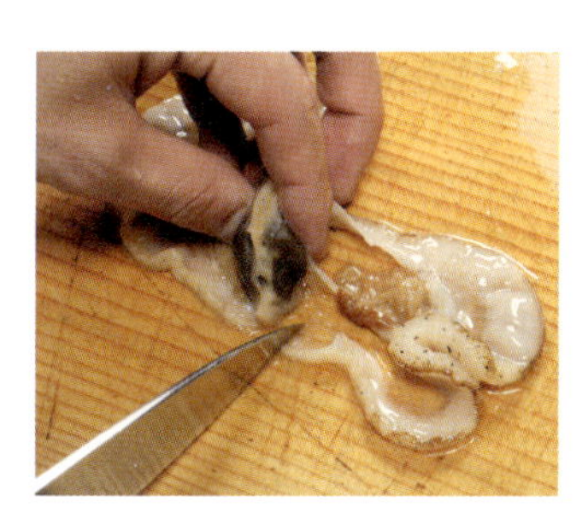

11

ヒモの脇に包丁を入れ、薄い膜を切る。

12

薄皮、ぬめりなどの汚れは切っ先できれいに取り除く。

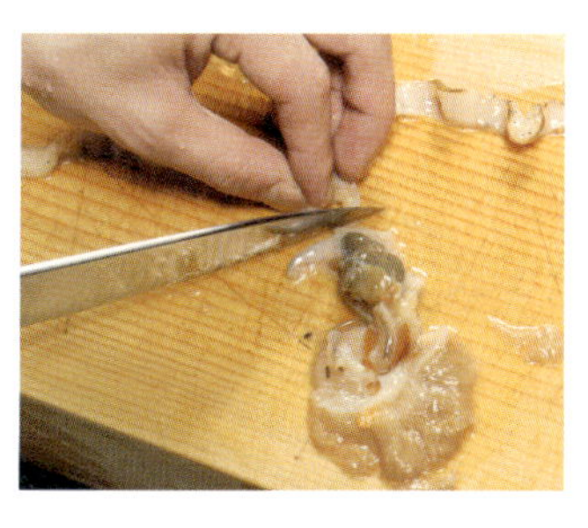

13

肝と内臓を切り離す。

14

包丁でしごくようにしてヒモから粘膜、エラを除く。

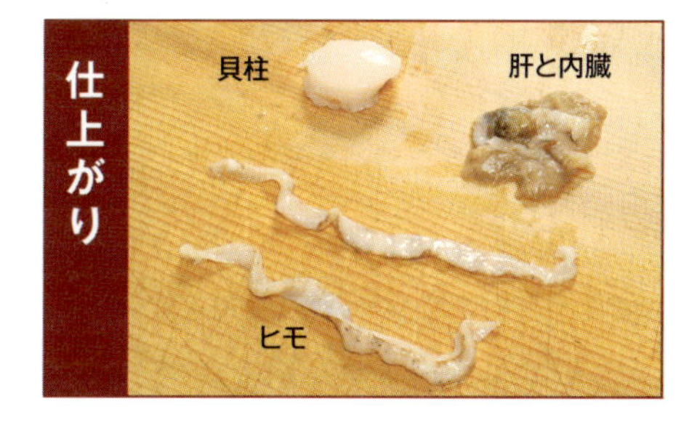

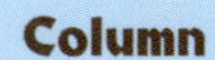

貝割りを使って帆立貝柱を外すとき、なるべく貝割りをねかせた状態で、殻に沿って動かすのがポイント。貝柱を傷つけないように気をつける。

帆立西京焼き

材料（2人分）

帆立貝柱 … 2個
塩・西京味噌 … 各適量

作り方

1. 帆立を殻から外し、貝柱を取り出す。
2. 薄塩をした帆立貝柱を西京味噌に3日位漬ける。
3. 味噌焼きなので、焦げないように気をつけて焼く。

焼霜造り

材料（2人分）

帆立貝柱・ヒモ … 2個

【あしらい】

より人参・より独活（P125参照）・大葉
… 適宜

作り方

1. 帆立を殻から外し、ヒモと貝柱を取り出す。
2. ガス台に網をのせ **1** を強火でサッと炙る。
3. **2** を氷水に取り、貝柱は横にそぎ切りにして盛りつける。

平貝（たいらがい）

【旬】
冬から春にかけてが旬。

【目利き】
身に光沢があり、透明感がある物が新鮮。

【保存法】
活平貝は氷水をはった容器に入れ、冷蔵庫で一～二日保存できる。下処理をした平貝をラップに包み、冷蔵庫に保存。

身を外す（貝割り）

1
貝殻の先端を左手で持ち、殻の合わせ目に沿って先端のほうから貝割りを差し込む。

2
身と貝殻の間に差し込み、片方の貝殻についている貝柱を外す。

3
殻を開く。

4
向きを変え、貝の先端を手前にして殻を開く。

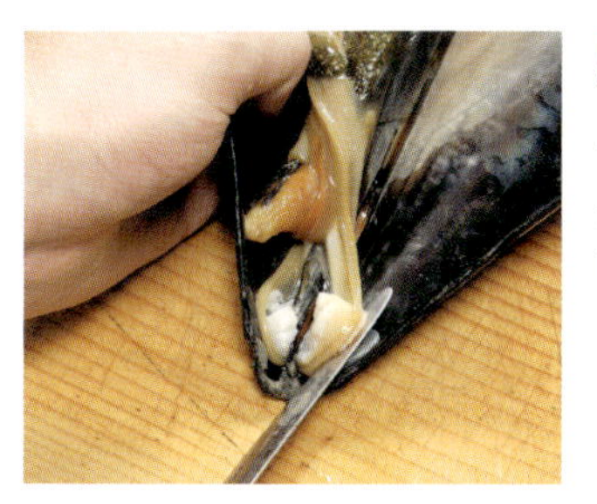

5
つながっている部分を貝割りで切り離す。

6
片方の殻を取る。

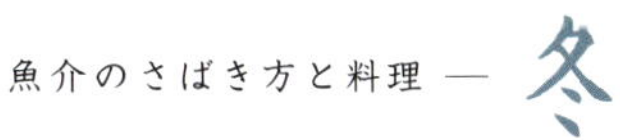

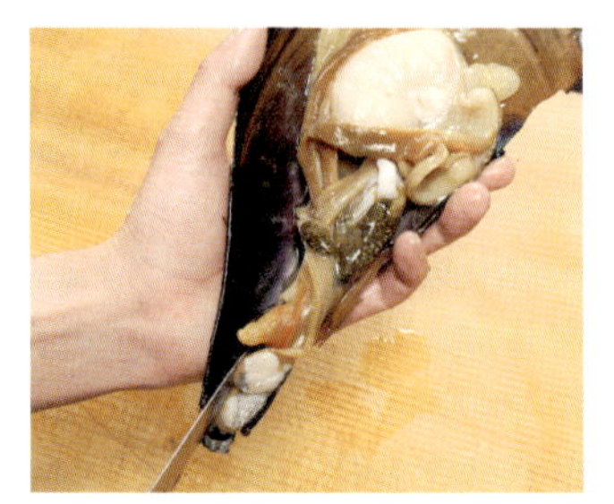

7

先端を手前にして左手で持ち、先端から殻と身の間に貝割りを入れる。

8

貝割りを滑らせながら、貝殻を回していく。

9

貝を立てて、貝割りを滑らせていく。

10

殻から身を外す。

11

身は流水で洗い流して水けをよく取る。

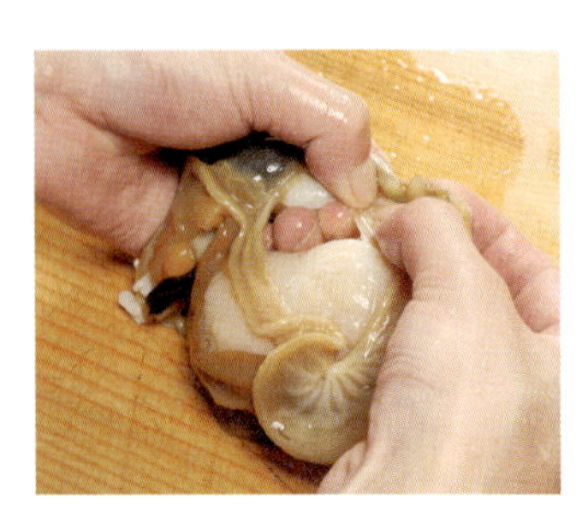

12

手でヒモを貝柱から丁寧に離す。

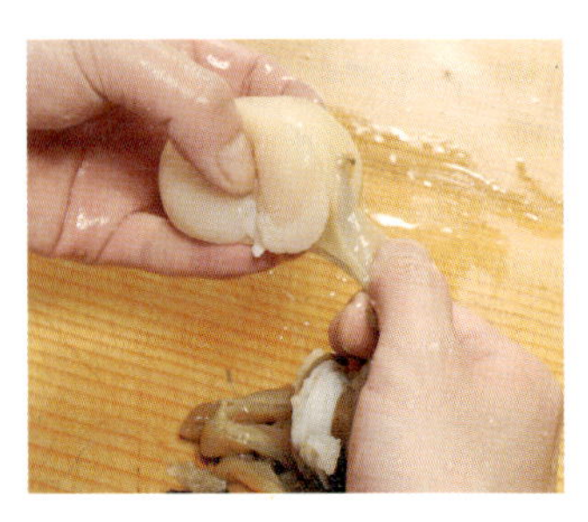

13

貝柱とヒモがつながっている部分を外し、ヒモを引っぱって取る。

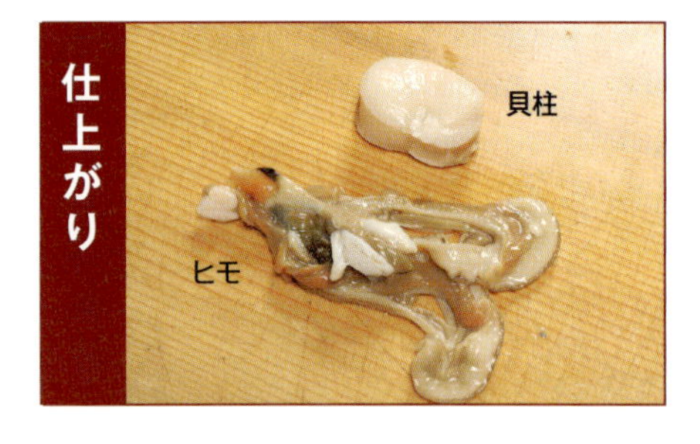

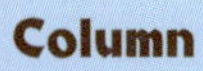

大きな身を殻から外すときは、殻を縦に持って貝割りを上から下へ滑らせるようにすると簡単に外れる。

ヒモ、貝柱を分ける（柳刃包丁）

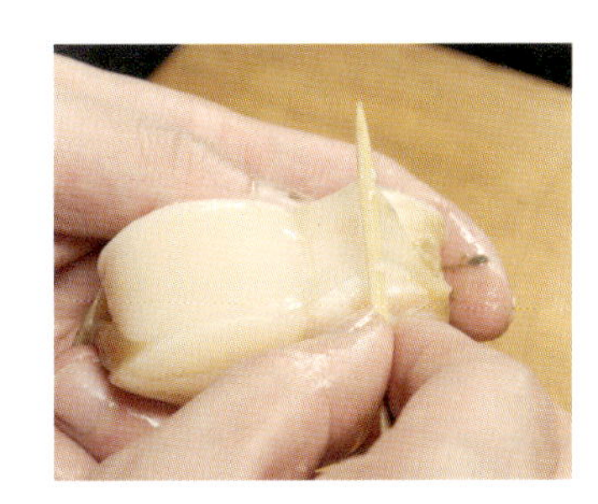

1
貝柱のまわりについている薄い皮を竹串で切り目を作り、取る。

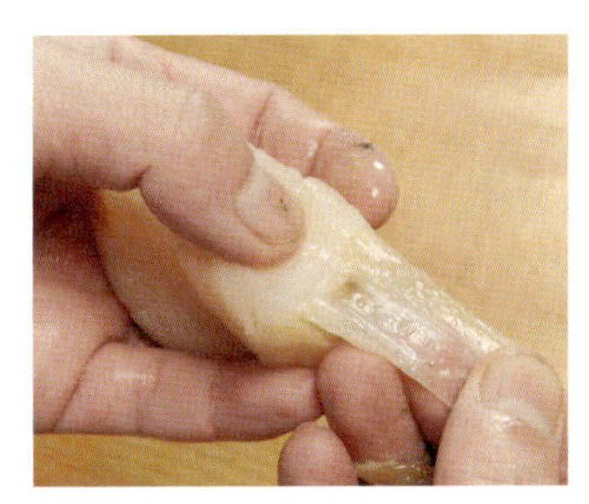

2
手で丁寧に引っぱりながら、薄い皮をはがす。

3
ヒモについている内臓を切り取る。

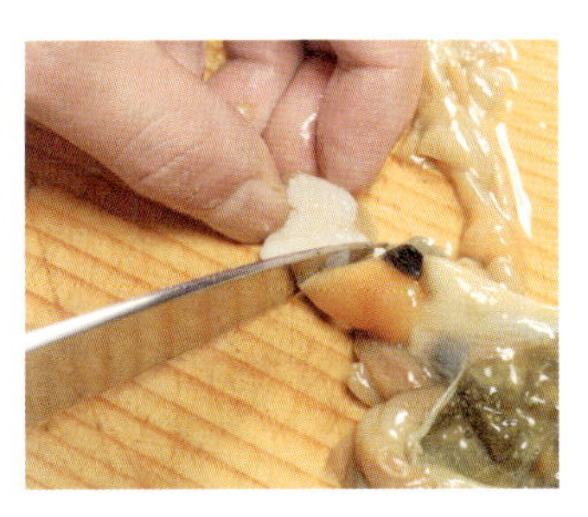

4
ヒモについている小柱も取る。

5
小柱は3つくらいあるので、全て切り取る。

平貝の刺身

材料（2人分）
平貝…1個
塩・すだち…適量

作り方
1. 平貝は殻から外し、薄く切る。ヒモ、貝柱と分ける。
2. 薄塩をして、すだちを添え盛りつける。

海松貝（みるがい）

【旬】
冬から春先が旬。

【目利き】
全体的に大きく、水管が大きくて厚い物。水管に触ると引っ込めて殻を閉じる物が新鮮。

【保存法】
活海松貝は氷水をはった容器に入れ、冷蔵庫で一〜二日保存できる。下処理をした海松貝をラップに包み、ポリ袋に入れて冷蔵庫に保存。

身を外す→ゆでる→下処理（貝割り）

1
貝割りを水管に近い所から差し込む。

2
貝割りを殻に沿って動かし、貝柱を外す。

3
手で貝を開く。

4
上についている殻を手で取り、外す。

5
下の殻についている身の下に、貝割りを差し込む。

6
貝割りを殻に沿わせて動かす。

7

殻を立てて持ち、貝割りを殻に沿わせて動かし、身が自然に落ちるように外していく。

8

殻を返し、身をまな板の上に滑らせ、身を外す。

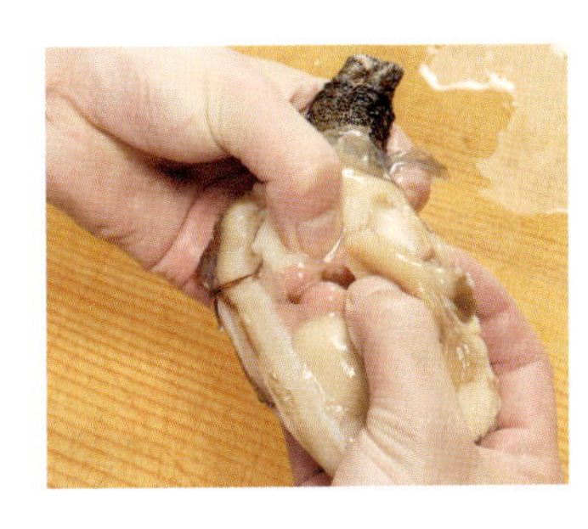

9

身を外したら水管と貝柱が入った身を分ける。

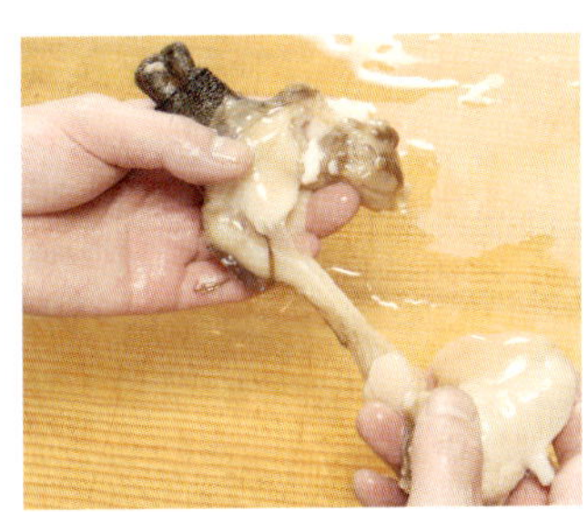

10

手で引っぱって貝柱が入った身とヒモを離し、汚れや内臓を取り除く。

11

くちばしの先端のみ黒い皮を手でむく（白みるはとらなくてよい）。

12

手で持ち、先だけを熱湯に3秒ほどつける。

13

その後手を離し、全体をゆでる。

14

表面が白っぽくなったら、氷水にとって完全に冷ます。

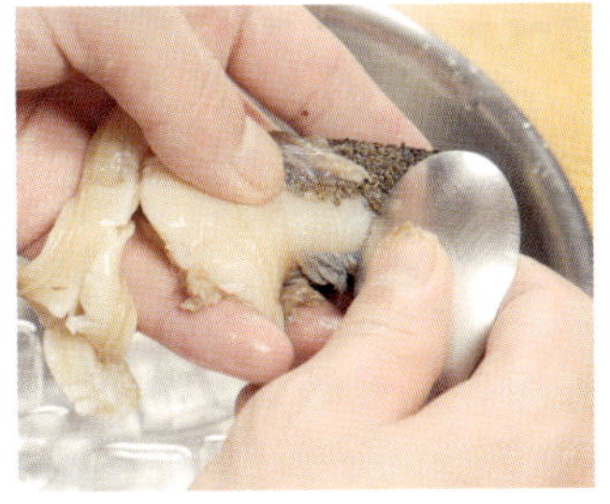

15

まわりの黒いかたい皮をスプーンでこそげ取る。

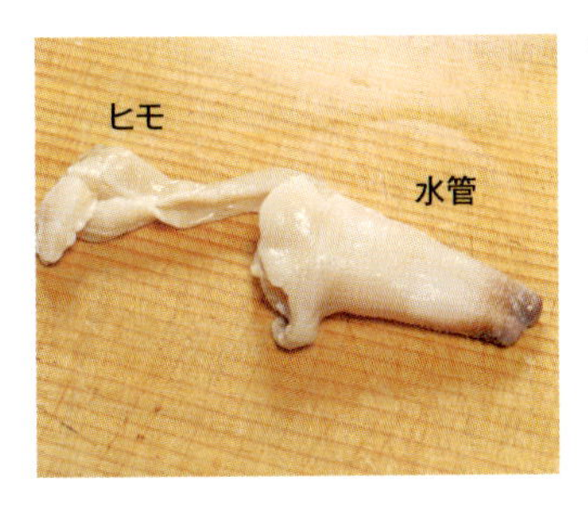

16

下処理をしたヒモと水管。

身の下処理（柳刃包丁）

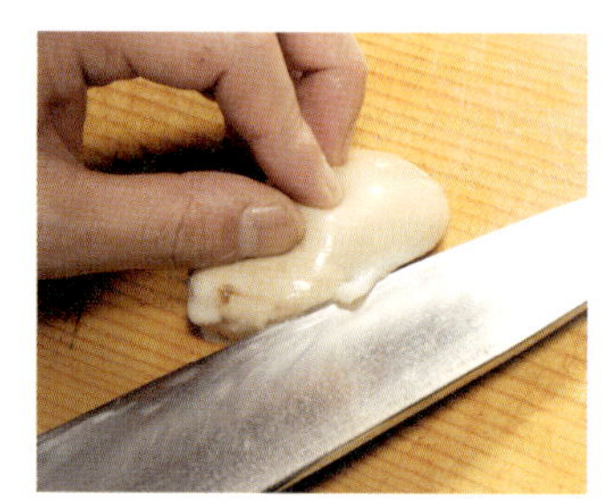

1
貝柱の盛り上がっているほうを上にしておき、刃先を横にして入れる。

2
身を開くように切り込みを入れる。

3
包丁の刃先で内臓を取り除く。

4
黒い汚れの部分もこそげ取る。

5
内臓の白い部分を念入りに取り除く。

6
包丁の刃でこそぐようにして取り除く。

7
刃先で中身をかき出すようにして取り除く。

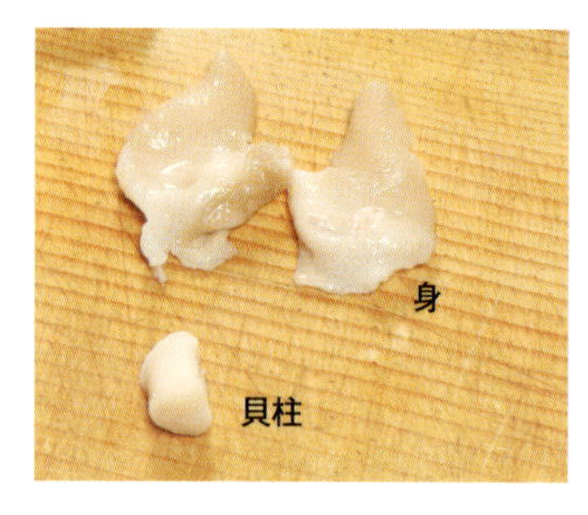

8
身の下処理をした状態。

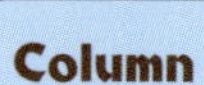

海松貝は、貝殻から飛び出た水管やヒモを刺身や酢の物にして食する。表面の皮がかたい場合や、表面の色があまりよくないときは、小出刃包丁などでこそげ取るといい。

水管を開く（柳刃包丁）

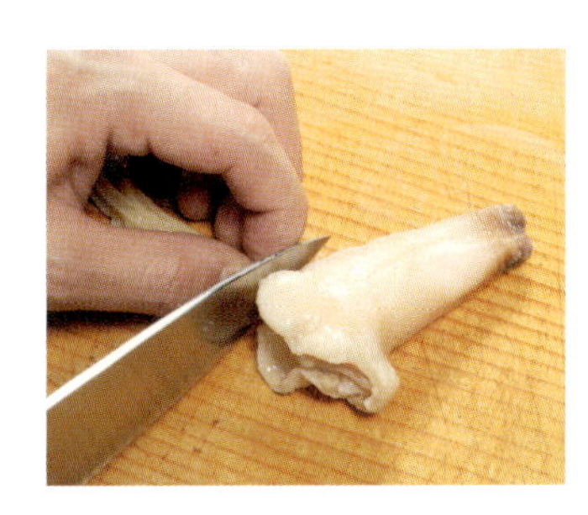

1

下処理をした水管とヒモの部分を切り離す。

2

水管に包丁を横にねかせて入れる。

3

際まで包丁を入れる。

4

縦２つに水管を開く。

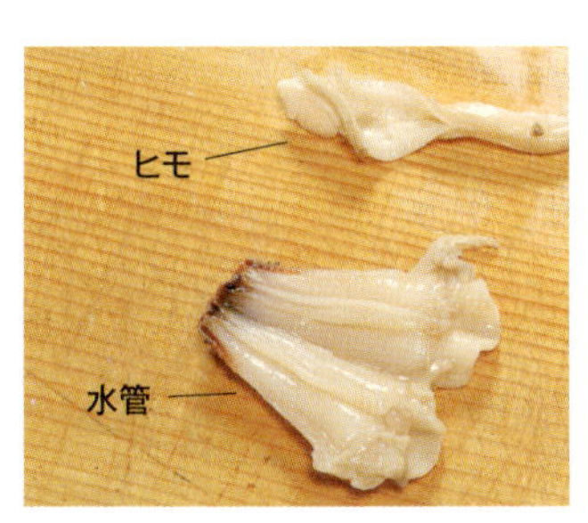

5

ヒモと開いた水管は刺身などに利用する。

Column

水管を開いた状態にしたら、薄いそぎ切りにしたり、細かい切り込みを入れて食べやすくするなどの処理をする。

本海松貝のお造り

材料（２人分）

海松貝（下処理をした水管とヒモ）…１個分

【あしらい】

山葵 … 適宜

作り方

1. 水管はそぎ切りにし、ヒモは食べやすい大きさに切る。

2. 器に盛り、山葵を添える。

Column

刺身のあしらいと刺身の盛り方

刺身のあしらいは、野菜のつま（けん）や乾物や海藻類も多く使われます。あしらいの種類を豊富に紹介します。刺身の盛り方のコツも覚えましょう。

刺身のあしらい

刺身のあしらいは、魚の生臭みを消したり、口直しの役割があります。また、消化を助けるための役割を持っています。

❶ミニ大根　❷防風　❸ずいき　❹ミニ胡瓜　❺水前寺海苔　❻唐草大根　❼ミニ人参　❽岩茸
❾胡瓜の山葵台　❿ミニチンゲンサイ　⓫人参の山葵台　⓬エシャロット　⓭グリーンアスパラガス
⓮ミニアスパラガス　⓯黄菊　⓰紫菊　⓱ミニかぶ

水前寺海苔

1
暗緑色の水前寺海苔を水の入ったボールに入れ、戻す。

2
銅鍋に入れてゆでる。こうすることで、緑色が鮮やかに出る。

3
氷水につける。

唐草大根

1
大根の茎の葉を落とし、切り離さないように斜めに薄く切り目を入れる。

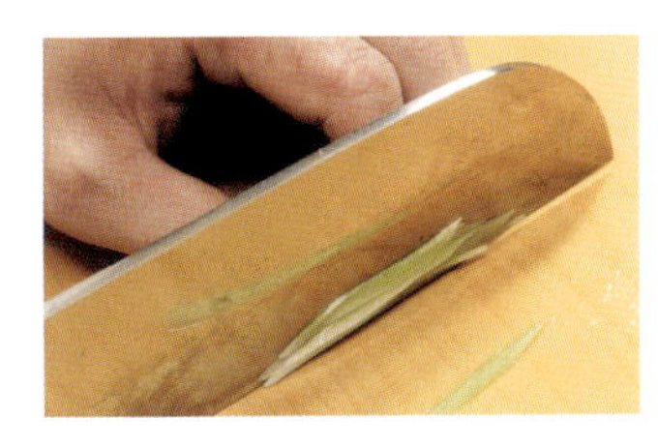

2
切っていない面を下にして端から薄く切る。

3
水に放す。こうすると丸まる。

人参の山葵台

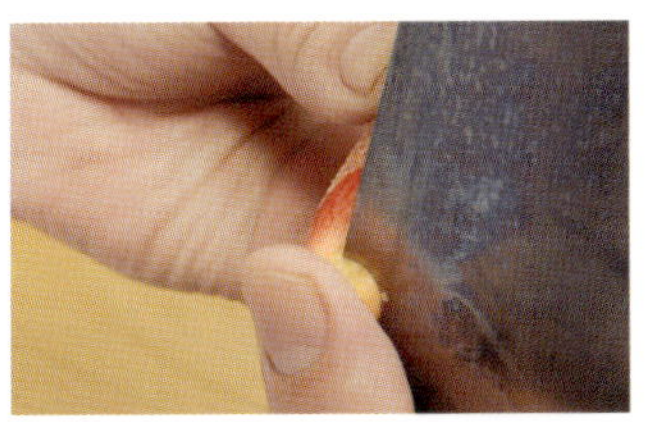

1
人参を円柱状にむき、先を鉛筆状に尖らせるように皮をむいていく。

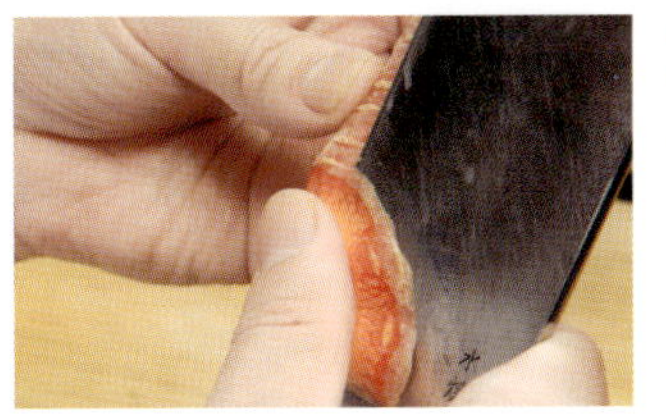

2
薄く2周ほどぐるりと回してむき、冷水に放す。

胡瓜の山葵台

1
胡瓜の先を鉛筆状に尖らせるように皮をむいていく。

2
薄く2周ほどぐるりと回してむき、冷水に放す。

岩茸

1

水に放して戻し、石づきを取って、ゆでる。食べやすい大きさに切る。

いかり防風

1

防風の根元を切り落とす。

2

針で５カ所くらい刺しながら、縦に引っぱり切り目を入れる。

3

切り目を入れた状態。

4

氷水に放す。こうすると根元が丸まる。

紅葉おろし

1

皮をむいた大根の中心に、菜箸などで穴を開ける。

2

種を取った赤唐辛子を差し込む。

3

大根をおろし金に押しつけるようにしておろすときれいにおろせる。

Column

野菜のつまは、他にもいろいろあり、花丸胡瓜や白瓜昆布締め、大葉、浅葱、酢橘、菜の花、蕨など季節感を表すという役割もあります。

けんいろいろ

けんとは、つまの代表的なもの。大根（P252）だけでなく、さまざまな野菜でけんを打ちます。人参、胡瓜、茗荷など彩りとしても用いられます。

胡瓜

1
胡瓜を5cmの長さに切る。皮をむき、桂むきをする。

2
適当な長さに切って、重ね、さらに半分に切る。

3
端から細く切る。

4
氷水に放す。

人参

1
人参を5cmの長さに切る。外側の色のあるところだけを桂むきにする。

2
適当な長さに切って、重ね、さらに半分に切る。

3
端から細く切る。

4
氷水に放す。

南瓜

1
半分に切り、端から薄切りにする。

2
重ねて端から細く切る。

3
氷水に放す。

茗荷

1
根元と先を切り落とし、縦に半分に切る。中の芯を取る。

2
切り口を下にしておき、端から細く切る。

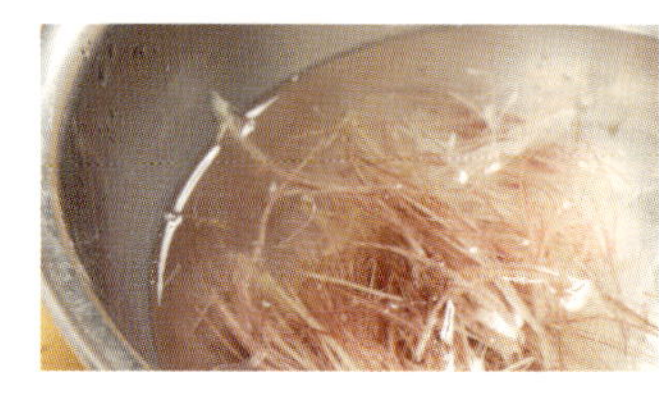

3
氷水に放す。

ラディッシュ

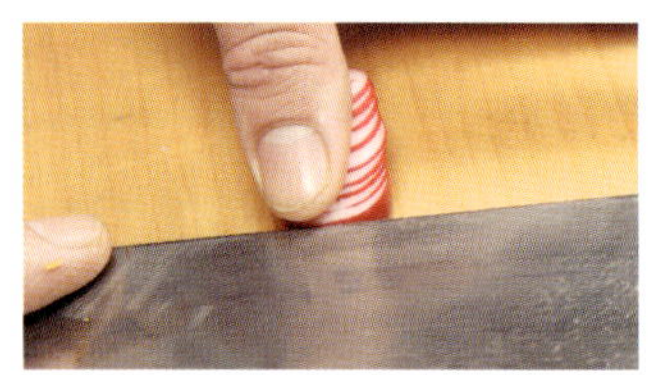

1
葉と根を切り落とし、1㎜幅にスライスしていく。

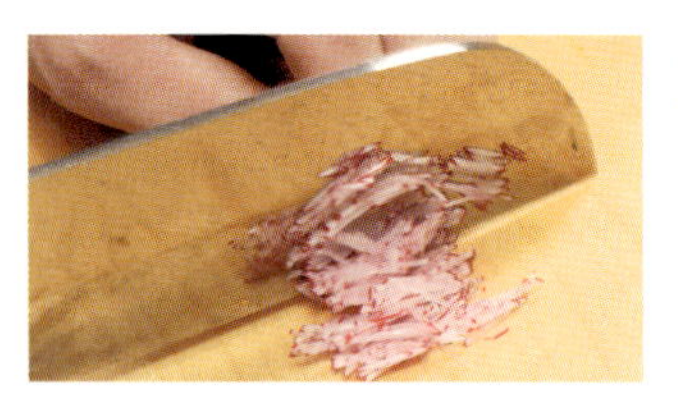

2
端から細く切る。

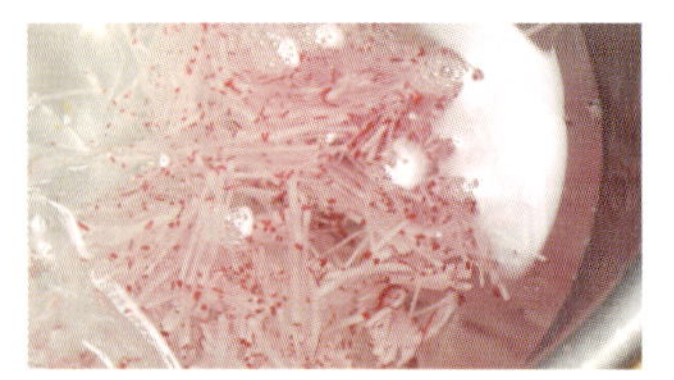

3
氷水に放す。

刺身の盛り方

刺身の盛りつけ方は、無限のバリエーションがありますが、覚えておくべき決まり事があります。

❶ 皿の向こう側にけんを盛る。

❷ 平造りにした刺身を3カン、大葉の上に立てかけるように盛りつける。
基本的に刺身は合計が奇数になるように盛りつける（2種盛りにする場合は、手前に向きを変えておく。向こう側を高く、手前を低く盛るのも大切なルール）。

❸ 刺身のあしらいの中でも、薬味系は手前に盛る。

第三章

野菜の切り方と料理

野菜の基本の切り方

野菜の切り方の中でも、よく使う切り方を紹介します。
ひとつの切り方から、派生するさまざまな切り方を覚えましょう。

半月切り

輪切りにした物を半分に切った物。煮物、汁物に使われる切り方。

輪切りにした物を中心から半分に切る。

いちょう切り

半月切りにした物を半分に切る、または輪切りを4等分にする切り方。

半月切りにした物を半分に切る。

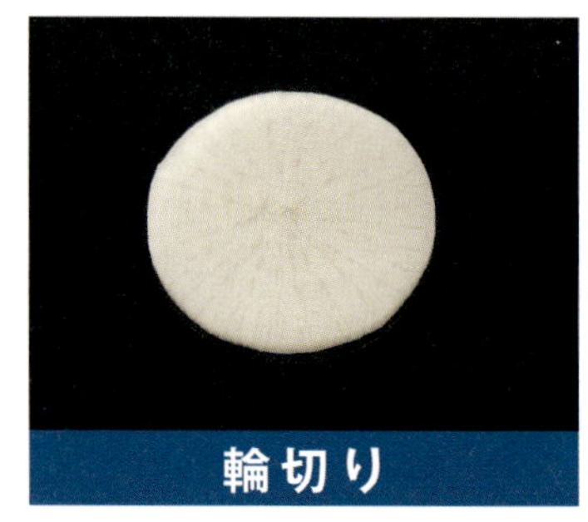

輪切り

皮をむいて円柱にした物を切り口と平行に切る方法。厚さは料理に合わせるのが基本。

❶皮をむいてきれいな円柱にする

❷切り口に平行に厚さを調整して切り落とす。

❸できあがり。

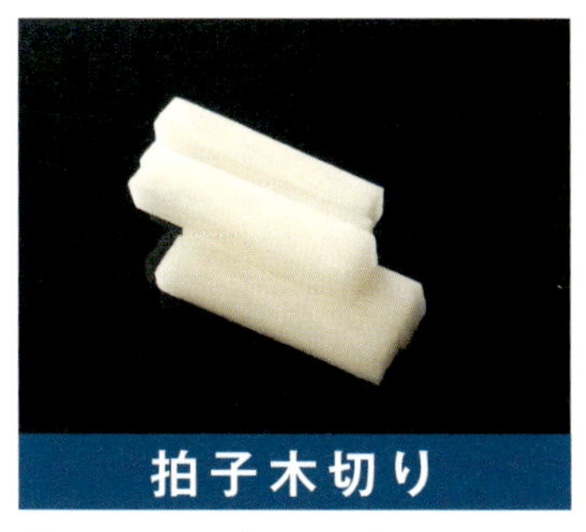

拍子木切り

拍子木のように四角柱に切る切り方のこと。炒め物、煮物などに用いる。

❶長さ5cmぐらいの直方体に切ったものを端から繊維に沿って1cm厚さに切り落とす。

❷❶を横に倒し、端から1cm厚さのところで切っていく。

短冊切り

短冊のようにやや縦長の長方形の薄切りのこと。和え物や汁物などに用いる。

❶長さ5cmぐらいの直方体に切ったものを端から繊維に沿って1cm厚さに切り落とす。

❷❶を横に倒し、端から薄切りにする。

せん切り

薄切りにしてからせん切りにする方法と、桂むき（P252参照）からせん切りにする方法がある。

❶ 10cm厚さに切った物を切り口を下にして、包丁をあてる。

❷端から薄切りにする。

❸薄切りにした物を横にして重ね、端から細く切る。

Column

それぞれの料理にふさわしい野菜の切り方があります。ひとつの料理の中で野菜がどうしてそのような切り方なのかを考えてみましょう。食べやすさ、味のしみ込みやすさなどその料理をおいしくするための理由があるのです。

みじん切り

せん切りをさらに小口から刻む切り方。用途によって細かさを調節する。

❶ 10cm厚さの円筒形にした物を小口を下にして、端から薄切りにする。

❷ 薄切りにした物を横にして、端から細く切り、せん切りにする。

❸ せん切りにした物を揃えて横にし、端から細かくきざむ。

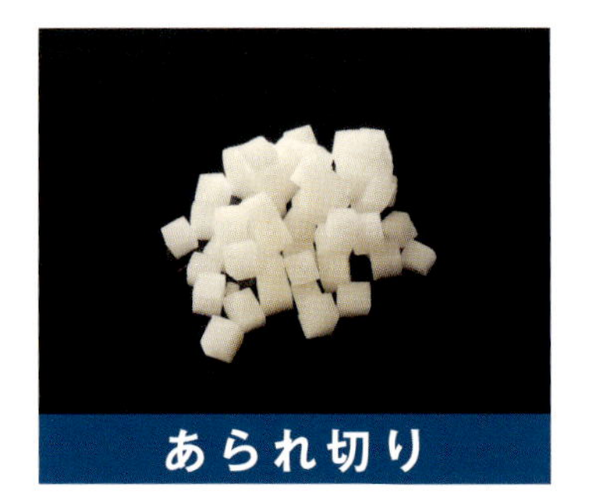

あられ切り

さいの目切りよりも細かい8mm角ぐらいの、あられのような形状にする切り方。

❶ 厚さ8mmの直方体に切った物を横に倒し、端から8mm厚さのところで切る。

❷ 切った物を揃えて横にし、端から8mm厚さに切る。

さいの目切り

サイコロのような正六面体になる。拍子木切り（P193参照）にしたものを、小口から1cm厚さに切る。

❶ 厚さ1cmの直方体に切った物を横に倒し、端から1cm厚さのところで切る（拍子木切り）。

❷ ❶を揃えて横にし、端から1cm厚さに切る。

Column

ここで紹介している基本の切り方は、大根だけでなく、人参、じゃが芋、長芋、里芋、薩摩芋、牛蒡、蓮根など、他の根菜にも用いられます。それぞれの野菜の形状、特徴によって多少違いますが、基本的には同じです。また、キャベツや白菜などの葉野菜も、せん切りなどは同じ仕組みです。

薄切り

端から薄く切る切り方。玉葱などの野菜に用いられる。

半分に切って切り口を下にしておき、端から薄く切る。

乱切り

大きさを揃えながら、不規則な形に切ること。表面積が大きくなり、味がしみ込みやすい。

端から斜めに包丁を入れ、手前に回転させながら食べやすい大きさに切る。

くし形切り

球状の物を、中心に向かって放射状に切ること。レモン、トマトなどに用いられる。

ヘタを切り落として縦に半分に切り、切り口を上にして、好みの幅に放射状に切り分ける。

ざく切り

葉野菜などを3～4cm幅で不規則に切ること。炒め物や鍋物に用いられる。

3～4cm幅に切り、端からザクザクと適当な大きさに切る。

色紙切り

正方形の薄切りにする切り方。葉野菜のキャベツや、根菜などにも用いられる。

3～4cm幅に切った物を重ね、端から3～4cm幅に切る。

小口切り

長細い材料を端から適当な厚さで切ること。胡瓜や長葱などに用いられる。

横にして端から料理に合わせた厚さに切る。

筍（たけのこ）

【旬】
四月～六月が旬。南の地方から筍前線が北上する。ゆでた物は一年中出回る。

【目利き】
穂先が黄色っぽくしっかりと閉じている物。小ぶりでずんぐりしていて、手に持つとずっしりと重みがある物。

【保存法】
生筍は、水煮にして水に浸けて密閉容器で保存。生のままエグミを抜く時は、大根おろしの汁と同量の塩水（1～1.5％）を混ぜたところに縦半分に切った筍を3時間浸して保存を。

ゆでる（薄刃包丁）

1
表面についている泥を、タワシで洗い落とす。

2
穂先を斜めに切り落とす。

3
内側を傷つけないように、皮に縦に切り込みを入れる。切り過ぎに注意する。

4
たっぷりの水をはったボールの中に入れる。

5
採ってから2～3日経ったものはえぐみが出るので、糠を加え、種を取り除いた鷹の爪を1本加える。

6
落としぶたをして火にかける。最初は強火で、沸いてきたら弱めの中火にし、1～2時間ほどゆでる。

下処理→さいの目切り（薄刃包丁）

1
ゆで上がったら、ザルに上げて冷まし、切り目に指を入れて、皮を１枚ずつむく。

2
かたい皮をすべてむく。

3
左側から、中身、外側の皮、姫皮のかたい部分。

4
穂先から3cmのところ（姫皮）を切る。

5
根元はかたいので、包丁を前後させながら切り落とす。根元のいぼの部分も食感が悪いので、取り除く。

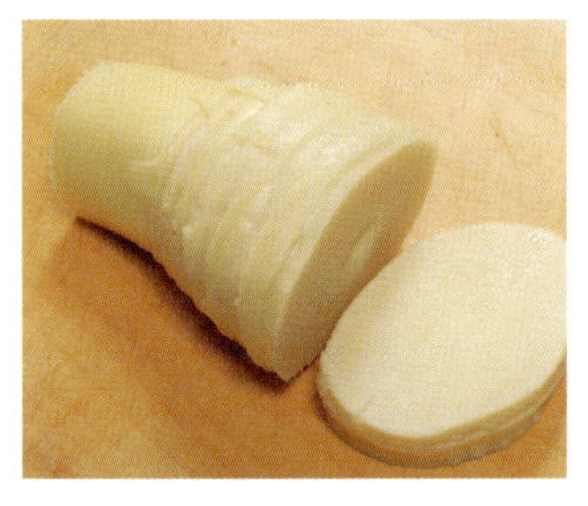

6
下処理した根元から1cm厚さに切り分ける。

7
端から1cm幅に切り分ける。

8
端の丸い部分は切り落とす。

9
1cm幅に切ったものを、さらに端から切り、1cm角になるように切る。

仕上がり

くし形切り（薄刃包丁）

1
下処理した中央部分（穂先の下の部分）から縦半分に切る。

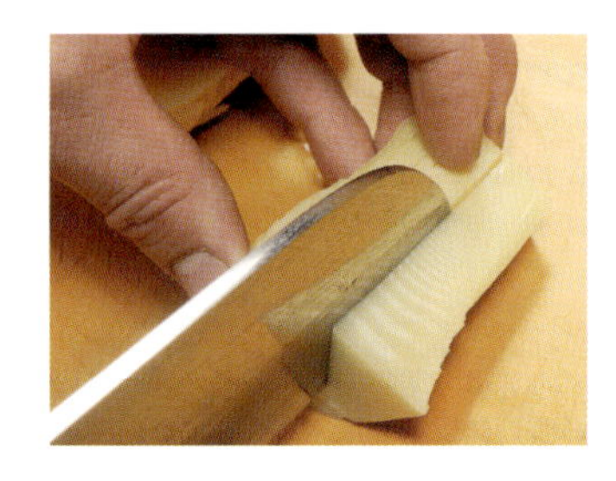

2
半分に切った中央部分の太いほうを手前に置き、さらに半分に切る。

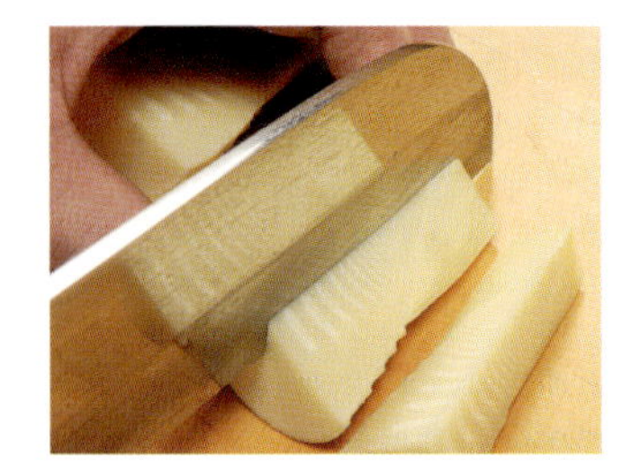

3
さらに半分に切り分ける。

穂先のせん切り（薄刃包丁）

1
下処理した穂先に、縦に包丁を入れ、半分に切る。

2
半分に切った穂先を横に置き、端から包丁を入れる。

3
包丁で突くように薄く切る。

4
皮を残すように切るのがポイント。

＊青寄せ（P199）小さじ 1~2 杯分の作り方
ほうれん草1株分の葉をちぎり、塩をひとつまみ加えてすり鉢ですり、水 500cc を加えてのばす。これをザルでこし、鍋に入れて強火にかける。煮立ったら火を弱め、浮かんでくる青みをサラシ（またはペーパータオル）にすくいあげる。そのまま冷まして水けを絞る。

筍の木の芽和え

材料（2人分）

筍（ゆでた根元）…80g
海老…4尾
木の芽…10枚
青寄せ…小さじ1〜2

【玉味噌】＊作りやすい分量
- 白味噌（裏ごしした物）…50g
- 卵黄…1/2個
- 砂糖・みりん・酒…各大さじ1/2

【吸い地】

出汁…150cc
酒・薄口醤油…各小さじ1強

作り方

1. 木の芽をすり鉢ですり、青寄せ（P198を参照）と練り合わせて冷ました玉味噌40gを加えてよく混ぜ合わせる。

2. 筍は1cmの角切りにし、吸い地で煮て冷ます。海老は背ワタを取り除き、ゆでて冷まし、4〜5等分のぶつ切りにする。

3. 2 を **1** で和え、木の芽（分量外）を飾る。

若竹煮

材料（2人分）

筍（ゆでた物）…1本（250g）
生わかめ…25〜30g
蕨（穂先）…2〜4本
木の芽…適量

a
- 出汁…500cc
- 煮干し…3〜4本
- 赤唐辛子…1本

b
- 酒・塩…各小さじ1/2
- 薄口しょうゆ…小さじ1/4

作り方

1. 筍は縦6〜8等分に切る。

2. わかめはざく切りにし、アク抜きをした蕨の穂先を4cmに切り揃える。

3. aを鍋に入れてひと煮立ちさせ、赤唐辛子を取り除き、筍を入れしばらく煮て、bを加え味をととのえる。

4.3 に **2** を入れ軽く煮て、味を再び確認したら煮干し以外を器に盛り、木の芽を飾る。

筍ごはん

材料（2人分）

筍（ゆでた穂先）…2〜3本分（150g）
油揚げ…2枚

a
- 水…300cc
- 薄口醤油…30cc
- 酒…30cc

米…2合
木の芽…適量

作り方

1. 筍の穂先はせん切りにする。

2. 油揚げは細い短冊切りにし、油抜きをしたら、**1**、油揚げ、aを鍋に入れ火にかけ軽く煮る。具と煮汁を分けておく。

3. 米は洗い、20〜30分浸水させ、ザルに上げ、水けをきる。土鍋に入れ、**2** の煮汁を加えて中火にかける。7〜8分したら弱火にし、**2** の具を入れ、3分火にかける。さらに火を弱め7分、ごく弱火で5分火にかける。火を止めて5分蒸らしたら、木の芽を入れ1分蒸らす。

菜(な)の花(はな)

【旬】
旬は春。出回り量の多い時期は、十二月から三月頃だが、一年中ある。

【目利き】
花のついた物は、咲いていないつぼみの物を選ぶ。葉の緑が濃くて、切り口がみずみずしく、茎のやせていない物を選ぶ。

【保存法】
ビニール袋に入れ、冷蔵庫の野菜室で保存。または下ゆでし、水けをよくきり、小分けにして冷凍保存する。

下処理をする→ゆでる（薄刃包丁）

1
茎の下についている大きな葉を手ではがす。

2
大きな葉を茎からはがした状態。

3
茎の部分を横に置き、かたい部分を切り落とす。

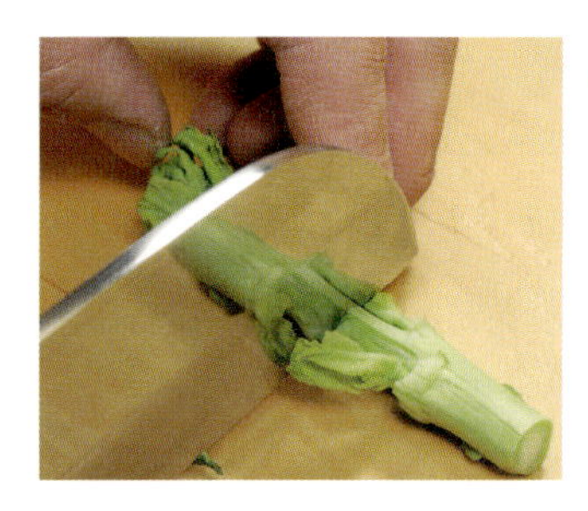

4
長さを決めて切る。

5
太い物は縦に半分に切る。

6
沸騰した湯に塩を適量入れ、菜の花を茎、葉、花の順に入れる。

菜の花の辛子浸しおぼろ巻き

材料（2人分）

菜の花 … 8～10本
おぼろ昆布 … 5～6枚
和辛子 … 適量
【浸し地】
a ┌ 出汁 … 350cc
　│ 薄口醤油 … 50cc
　└ 酒 … 25cc
削り節 … 適量

作り方

1. 菜の花は根元のかたい部分を取り除いて切り揃え、色よくゆでて、冷水に取り、ザルに上げ水けをきる。
2. aを合わせて火にかけ、沸いてきたら追い鰹をしてこし、冷ます（浸し地）。
3. 浸し地に和辛子を溶き入れ、**1**を15～20分漬ける。
4. 汁けをきり、菜の花を数本束ね、おぼろ昆布で巻き、器に盛る。

Column

菜の花は春を運んでくれる野菜。焼き物、刺身、煮物などのあしらいに用いることで季節を感じさせてくれる。菜の花はビタミンCが豊富だが、ビタミンCは水溶性なので、ゆですぎたり、水にさらしすぎないように注意する。カロテンも豊富なので、衣をつけて油で揚げたり、炒めたりして吸収率を高めることも大切。

6

熱湯にサッと沈めたら菜箸で引き上げ、指でつまんで弾力を感じる程度になったらゆで上がり。

7

ゆで上がったら、氷水にサッと放してザルに上げて水けをきる。

Point

菜の花をゆでる時は、歯触りを大切にするためにゆですぎないのがコツ。ただし、ゆで方が足りないとアクが残るので注意。

独活（うど）

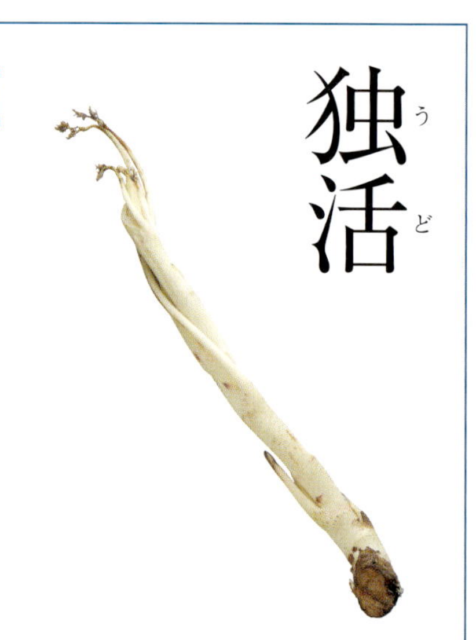

【旬】
春独活は三月～五月、山菜の山独活は四～五月が旬。寒独活は十月～一月、軟化独活は年中出回るが、旬は二月～五月。

【目利き】
独活として多く出回っている軟化独活は、芽の部分がしっかりとしていて、茎全体にうぶ毛があり、白く、張りのある物で、枝分かれしていない物を選ぶ。

【保存法】
新聞紙に包み冷暗所で保存する。または皮をむき下ゆでし、水につけて保存する。

下処理→丸むき→ゆでる（薄刃包丁）

1
余分な枝は取り除く。

2
根元の茶色の部分を切り落とす。

3
長い場合は半分に切る。

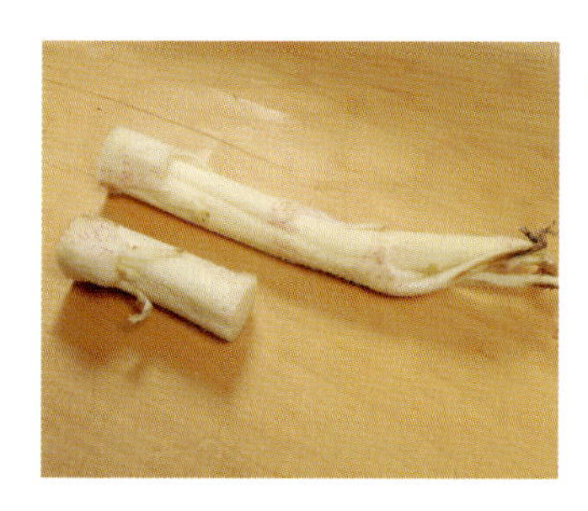

4
3～4cmの長さに切る。

5
皮を桂むき（P252参照）の要領で皮をむく。

6
包丁は動かさず、親指で厚みを確認しながらむくのがポイント。

独活の牛肉巻き

材料（２人分）

独活 … 12 ～ 13cm
酢 … 適量
牛肉（すき焼き用）… 80 ～ 100g
木の芽 … 適量

【焼きだれ】

濃口醤油 … 50cc
みりん … 50cc
ざらめ … 70g

＊鍋に合わせて煮詰める。

作り方

1. 独活は皮をむき、片端1～2cm残して縦に包丁を入れる。逆からこの切り目と直角になるように縦に包丁を入れ、端を残す。
2. 薄い濃度の酢水でゆで、冷水にとり、水けをきる。
3. 独活に牛肉を巻き、焼く。色よく焼き色がついてきたら、焼きだれを適量かけ、2～3回繰り返す。
4. 切り分け、木の芽を散らす。

7

皮に近い部分は繊維がかたいので、白い筋がなくなるまで厚くむく。

中身　皮

8

丸い円柱になるようにむいた状態。

9

酢を加えた熱湯でゆでる。酢の漂白効果でうどを白くゆで上げることができる。

10

箸で挟んでやわらかくなったらゆで上がり。ゆで上がったら氷水に取る。

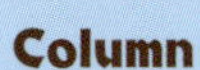

独活の皮はかたいので、丸むきをして皮を厚くむき、中のやわらかい部分を食する。また、真ん中よりも下のほうは、繊維がかたく、皮もかたいのでさらに厚めにむくこと。

短冊切り（薄刃包丁）

1
3cmの長さに切る。

2
桂むき（P252参照）の要領で、皮をむく。

3
左側から、中身、外側の皮、皮に近い筋のある部分。

4
横に倒して、3等分の厚さに切る。

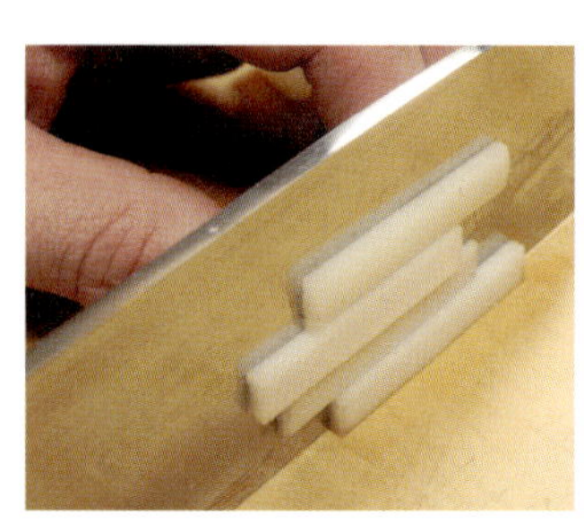

5
1枚を端から薄切りに切る。

独活、赤貝の殻盛り

材料（2人分）
赤貝…2個
独活…3cm×2本
酢…適量
グリーンピース…4～6個
【辛子酢味噌】
玉味噌（P199参照）…40g
和辛子…適量
酢…適量

作り方
1. 赤貝は殻から外して内臓や汚れを切っ先できれいに取り除く。
2. 独活は短冊切りにし、薄い酢水に浸ける。
3. グリーンピースはゆでておく。
4. 玉味噌に酢を少しずつ加え、味をととのえたら、和辛子を加える。
5. 赤貝の殻に、赤貝、独活を盛り、**4**をかけ、グリーンピースを散らす。

千六本（薄刃包丁）

1
3cmの長さに切る。

2
桂むき(P252参照)の要領で、皮をむく。

3
筋がある皮に近い部分もむき取る。包丁は動かさず、親指で厚みを確認しながらむく。

4
横に倒して、端から薄切りにする。

5
薄切りにしたものを重ねて端からさらに薄く切っていく。

仕上がり

独活の山菜浸し

材料（2人分）

独活…4cm×2本
酢…適量
グリーンアスパラガス…1本
こしあぶら…2本
うるい…1本
蕨(穂先)…4本

【浸し地】

a ┌ 出汁…150cc
　│ 薄口醤油…20cc
　└ 酒…10cc

削り節…適量

作り方

1. aを火にかけ、沸いてきたら追い鰹をしてこし、冷ます(浸し地)。
2. 独活は千六本に切り、薄い酢水に浸す。
3. グリーンアスパラガスは色よくゆでて4cmの長さに切り、縦2等分に切る。こしあぶらは根元のかたい部分を取り除き、色よくゆでる。うるいは色よくゆで、4cmの長さに切り揃える。アク抜きした蕨を4cmの長さに切り揃える。
4. **3**を**1**の浸し地に20～30分浸け、汁ごと器に盛り、最後に**2**の独活を添える。

蕗（ふき）

【旬】
旬は春。ハウス栽培物は十月～五月まで出回る。

【目利き】
茎や葉の緑色がみずみずしい物で、茎は細すぎず、太すぎない、なるべく同じ太さでまっすぐな物を選ぶ。

【保存法】
ぴっちりラップをして、冷暗所で保存。または、筋を取り下ゆでし、水につけて冷蔵庫で保存。または、食べやすい大きさに切り、小分けにして冷凍する。

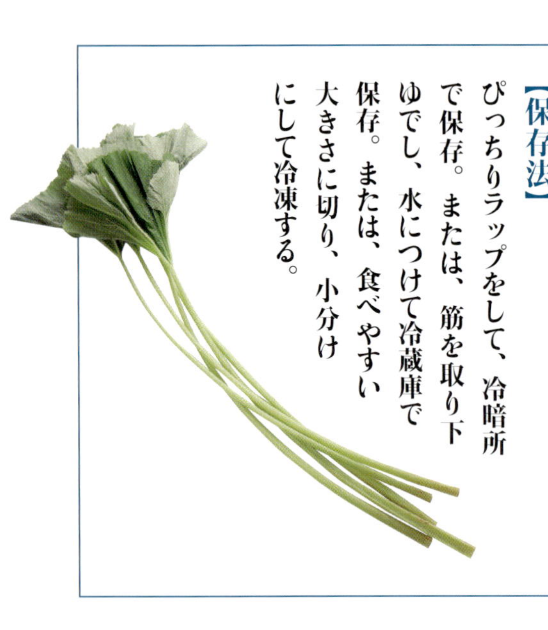

板ずり→ゆでる（薄刃包丁）

1
葉を切り落とし、葉と茎を切り分ける。

2
上から葉と茎。葉は茎と同様にゆでて、細かくきざめば佃煮などに使える。

3
根元のかたい部分を切り落とす。

4
鍋に入るように、適当な長さに切る。ステンレスの包丁で切るとアクがまわらない。

5
ゆで上がりの時間を調整するために、太い部分と細い部分に分けておく。

6
塩を全体的にふる。

蕗とえぼ鯛の若狭焼き

材料（2人分）
蕗（細目）…1本
塩…少々
えぼ鯛…1尾
【若狭地（3:2:1）】
出汁…150cc
酒…100cc
薄口醤油…50cc

作り方

1. 蕗は板ずりし、色よくゆで、冷水にとり、筋を取る。
2. えぼ鯛は3枚におろし、骨を取り除き、薄塩をし、15〜20分おく。水洗いして、塩けを取り、観音開きにする。
3. 1 の蕗を **2** のえぼ鯛の幅に合わせて切り、えぼ鯛の上にのせて巻いて、焼く。
4. 薄く焼き色がついてきたら、若狭地を2〜3回かけ焼きをして仕上げる。

7
片手で転がしながら、筋や皮が自然に浮き上がってくるまで板ずりをする。

8
太い物から先に熱湯に入れ、ゆでる。

9
全体に火が通る手前で引き上げる。

10
氷水に取る。

11
茎の端から、筋を皮と一緒に少しめくり、数本まとめて引き下ろす。

筒切り（薄刃包丁）

仕上がり

1

ゆでた茎を数本並べて、使う長さに切る。

2つ割り→4つ割り（薄刃包丁）

1

ゆでた茎を左手で端を挟むように押さえ、真ん中のところに切っ先を差し込む。

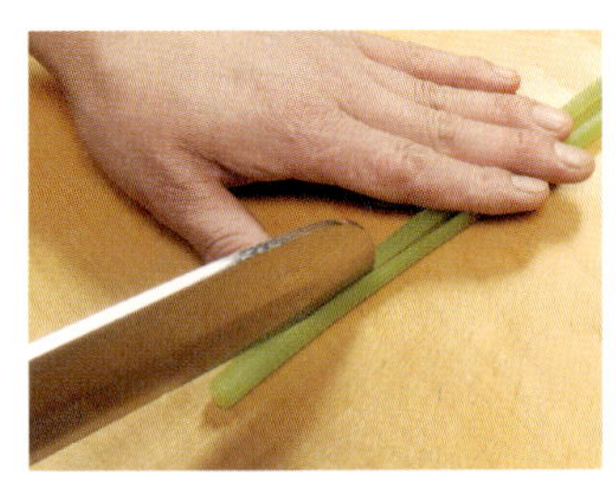

2

切っ先を滑らせるように手前に引く。

3

下まで切り進めて縦に2つに切る。

4

2つ割りした茎をおき、左手で端を挟むように押さえ、真ん中に切っ先を差し込む。

5

左手で押さえて切っ先を滑らせるように手前に引きながら縦に2つに切る。

6

もう片方の2つ割りにした蕗も4と同様に切り進めて縦に2つに切る。

仕上がり

仕上がり

4つ割り→寸切り（薄刃包丁）

1
4つ割りにしたものを数本まとめて揃えて置き、3㎝の長さに包丁をあてる。

2
刃先で手前に引きながら切り分ける。

蕗の雪花菜和え

材料（2人分）

蕗 … 2本

【雪花菜】

おから … 300g

a ┌ 砂糖 … 大さじ1
　│ 酒・酢 … 各小さじ2
　└ 塩 … 小さじ1/2

塩・昆布 … 適量

作り方

1. 雪花菜を作る。目の細かいこし器でおからを水の中でこす。こしたものを布巾で受け取って水けを絞り（おからは120～130gになる）、ボールにaと一緒に混ぜ、20～30分湯せんにかける。

2. 割箸数本で **1** をかきほぐしていく。

3. 蕗は板ずりし、色よくゆで、冷水に取り、筋を取る。

4. 縦半分に切り、4㎝の長さに切り揃えたものを、昆布を浸した薄い塩水（1%）の中に20分くらい漬ける。

5. **4** は水けをきり、冷めた **2** の雪花菜をまぶし、器に盛る。

莢豌豆(さやえんどう)
莢隠元(さやいんげん)

【旬】
莢豌豆は一年中出回るが、春から初夏が旬。
莢隠元は栽培範囲が広いので一年中出回るが、夏から初秋にかけてが旬。

【目利き】
莢豌豆は、濃い緑色でさやにハリがあり、つかむとキュッと音がするくらいが新鮮。
莢隠元は、表面にしみや斑点がなく、両端がしっかりしていて、全体にしっとりした物が良質。

【保存法】
しなびやすいので、ビニール袋に入れて、冷蔵庫の野菜室で保存する。また、筋を取り、かためにに塩ゆでしたものを、水けをしっかりときり、冷凍してもよい。

笹打ち［莢豌豆］（薄刃包丁）

1
上下を包丁で落として縦に置き、端から繊維に沿ってせん切りにする。

2
水をはったボールの中に入れ、箸で混ぜながら種を取り、水けをきる。

色紙切り［莢豌豆］（薄刃包丁）

1
さっと湯通しして筋を取る。

2
端から正方形になるように切る。

Column
色紙切りにするときは、先にさっと湯通しをして、筋を取ってから色紙切りにするとよい。煮物や炊き込みごはんなどの彩りに。

玉締め

材料（2人分）

莢豌豆…10枚
人参…30g
牛蒡…40g
椎茸…2個
鶏ひき肉…40g
a ┌ 出汁…320cc
　│ 薄口醤油…40cc
　└ みりん…40cc
卵…1個

作り方

1. 莢豌豆は太めの笹打ち、人参、牛蒡は粗めのせん切り、椎茸は軸を取り、スライスする。

2. 鶏ひき肉はサッと湯に通し、ほぐしておく。

3. 鍋に **1**、**2** を入れ、a を入れ火にかけ、沸いてきたら溶き卵を入れ玉締めとし、七味唐辛子少々（分量外）をふる。

笹打ち［莢隠元］（薄刃包丁）

1

枝つきのかたい部分を切り落とし、斜めに2～3本並べて、端から薄切りにする。

仕上がり

寸切り［莢隠元］（薄刃包丁）

1

端を切り落とす。

2

3cmほどの長さに切る。

仕上がり

グリーンピース
空豆（そらまめ）

【旬】
グリーンピースの旬は三月～五月。空豆は四～六月。

【目利き】
グリーンピースは、さやの緑色が鮮やかで、傷がなくふっくらとしている物、空豆はさやにツヤがあり、中のワタが詰まっている物が良品。

【保存法】
グリーンピースと空豆のさやつきの物は、ビニール袋に入れて冷蔵庫の野菜室で保存。

グリーンピース

空豆

ゆでる［グリーンピース］

1
ボールを準備し、両手の指でさやの口を開く。

2
下に向けて、右手で皮を上に引き上げる。

3
左手でさやの口を受け、さやを右手の親指で押す。

4
豆を丁寧にさやから取り出す。

5
皮をやわらかくするために、重曹小さじ１くらいをふり入れる。

6
色出しのために、塩ふたつまみを加え、全体に混ざるように手でもみ込む。

揚げ出し豆腐ピースあんかけ

材料（２人分）

グリーンピース…30粒
木綿豆腐…1/8丁×２個
揚げ油…適量

【旨出しあん】

a
- 出汁…160cc
- 薄口醤油…20cc
- みりん…20cc

削り節…適量
水溶き片栗粉…適量

【あしらい】

おろし生姜…1片分

作り方

1. グリーンピースはさやから外し、色よくゆでる。
2. 水きりをした豆腐に片栗粉（分量外）をまぶし、170℃弱の油でゆっくり温度を上げながら揚げる。
3. 鍋にaを合わせ火にかけ、沸いたら追い鰹をしてこす。再び火にかけ、沸いたら水溶き片栗粉でとろみをつけ、グリーンピースを入れる。
4. 揚げた豆腐にあんをかけ、おろし生姜を添える。

7

塩がまわって色が出るまでおく。

8

沸騰してる湯に塩がついた豆を入れる。

9

浮いてきて、豆が踊らないように皮がやわらかくなるまで弱火でゆでる。

10

鍋を火からおろし、水を少しずつ加え、皮がむけないように、温度を少しずつ下げていく。

仕上がり

皮をむく［空豆］（薄刃包丁）

1
さやの割れ目に指を入れ、開く。

2
豆をさやから取り出す。

3
左手で豆を持ち、包丁で黒い部分に切り込みを入れる。

4
切り込みに指を入れ、割れ目を作り左手で豆の中身を押し出しながら、豆を出す。

5
薄皮を丁寧にむく。

仕上がり

新引き揚げ

材料（2人分）
空豆…4～6粒
海老…1尾
卵白…1個分
打ち粉・新引粉・揚げ油…各適量

作り方
1. 空豆はさやから外し、薄皮をむく。
2. 海老は殻をむき、背ワタを取り除き、叩く。
3. 空豆を半分に割り、叩いた海老を挟む。
4. **3** の空豆に打ち粉をして、1/3の部分に布こしした卵白を塗り、新引粉をつけ、170～180℃の揚げ油で揚げる。

キャベツ

【旬】
新キャベツは三月から五月の春先が旬。
冬キャベツは冬が旬。

【目利き】
葉の巻きがしっかりとしていて、球が締まっている物。ずっしりと重く、葉の緑色が濃く鮮やかで、ハリのある物が新鮮。

【保存法】
丸ごと保存する時は、芯をくり抜き、湿らせたペーパータオルを詰めて、ビニール袋に入れ、冷蔵庫の野菜室で保存。カットしたものはラップで包み、保存。

葉をはがす→せん切り（薄刃包丁）

1
葉の芯のつけ根に包丁で切り込みを入れ、葉をはがす。

2
芯を手前に置き、芯の右側と左側に斜めに包丁を入れてＶ字形に芯を切り取る。

3
半分に切り、重ねて、さらに半分に切る。

4
全て重ねて半分に折り、繊維に沿って端から細く切っていく。

5
水に放して水けをきる。

仕上がり

色紙切り（薄刃包丁）

1
葉の芯のつけ根に包丁で切り込みを入れ、葉をはがす。V字形に芯を切り取る。

2
半分に切る。

3
重ねて、さらに縦に半分に切る。

4
また重ねて、さらに縦に半分に切る。

5
全て重ね、端から2～3cm幅に切る。

仕上がり

豚キャベツあっさり煮

材料（2人分）

椎茸…2個
キャベツ…1/8個
豚ばら薄切り肉…100g
長葱…1/2本
a ┌ 出汁…200cc
　│ 薄口醤油…大さじ1
　└ 酒…大さじ1
昆布…2.5cm角

作り方

1. 椎茸は軸を取る。キャベツは1枚ずつはがして3cmの角切り、豚肉は5cmの長さに切り揃え、サッと熱湯に通し、アクを取っておく。長葱は厚めの斜め切りにする。

2. 鍋にaと昆布を入れ火にかけ、沸いてきたら**1**の豚肉、椎茸の順で煮ていく。さらに、長葱、キャベツを加え、火が通ったら煮汁に食材の味が出ているのを確かめて火を止める。

オクラ

【旬】
七月から八月が旬。

【目利き】
表面が濃い緑色で、うぶ毛がびっしり生えている物。斑点やあたり傷の少ない物で、しんなりとしていない物。枝つきの部分の切り口がみずみずしい物が新鮮。

【保存法】
新聞紙に包み、ビニール袋に入れて冷蔵庫の野菜室で保存。塩ゆでした物を保存する時は、ラップに包み、冷凍保存してもよい。

ガクを取る→塩もみ、ゆでる（薄刃包丁）

1
枝つきの部分を切り落とし、ガクを取る。

2
ガクは包丁の根元を使ってくるりとむき取るのがポイント。

3
塩をつけてこすり、うぶ毛を取る。

4
塩がついたまま熱湯に入れ、サッと塩ゆでする。

5
鮮やかな緑色になったら、氷水に取り出す。

仕上がり

種を取る（薄刃包丁）

1

塩ゆでしたオクラを縦半分に切る。

Column

種を取ったオクラは、そのまま細かく叩くなど、口あたりが気になる料理に用いる。

2

骨抜きやスプーンなどで種を丁寧に取る。

たたき（薄刃包丁）

1

縦半分に切って種を取ったオクラを縦に4～6つに切り、横にして端から細かくきざむ。

2

刃先を使って叩く。ある程度叩いたら、返しながらを繰り返す。

薄切り（薄刃包丁）

1

塩ゆでしたものを、ヘタを少し切り落とし、太い方から薄く引き切りにする。

Column

薄切りは、納豆にのせたり、和え物に用いることが多い。下処理をして塩ゆでした物を使うこと。

オクラ、長芋、いくら和え

材料（2人分）
オクラ…2～3本
長芋…70g
いくら（味つき）…大さじ2強

作り方
1. オクラはヘタを切り落とし、半分に切る。
2. 竹串等を使い種を取る。
3. 板ずりして色よくゆで、冷水に取る。水けを取り、1cm幅のスライスとする。
4. 長芋は1cmの角切りとする。
5. いくら、長芋、オクラを和え、器に盛る。

うにオクラ

材料（2人分）
オクラ…2～3本
うに…8～10粒
卵黄…1/2個
薄口醤油…適量
針生姜…適量

作り方
1. オクラはガクを取り、板ずりして色よくゆで、冷水に取り水けをふき取る。
2. 縦半分に切り、スプーン等を使い種をこそげ取る。
3. P218のたたきの要領で包丁で叩いて粘りが出てきたら、卵黄、薄口醤油を入れ、味をととのえる。
4. うにを器に盛り、味つけした**3**のオクラをかけ、針生姜を添える。

茄子（なす）

【旬】
八月から十月が旬。

【目利き】
表面にシミや傷がない物で皮の色が濃い紫色、ツヤとハリがある物。
ガクやヘタに鋭いトゲがあり、切り口が変色していない物が新鮮。

【保存法】
新聞紙に包み、ビニール袋に入れ、冷蔵庫の野菜室で保存。

賀茂茄子

長茄子

皮をむく［縦むき］（薄刃包丁）

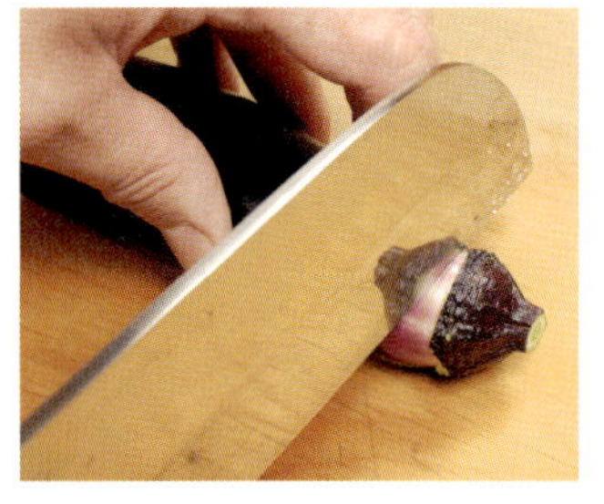

1
ヘタを切り落とす。

2
上から下に向かって、そぐようにして皮をむいていく。

ガクを取る（薄刃包丁）

1
枝つきの部分を切り落とす。

2
ガクに切り込みを一周入れ、ガクをめくりながら切り取る。

隠し包丁（薄刃包丁）

1
ガクを取ったものを縦に半分に切る。

2
切り口を下にしておき、下のほうから斜めに1mm幅の切り込みを入れる。

3
向きを変え、包丁の角度は一定にして、2の切り込みと交差するように切り込みを入れる。

4
花つきの部分は切り落とす。花つきとは茄子のおしりのこと。

5
横半分に切る。

仕上がり

天ぷら用の切り方（薄刃包丁）

1
ガクを取って縦半分に切った茄子を、横半分に切る。

2
ヘタがついているほうは、縦に1～2㎜間隔で切り目を入れていく。

3
残りの半分は横に向けて、端から1～2㎜の間隔で切り込みを入れていく。

仕上がり

賀茂茄子田楽

材料（2人分）

賀茂茄子…1個

【玉味噌】＊作りやすい分量

a
- 白粒味噌（裏ごししたもの）…100g
- 卵黄…1/2個
- 酒・みりん・砂糖…各大さじ1/2

揚げ油…適量

【あしらい】

長芋の甘酢漬け（長芋の拍子切り40gを甘酢（水・酢各120cc、砂糖30g、塩3gを合わせてひと煮立ちさせ冷ましたもの）に漬け、赤唐辛子の輪切りを添える。）

作り方

1. 賀茂茄子はA~Fの通りに切る。細い金串を数本束ねて手に持ち、皮目に軽く刺して穴をあける（釘打ち）。
2. aを合わせ火にかけ、じっくり中火（弱）で練り上げる。
3. 130〜150℃の低温の油で**1**がやわらかくなるまでじっくり揚げ、油けをきる。
4. **3**の表面に**2**を適量塗り、オーブンで軽く焼き色がつくように焼く。
5. 器に盛り、長芋の甘酢漬けを添える。

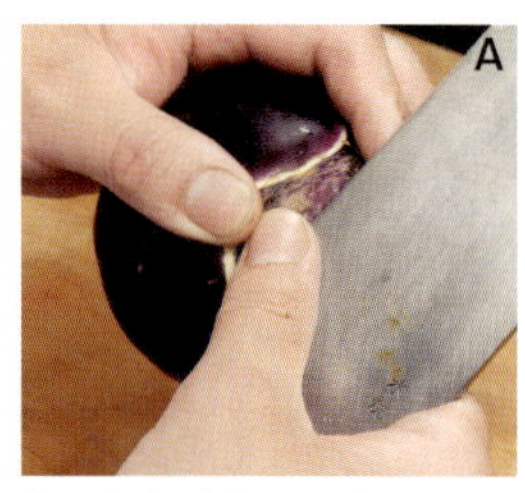

枝つき部分を切り落とし、ガクを切り揃え、花つきの部分を少し切り落とす。

縦半分に切り、皮目のほうを少し切り安定させる。

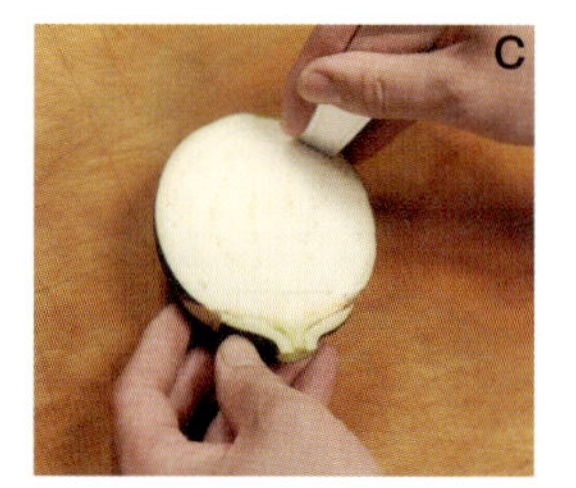

裏返し、皮の内側の5mmあたりに包丁を斜めに刺し、食べやすくするためぐるりと1周切り込みを入れる。

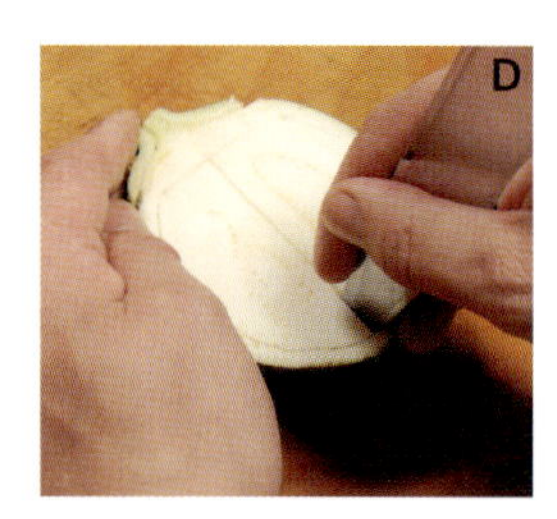

中央に縦一本、切り込みを入れる。

食べやすいように横にも切り込みを入れる。切り込みは真ん中の部分が深くなるように入れる。

完成。

翡翠茄子の梅肉かけ

材料（2人分）

茄子 … 2本
胡瓜（せん切り）… 1/2本
生姜（せん切り）… 10g
人参（せん切り）… 15g
長葱（せん切り）… 20g

【梅肉あん】

a
- 出汁 … 100cc
- 梅肉（種をとり、たたいたもの）… 大さじ1・1/2
- 酢 … 大さじ1/2
- たまり醤油 … 大さじ1/2

揚げ油・水溶き片栗粉 … 各適量

作り方

1. 茄子はヘタの部分をギリギリに切り取り、縦半分に切る。160～170℃の揚げ油で皮面を下にして揚げ、火が通ったら返して軽く揚げる。冷水に取り、皮をむき、軽く絞って水けを取る。

2. aを合わせて沸かし、水溶き片栗粉でとろみをつけ、冷ましておく。

3. 器に**1**の茄子を盛り、**2**をかけ、せん切り野菜を添える。

鶏肉と茄子の含め煮

材料（2人分）

茄子 … 2本
莢隠元 … 2本
鶏（もも）肉 … 150g
木の芽・おろし生姜 … 各適量

a
- 出汁 … 400cc
- 濃口醤油 … 35cc
- みりん … 35cc

揚げ油・片栗粉 … 各適量

作り方

1. 茄子はヘタと花つきの部分を切り、縦に1cm間隔の包丁目を入れる。160～170℃の揚げ油で両面返しながらやわらかくなるまで揚げる。冷水に取って軽くもみ、水けを取っておく。莢隠元は色よくゆで、4cmに切る。

2. 鶏肉はひと口大に切り、片栗粉をまぶす。

3. 鍋にaを入れ沸いたら、**2**を入れる。火が通ったら、**1**の茄子と莢隠元を入れ軽く煮る。

4. 器に盛り、おろし生姜と木の芽を添える。

トマト

【旬】
一年中食べることができるが、旬は五月から八月。

【目利き】
実が赤くてほどよいかたさがあり、丸みがあり、手で持った時に重みがある物。果皮がしっとりしていて光沢のある物。ヘタの部分は鮮やかな緑色でみずみずしく、ピンとハリがある物が新鮮。鮮やかな赤は完熟している。

【保存法】
ビニール袋に入れるか、ラップに包んで冷蔵庫の野菜室で保存。

湯むきをする（薄刃包丁）

1
トマトのヘタを包丁でくり抜き、底の中央の皮に切り込みを入れる。

2
十字に切り込みを入れるのがポイント。

3
熱湯に30秒ほど入れる。

4
皮がはじけてきたら氷水に取る。

5
めくれているところから、丁寧に皮をむく。

仕上がり

さいの目切り（薄刃包丁）

1

湯むきしたトマトのヘタを取り、縦方向に半分に切り、端から1cm幅で切る。

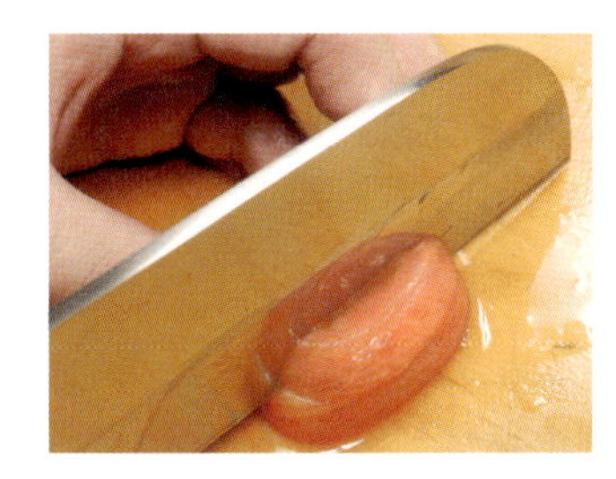

2

1を横にして重ね、端から1cm幅に切る。

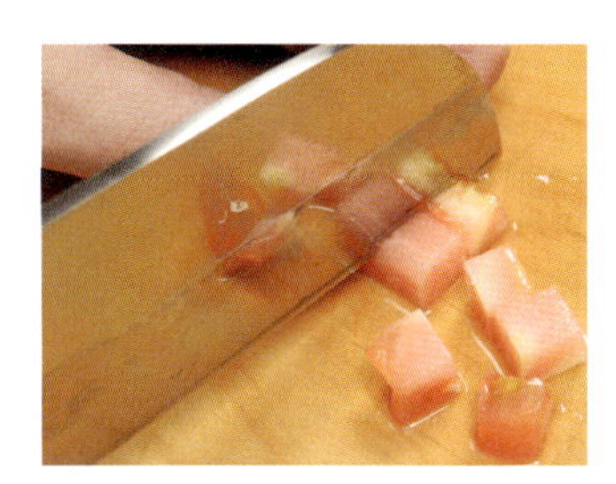

3

1cm角になるように端から切る。

仕上がり

くし形切り（薄刃包丁）

1

ヘタを取り除いて縦方向に半分に切り、ヘタがあったところを中心にくし形に切る。

仕上がり

鯵のトマト生姜和え

材料（2人分）

トマト…1/2個
胡瓜…1/2本
鯵（3枚におろした身）…1枚
a ┌ おろし生姜…1片分
　└ 醤油…適量
大葉（せん切り）…5～6枚分

作り方

1. トマトはヘタをくり抜き、サッとゆでて冷水に取り皮をむき、1cm角に切る。

2. 胡瓜は表面のトゲを軽くこそげ取り、板ずりしてサッとゆで冷水に取って色出しする。縦4つに切り、中心の種を取り、1cm角にする。

3. 鯵は骨を取り、皮を引いてそぎ切りにし、合わせたaで**1**、**2**と共に和え、味をととのえる。

4. 器に盛り、せん切りにした大葉を添える。

南瓜（かぼちゃ）

【旬】
五月から十月が旬。

【目利き】
皮がかたく色が濃く、ツヤがある物。ずっしりと重みがある物が新鮮。カットされている物は、切り口が乾燥していない物、種とワタがぎっしり詰まっている物が良質。

【保存法】
丸のまま保存する時は、冷暗所で保存。カットした物は、種とワタを取り除き、ラップで包んで冷蔵庫の野菜室で保存。

半分に切る（薄刃包丁）

1
ヘタを切り落とす。

2
底のヘタも切り取る。

3
底のほうを下にして置き、包丁を中心にあて、左手で包丁のみねを押さえながら、体重を包丁にかける。

4
押し込むように切り込みを入れ、半分に切る。

仕上がり

Column

かぼちゃがかたくて切りにくいときは、ヘタの脇に包丁を入れて手前を先に切り、その後反対側を切るようにすると切りやすい。

南瓜のチーズ挟み揚げ

材料（2人分）

南瓜…1/6個
スライスチーズ…1～2枚
銀杏…適量

【天衣】

a
- 小麦粉…120g
- 水…1カップ
- 卵黄…1個

揚げ油…適量

作り方

1. 南瓜は種を取り除き、6～7㎜の厚さのくし形に切る。

2. 同じ大きさに切ったチーズを挟み、合わせたaをつけて、160～170℃の揚げ油で揚げる。

種を取る→薄切り（薄刃包丁）

1
半分に切った南瓜はスプーンで種とワタをこそげ取る。

2
切り口を下にしておき、縦に包丁をあて、左手で包丁のみねを押さえながら、体重をかけて縦半分に切る。

3
端から5㎜幅に切る。

仕上がり

Column

かぼちゃは、切り口を下にして安定させてから切ると切りやすいのでおすすめ。薄切りは揚げ物や焼き物に。

角切り（薄刃包丁）

1
種とワタを取り除き、1/4にカットした南瓜は、切り口を下にして置き、さらに縦半分に切る。

2
それを横3等分に切る。

3
大きさを揃うように、半分に切る。

4
表面の皮をむく。ところどころ皮を残すようにする。

5
全部の角をむき、面取りをする。

仕上がり

南瓜の南蛮煮

材料（2人分）

南瓜（種を取り除いた物）…200g

a
- 酒…65cc
- 水…50cc
- 砂糖…15g

b
- 薄口醤油…小さじ1弱
- みりん…小さじ2
- ごま油…小さじ1/2
- 豆板醤…小さじ1/2

作り方

1. 南瓜は2.5㎝×5㎝ほどに切り、薄く皮をむき、皮目を下にして重ならないように鍋に並べる（鍋にぴったり合うように）。

2. aを**1**に入れ火にかける。落としぶたをして強火で煮ていき、煮汁が少なくなってきたら、落としぶたをはずし、bを入れる。

3. 全体に煮からめていき、崩れる手前で火を止める。

胡瓜（きゅうり）

【旬】
一年中出回るが、五月から八月が旬。

【目利き】
緑色の濃さが均一で、表面のイボイボが鋭く、たくさんついている物。重すぎず、軽すぎない物。両端がしっかりしている物が良質。

【保存法】
ビニール袋に入れ、冷蔵庫の野菜室に、ヘタを上にして立てて保存。

板ずり

1
胡瓜に塩をまぶし、まな板の上に置き、片手で押さえ転がす。

2
塩が緑色になるまで転がしたら、流水で洗い流す。

3
熱湯にさっとくぐらせる。

4
氷水に3分ほど浸す。

5
水けをふき取る。

仕上がり

せん切り-1（薄刃包丁）

1

ヘタを落とし、5cm幅に切る。

2

縦に薄切りにする。

3

重ねて端から細切りにする。

仕上がり

せん切り-2（薄刃包丁）

1

ヘタを落とし、5cm幅に切り、桂むき（P252参照）にする。

2

さらに桂むきしていき、種の部分は残す。

3

桂むきにした物は皮の部分と実の部分を切り離す。ここでは皮は使わない。

4

それぞれを重ね合わせて端から切る。

5

繊維に沿って縦に突くように細切りにするのがポイント。

仕上がり

小口切り（薄刃包丁）

1

ヘタを切り落とし、端から1mm幅に切る。

蛇腹胡瓜（薄刃包丁）

1

板ずりしたものに、端から1mm幅に直径の2/3の深さのところまで切り込みを入れる。

2

裏返して、同様に切り込みを入れる。

3

3cm幅に切り分ける。

鱧ざく

材料（2人分）

鱧 … 1/3本
胡瓜 … 1本

【土佐酢】

a
- 出汁 … 150cc
- 酢 … 100cc
- 薄口醤油 … 50cc
- みりん … 50cc

【魚だれ】

- 濃口醤油 … 大さじ1
- みりん … 大さじ1
- ザラメ … 大さじ1

白炒り胡麻・削り節 … 各適量

作り方

1. aを合わせて火にかけ、沸いたら火を止め、冷ましておく。

2. 鱧は腹開きにしてから骨切りして（P92鳴門揚げ出し用参照）、魚だれをつけて焼き上げる。

3. 胡瓜は小口切りにして、塩水に浸け、しんなりしたら水で洗い、塩けを取り、絞っておく。

4. **2**の鱧を一口大に切り、**3**の胡瓜と合わせ、**1**の土佐酢を加えてさっと和え、白胡麻、削り節をふりかけ、器に盛る。

角切り（薄刃包丁）

1

5cm長さに切った胡瓜を縦半分に切り、切り口を下にして、そぎ切りに。

2

そぎ切りにした物を5mm幅に縦に切る。

3

種の部分を取り除き、端から5mm幅に切り揃える。

仕上がり

すりおろす

1

胡瓜はおろし器に切り口を直角にあて、円を描くようにすりおろす。

2

キッチンペーパーに取り、水けを少し絞る。

仕上がり

胡瓜のすり流し

材料（2人分）

【鶏スープ】

＊作りやすい分量

a
- 鶏もも肉…1枚(250g)
- 昆布…1枚
- 水…1200cc

じゃが芋…40g

胡瓜…1/2本

大葉(せん切り)…適量

作り方

1. aを90℃に保ち30分ほど火にかけ、鶏スープを作る。

2. じゃが芋、胡瓜を1〜2cmの角切りとする(火が通りやすいように)。

3. じゃが芋を**1**の鶏スープ300ccで煮ていき、火が通る手前で胡瓜を入れ、サッと煮る。そのままフードプロセッサーにかけ、仕上げる。

4. 器に盛り、せん切り大葉を添える。

じゃが芋(いも)

【旬】
男爵芋やメークインは九月から三月が旬。新じゃが芋は初夏が旬。北海道での収穫は秋が最盛期。

【目利き】
芽が多すぎず、皮の色むらがない物。表面にハリがあり、シワや傷、青みがない物で、かたくてずっしりと重く、こぶし大くらいのほどよい大きさの物が新鮮。新じゃが芋は芽の凹凸が少ない物が良質。

【保存法】
新聞紙に包むか紙袋などに入れ、風通しをよくして、冷暗所で保存。寒すぎると味が変わるので、冬場は戸外におかないほうがよい。

皮をむく→芽を取る→拍子木切り→角切り（薄刃包丁）

1
じゃが芋の向こう側から手前へ包丁を動かし、皮をむく。

2
芽を刃元を使って取り除く。

3
皮をむき、芽を取った状態。

4
上下を切り落とす。

5
縦半分に切る。

6
切り口を下にして1cm幅に切る。

7

1cm幅に切った1枚を横に倒し、さらに1cm幅に切る(拍子木切り)。

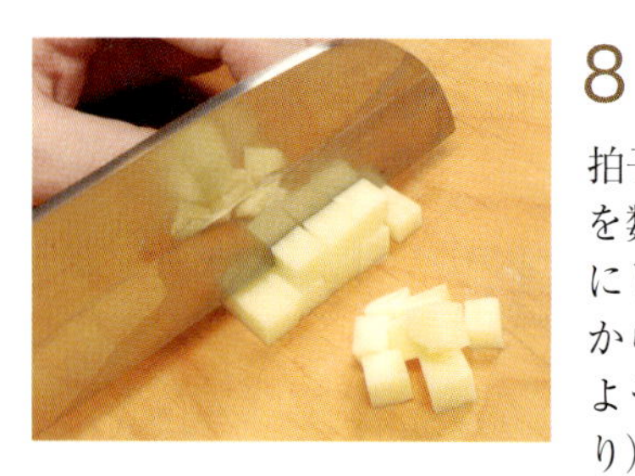

8

拍子木切りした物を数本まとめて横にして押さえ、端から1cm角になるように切る(角切り)。

千六本-1（薄刃包丁）

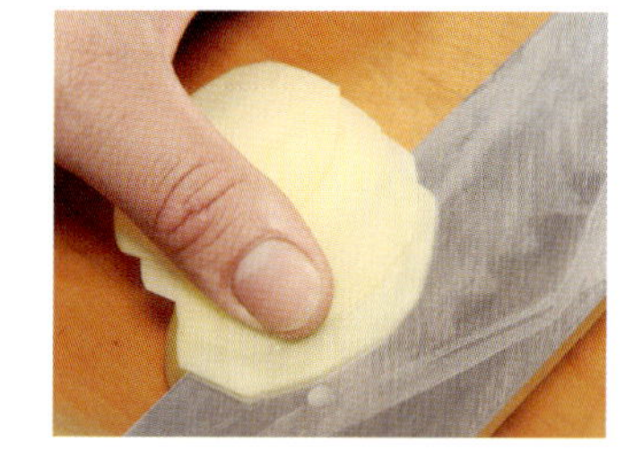

1

半分に切った物(P233の5参照)の切り口を下にして置き、包丁をねかせ、薄くそぎ切りにする。

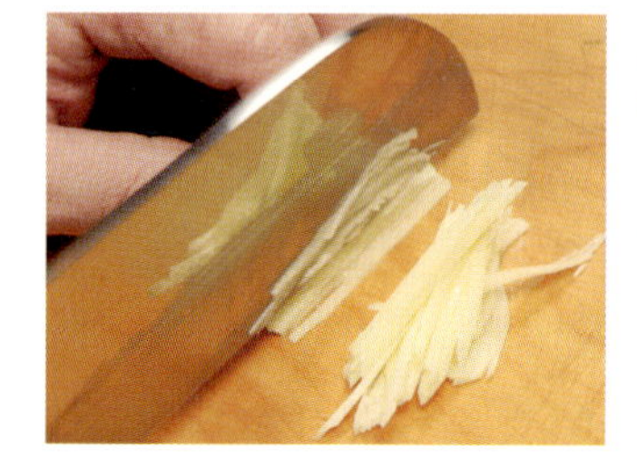

2

そぎ切りにしたら重ねて置き、端から細切りにする。

千六本-2（薄刃包丁）

1

上下を切り落とし、皮をむき、芽を取る。

2

桂むきをし、適当な長さに切って重ね、端から細切りにする。

じゃが芋のうに和え

材料（2人分）

じゃが芋 … 1個
三つ葉 … 3～ 4本
塩粒うに（裏漉ししたもの）… 大さじ1～ 2
卵黄 … 1/2個

作り方

1. じゃが芋は皮をむいて1cmの角切りにし、素揚げにする。
2. 三つ葉はサッとゆでて冷水に取り、水けを取って3cmの長さに切り揃える。
3. 塩粒うにに卵黄を合わせてのばし、**1**のじゃが芋、**2**の三つ葉と和えて、器に盛る。

大原女（おはらめ）揚げ

材料（2人分）

a
- じゃが芋 … 1個
- グリーンアスパラガス … 1/2本
- 人参 … 40g
- 牛蒡 … 30g

海苔 … 1cm×10cm
天衣（P227参照）・揚げ油 … 各適量
しし唐辛子・すだち … 各適量

作り方

1. aを4cmの拍子木切りとする。
2. バランスよく束ねて、中心を帯状の海苔で留める。
3. 天衣をつけて、160～ 170℃の揚げ油で揚げる。
4. 器に盛り、素揚げしたしし唐辛子、すだちを添える。

辛子浸し

材料（2人分）

じゃが芋 … 1個
三つ葉 … 3～ 4本
【浸し地】

a
- 出汁 … 140cc
- 薄口醤油 … 20cc
- 酒 … 70cc

削り節 … 適量
和辛子 … 適量

作り方

1. じゃが芋は4cmの桂むきにして、粗めのせんきりにする。
2. 三つ葉はサッとゆで、冷水に取り、水けをきって、4cmの長さに切る。
3. aを合わせて火にかけ、沸いてきたら追い鰹をし、こして冷ましておく。
4.3の浸し地に好みで和辛子を溶き、**1**のじゃが芋を浸け、器に盛る直前に、三つ葉と和える。
5. 器に盛り、削り節を添える。

薩摩芋（さつまいも）

【旬】
八月から十一月が旬。各地で栽培されているため、一年中出回る。

【目利き】
表面の色が鮮やかでツヤがあり、表面に傷やシワがなくなめらかな物。ふっくらとした形でずっしりと重い物。先端が黒く変色していない物が新鮮。

【保存法】
新聞紙に包み、冷暗所に保存。低温と乾燥に弱いので、冷蔵庫に入れない。

薄切り（薄刃包丁）

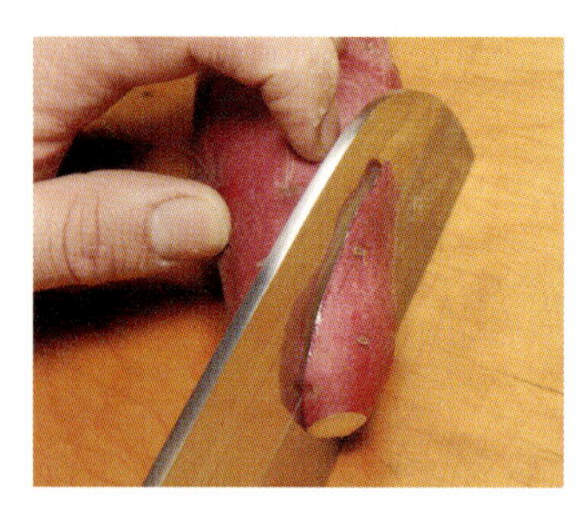

1
斜めに置き、包丁はまっすぐ構え、端は切り落とす。

2
2～3㎜の厚さに、端から切る。

仕上がり

乱切り（薄刃包丁）

1
先を切り落とす。

2
斜めに置き、包丁の角度は変えずに、手前に回転させながら斜めに切る。

仕上がり

丸むき（薄刃包丁）

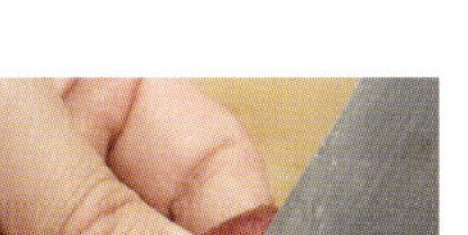

1

5cmほどの長さに切った物を縦の十字に4つに切り、桂むきの要領でむいていく。

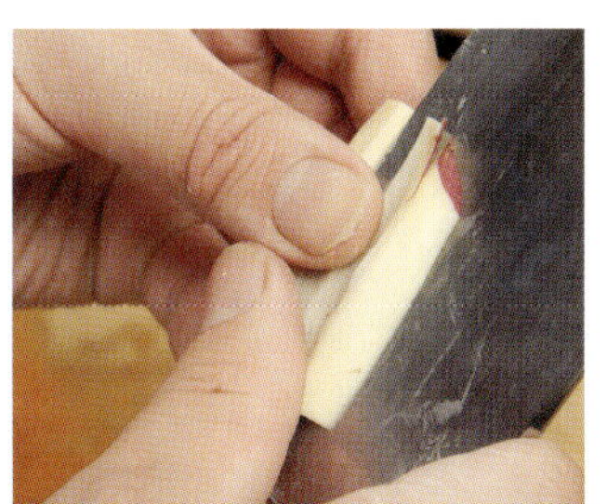

2

1は角を落とし、丸くなるようにむいていく。

仕上がり

桂むき→せん切り（薄刃包丁）

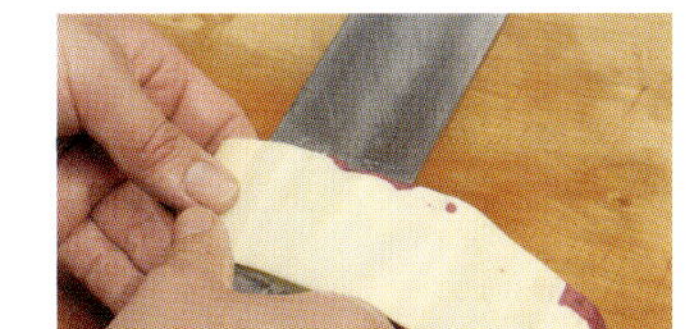

1

皮をむいた薩摩芋は5cmほどの長さに切り、回しながら桂むき（P252参照）する。

2

皮の部分は除き、中の部分だけを適当な長さに切り、端から細切りにする。

仕上がり

薩摩芋の蜜煮

材料（2人分）

薩摩芋（細い物）…1本

a［水…250cc
　 砂糖…120g

【ミョウバン水】

b［ミョウバン…小さじ1
　 水…500cc

くちなしの実…1～2個

作り方

1. 薩摩芋は1cmの輪切りにして、面取りし、bのミョウバン水に浸しておく。

2. 水500cc（分量外）にくちなしの実を適当な大きさに切り入れ、火にかけ煮出して、色出しし、こしておく。

3. **1**の薩摩芋を取り出して水で洗い、**2**の色出しした煮汁で火が通るまで煮ていき、火が通ったらそのまま粗熱を取る（鍋止め）。ザルに上げ、水けをきっておく。

4. aを合わせ火にかけ、ふたをして煮詰めてシロップを作り**3**の薩摩芋を入れ、煮含めていき仕上げる。

里芋（さといも）

【旬】
九月から三月が旬。

【目利き】
全体にふっくらとした形の物で、横縞がくっきりしていて色むらがない物が新鮮。古い物は赤や黄色の斑点が出るので、ない物を選ぶ。泥がついて湿っている物のほうが味も鮮度もよい。

【保存法】
泥つきのものは、新聞紙に包んで冷暗所に保存。洗った物は、ビニール袋に入れ冷蔵庫の野菜室に入れて保存。

六方むき（薄刃包丁）

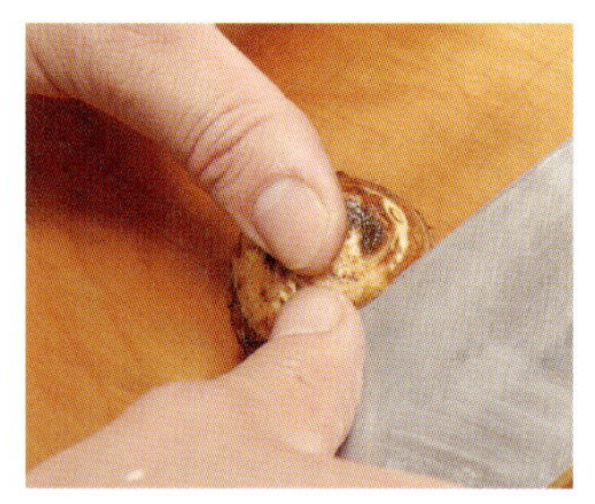

1
上下を切り落とす。

2
切り口が六角になるように向こう側から手前へ皮をむいていく。

皮をむく（薄刃包丁）

1
上下を切り落とす。

2
包丁でそぐように上のほうから下へ皮を取っていく。

里芋の含め煮

材料（2人分）

里芋…6個

a
- 出汁…500cc
- 塩…適量
- みりん…50cc
- 酒…50cc
- 昆布…4cm角

薄口醤油…小さじ1/2

青柚子の皮（せん切り）…少々

作り方

1. 鍋にたっぷりの水、軽くひとつまみの米（分量外）を入れ、六方むきにした里芋をやわらかくなるまで煮る。水に軽くさらし、にごりを取ったら、ザルに上げ水けをきる。鍋に戻し、ひたひたの水を入れて火にかけ、沸いたらザルに上げ水けをきる。

2. 別の鍋にaと**1**を入れ火にかけ、沸いてきたら弱火にして、じっくり20分ほど煮、薄口醤油を加えて仕上げる。青柚子の皮を添える。

鶴の小芋（薄刃包丁）

1

六方にむいた物を横半分に切り、斜めにV字になるように切り込みを入れる。

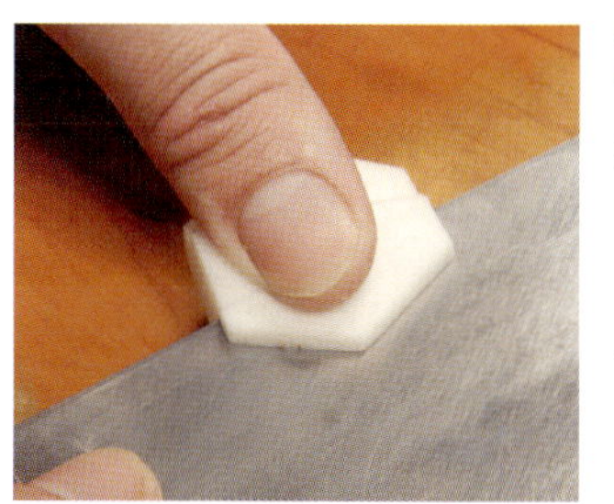

2

端から切り込みにむかって薄切りにし、三角形を浮き立たせる。

面取り（薄刃包丁）

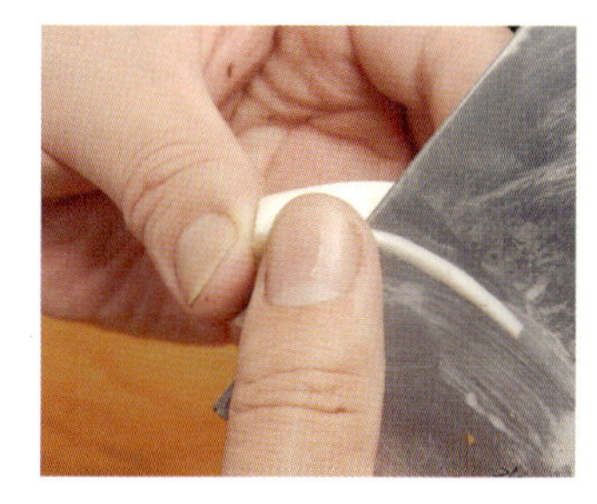

1

上下を切り落とし、縦に半分に切る。

2

皮をむき、角をなくすように面取りする。

山芋（やまいも）

【旬】
低温貯蔵での出荷調整が可能で一年中出回るが、秋から冬が旬。

【目利き】
長芋は細めの物より、ずんぐりとした物が良質。大和芋は表面が白くきれいでハリがあり、傷や斑点のない物を選ぶ。

【保存法】
おがくずつきの物はそのまま取らずに、少し湿らせた状態でおき、特に冷蔵庫に入れる必要はない。

せん切り［長芋］（薄刃包丁）

1
右記の要領で皮をむき、切り口を下に置き、端から薄切りにする。

2
薄切りにした物を重ね、端から繊維に沿って細切りにする。

仕上がり

皮をむく［長芋］（薄刃包丁）

1
皮つきのまま5cm長さに切る。包丁を前後に動かしながらゆっくり切らないと身割れするので注意する。

2
桂むきの要領で、皮を厚めにむく。

仕上がり

角切り[長芋](薄刃包丁)

1

皮をむき、切り口を下にしておき、端から5㎜の厚さに切る。

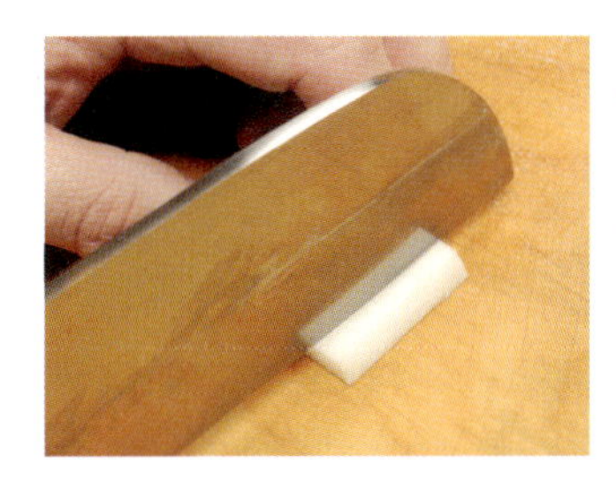

2

1を重ね、端から5㎜幅の拍子切りにする。

3

数本揃えて横向きに置き、端から5㎜角になるように切り揃える。

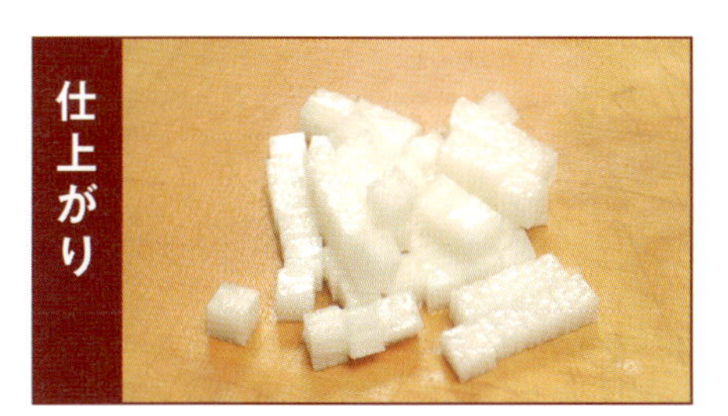

仕上がり

たたき[長芋](薄刃包丁→柳刃包丁)

1

適当な長さに切って皮をむき、縦に半分に切る。

2

端から包丁のみねで叩くように削り落とす。

3

包丁を軽く持ち、落とすようにしながら叩く。

仕上がり

Column

山芋を叩くときは、包丁のみねで削るように叩く方法の他に、1cm 角など適当な大きさに切り、麺棒で叩く方法もある。

桂むき→そうめん［長芋］（薄刃包丁）

1

20cmほどの長さに切り、包丁を前後に動かしながら皮をむき、桂むきをする。

2

桂むきにした1を重ねて置き、端から細切りにしていく。

3

細切りにしたら水に放し、水けをきる。

仕上がり

すりおろし［長芋］

1

皮をすべてむくと滑りやすいので、おろす分だけ皮をむき、円を描くようにしておろす。

仕上がり

鶏の照り焼きとろろかけ

材料（2人分）

鶏もも肉…120g
小麦粉…適量
サラダ油…適量
a［みりん・酒…各60cc
　 醤油…10cc
山芋（おろしたもの）
…60～80g
山葵…適量

作り方

1. 鶏もも肉は一口大に切り、小麦粉を軽くまぶす。
2. フライパンにサラダ油をひき、鶏肉を焼き色がつくまでこんがり焼く。フライパンに残っている余分な油をペーパータオルでふき取る。
3. 2にaを入れ、焦がさないよう飴状になる手前で火を止め、器に盛り、おろした山芋をかけ、山葵を添える。

玉葱（たまねぎ）

【旬】
北海道産の玉葱は秋が旬。その他は初夏が旬。新玉葱は春が旬。

【目利き】
首の部分が細くて締まっている物で、芽が出ていない物。根があまり伸びていない物。皮全体がよく乾き、ツヤのある物。中身がかたく締まっていて、薄皮と身の間に隙間がなく、重みがある物が新鮮。

【保存法】
新聞紙に包んで、冷暗所に保存。または冷蔵庫の野菜室に保存してもよい。切った玉葱はラップに包んで保存。

皮をむく→薄切り（薄刃包丁）

1
葉つきのほうから、包丁と親指で皮を挟み、引っぱって皮をむく。

2
全ての皮をむく。

3
根元を切り落とす。

4
縦に半分に切る。

5
切り口を下にして置き、端から繊維に沿って薄切りにする。

半月切り（薄刃包丁）

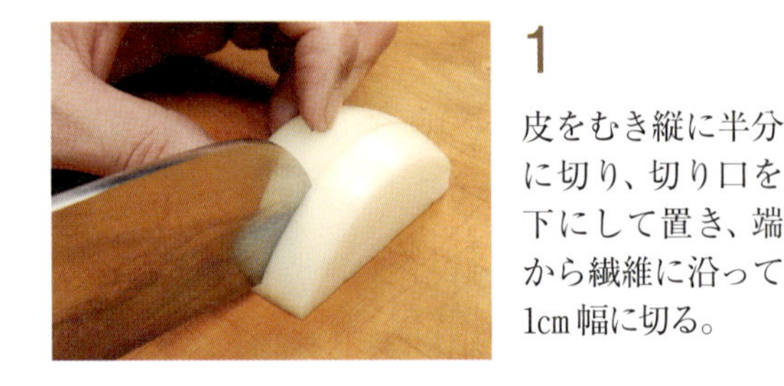

1

皮をむき縦に半分に切り、切り口を下にして置き、端から繊維に沿って1cm幅に切る。

みじん切り（薄刃包丁）

1

皮をむき縦半分に切り、切り口を下にして置く。

2

根元を向こう側にして置き、根元を切り離さないように縦に細かく切り込みを入れる。

3

根元を左にして横向きにし、包丁を水平にして切り込みを入れる。

4

端からきざんでいく。

5

切り込みを入れた部分が広がらないように、両脇からも指でしっかり押さえきざむ。

6

大きさを揃えるために包丁で細かくきざむ。左手で包丁のみねを押さえながら切るとやりやすい。

玉葱のかき揚げ

材料（2人分）

玉葱 … 1/2個
小麦粉 … 適量
天衣（P227参照）… 適量
揚げ油 … 適量
しし唐辛子（数箇所穴を開けた物）… 2本

作り方

1. 玉葱を1cm幅の薄切りにし、小麦粉をまぶす。
2. 天衣を作り、**1** の玉葱と合わせからめ、浅い玉じゃくしに取り、160℃の揚げ油で揚げ始め、形がととのったら火を強め、170℃強くらいまで上げ、カリッと仕上げる。素揚げしたしし唐辛子を添える。

牛肉のたたき

材料（2人分）

牛ランプ肉 … 150g
玉葱 … 1/2個
生姜 … 30g
ザーサイ … 60g
茗荷 … 2個
a ┌ 出汁 … 240cc
　│ 醤油 … 40cc
　└ みりん … 20cc
粉ゼラチン … 8g
ラー油 … 適量

作り方

1. 玉葱、生姜、ザーサイはみじん切り、茗荷は小口切りにする。
2. 牛肉は網焼きにする（ミディアムレア）。
3. aを合わせひと煮立ちさせ、ふやかした粉ゼラチンを煮溶かして、冷やし固める。固まったら、ホイッパー等でかき混ぜ、ラー油を加えジュレを作る。
4. **2** を一口大に切り、**1** をのせ、**3** のジュレをかける。

栗の蜜煮

材料（2人分）

栗 … 6個
くちなしの実 … 1～2個
【ミョウバン水】
┌ 水 … 500cc
└ ミョウバン … 小さじ1
【シロップ】
a ┌ 水 … 250cc
　└ 砂糖 … 120g

作り方

1. 栗は鬼皮、渋皮をむき（P246参照）、ミョウバン水に浸ける。
2. 水500cc（分量外）にくちなしの実を適当な大きさに切り入れ、火にかけ煮出して色出しし、こしておく。
3. **1** の栗を取り出して水で洗い、**2** の煮汁で栗がやわらかくなるまで煮て、そのまま粗熱を取る。ザルに上げ、水けをきっておく。
4. aを合わせ火にかけ、ふたをして煮詰めてシロップを作って **3** を入れ、煮含める。

栗（くり）

【旬】
九月中旬から十月下旬が旬。

【目利き】
表面の鬼皮の色が濃く、みずみずしくツヤがある物。持って重みを感じる物が良質。

【保存法】
おがくずの中やビニール袋に入れて冷蔵庫で保存。

皮をむく→ゆでる（薄刃包丁） 料理はP245

1
栗の上のほうに包丁の刃元を入れる。

2
鬼皮を引っぱりながらむく。渋皮と実の部分も一緒にむく。

3
渋皮が残った部分もていねいにむく。上から下へ包丁を動かし、きれいな形に仕上げる。

4
鬼皮、渋皮をむいた状態。

5
皮をむいたら、ミョウバン水にさらしてアクを抜き、ゆでるときはくちなしの実とあればぬかを入れてゆでる。

牛蒡（ごぼう）

【旬】
十一月から二月が旬。
新牛蒡は六月から七月が旬。

【目利き】
表面がひび割れていない物で、乾燥してかたくなっていない物。まっすぐ伸びている物が新鮮。泥つきの物は鮮度が落ちにくく、香りもよい。

【保存法】
泥つきの牛蒡は、新聞紙に包み冷暗所に保存。洗った牛蒡は、ラップに包み冷蔵庫の野菜室に保存。

皮をこそぐ→ささがき（薄刃包丁）

1
牛蒡はサッと洗い、包丁の刃先やみねをあてて表面の皮を薄くこそげ取る。

2
左手で牛蒡をしっかりと押さえ、刃を外側に向けてねかせそぎ切りにする。

3
左手で牛蒡を前後に転がしながら切る。

4
太い部分は、縦に数カ所切り込みを皮目だけに入れる。

5
同様に刃を外側に向けてねかせ、牛蒡を前後に転がしながらそぎ切りにする。

仕上がり

たたき牛蒡（薄刃包丁）

1

皮をこそぎ、3㎝ほどの長さに切る。

2

縦に半分に切る。

3

棒でざっくり割れるまで叩く。

千六本（薄刃包丁）

1

皮をこそぎ、3㎝ほどの長さに切る。

2

縦に2㎜の厚さに薄切りにする。

3

薄切りにした2を数枚重ねておき、繊維に沿って2㎜幅に切る。

Column

千六本とせん切りの違いは、千六本のほうがせん切りよりも少し太く、マッチ棒ぐらいの太さに切ること。きんぴらや和え物に。

きんぴら

材料（2人分）

牛蒡 … 100g
サラダ油 … 適量
長葱（青い部分）… 1本分
a
- 酒 … 45cc
- 醤油 … 30cc
- 砂糖 … 大さじ1

白胡麻 … 大さじ1
鷹の爪（小口切り）… 少々

作り方

1. 牛蒡はよく洗い、粗めのささがきにする。
2. フライパンにサラダ油を熱して、1、長葱の青い部分を加えて炒める。
3. 油がなじんできたらaを入れ煮からめ、汁がなくなってきたら長葱を外して、白胡麻、鷹の爪を入れ、仕上げる。

たたき牛蒡のナッツ和え

材料（2人分）

牛蒡 … 2本
カシューナッツ … 80g
a
- 出汁・酢 … 各75cc
- 醤油 … 120cc
- 砂糖 … 80g

酢 … 適量
木の芽 … 適量

作り方

1. 牛蒡は5cmの長さに切る。縦4つに切り、包丁のみねで叩いて割れ目を入れる。
2. カシューナッツをフライパンで炒り、すり鉢で粒が多少残るぐらいにする。aを合わせ火にかけ、沸いてきたら熱いうちにカシューナッツと合わせる。
3. 酢を5%ほど入れた湯で1の牛蒡をゆでる。水けをきり、熱いうちに2と合わせて器に盛り、木の芽を飾る。

海老みの揚げ

材料（2人分）

牛蒡 … 1/3本
海老（無頭）… 2尾
小麦粉 … 適量
卵白（布こしした物）… 1個分
海苔 … 1cm× 10cm
揚げ油 … 適量
天衣（P227参照）… 適量
すだち・山椒塩 … 各適量

作り方

1. 牛蒡は5cmの千六本とする。水にさらしアクを抜き、ザルに上げ水けをきる。海老は殻をむいて背ワタを取り、平らに伸ばす。
2. ラップを敷き1の牛蒡を並べ小麦粉をまぶし、卵白を軽く塗る。海老にも同じ作業をする。
3. 海老を牛蒡の中心にのせて巻き、海苔を中心で止める。160～170℃の揚げ油で薄めの天衣をつけて揚げ、器に盛り、すだちと山椒塩を添える。

大根（だいこん）

【旬】
十月〜三月が旬。冬に甘みが増しておいしくなる。

【目利き】
全体的にハリがあり、表面にツヤがあってシミや傷がない物。茎がみずみずしく、茎のつけ根が盛り上がっていない物で、ずっしりと重い物。葉つきの物は、葉色が緑色の鮮やかな物が新鮮。

【保存法】
葉と根を切り落とし、根はラップで包み、冷蔵庫の野菜室に立てて保存。葉はゆでて冷凍保存するとよい。

葉を落とす→皮をむく［ねじむき］（薄刃包丁）

1
葉元を切り落とす。

2
半分の長さに切る。

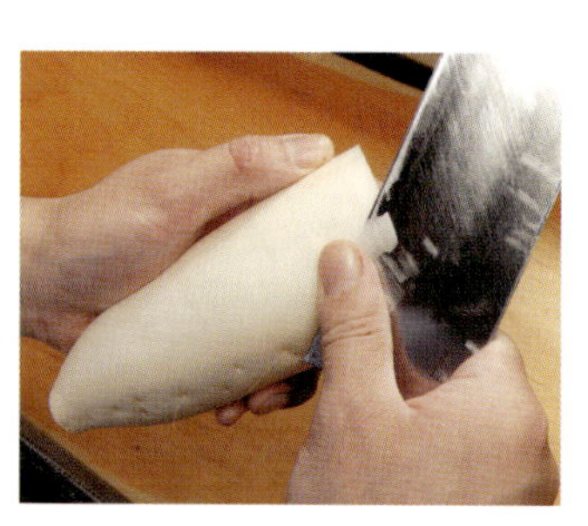

3
左手で大根を縦に持ち、包丁の角度は一定にして、大根を外側に押し出すようにしてむく。

4
右手は内側に倒すように動かす。

仕上がり

Column

ねじむきはきれいな丸みを帯びた形に仕上げたい時に用いる。他に縦むきがあるが、これは形の悪い大根をむく時に用いられる。

大根の当座煮

材料（2人分）

鶏ひき肉 … 30g
大根の皮 … 100g
大根の葉 … 1/2本分
a ┌ 酒 … 45cc
　│ 醤油 … 30cc
　└ 砂糖 … 大さじ1
サラダ油・白胡麻
… 各適量

作り方

1. 鶏ひき肉は熱湯にくぐらせ、ほぐしておく。
2. 厚めにむいた大根の皮を4cmのせん切りにする。大根の葉は小口切りにする。
3. フライパンにサラダ油を熱し、大根の皮を炒め、ひき肉を加え、なじんできたらaを入れ、大根の葉を入れ、煮からめて仕上げる。
4. 器に盛り、白胡麻をかける。

皮のせん切り（薄刃包丁）

1

15cm長さの円筒形の大根を使う。左手で縦に持ち、包丁を上下に動かしながら内側に回転させ、皮をむく。

2

皮を適当な長さに切り分け重ねて置き、幅を半分にする。

3

長さを半分に切る。

4

端から細切りにする。

仕上がり

Column

せん切りは桂むきしてから、細く切る場合（P252）切り方と、断面を下にして縦に薄切りにして横に倒して重ね、端から細く切る方法がある。

桂むき→せん切り1［縦けん］（薄刃包丁）

1

15cm長さの円筒形で皮をむいた物を左手で縦に持ち、包丁を前後に動かし、むいていく。

2

大根を送り込むように回転させ、使う分まで薄くむいていく。

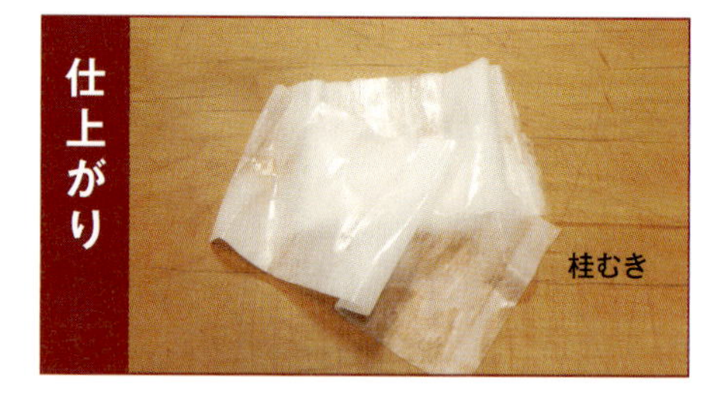

3

桂むきにしたものを適当な長さに切る。

4

3を重ねて端から繊維に直角になるように細切りにする。

桂むき→せん切り2［横けん］（薄刃包丁）

1

桂むきにしたものを適当な長さに切る。

2

3枚ほど重ね、繊維に沿って丸める。

3

左手でまとめて持ち、端から細切りにする。

輪切り→面取りする→隠し包丁をする（薄刃包丁）

1

長さを3等分した大根を左手で押さえて安定させ、まっすぐに包丁を入れて切る。

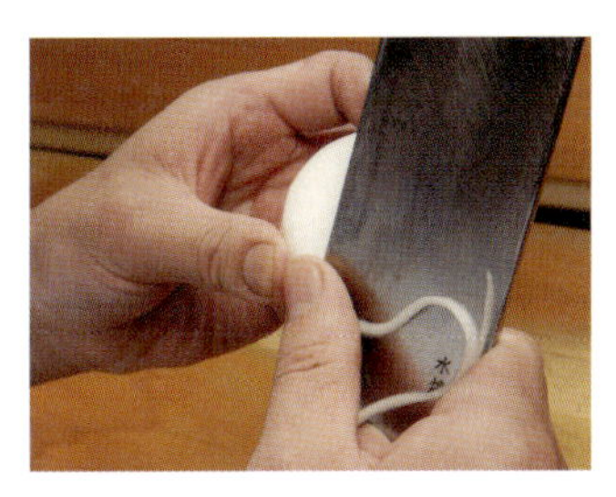

2

包丁を一定の角度にし、大根を左手で回転させて包丁を送り込み、面取りをする。

3

裏面に十字の切り込みを入れる。全体の厚みの1/3くらいまで切り込みを入れる。

4

下ゆでをする。煮物の時には米のとぎ汁と一緒に下ゆでをする。

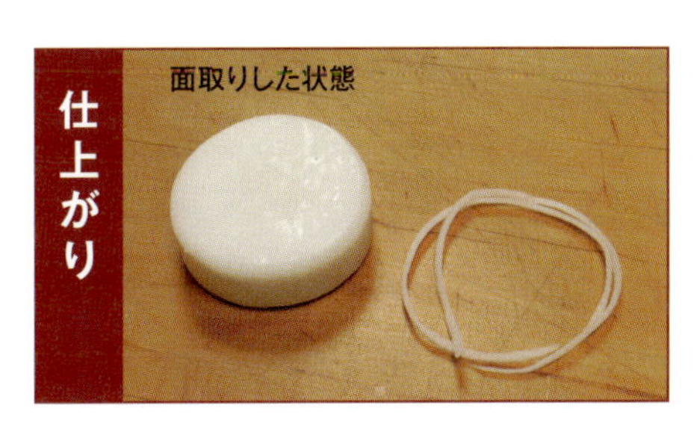

材料（2人分）

大根…1/4本
米のとぎ汁…適量

a
- 水…500cc
- 昆布…2.5cm角
- 塩・酒…各小さじ1/2
- 薄口醤油…小さじ1/3～1/2
- 煮干し…3本

【玉味噌】※作りやすい分量

b
- 白粒味噌（裏ごしした物）…100g
- 卵黄…1/2個
- 酒・みりん・砂糖…各大さじ1/2

木の芽…適量

作り方

1. 大根は輪切りにして面取りし、隠し包丁をする。米のとぎ汁で中火で煮、やわらかくなったら水にさらす。

2. 鍋に**1**、ひたひたの水を入れて沸いたら取り出し、ザルに上げて水けを飛ばす（陸上げ）。aを合わせ、大根を入れて弱火でじっくり煮る。

3. bを合わせ火にかけ、じっくり練り上げ、大根の煮汁で軽くのばす。

4. 器に**2**の大根を盛り、**3**を適量かけ、木の芽を添える。

半月切り→いちょう切り（薄刃包丁）

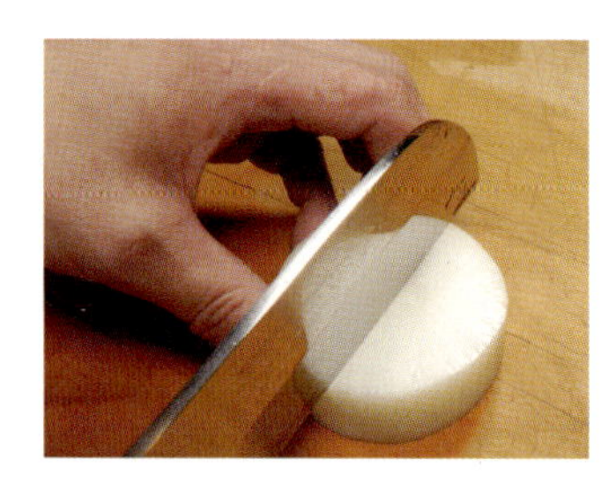

1

輪切りにして切り口を下にしておき、半分に切る（半月切り）。

2

半月切りにした物をさらに半分に切る（いちょう切り）。

面取り（薄刃包丁）

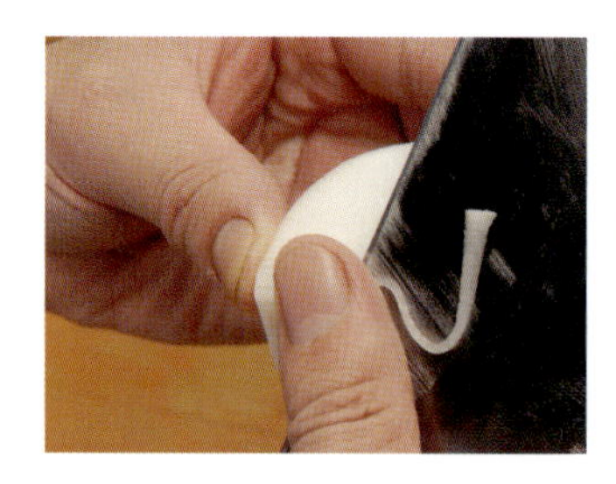

1

包丁を一定の角度にし、大根を左手で回転させて包丁を送り込み、面取りをする。

鰤あら大根

材料（2人分）

鰤のあら…100～150g
大根…1/4本
生姜（せん切り）…適量
a
- 水…100cc
- 出汁・酒…各50cc
- 醤油・みりん…各25cc
- 砂糖…大さじ1

木の芽・柚子の皮（せん切り）…適量

作り方

1. 大根は3～4cm幅の輪切り、またはいちょう切りにし、米のとぎ汁（分量外）で串が通るぐらいまでゆでておく。

2. 鰤のあらは適当な大きさに切り、さっと熱湯をかけて氷水に取り、血合い、ウロコなど汚れを取る。

3. 鍋に**1**、**2**、aを入れ、煮詰めていく。煮汁が半分になったら、生姜のせん切りを入れ仕上げる。

4. 器に盛り、木の芽と柚子の皮を飾る。

白菜（はくさい）

【旬】
産地の違う物が通年出回るが、十月から二月が旬。

【目利き】
ずっしりと重く、葉の巻きがしっかりとしていて密になっている物。根元に傷みがなく、葉の緑色の部分が細かく縮れている物が新鮮。

【保存法】
丸ごとの時は新聞紙に包み、立てて冷暗所に保存。切った物は、ビニール袋に入れるかラップに包み、冷蔵庫の野菜室に保存。

葉を外す→ざく切り（薄刃包丁）

1
芯のつけ根に切り込みを入れながら葉を外す。包丁の刃元を使って切り込みを入れるのがポイント。

2
はがした葉を縦に半分に切る。

3
横に置き直し、大きめに切る。

ざく切りにした白菜は鍋物や煮物に向く。芯をそぎ切りにすれば、火の通りもよくなるため、炒め物にも便利。

短冊切り（薄刃包丁）

1

葉をはがし、芯の下の部分を切り落としてから、5cm幅に切る。

2

1を横に置き、葉の部分を切り取る。

3

重ねて端から繊維に沿って1cm幅に切る。

鮭白菜巻き

材料（2人分）

白菜…2～4枚
鮭（切り身）…90～100g
塩・白胡麻…各適量
莢豌豆…5～6枚
a［水…250cc
　 薄口醤油・酒…各10cc

作り方

1. 白菜を焦がさないように網の上で焼き、水分を飛ばす。
2. オーブンペーパーを15cm幅に切り、数カ所に切り目を入れる。
3. 鮭を2cm角の棒状にして、塩をして20分おいた後、熱湯をサッとかけ、氷水に取って水けをふき取る。
4. **1**を鮭の幅に合わせて切って、**2**の上におき、**3**を中心にして巻き、たこ糸で3カ所ほどしばる。
5. 鍋にaを合わせ、**4**を入れて煮る。食べやすい大きさに切り、ペーパーを外して器に盛り、ゆでて笹打ちした莢豌豆を添え、白胡麻をふる。

蓮根（れんこん）

【旬】
ほぼ一年にわたり収穫されるが、旬は九月から三月。寒い冬の時期こそおいしくなる。新蓮根と呼ばれる物は、初夏が旬。

【目利き】
皮が薄いクリーム色でふっくらとしたハリのある物。表面にツヤがあり、傷がない物。全体にみずみずしく、穴の中が黒ずんでいない物が良質。

【保存法】
新聞紙に包んで冷暗所に保存。切った物はラップで包み、冷蔵庫の野菜室で保存。

ねじむき→乱切り（薄刃包丁）

1
節と節を切り離す。蓮根は割れやすいので、包丁を前後に動かしながらゆっくりと切り離す。

2
左手で蓮根を持ち、包丁の角度は一定にして、蓮根を外側に押し出すようにしてむく（ねじむき）。

仕上がり
ねじむき

3
左手で蓮根を回し、切り口が上を向くようにして、同じくらいの大きさになるように斜めに切る。

仕上がり
乱切り

花にむく→薄切り[花蓮根](薄刃包丁)

1

両端を切り落とし、穴と穴の間にあたる部分に、V字の切り込み入れていく。こうすると形を整えやすくなる。

2

1でつけたくぼみに向かい、穴のまるみに沿って少しずつそいで、花びらの形に整える。

3

花びらの形に整えた状態。

4

端から輪切りにする(花蓮根)。

筑前煮

材料(2人分)

- a
  - 蓮根・里芋…各80g
  - 人参・牛蒡…各50g
  - 椎茸…2枚
- 蒟蒻…80g
- 鶏もも肉…100g
- サラダ油・木の芽…各適量
- 水…300cc
- b
  - 砂糖…大さじ1強
  - 醤油…大さじ1・1/2
  - みりん…大さじ1

作り方

1. aは一口大の乱切りにする。蒟蒻、鶏もも肉もaと大きさを合わせる。
2. **1**の材料を湯通ししておく。
3. 鍋にサラダ油を熱し、中火強でaと蒟蒻を炒め、なじんできたら鶏肉を入れさらに炒める。分量の水を加え、沸いたらbを順に加え、煮汁をからませるように仕上げる。器に盛り、木の芽を添える。

花蓮根の甘酢漬け

材料(2人分)

- 蓮根…1節
- 鷹の爪…適宜

【甘酢】

- 酢・水…各120cc
- 砂糖…30g
- 塩…3g

作り方

1. 蓮根を花蓮根にする。
2. 酢(分量外)を入れた湯で蓮根をゆでてザルにあげる。
3. 合わせてひと煮立ちさせ、冷ました甘酢に**2**を入れ、1時間ほど漬ける。

カリフラワー ブロッコリー

【旬】
カリフラワーは冬から春先が旬。ブロッコリーは十一月から二月が旬。

【目利き】
カリフラワーはつぼみの部分が白くぎっしりと詰まっていてかたく、下葉をくい込ませているくらいの物がよい。ブロッコリーは全体的に濃い緑色で、つぼみが小さく色鮮やかで、かたくキュッとしまっていると新鮮。

【保存法】
新聞紙に包んでビニール袋に入れ、冷蔵庫の野菜室で保存。小房に分けてゆでた物を保存する時は、ビニール袋に入れ、冷凍保存してもよい。

下処理［カリフラワー］（薄刃包丁）

仕上がり

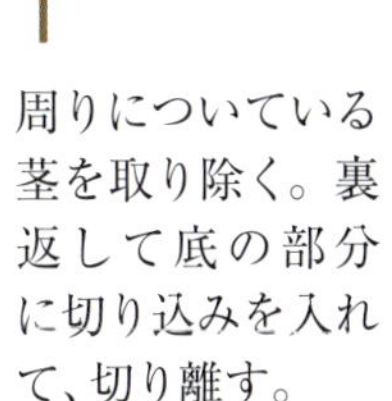

1
周りについている茎を取り除く。裏返して底の部分に切り込みを入れて、切り離す。

2
つぼみの部分だけにする。

3
茎の根元に切り込みを入れ、小房に分ける。大きい物は半分に切る。

Column

カリフラワーは酢を加えた熱湯でゆでると、酢の漂白作用で白くゆで上がる。小麦粉も加えるとアクが抜けるのでおすすめ。

下処理［ブロッコリー］（薄刃包丁）

仕上がり

1

周りについている細い茎を取り除く。

2

茎の根元に切り込みを入れ、小房に分ける。大きい物は半分に切る。

Column

ブロッコリーは洋風、中華料理だけでなく、和食でも用いられる食材。小房に分けてゆでて和え物にしたり、使い方もいろいろ。

茎の薄切り［ブロッコリー］（薄刃包丁）

仕上がり

1

つぼみを取り除いた茎を適当な長さに切り分け、かたい皮の部分を切り落とす。

2

左から形を整えた茎、かたい皮の部分。

3

内側のやわらかいところを、縦に薄切りにする。

Column

ブロッコリーの茎も食べられるので、捨てないで利用する。まわりのかたい皮を取り除いて、中のやわらかいところを調理する。和え物、汁物、炒め物など。

昆布シチュー

材料（2人分）

a
- カリフラワー…1/4株
- 鶏もも肉…100g
- 大根…50g
- 人参…40g
- 蒟蒻…1/4枚
- 小玉葱…2個

水…600cc
昆布…10～20g
莢豌豆（色紙切り）…適量
胡椒…適量

b
- 薄口醤油…25cc
- 酒…10cc

作り方

1. 鍋に分量の水、昆布を入れ、1時間おく。
2. aをそれぞれ一口大に切り、湯通ししておく。
3. 1 の鍋に **2** を入れ、沸いたら火を弱め、5分くらい煮たら昆布を取り出す。
4. 取り出した昆布は、フードプロセッサーにかけ細かくする。
5. b、**4** の昆布を **3** に加え軽く煮て、仕上げに胡椒、色よくゆでた莢豌豆を添える。

ブロッコリーの胡麻和え

材料（2人分）

ブロッコリー…1/4株
木綿豆腐…1/2丁
大徳寺麩…30～40g
白滝…20g

a
- 出汁…100cc
- 薄口醤油・酒…各小さじ1

白胡麻…100g
砂糖…大さじ1
薄口醤油…小さじ1

作り方

1. 豆腐は布巾に包み、重石をして水きりした後に裏ごしする。
2. ブロッコリーは一口大に切り、色よくゆでて冷水に取り、ザルに上げ水けをきる。大徳寺麩はブロッコリーより小さめに切る。白滝は食べやすい大きさに切り、aで下煮する。
3. 白胡麻は軽く炒り、すり鉢でする。**1** の豆腐を加え、砂糖、薄口醤油で味をととのえ、和え衣とする。
4. 2 のブロッコリー、下煮した白滝、大徳寺麩を **3** の和え衣で和える。

長葱（ながねぎ）

【旬】
十月から三月が旬。特に冬は甘みが増す。

【目利き】
白い部分が締まっていて、ツヤと弾力がある物。また、重みがあり、巻きのしっかりした物が良質。

【保存法】
泥つきの物は新聞紙にくるんで冷暗所に保存。切った物はビニール袋に入れて冷蔵庫の野菜室で立てて保存。

白髪葱（薄刃包丁）

1
長葱の青い部分を切り離す。

2
根元を切り離し、包丁で縦に切り目を入れ、半分にする。

3
縦半分に切った状態。内側と外側を分け、外側を使う。

4
外側の裏面を、包丁を斜めにしてそぐようにして、ぬめりを取り除く。

5
4の外側の薄皮をむく。

6
内側は除き、外側の葱のぬめりを取り除いた状態。

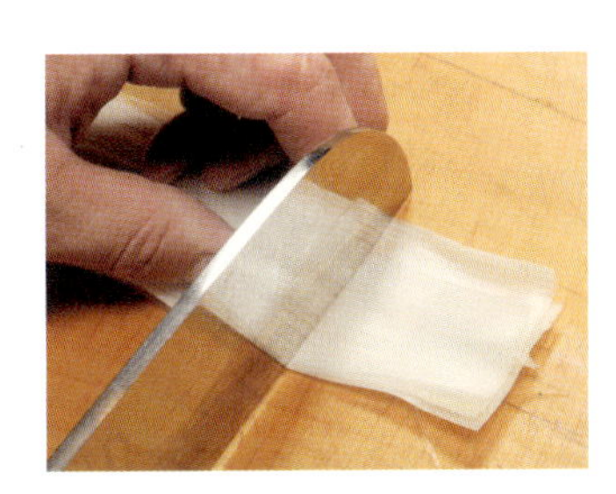

7
下処理をした葱の外側は、重ねて適当な長さに切る。

8
半分に切った葱をさらに重ね、端から繊維に沿って1mm幅で切る。

9
切った葱は水にさらす。

仕上がり

みじん切り（薄刃包丁）

1
長葱の青い部分を切り離し、縦に包丁を入れる。

2
内側と外側を分ける。

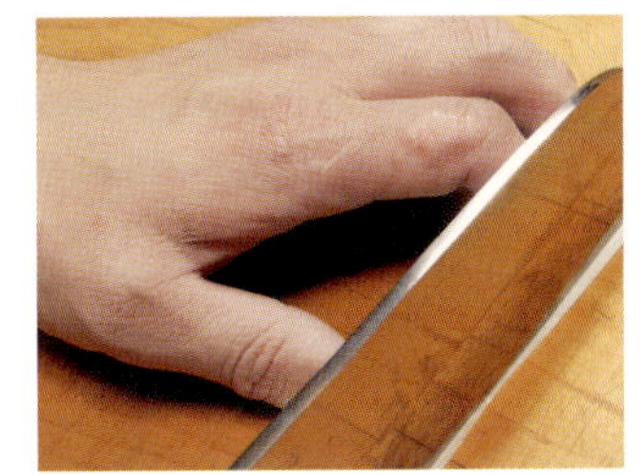

3
外側の部分を縦におき、端から細切りにする。

4
できるだけ細く切るのがポイント。

5
長さを半分に切り、まとめて端から細かく切る。

仕上がり

小口切り（薄刃包丁）

1

寸切りにした長葱を２本並べて、端から薄切りにしていく。

仕上がり

寸切り（薄刃包丁）

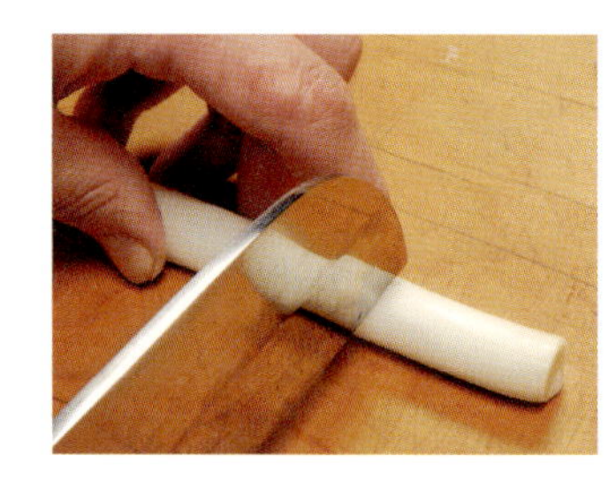

1

長葱の青い部分を切り離し、根を落とし、端から4cmくらいのところを切る。

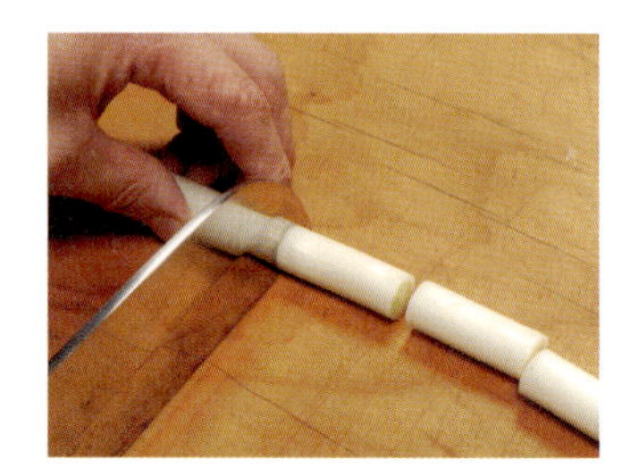

2

長さを揃えて、端からざくざく切っていく。

仕上がり

肉巻き揚げ

材料（2人分）

長葱…12cm
豚ばら薄切り肉…50g
天衣（P227参照）…適量
揚げ油…適量
すだち…適量

作り方

1. 長葱は半分の長さに切る。
2. 豚ばら肉を1枚ずつ長葱に巻き、はがれないように楊枝で留める。
3. 天衣をつけ、160～170℃の揚げ油で揚げ、一口大に切り分ける。

蕪（かぶ）

【旬】
晩秋から春が旬。小蕪は年中出回る。

【目利き】
表面がなめらかでツヤとハリがあり、傷やひげ根がない、重量感のある物。葉色にもツヤがあり、みずみずしい物が新鮮。

【保存法】
葉と根を切り離し、別々にビニール袋に入れ冷蔵庫の冷暗所に保存。この時、葉は湿らせたペーパータオルなどに包んで保存すること。

六方むき（薄刃包丁）

1
根の部分を切り落とす。

2
葉のつけ根を切り落とす。

3
根元を薄くスライスする。

4
根から葉元に向かって六角になるように皮をむいていく。

仕上がり

Column

葉を茎のつけ根から 2 ～ 3cm 残して切り、六方むきする方法もある。煮物などに向いている。

桂むき（薄刃包丁）

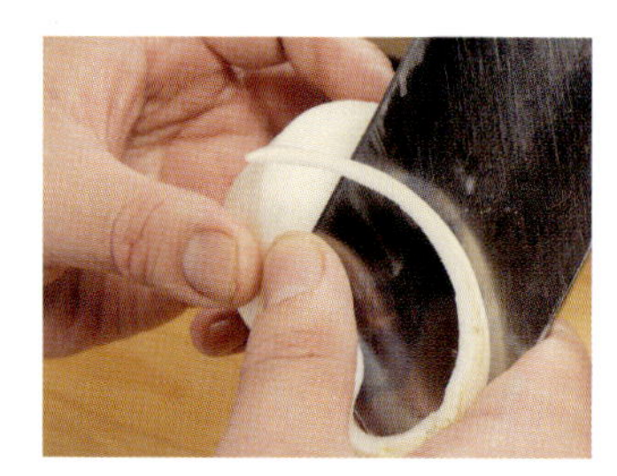

1
葉元と根元を切り落とし、皮をむく。

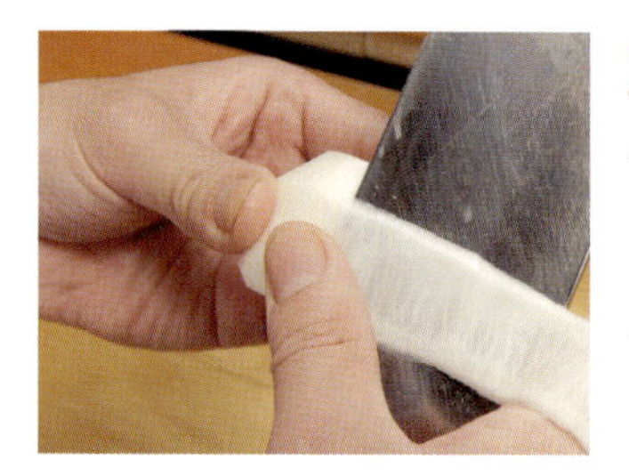

2
包丁を前後に動かし、内側に蕪を送り込むようにむいていく。

3
使う分まで薄くむいていく。

仕上がり

蕪の海老そぼろあんかけ

材料（2人分）

蕪 … 2個
海老 … 2～3本
荚豌豆 … 3～4尾
昆布 … 6cm×10cm
塩 … 適量
a ┌ 出汁 … 240cc
　│ 薄口醤油 … 20cc
　└ みりん … 20cc
水溶き片栗粉 … 適量

作り方

1. 蕪は根の部分と葉のつけ根を切り落とし、六方むきとする。
2. 海老は背ワタを取りそうじして包丁で叩き、ザルに入れる。少量の湯を入れた鍋に入れて火にかけ、ホイッパーでかき混ぜながら火を入れそぼろにする。
3. 荚豌豆は色よくゆで、色紙に切る。
4. 鍋に **1**、昆布、ひたひたより多めの水を入れて火にかけ、沸いてきたら火を弱め、じっくり煮ていく（煮すぎると崩れるので注意）。
5. 蕪に火が通る頃にはほのかな蕪の香りが出ているので、味を確認し、塩を入れ、軽く味つけする。
6. 別鍋に a を合わせ火にかけ、沸いてきたら **2**、**3** を入れ、サッと煮たら水溶き片栗粉でとろみをつける。器に **5** の蕪を盛り、あんをかける。

香味野菜（こうみやさい）

にんにく

乾燥品は年中出回る。新にんにくは5～7月が旬。身がかたくずっしりと重みのある物、頭の切り口がよくしまっている物が良質。

生姜（しょうが）

根生姜は9～10月が旬。皮に傷がなく、身がかたく締まり、ふっくらした物を選ぶ。水けをよくふき取り、ポリ袋に入れて冷蔵庫の野菜室に保存。

木の芽

木の芽は山椒の若葉のことで4～5月が旬。濃い緑色をし、葉がやわらかくみずみずしい物が良質。ぬらしたペーパータオルで包んで、ラップに包み、冷蔵庫の野菜室で保存。

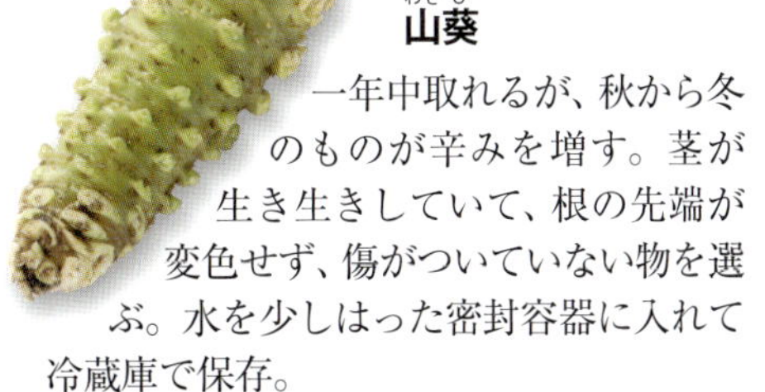

山葵（わさび）

一年中取れるが、秋から冬のものが辛みを増す。茎が生き生きしていて、根の先端が変色せず、傷がついていない物を選ぶ。水を少しはった密封容器に入れて冷蔵庫で保存。

大葉

一年中収穫される。みずみずしく鮮やかな緑色の物を選ぶ。濡らしたキッチンペーパーで包んでラップでぴっちり包み、野菜室で保存。

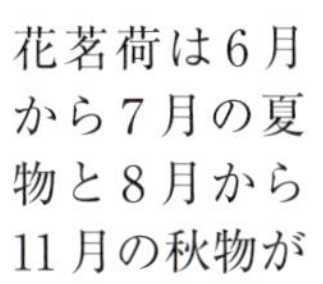

茗荷（みょうが）

花茗荷は6月から7月の夏物と8月から11月の秋物がある。先端の紅が鮮やかで、全体にふっくら太った物が良質。湿らせたペーパータオルに包みラップをし、冷蔵庫の野菜室で保存。

薄切り（薄刃包丁）

生姜

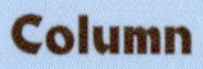

皮をつけたまま薄切りにするのは、直接食べるのではなく、煮物やゆでる時の臭み消しや風味づけの役割をもつ。そのまま食べるために使う場合は皮をむく。

1

皮つきのまま端から薄く切る。

2

同じ厚さになるように切り揃える。

薄切り→千六本（薄刃包丁）

生姜

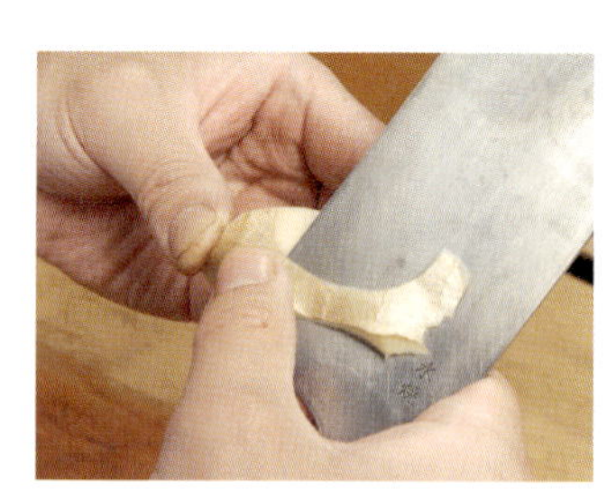

1

皮をむく。

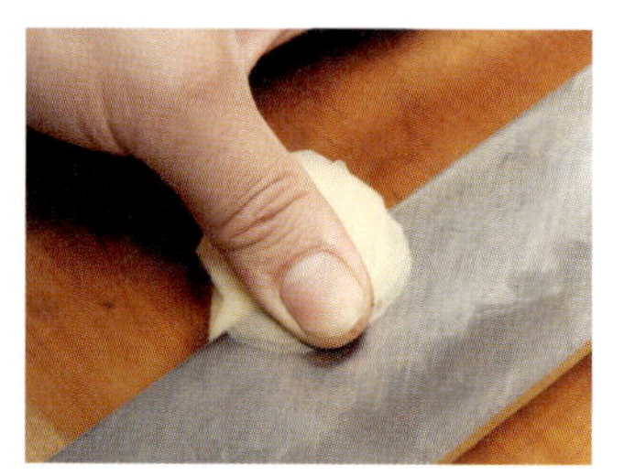

2

包丁の刃をねかせ、2mmほどの薄さにそぎ切りにする。

3

数枚重ねて置き、端から細切りにする。

4

切り終わったら水に放し、水けをきる。

生姜のせん切りを水にさらしてから、水けをきるときは、生であしらいなどに使うときに用いる。炒め物、煮物、蒸し物など加熱する時は水にさらさない。

みじん切り（薄刃包丁）

生姜

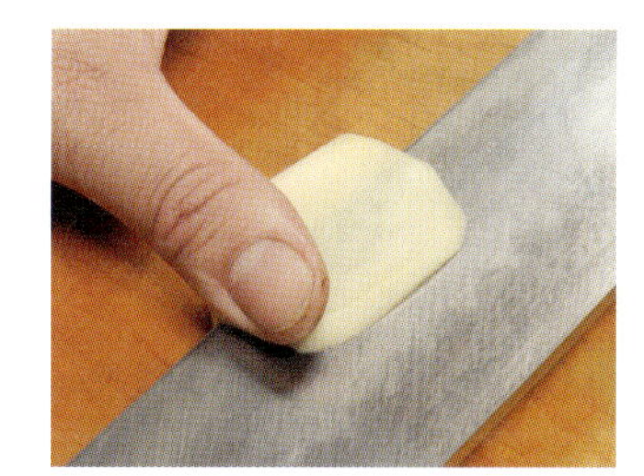

1
皮をむき、包丁の刃をねかせ、2mmほどの薄さにそぎ切りにする。

2
左手の親指でしょうがを押さえ、包丁を平行に動かすのがポイント。

3
数枚を重ねて置き、端から細切りにする。

4
細切りにした物を揃えて、横向きに置き、端から細かく切る。

仕上がり

Column
せん切りにした生姜を水にさらさず、みじん切りにするのがポイント。生でのあしらいにするなら、みじん切りにしてから水にさらす。

すりおろす（柳刃包丁）

生姜

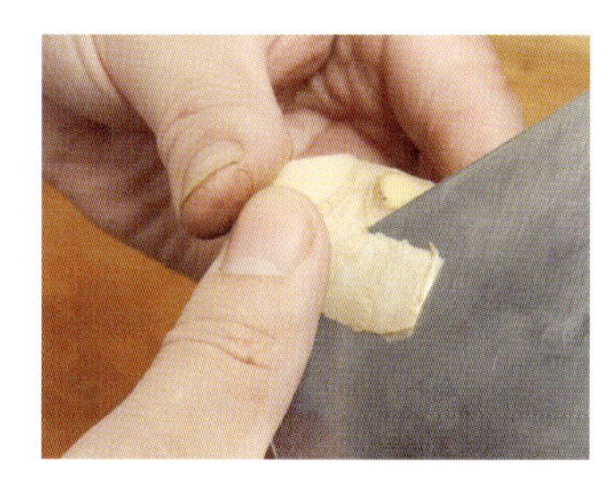

1
皮をむく。

2
すりおろし器で円を描くようにして、すりおろす。

3
繊維が残っているので、おろした物を包丁で叩き、細かくする。

仕上がり

皮をむく→中の芽を取る（薄刃包丁）

1

根元に切り込みを入れ、刃元と親指で薄皮を挟んで、引っぱるようにはがす。

2

皮をむいた状態。

3

根元を切り落とす。

4

にんにくを縦に置き、半分に切る。

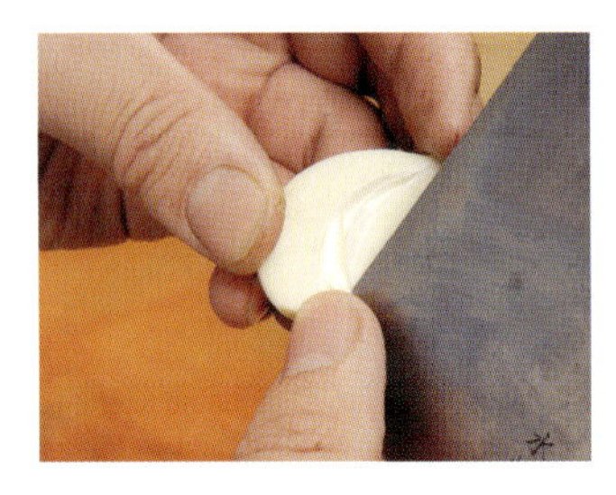

5

刃元を使って、中の芽を取り除く。

にんにくの中の芽は、臭みやえぐみのもとになるので、必ず取ること。

薄切り→みじん切り（薄刃包丁）

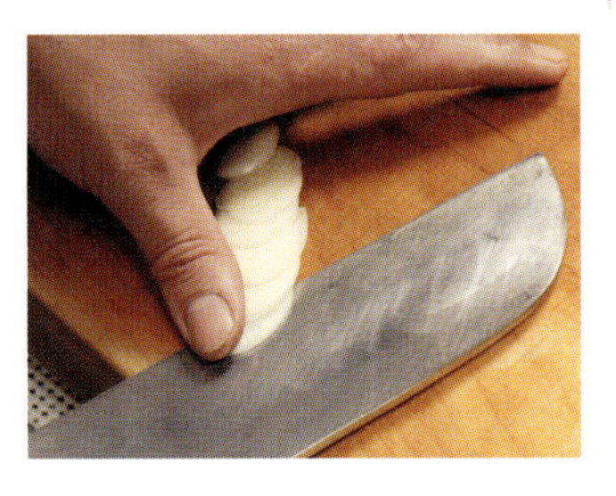

1

半分に切り芯を取り除き、切り口を下にする。包丁を横にねかせ薄いそぎ切りにする。

2

数枚を重ねて置き、端から細切りにする。

3

細切りにした物を横向きにして置き、端から細かく切る。

すりおろす（薄刃包丁）

山葵

1

葉の根元に切り込みを入れ、葉を落とす。

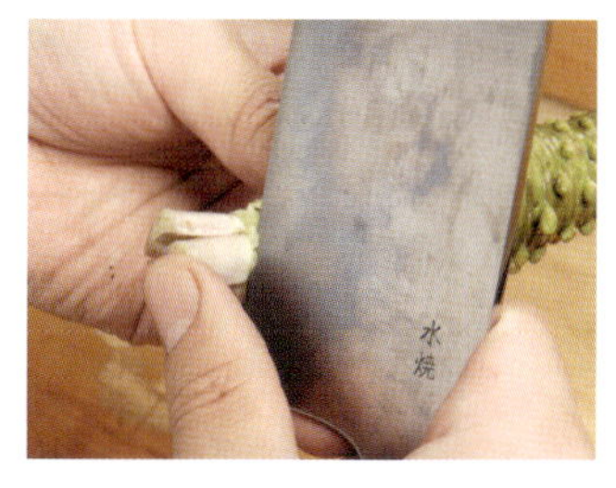

2

葉がある程度取れたら、根元を削るようにそぎ落とす。

3

葉の根元のほうから、円を描くようにして、おろす。

仕上がり

針切り（薄刃包丁）

山葵

1

3cmほどの長さに切る。

2

表面のいぼのような部分や黒ずんだ部分を桂むき（P252参照）の要領で取り除く。内側を桂むきする。

3

2を適当な長さに切り、端からせん切りにする。

仕上がり

Column

針切りをした後、水にくぐらせるとアクが抜ける。ただし、香りが抜けやすいのでさっとくぐらせる程度にしておくこと。

叩く→きざむ（薄刃包丁）

木の芽

1

数枚を左手にのせ、右手を覆いかぶすようにして、ポンと叩く。

2

包丁の先を使って、数枚を端から細かくきざむ。

仕上がり

Column

煮物や炊き込みごはんに添える時は、手のひらにのせてポンと叩く。木の芽和えや木の芽みそなどを作るときは、それを細かくきざむ。

2つ割り（薄刃包丁）

茗荷

1

根元を切り落とす。

2

先を切り落とす。

3

茗荷を縦に置き、半分に切る。

仕上がり

Column

酢漬け（P274）などにして、料理のあしらいなどにする時は、2つ割りが適している。芯の部分は食べられるが、お好みでV字に切り取ってもよい。

小口切り（薄刃包丁）

茗荷

1

根元と先を切り落とし、横向きに置いて端から細かく切る。

2

水に放し、水けをきる。

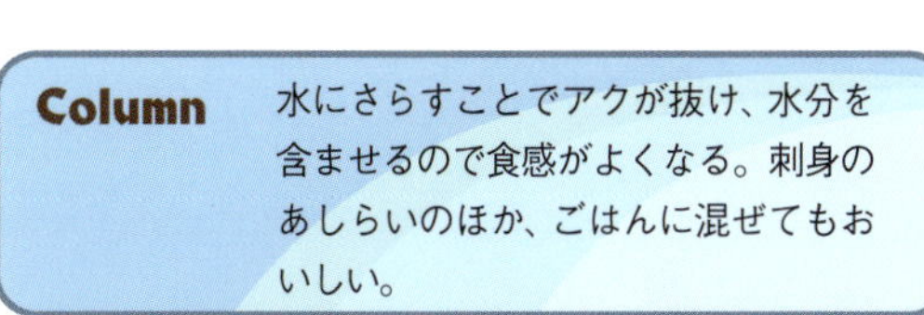

Column 水にさらすことでアクが抜け、水分を含ませるので食感がよくなる。刺身のあしらいのほか、ごはんに混ぜてもおいしい。

角切り（薄刃包丁）

大葉

1

数枚重ねて置き、葉のつけ根から茎を切り取り、縦に半分に切る。

2

1を重ねて置き、端から5㎜幅に縦に切る。

3

2を揃えて横向きに置き、端から5㎜幅に切り、角切りにする。

4

水に放し、水けをきる。

Column

大葉は一度濡らしてから、重ねて切るとずれないので切りやすい。大葉といえば、せん切りが主だが、角切りも覚えておくと、薬味としても使える。

せん切り（薄刃包丁）

大葉

1

数枚重ねて置き、葉のつけ根から茎を切り取る。

2

葉が開いたままだと切りにくいので、葉を重ねたままくるくると巻き、端は切って重ねる。

3

左手で葉を押さえながら、巻いた方向と直角に端から細切りにする。水に放し、水けをきる。

仕上がり

茗荷の酢漬け

材料（2人分）

茗荷…4本

塩…適量

a
- 酢・水…各120cc
- 砂糖…30g
- 塩…3g

作り方

1. 茗荷は縦半分に切り、サッとゆでて、軽くふり塩をして、うちわ等であおいで水けを飛ばしておく。

2. 鍋にaをひと煮立ちさせ、冷ます。

3. **2**に**1**を30分ほど漬け込む。

お多福揚げ

材料（2人分）

お多福豆（ゆでた物）…4個

大葉…5～6枚

小麦粉…適量

卵白（布ごししたもの）…1個分

揚げ油…適量

作り方

1. 大葉はせん切りにして、水にさらしアクを抜き、よく絞って水けをきる。

2. **1**に軽く小麦粉をまぶす。

3. お多福豆に小麦粉をまぶし、卵白をたっぷりつけ、**2**の大葉をしっかりからめる。

4. 160～170℃の揚げ油でそのまま揚げる。

第四章

飾り切りのテクニックと魚卵の下ごしらえ

柚子の飾り切り

柚子は、皮をいろいろな形に切り、料理に添えることで、柚子の香りも楽しめます。料理に合わせて切りましょう。

色紙切り

色紙柚子ともいい、おせちなどのお祝いに使われる。黄柚子、青柚子両方とも使われる。

❶ 皮を薄くむく。

❷ 裏返して、白い部分をそぎ取る。

❸ 縦に切っていく。

❹ 正方形になるように同じ幅で横に切っていく。

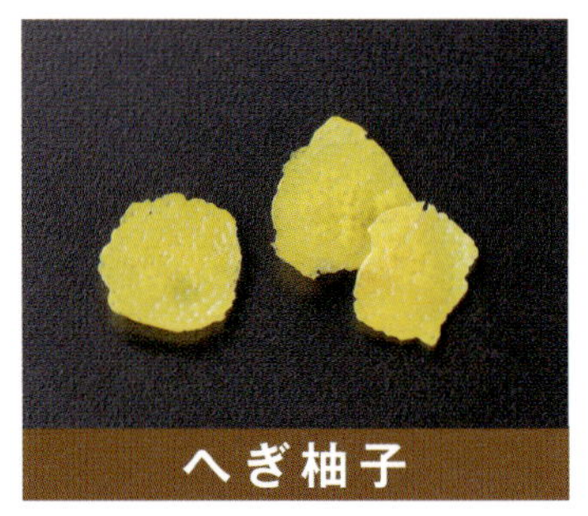

へぎ柚子

お吸い物の吸い口に使われる物で、包丁の刃元を使って薄くそぐ。

❶ 皮を 1cm× 1cmぐらいの大きさに薄くそぐ。

Column

柚子には、青柚子と黄柚子があり、青柚子は夏に出回り、秋になると黄柚子として市場に出回る。どちらとも皮に香りがあるので、料理に合わせて皮を飾り切りにして添える。黄柚子は皮に油分が多いので切った後、ぬるま湯にさらすとよい。青柚子は、油分はさほど多くないので、水にさらすとよい。

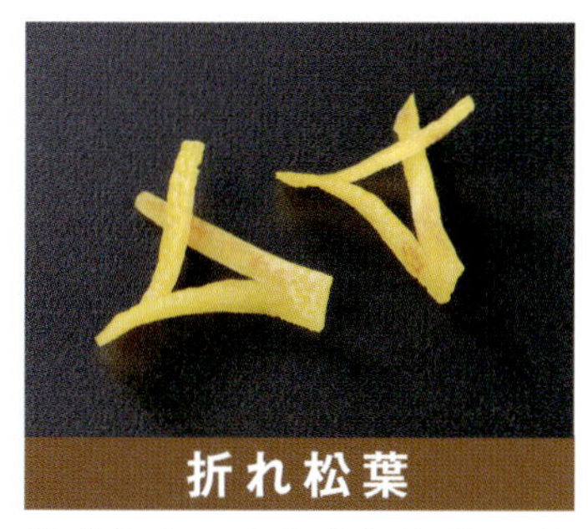

折れ松葉

松葉切りのような切り込みを2本入れて切り離し、ひねって交差させる。

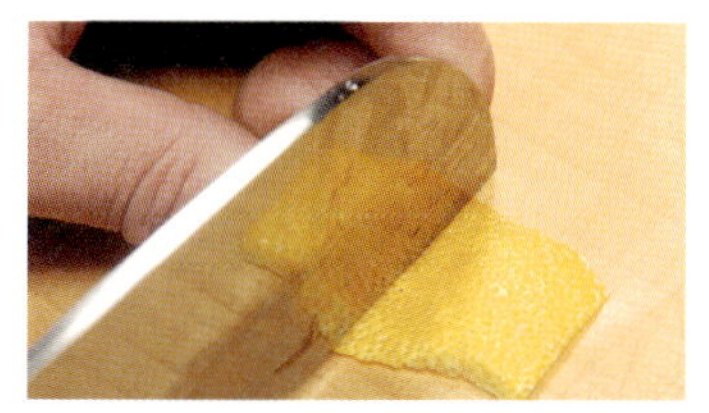

❶ 皮を薄くむき、白い部分をそぎ取り、使う分だけ切る。

❷両側から1.5mm幅の切り込みを入れる（切り込み部分は切り離さない）。

❸ 切り離し、切った先を手で組み合わせる。

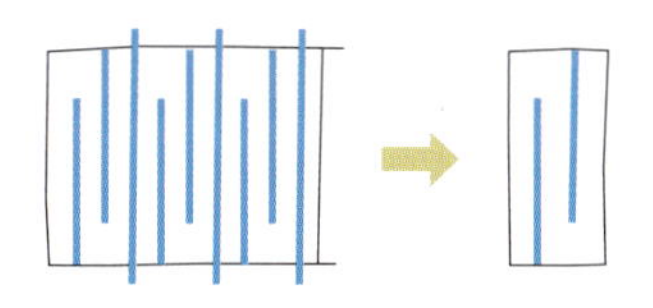

両側から1本ずつ切り込みを入れる。

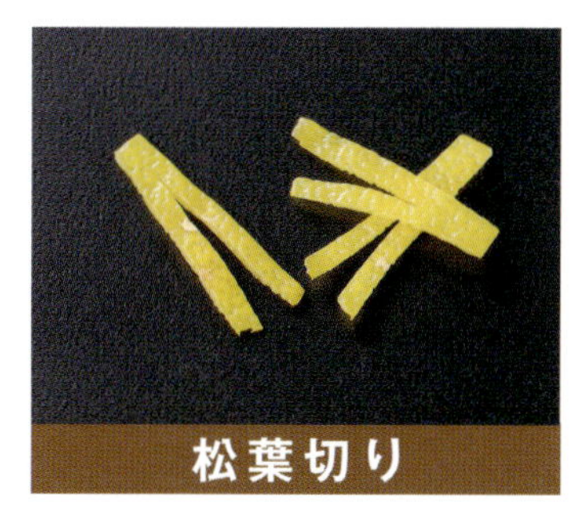

松葉切り

切り込みと切り離すのを交互に繰り返すのが、松葉切り。切った姿が松葉にみえる。

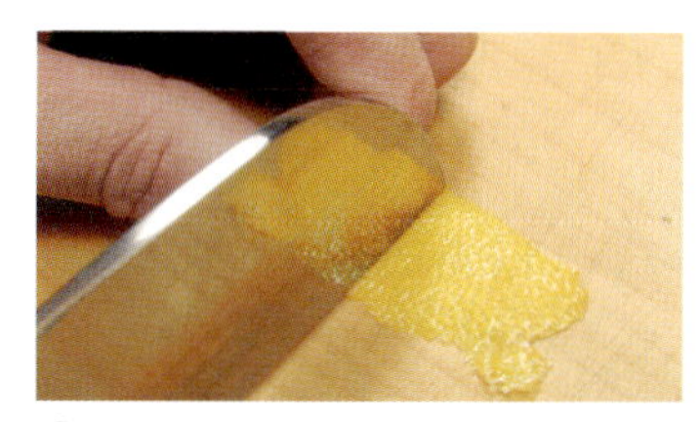

❶ 皮を薄くむき、白い部分をそぎ取り、使う分だけ切る。

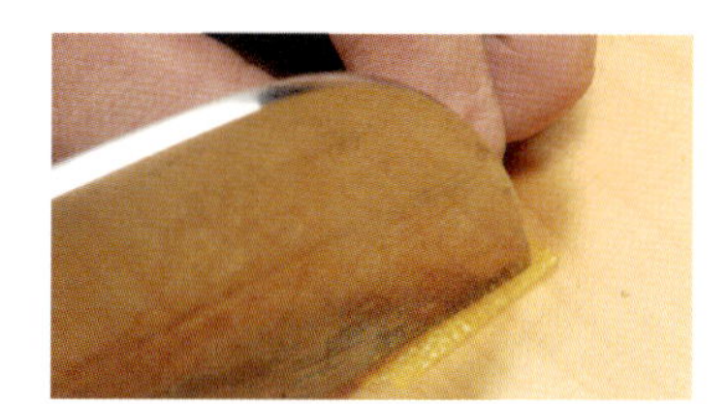

❷ 1.5㎜内側に向こう1/4を残して切り目を入れる。

❸ 1.5㎜内側で切り離す。

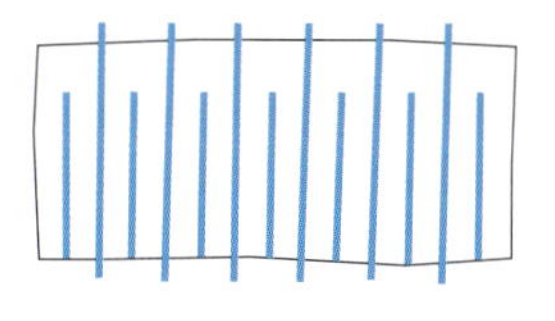

長方形に形を整えた皮を使う。

末広柚子

末広がりの柚子の皮の切り方で、お祝いの料理に添えられる。

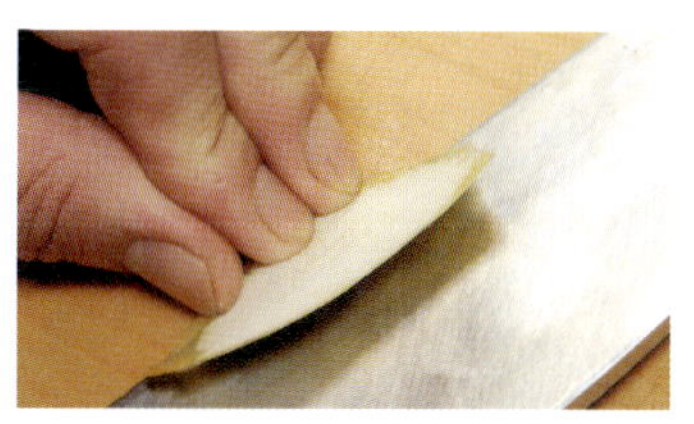

❶ 長方形になるように、皮をむき、白い部分をそぎ取る。

❷ 使う分だけ切る。

❸ 台形になるように、交互に切る。

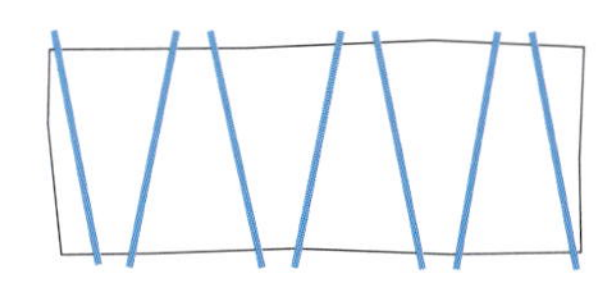

末広の形になるように包丁で切る。

柚子釜

和え物や小鉢の器として。いくらのしょうゆ漬けなどを入れると柚子の風味も楽しめる。

❶ 安定させる為に、底を薄くそぐ。

❷ 上から5mmのところで切る。

❸ スプーンを実と皮の間に入れて、一周する。

❹ 実をくり抜く。

人参の飾り切り

橙色が映える人参も料理のアクセントになります。お花の形に切って煮物などに加えることで上品な印象に。

ねじ梅

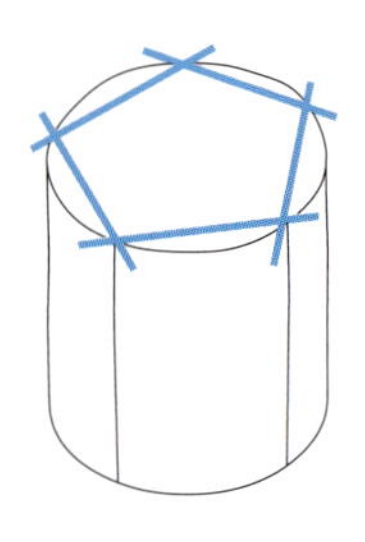

野菜を花の形に切る「花形切り」の一種で、梅の花の形にして花びらの部分を立体的にする。

❶5cm長さに切り、皮をむく。

❷正五角形になるように、周りを切る。

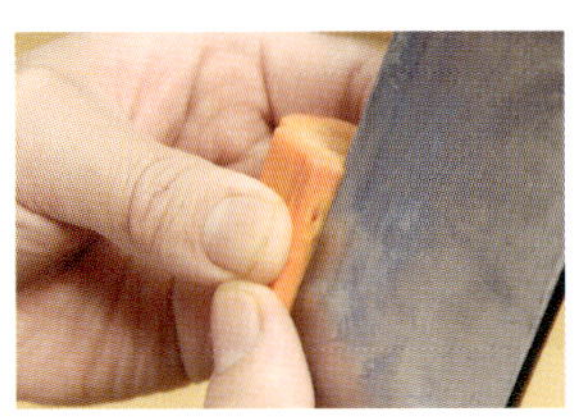

❸五面すべての中央に、V字の切り込みを入れる。

❹切り込みを中心に、左右から丸い花びらになるように切る。

❺ 1.5cm幅に切る。

❻ 花びらと花びらの境目から中心へ向かい、縦に深さ2mmの切り込みを入れる。

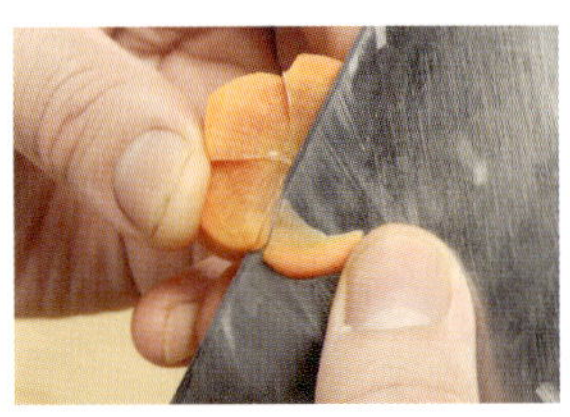

❼ 刃元で花びらを斜めに切り取る。はじめは浅く、徐々に深く切り込む。

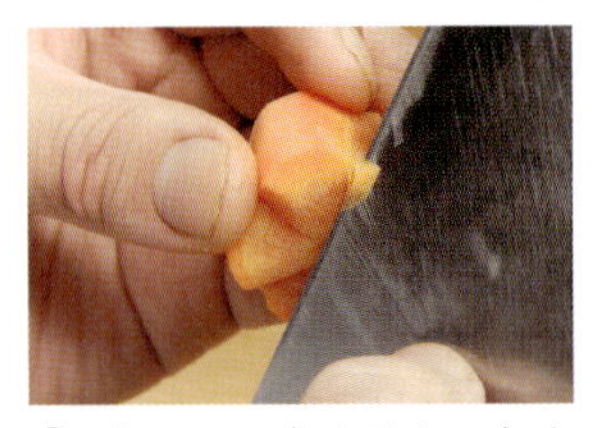

❽ すべての角が取れ、丸くなるように切る。

蕪・大根の飾り切り

蕪や大根のような白い野菜は、料理のおいしさを引き立ててくれます。代表的な飾り切りを紹介します。

菊花蕪

焼き物の添えに欠かせない菊花蕪。塩水に漬けてから、甘酢に漬けて味を含ませる。

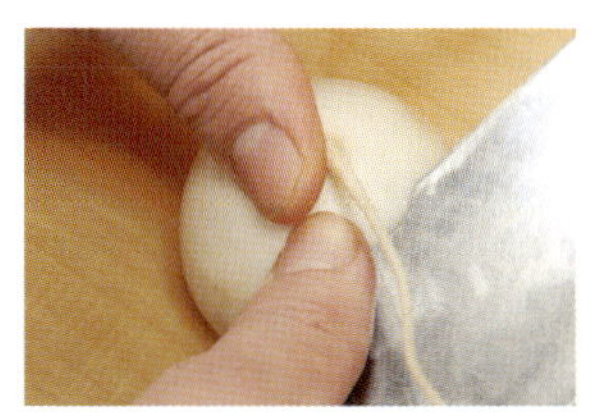

❶葉と根元を切り落とす。

❷蕪の形に合わせて皮をむく。

❸下 5㎜くらいを残し、縦に2㎜間隔で端から切り目を入れる。

❹横にし、同様に 2㎜間隔で端から切り目を入れる。

花びらの中心にＶ字の切り込みを入れる。

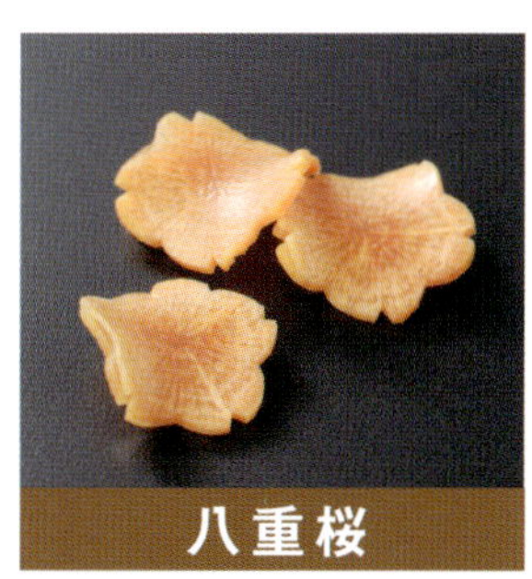

八重桜

桜の季節の煮物や吸い物に添えたい飾り切り。丸い花びらにＶ字の切り込みを入れて桜のようにする。

❶適当な長さに切り、皮をむき、正五角形になるように、周りを切る。五面すべての中央に、Ｖ字の切り込みを入れる（P278 ねじ梅参照）。

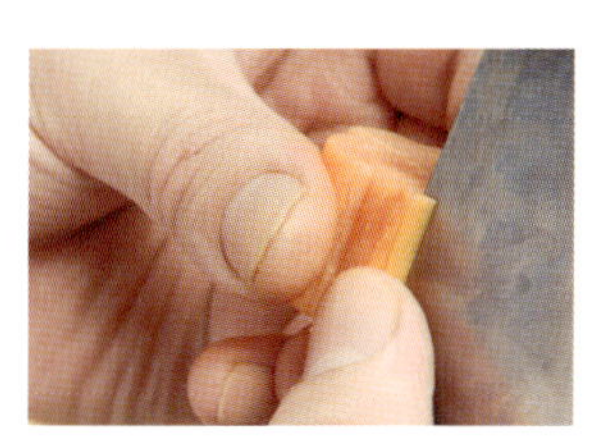

❷ 切り込みを中心に、左右から丸い花びらになるように切る。

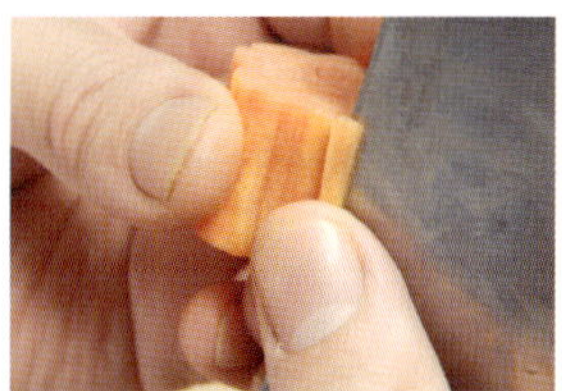

❸ 花びらの真ん中にＶ字の切り込みを左右から入れる。

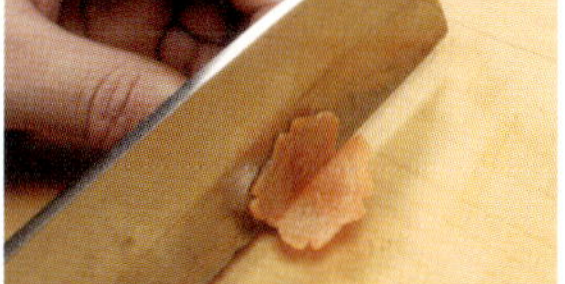

❹ 端から薄く切る。

❺ 氷水に放す。

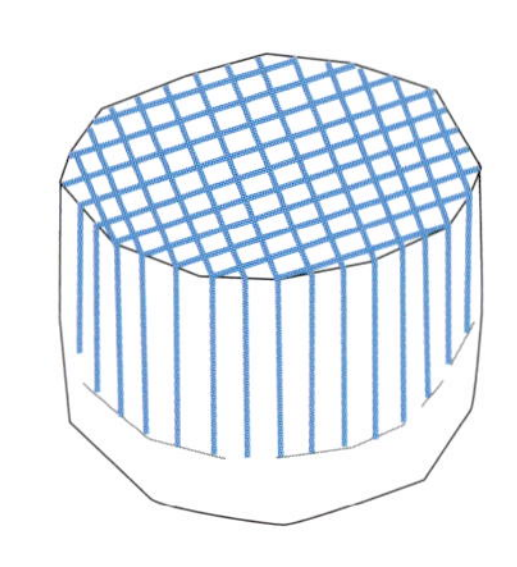

P279 菊花蕪❸と❹を参照。

❺ 切れてないほうを上にし、端を1cmほど落とす。

❻ 半分に切る。

❼ 切り込みを入れたほうを上にし、指で上から押して、広げる。

網大根

舟盛りなどにあしらう網大根。互い違いに切り込みを入れ、桂むきにして仕上げる。

❶ 10～15cmの長さに切り、皮をむく。

❷ 縦横が4～5cmの四角柱になるように、四方を切る。

❸ 1cm間隔で1cmの深さに切り目を入れる。

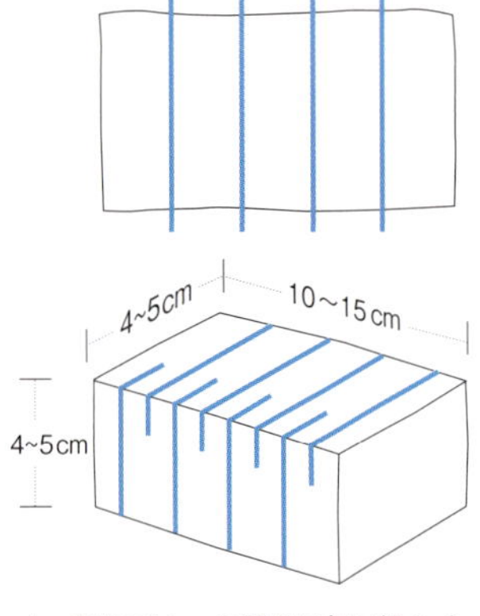

1cm間隔で1cmの深さに切り込みを入れ、互い違いになるように切る。

❹ ❸を回転させて面を変え、互い違いになるように切っていく。

❺ 残り2面も切り目を入れる。

❻ 桂むきをする。

❼ やわらかくなるまで、塩水に放す。やわらかくなったら水けを絞り、横に広げて使用する。

蓮根の飾り切り

蓮根は酢の物にしてお口取りにしたり、煮物やおせち料理に登場します。

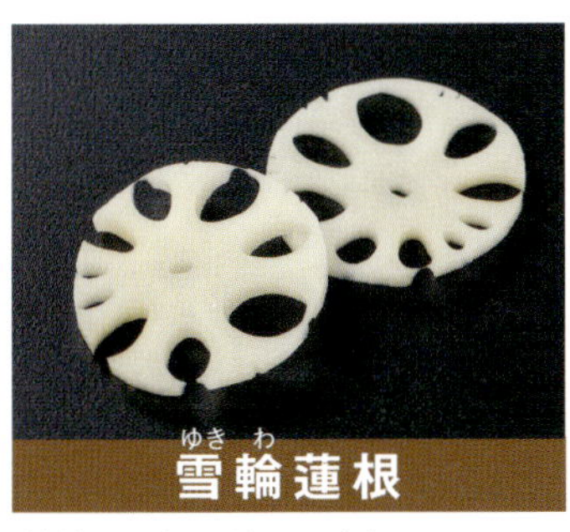

雪輪（ゆきわ）蓮根

煮物や酢の物に添えて。スライスして揚げることもある。

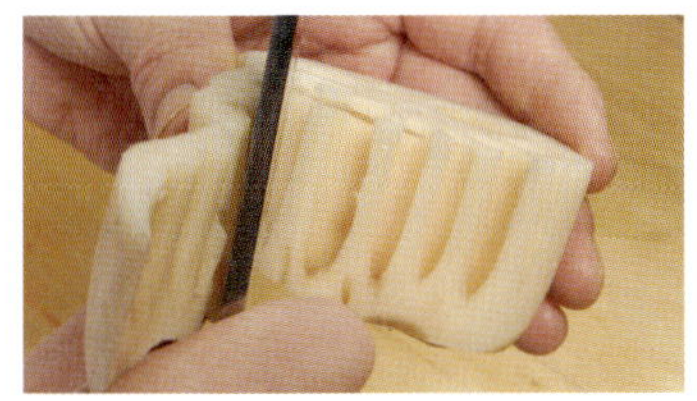

❶ 蓮根を適当な長さに切り、穴のところを皮をむくように、周りを切る。

❷ 端から薄く切る。

❸ 酢水に放す。

蛇籠（じゃかご）蓮根

酢の物にしてお口取りにする飾り切り。蓮根を桂むきにして仕上げる。

❶ 1.5㎝幅に切り、皮をむく。

❷ 半分に切る。

❸ 4つの角をそぎ、丸みをつけておく。

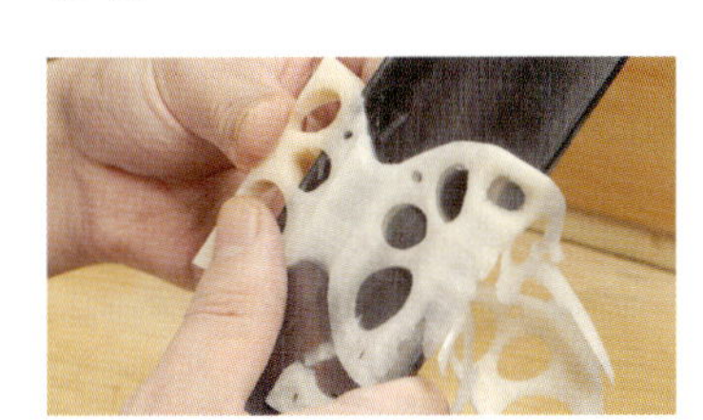

❹ 桂むきの要領で、切っていき、芯の部分を使う。

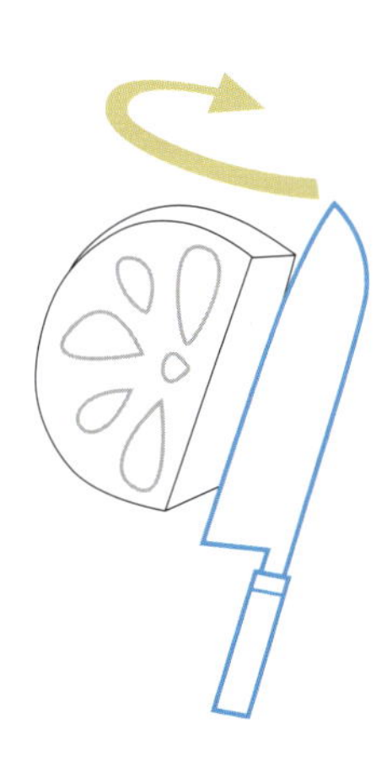

蒟蒻と蒲鉾の飾り切り

煮物やおせちなどに蒟蒻と蒲鉾の飾り切りは重宝します。お弁当の彩りにも。

市松蒲鉾

おせちなどお正月のおもてなしに、見栄えのある飾り切り。紅白のかまぼこで仕上げる。

❶ 赤い蒲鉾を1cm幅に切る。

❷ 白い蒲鉾を1cm幅に切る。

❸ 赤と白の蒲鉾を並べて半分に切る。

❹ 赤と白を互い違いに組み合わせ、市松模様にする。

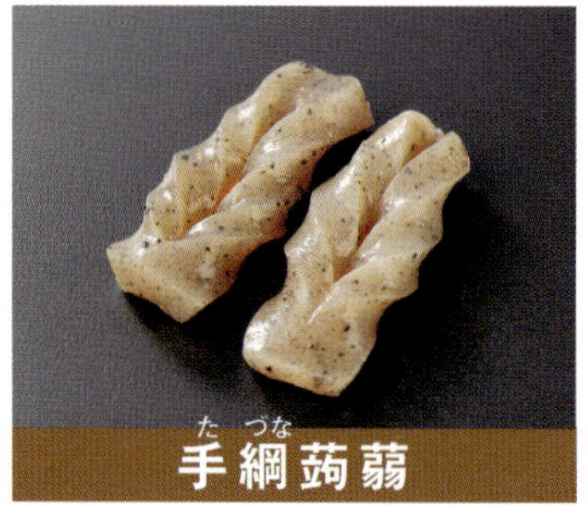

手綱(たづな)蒟蒻

煮物などに使われる飾り切り。手綱にすることで表面積が大きくなり、味がしみ込みやすくなる。

❶ 端から5～6mmの厚さに切る。

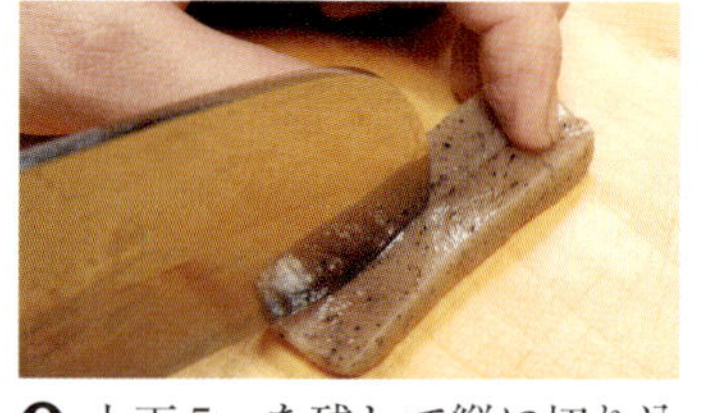

❷ 上下5mmを残して縦に切り込みを入れる。

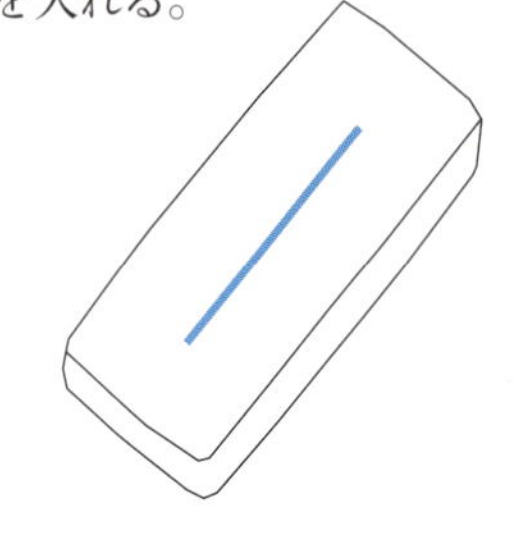

❸ 片端を手前に折り曲げて、切り込みに通し、両端を軽く引っぱる。

Column

飾り切りは料理の美しさを重視した物です。材料を細工して工夫をこらしながら切り、花や葉、お祝い事に関するものなど、季節の風物詩を形取り、料理にあしらいます。柚子は香りを楽しむ為に皮を使い、蕪、蓮根、大根は白さを生かして焼き物のあしらいや刺身の盛り合わせを引き立たせます。人参、蒟蒻、蒲鉾は祝儀の煮物やおせちに添えられ、紹介した以外にも鶴亀や末広、松竹梅などの飾り切りなどがあります。

日の出蒲鉾

丸い日の出をイメージした飾り切り。焼き物などのあしらいに。

❶ 蒲鉾を 3cmの厚さに切る。

❷ 丸いほうを下にし、赤い部分の少し下に切り込みを入れる。

❸ 端が 1cm残るように切る。

❹ 赤い部分は残したまま、白い部分を半分に切り、形を整え丸形にむき、赤い部分を沿わせる。

手綱蒲鉾

蒟蒻と同じように、蒲鉾の紅い部分に切り目を入れてくぐらせて仕上げる。

❶ 蒲鉾を 1.5cmの厚さに切る。

❷ 丸いほうを下にし、片方の端を 1cmほど残して赤い部分の少し下に切り込みを入れる。

❸ 切った赤い部分の中央に、端を 2cm残し、縦に切り込みを入れる。

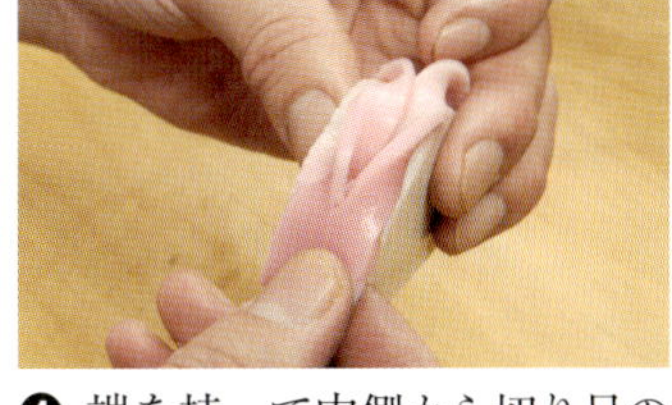

❹ 端を持って内側から切り目の中を通し、手綱にする。

魚卵の下ごしらえ

魚卵は下ごしらえをしっかりとして、お祝いの席やお正月に添えると見栄えも美しく、喜ばれます。

数の子（下処理）

塩抜きした数の子は、そのまま、または、醤油味のつけ汁に漬けるなどお好みで。

1 2～3%の塩水に半日から1日ほど浸け、塩抜きする。

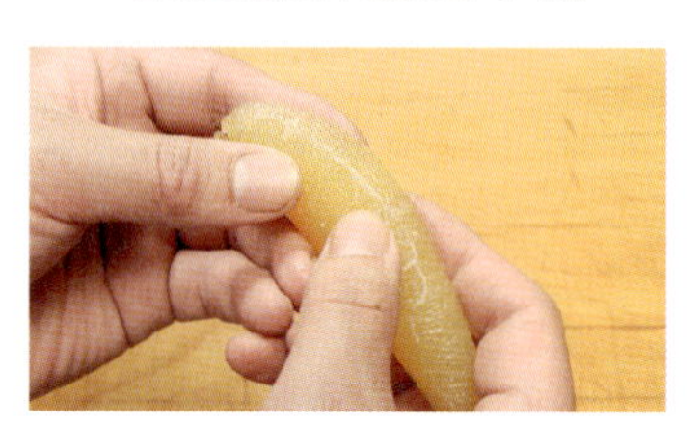

2 薄皮を手でよせ、身からはがしやすいようにする。

3 表面の薄皮を丁寧にむく。

4 完成。

Column

数の子はにしんの卵巣の塩蔵品。必ず、塩抜きをしてから使いましょう。ふっくらと肉厚で明るい黄白色をし、粒がはっきりしている物が良質。

数の子の枝豆浸し

材料（2人分）

数の子…2本
枝豆…10粒
生昆布…1㎝×2.5㎝　8枚
【浸し地】
a 出汁…350cc
　濃口醤油…50cc
　酒…50cc
削り節…適量

作り方

1. 枝豆はゆでて火が通ったら、さやから取り、薄皮をむく。
2. 数の子は塩水に浸し、塩抜きして薄皮をむき、一口大に切る。酒（分量外）で軽くもみ洗いしてにごり、えぐみを取る。
3. 生昆布はサッと湯通しする。
4. 鍋にaを入れ火にかけ、沸いてきたら追い鰹をしてこし、冷ます。
5. **1**、**2**、**3**の食材を**4**の浸し地に浸け、味をなじませる。
6. 器に盛り、削り節を添える。

いくら・筋子（下処理）

生筋子の膜を外したものが、いくら。ちょっとしたひと手間で見た目にもきれいに輝く。

1　生筋子の薄皮をむき、手でていねいにばらしていく。

2　すべてはずせたら、ボールに入れる。

3　2～3%の塩水をゆっくりそそぐ。

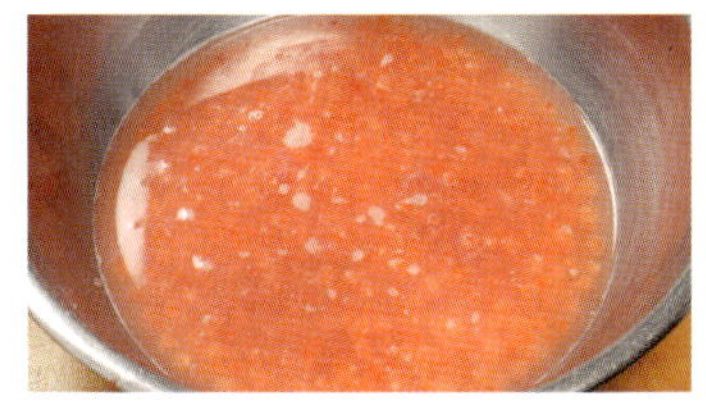
4　10分ほど浸けておく。

5　ザルに上げる。

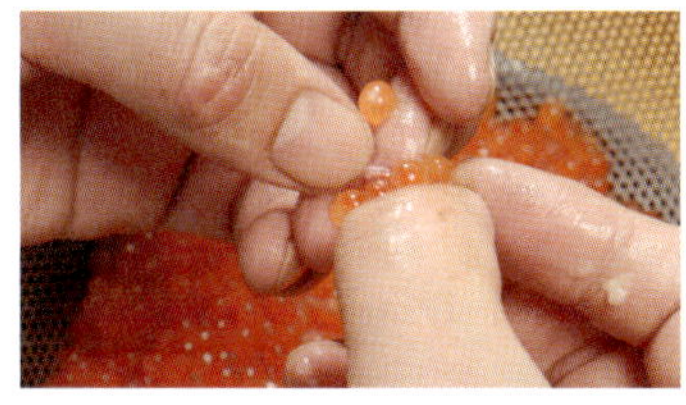
6　筋子の筋が残っている所は丁寧に取り除く。

7　水けをよくきる。半日くらい冷蔵庫に入れておくと、水分が飛んでよりおいしくなる。

Column　筋子は塩蔵品がほとんどですが、旬の時期は生筋子を手に入れて、手作りのいくらの醤油漬け（下記）や自分で筋子を塩漬け（P286参照）するのもおすすめ。いくらは少し水分を飛ばすぐらいがおいしい。

いくらの醤油漬け

材料（2人分）

生筋子…150g
長芋…30g
胡瓜…1/2本
百合根…8枚
とんぶり…適量

【漬け地】

a ┌ 濃口醤油…大さじ2・1/2
　 └ 酒…大さじ1/2
削り節…適量

作り方

1. 生筋子は手で一粒ずつばらし、薄い塩水の中で洗って汚れを取り除き、ザルに上げ水けをきる。
2. 長芋、胡瓜はあられ(角)切り、百合根はほくほく感が残るようにゆでる。
3. 鍋にaを合わせ火にかけ、沸いたら追い鰹をしてこし、冷ましておく。
4. 漬け地に**1**を漬け込み、味を含ませる。
5. 器に百合根を敷き、**4**を盛り、中心に長芋、胡瓜を散らし、とんぶりを添える。

筋子の味噌漬け

材料（2人分）
生筋子 … 150g
酒粕（練り）… 200g
白粒味噌 … 100g
塩・柚子（皮）… 各適量

作り方
1. 筋子に軽くふり塩をしてザルに上げ、水分を抜く。
2. 酒粕、白粒味噌を合わせる。
3. 筋子の水分が出きったのを確認したら、ガーゼで包み、**2**の粕味噌に一晩漬け込む。
4. 一口大に切り、器に盛り、柚子の皮のせん切りを添える。

筋子の塩漬け

材料（2人分）
生筋子 … 150g
塩 … 適量
木の芽 … 適量

作り方
1. 筋子に軽くふり塩をしてザルに上げ、水分を抜く。
2. 一口大に切り、器に盛り、木の芽を添える。

付 録

肉のさばき方と下処理

鶏一羽をさばく

【目利き】
肉に厚みがあり、光沢のある物、脂肪はきれいな黄色の物が新鮮。皮つきの物は毛穴がとがっている物を選ぶ。

【保存法】
使い残した物は、ラップで包んで冷凍バッグに入れて冷凍保存を。冷蔵庫での長期保存は避ける。

ももを外す（出刃包丁）

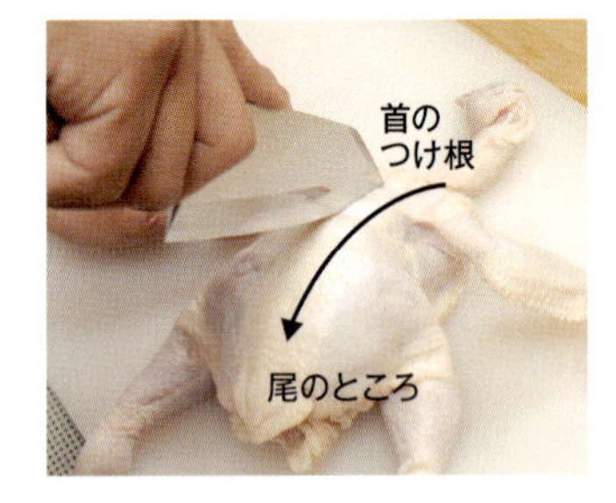

1
首のつけ根から尾のところまで、背中に沿って包丁を入れる。

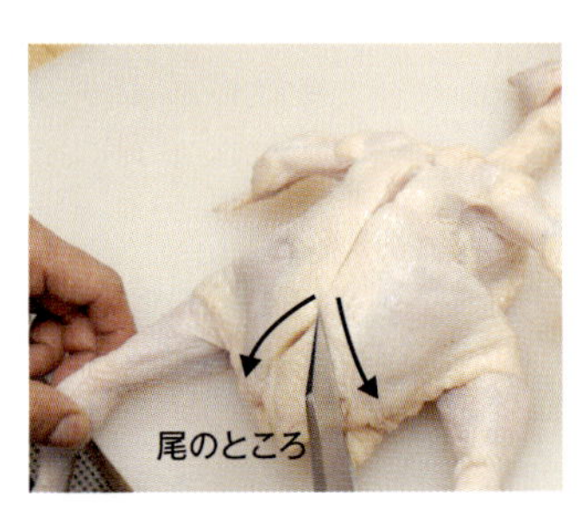

2
尾の部分で左右に分かれるようにＹ字に包丁を入れる。

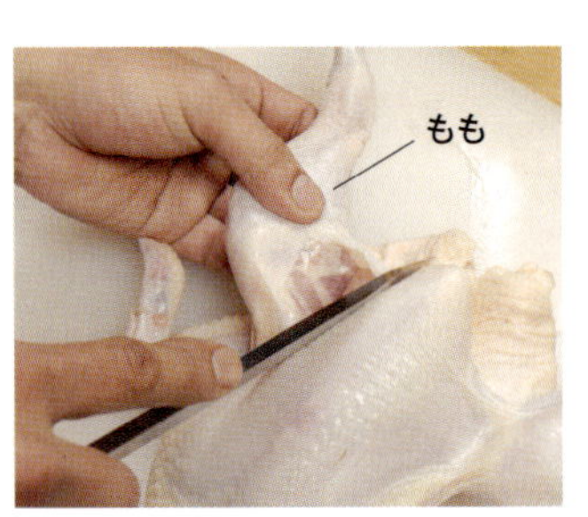

3
向きをひっくり返して頭を手前、腹側を上にして、もものつけ根に切り目を入れ、皮目をはぐ。

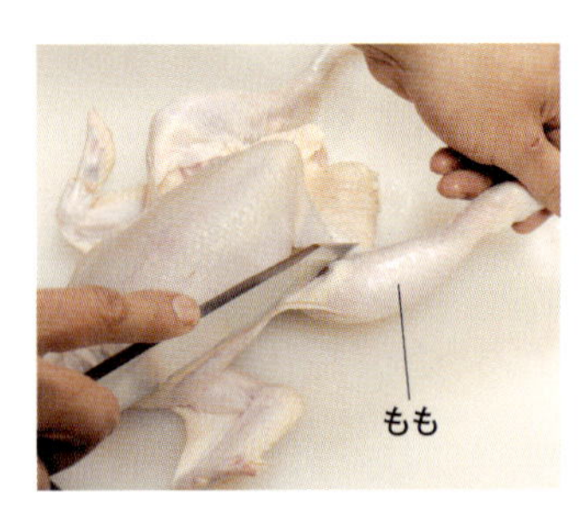

4
片方の足も同様にし、手で開きながら、切り込み入れる。

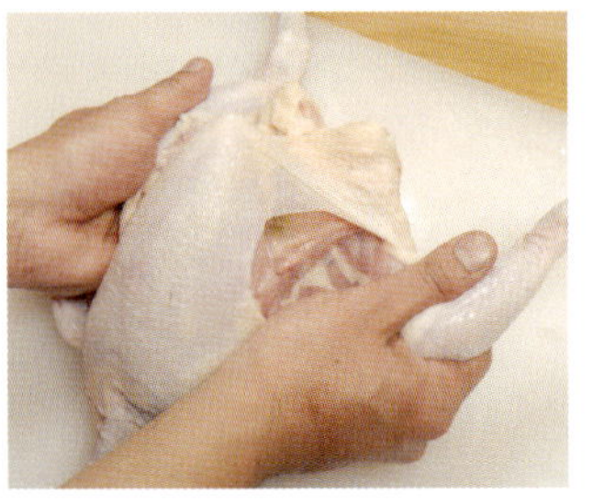

5
右手でもも全体をしっかりと持ち、関節を外すように後ろに引っぱる。

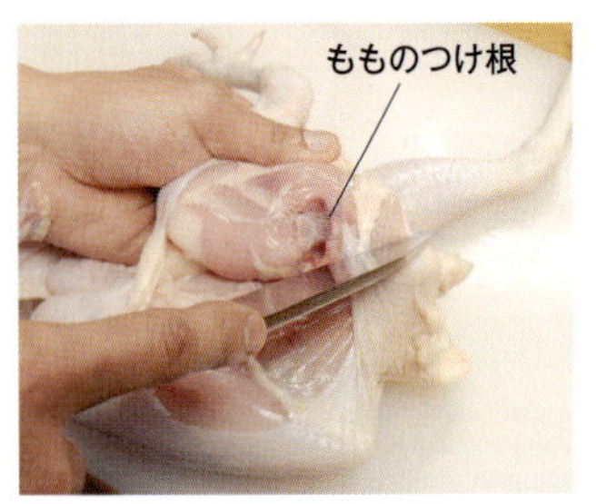

6
全体を返して、包丁で軽く切り目を入れる。

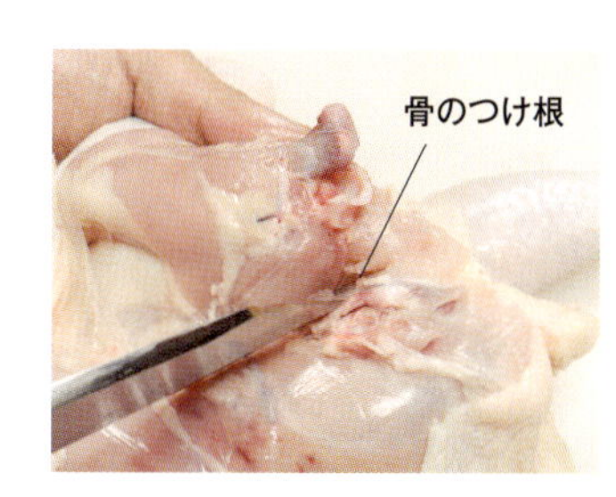

7
骨のつけ根にも包丁を入れて、骨を離す。

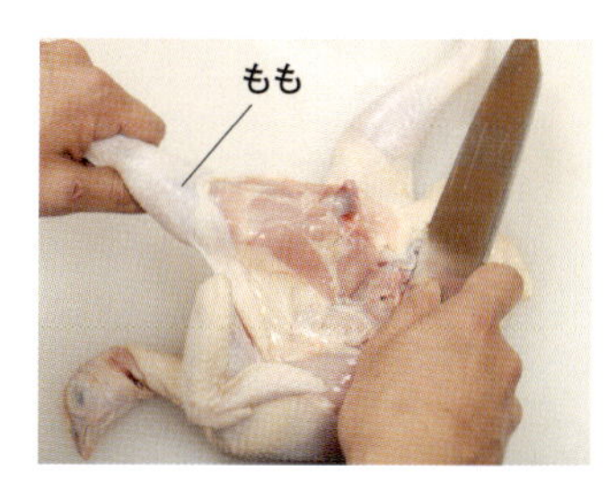

8
包丁で胴体を押さえ、左手でももを引っぱりながら外す。

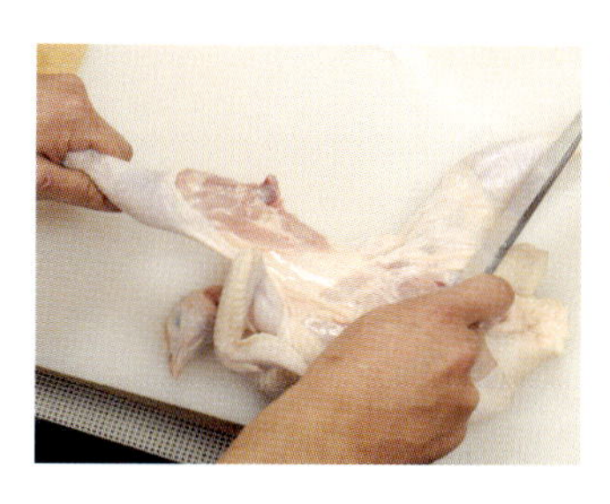

9
皮は包丁を入れて切り離す。

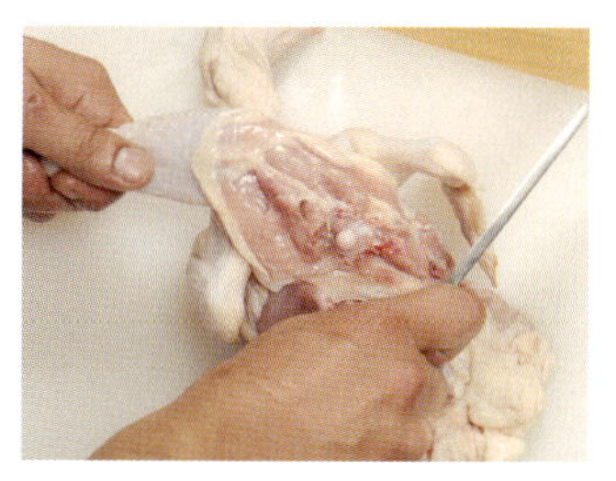

10
反対側のもものつけ根にも包丁を入れて、同様に切り離す。

手羽と胸肉を外す（出刃包丁）

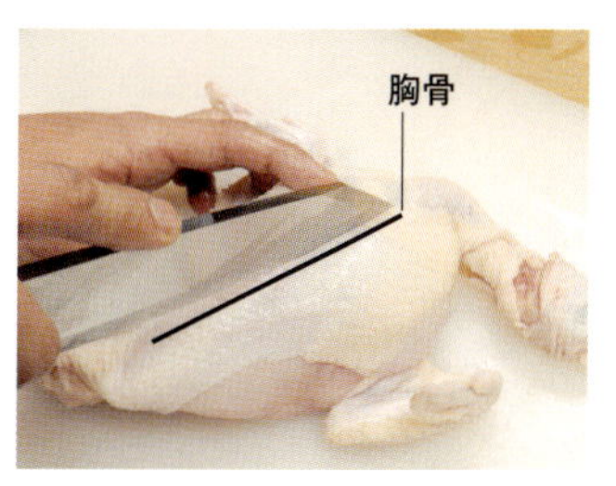

1
胸骨に沿って包丁で軽く切り込みを入れる。

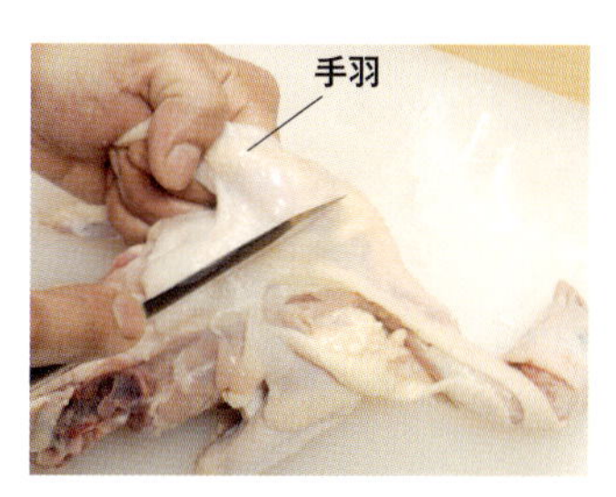

2
手羽のつけ根の関節を左手でひねりながら押し出し、包丁を入れる。

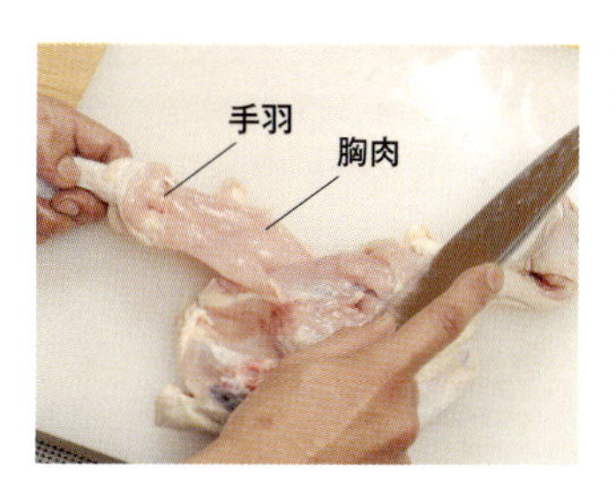

3
胴体を包丁で押さえ、左手で手羽を引っぱって、胸肉と胴体を分ける。

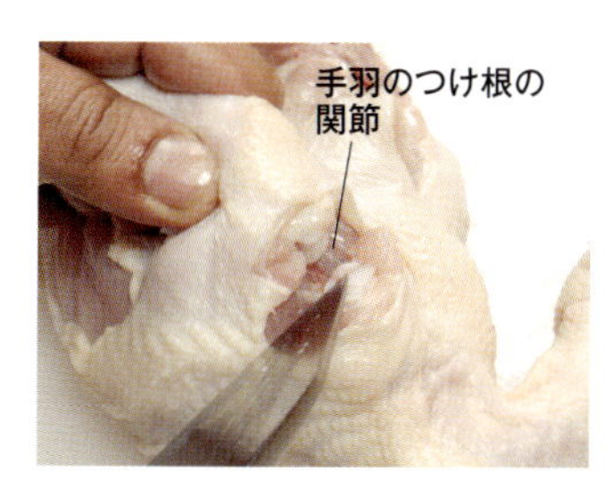

4
反対側も同様に包丁で切り外す。

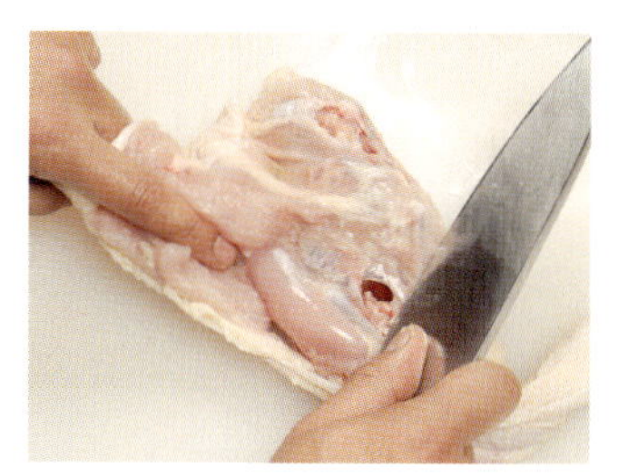

5
切り目に指を入れながら手羽を引っぱり、皮に包丁を入れながら開く。

ささみを外す（出刃包丁）

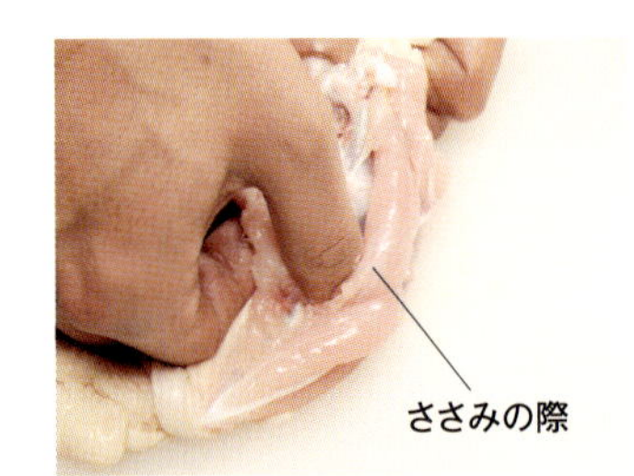

1

胸についているささみの部分の際を親指でなぞりながら切り離していく。

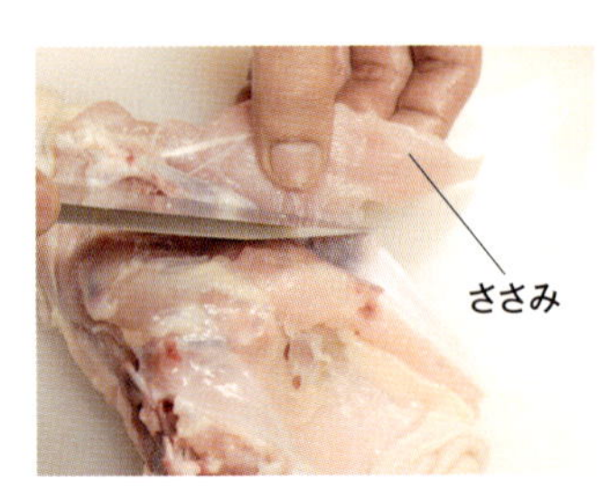

2

刃先でささみの両側の筋を切り離す。

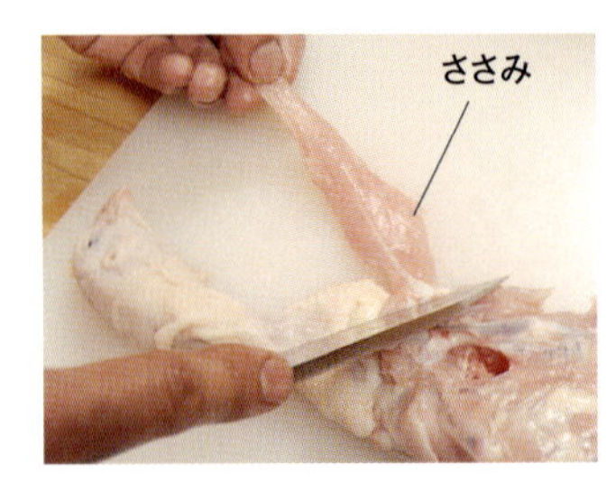

3

包丁を骨に押しつけ、左手でささみを引っぱり、離す。

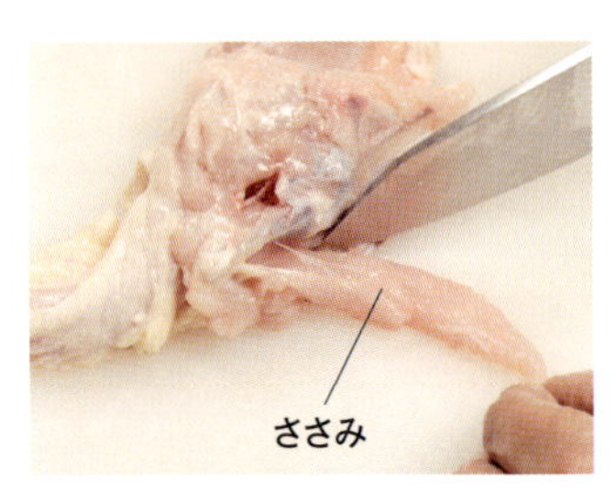

4

反対側のささみも同様に切り離す。

ガラをさばく（出刃包丁）

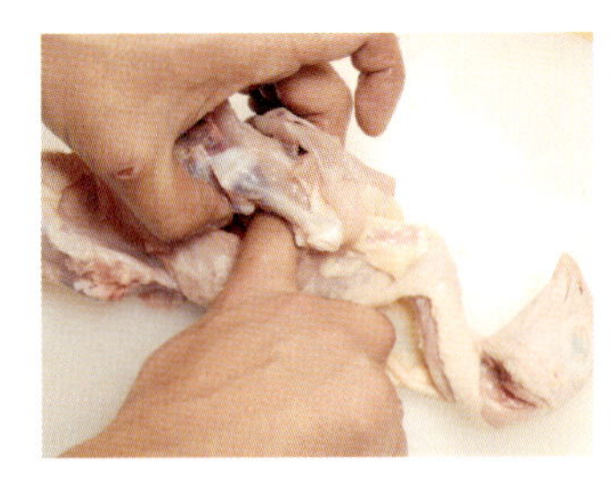

1

もも、手羽、胸肉、ささみを外した胴体の穴が開いているところに指を入れる。

2

右手でしっかりと首のつけ根を持ち、引きはがす。

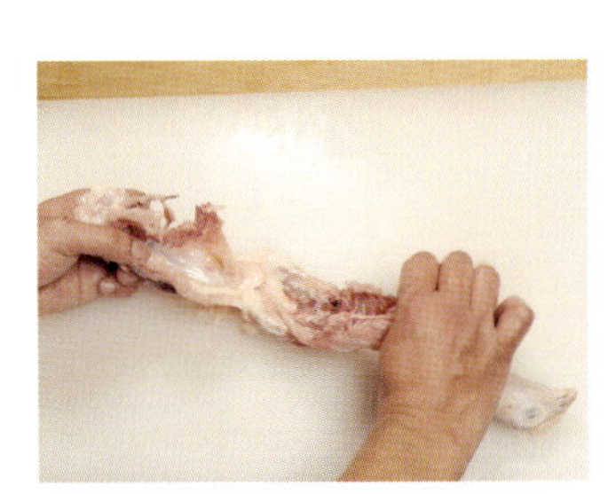

3

手で押さえながら、まっすぐになるように引っぱる。

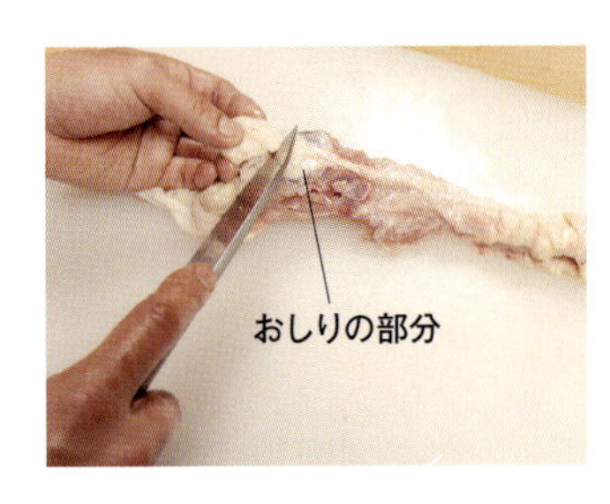

4

おしりの部分（ぼんじり）に刃先を入れて切り落とす。

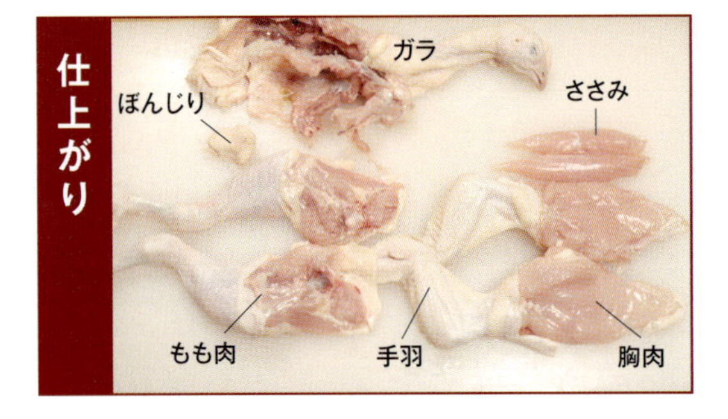

ももから骨を取る（出刃包丁）

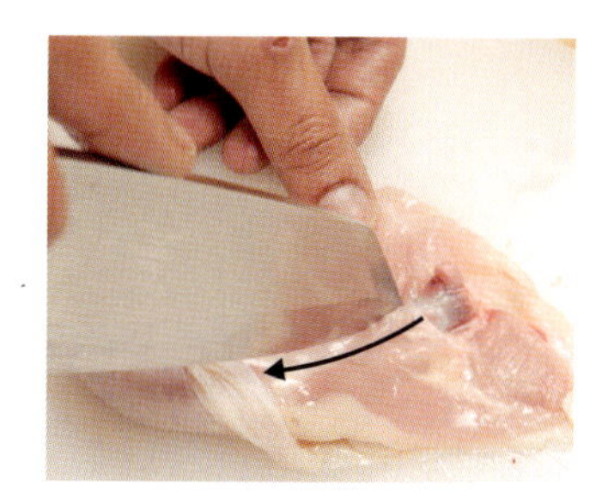

1

外したもも(P288参照）を使用する。ももの内側の、くの字に曲がったところから骨に沿って切っ先を入れる。

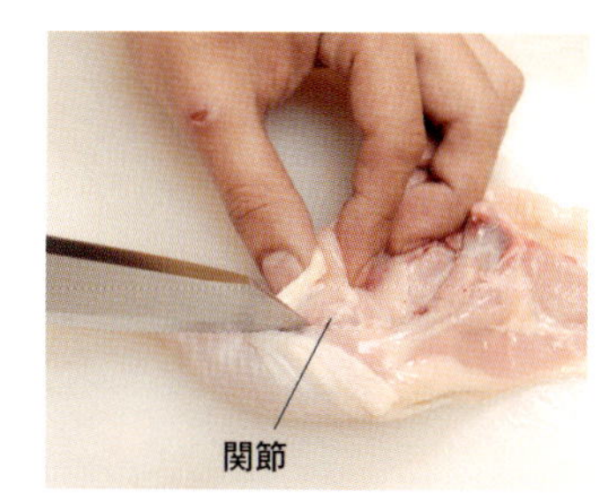

2

関節のところでつけ根に向けて方向を変える。

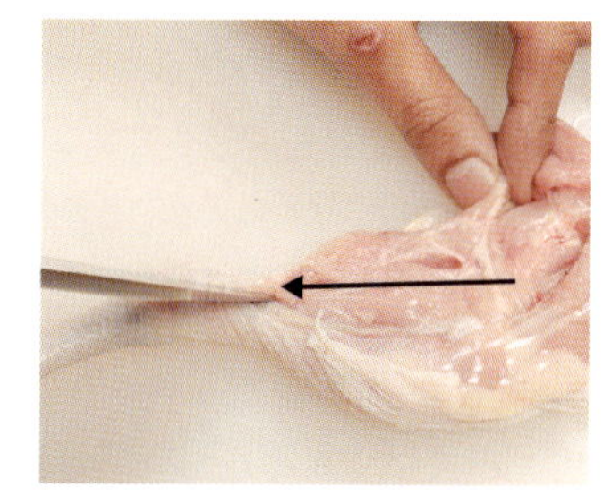

3

つけ根までまっすぐ包丁を入れる。

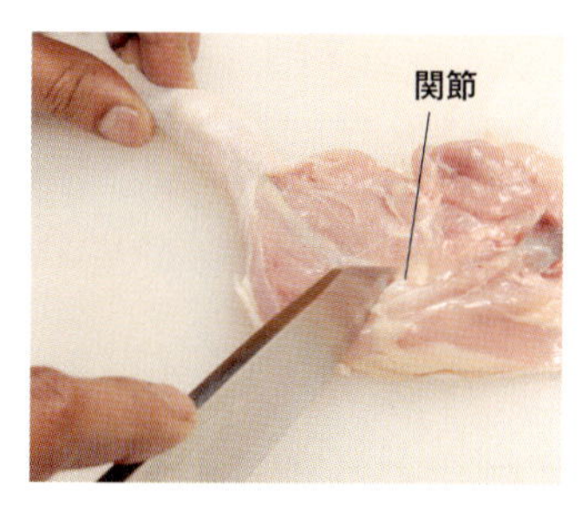

4

関節に切っ先を入れる。

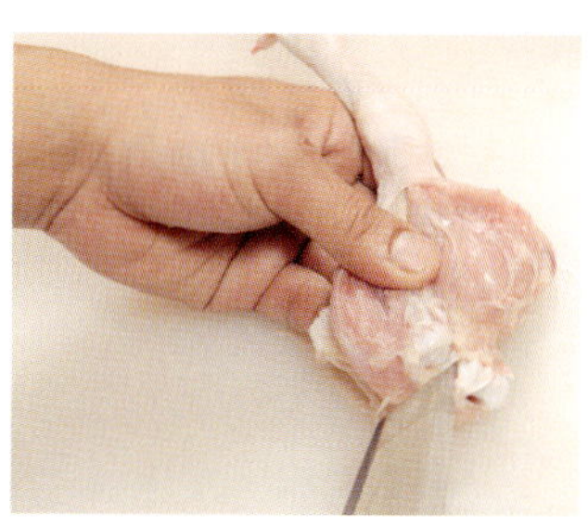

5

4の状態のまま、ももを折り曲げて骨を出す。

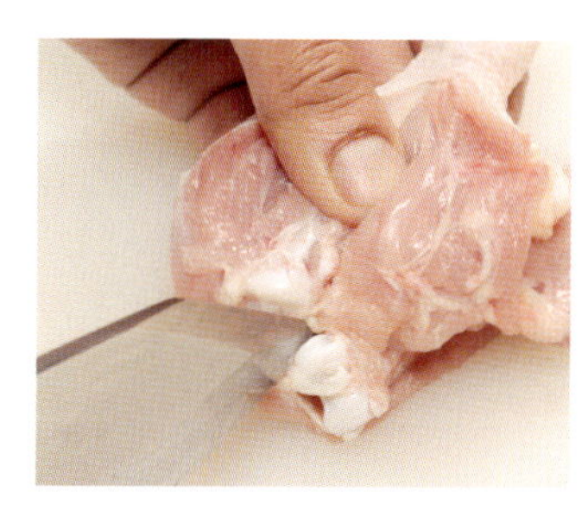

6

骨のまわりの筋を外すように切り込みを入れる。

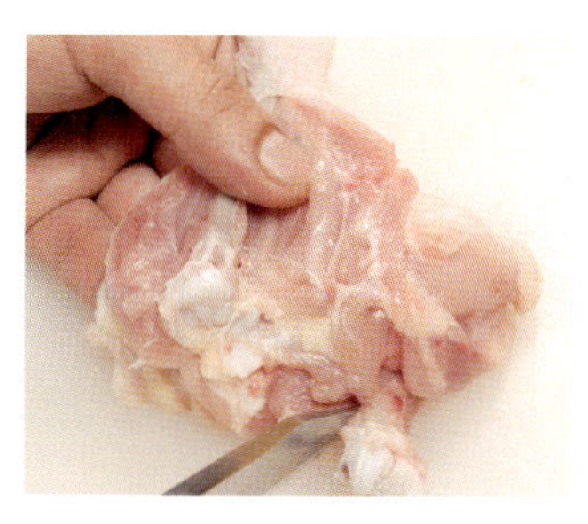

7

骨の先が出るくらい切り込みを入れる。

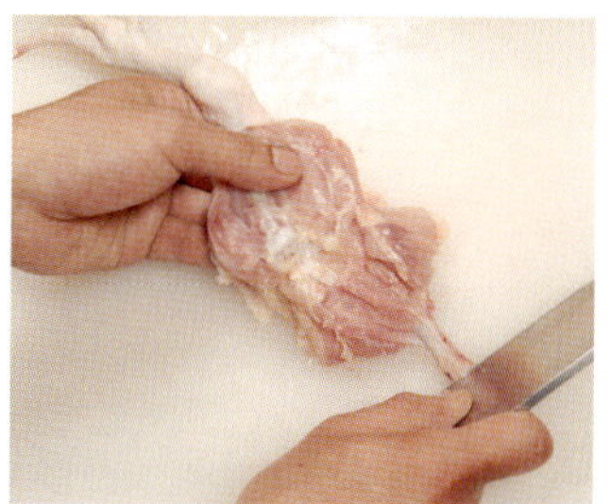

8

包丁で骨を押さえ、左手で肉を引っぱって骨を外す。

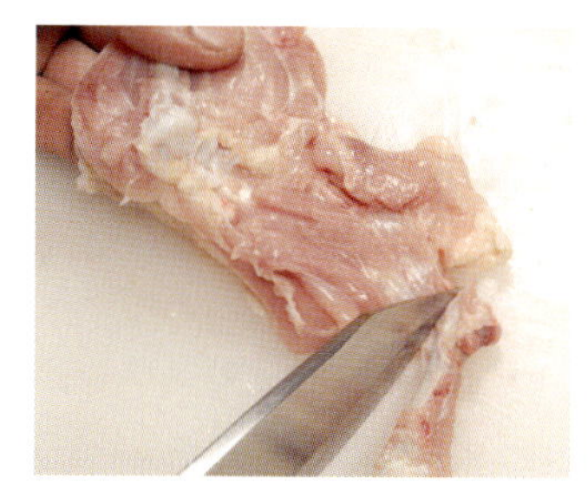

9

骨の両側に切っ先を入れて、筋を切り落とす。

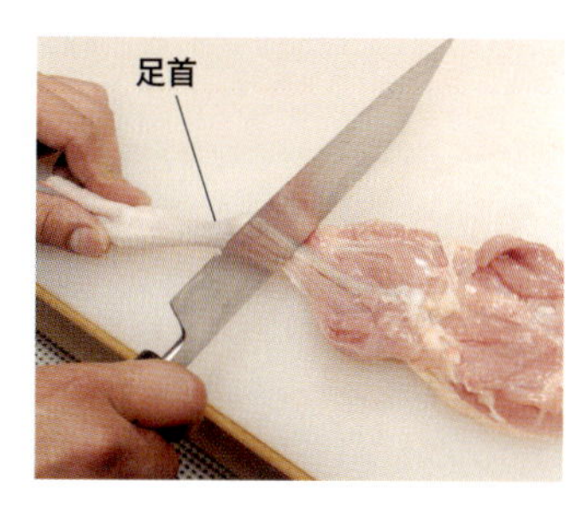

10

包丁のみねで足首に近いところの骨を叩き切る。

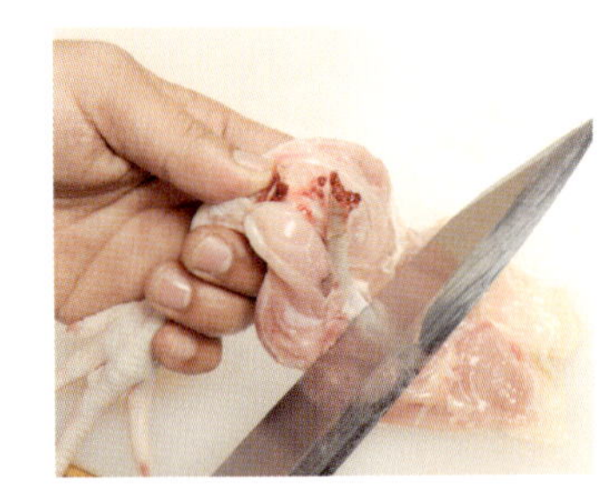

11

身を包丁で押さえ、骨を折り曲げる。

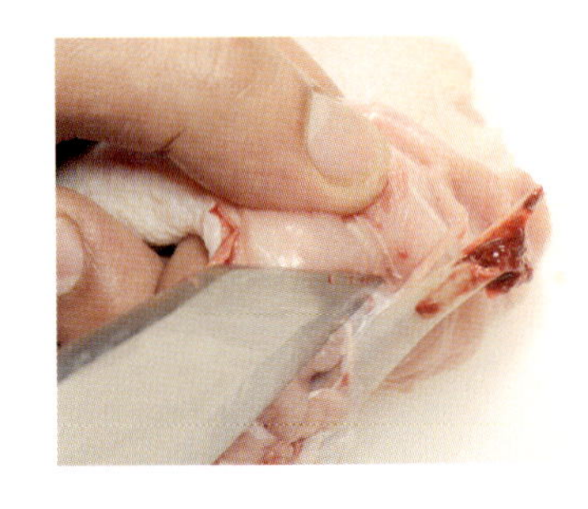

12

骨のまわりに切っ先を入れる。

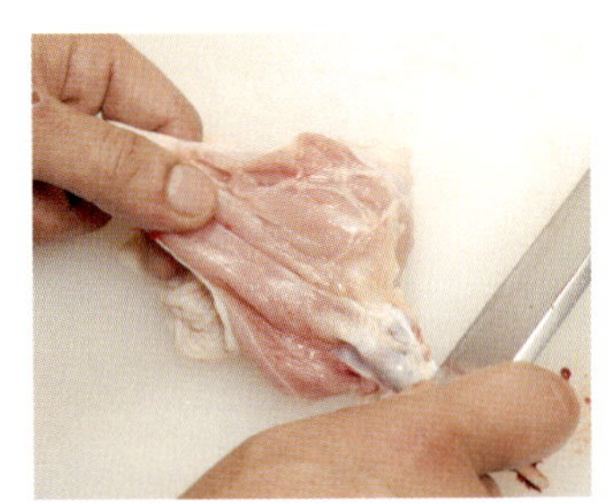

13

骨のまわりを切っ先を入れて身から外し、包丁で押さえる。

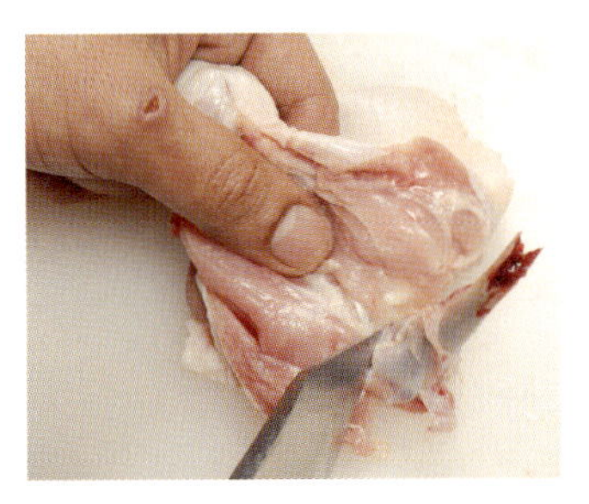

14

骨のつけ根に包丁を入れる。

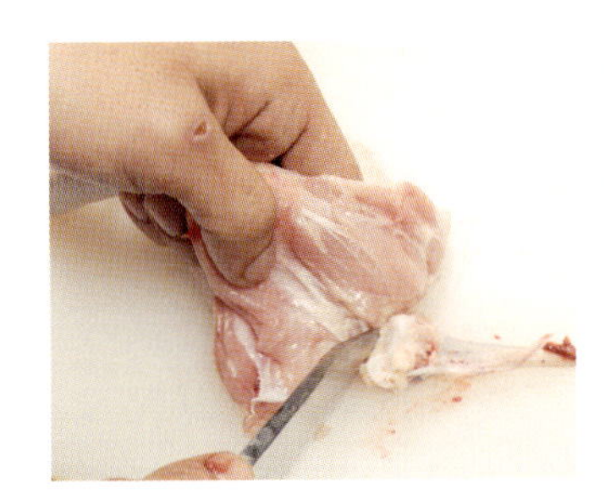

15

身と骨を切り離す。

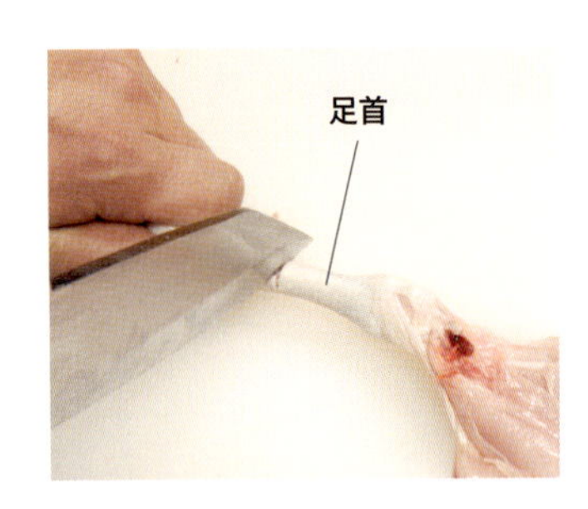

16

足首の皮に切り目を入れる。

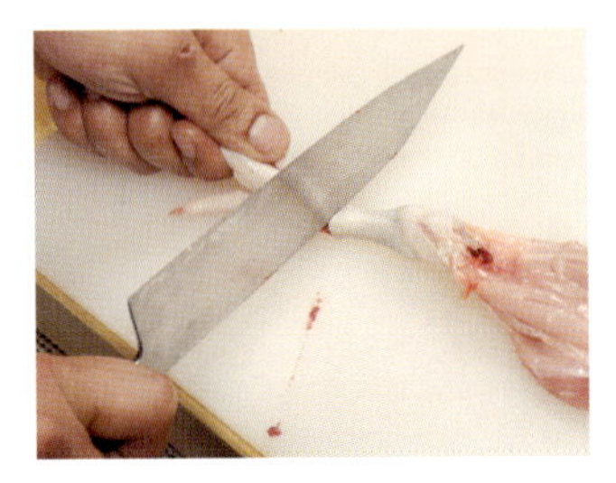

17

包丁の背で叩き、骨を割る。

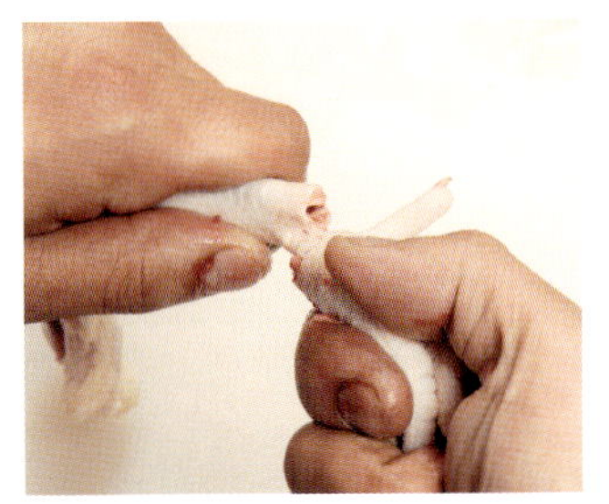

18

両手でねじりながら引っぱる。

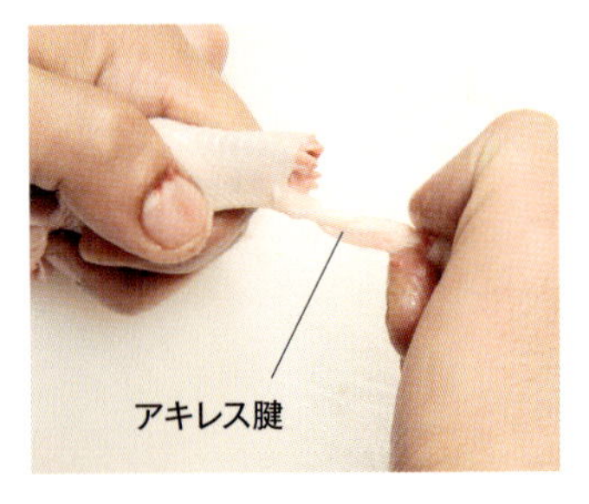

19

左右に強く引っぱって、アキレス腱を抜く。

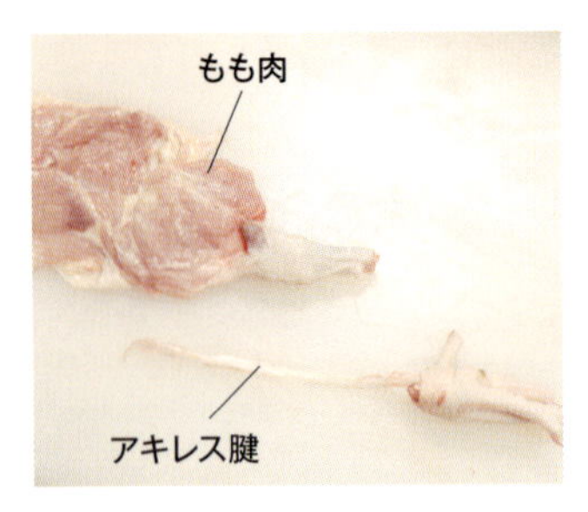

20

骨とアキレス腱を取った状態。

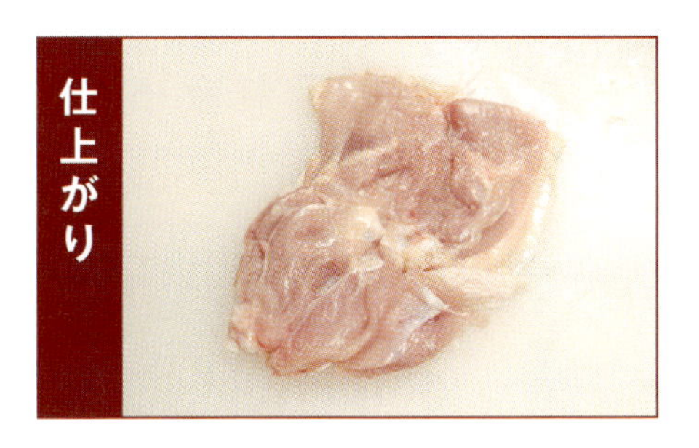

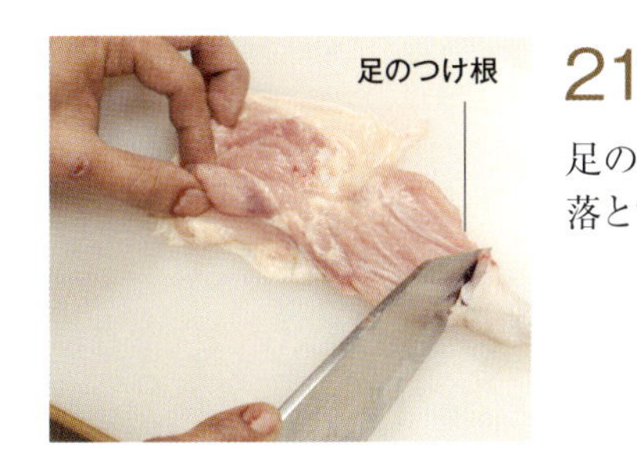

21

足のつけ根を切り落とす。

胸肉と手羽を切り離す（出刃包丁）

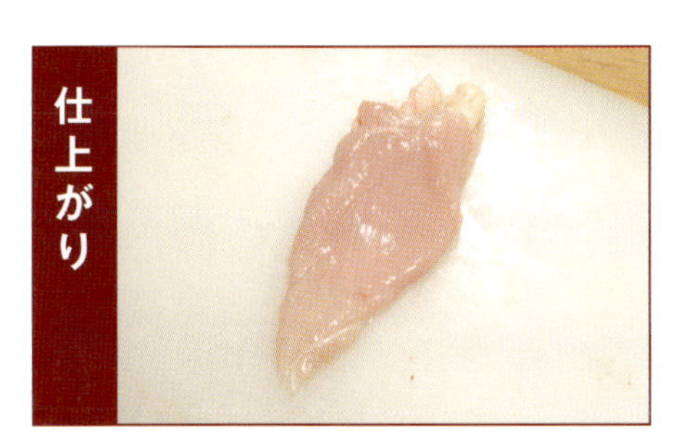

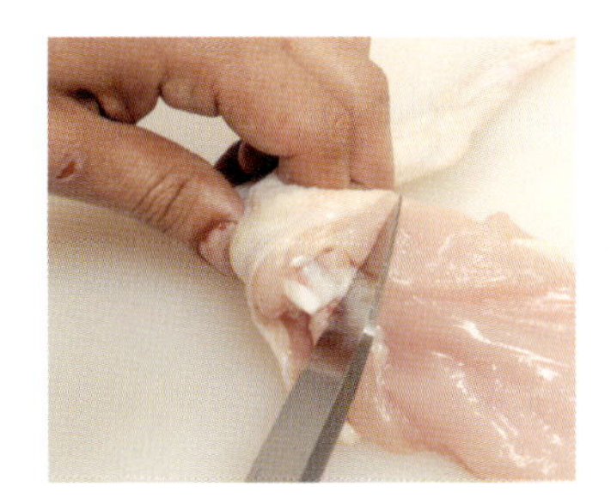

1

手羽についている胸肉は、手羽のつけ根の関節で、切り離す。

鶏めかぶポン酢かけ

材料（2人分）

鶏胸肉 … 150g
めかぶ … 80g
長葱 … 4cm× 2
柚子の皮 … 適量
【ポン酢】＊作りやすい分量
a
- 削り節 … 適量
- 昆布 … 5cm 角1枚
- ダイダイの絞り汁 … 120cc
- 濃口醤油 … 80cc
- みりん（煮切り）… 30cc
- 酒（煮切り）… 20cc
- 酢（煮切り）… 20cc

＊ a を合わせて3日～ 1週間冷蔵庫に入れてねかせ、こす。

作り方

1. 鶏胸肉は塊のまま、65℃の湯の中に入れ、まわりがうっすら白くなってきたら、冷水に取り、ザルに上げ水けをきる。

2. めかぶは包丁で叩き、ある程度細かくしたら、ポン酢適量と合わせ、味をととのえる。

3. 長葱は芯を取り、せん切り（白髪葱）、柚子の皮もせん切りとする。

4. **1** の胸肉を一口大に切り、器に盛って、味つけした **2** のめかぶをかけ、**3** を添える。

手羽をさばく（出刃包丁）

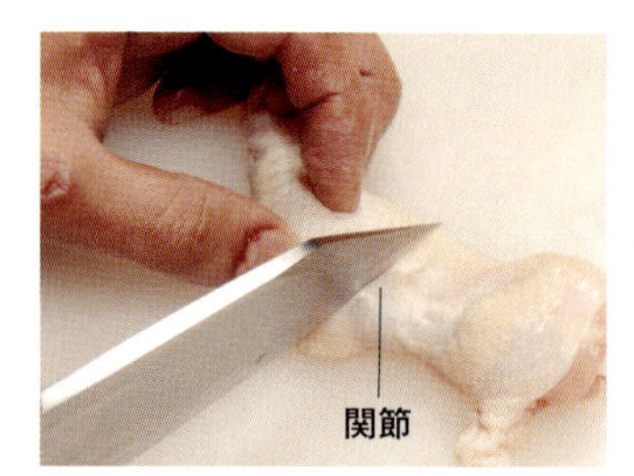

1

胸肉を外した手羽の関節に包丁を入れる。

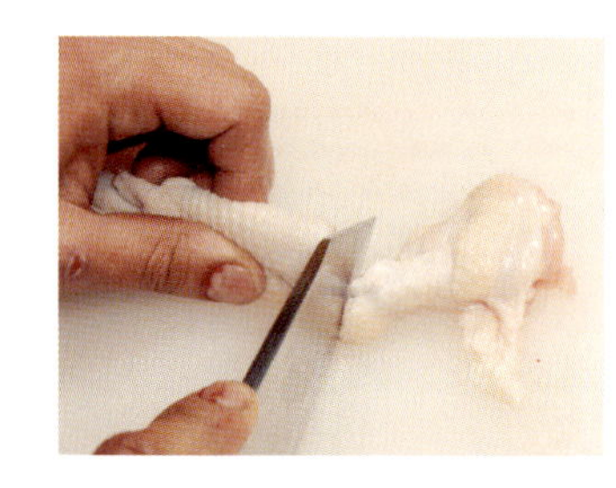

2

そのまま深く包丁を入れ、手羽元を切り離す。

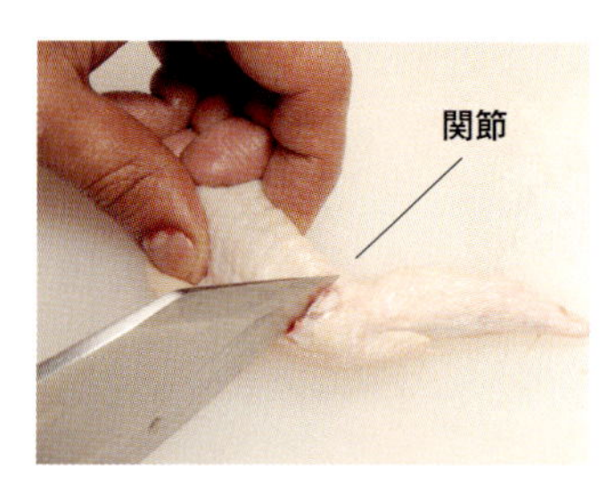

3

手羽先と手羽中の間の関節に包丁を入れる。

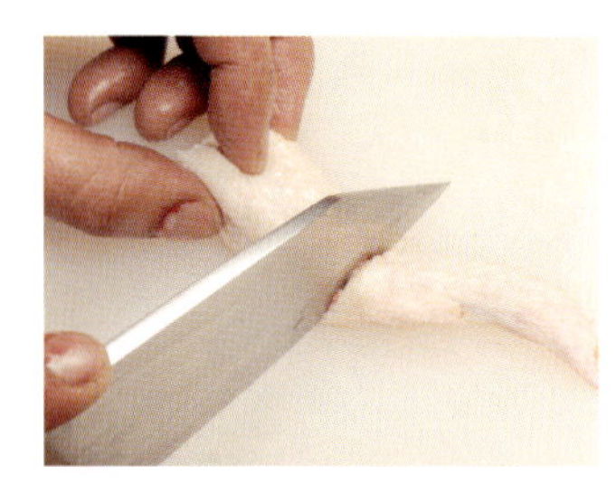

4

そのまま深く包丁を入れ、手羽中と手羽先を切り離す。

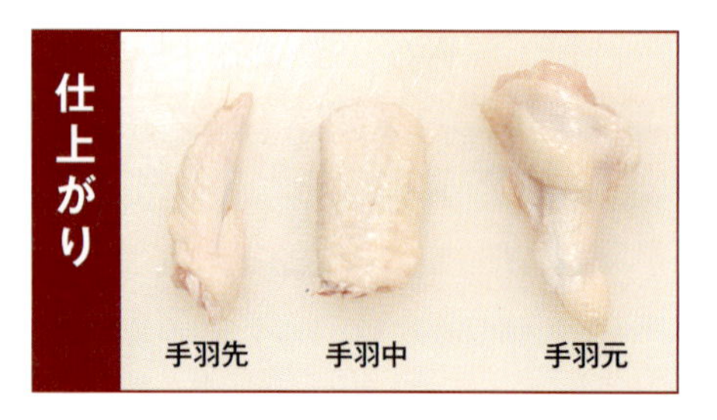

ささみの筋を取る（出刃包丁）

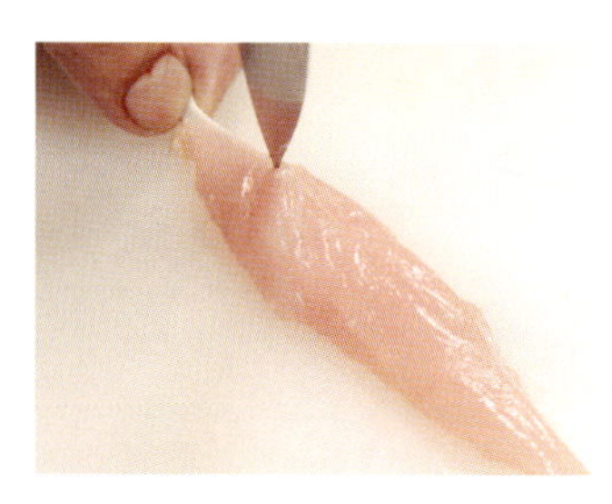

1

筋の両端に沿って切っ先で包丁を入れていく。

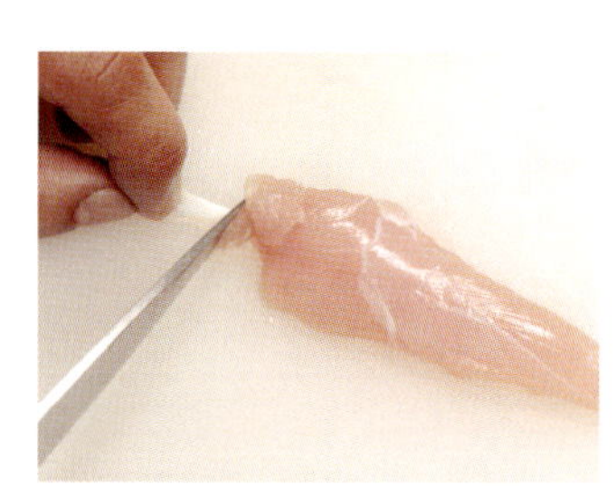

2

裏返して筋を包丁で押さえる。

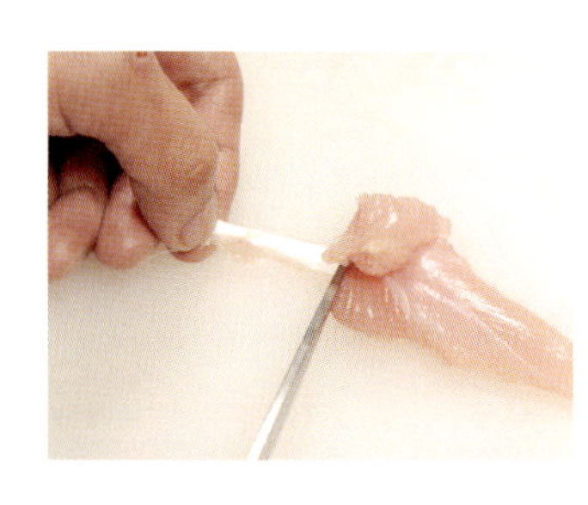

3

手で筋を持ち、包丁で身を押さえ、筋を引っぱりながら取り除く。

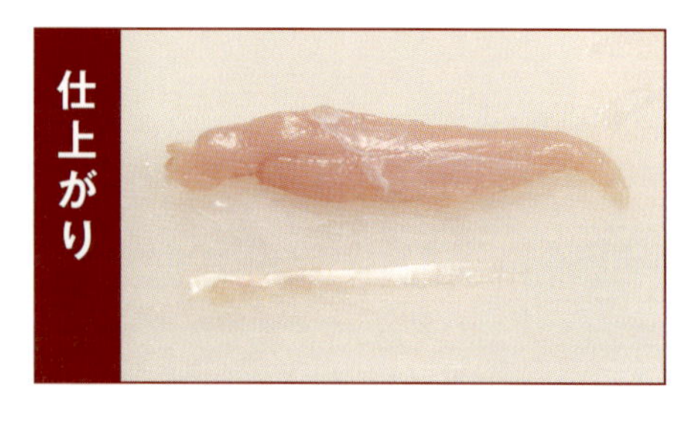

手羽の南蛮揚げ

材料（２人分）

手羽先…４本

【漬けだれ】

a
- 濃口醤油…100cc
- みりん…100cc
- 酒…100cc

- 長葱…1/3本
- 大葉…20～30枚

豆板醤…適量

すだち…適量

揚げ油…適量

作り方

1. aを合わせ、長葱と大葉はみじん切りにし、豆板醤を入れ、漬けだれを作る。

2. 1に手羽先を20分くらい漬ける。20分したら軽くもみ、長葱、大葉と一緒にザルに上げ水けをきる。

3. 2に片栗粉をまぶし、170～180℃の揚げ油できつね色になるくらいまで揚げ、すだちを添える。

鶏もも肉のチーズ焼き

材料（２人分）

鶏もも肉…150g

スライスチーズ…1枚

卵黄…1個

胡椒…適量

【あしらい】

- ミニ大根…適宜
- もろみ…適宜
- 人参（せん切り）…適宜

作り方

1. 鶏もも肉に軽く胡椒をふり、両面きれいな焼き色がつくまで焼き網で焼き上げる。

2. 完全に火が通ったら火を弱め、スライスチーズを皮目にのせ火にかけ、軽く溶け始めるのを確認したら、ハケを使い卵黄を塗り、焦げないように焼く（乾かすような感じで）。

3. 軽く冷まし、一口大に切り分け、器に盛り、あしらいを添える。

鶏わさ

材料（２人分）

ささみ…２～３本

【薬味】

- 防風…適宜
- 胡瓜（せん切り）…適宜
- 山葵…適宜
- 黄菊…適宜

作り方

1. ささみは筋を取り、65℃の湯の中に入れ、まわりがうっすら白くなってきたら、冷水に取り、ザルに上げ、水けをきる。

2. 1をそぎ切りにして、器に盛り、薬味を添える。

レバー砂肝をさばく

【目利き】
肝とはレバーと心臓を合わせた物。色が鮮やかでツヤとハリがある物を選ぶ。
砂肝も身の部分が鮮やかな赤色の物が新鮮。

レバー

砂肝

【保存法】
傷みやすいレバーは買ってきたその日のうちに血抜きをしてその日のうちに食べ切る。冷凍するなら加熱処理をしてから。
砂肝は下処理をした後、ラップに包んで冷凍保存。

肝の下処理→心臓をさばく（小出刃包丁）

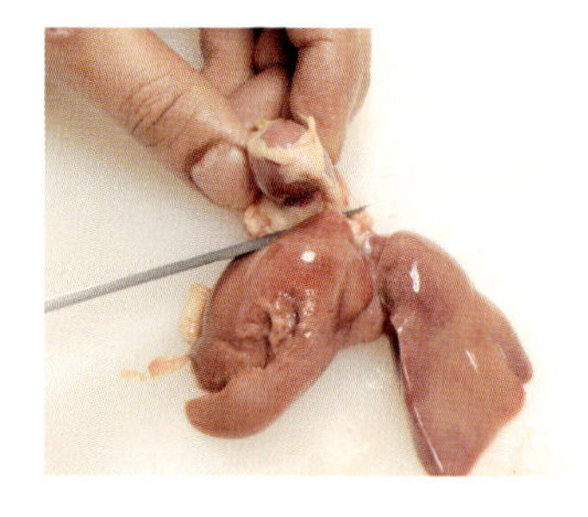

1
心臓とレバーの間に包丁を入れる。

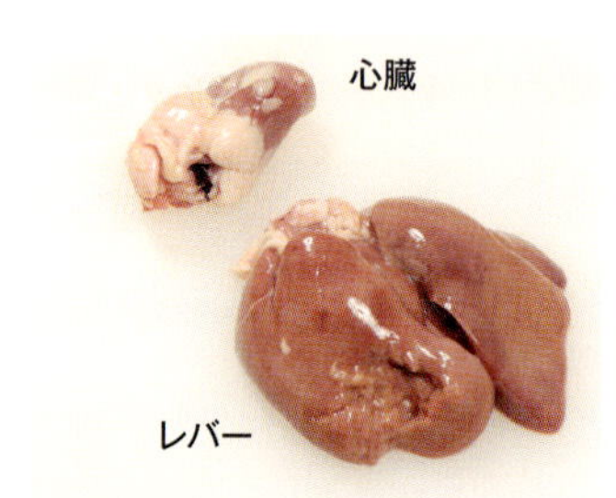

2
心臓を切り離す。

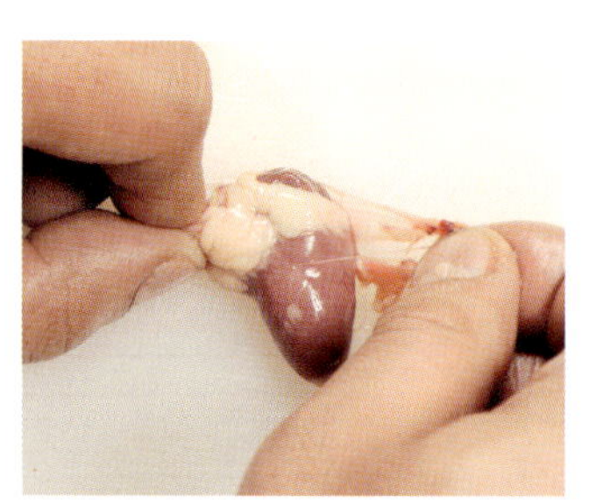

3
手で、心臓のまわりについている膜を丁寧に取り除く。

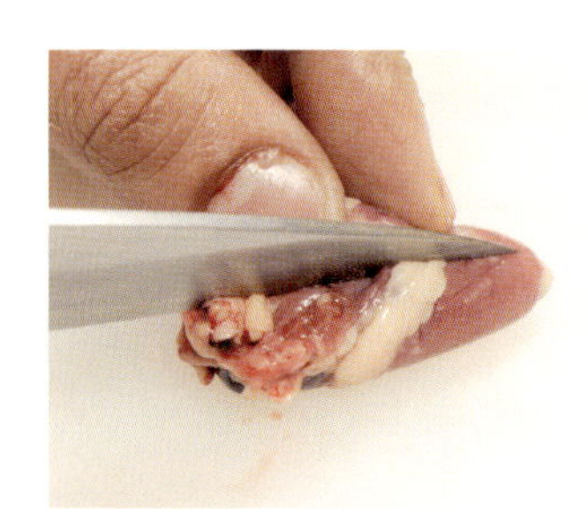

4
真ん中に縦に切り込みを入れる。

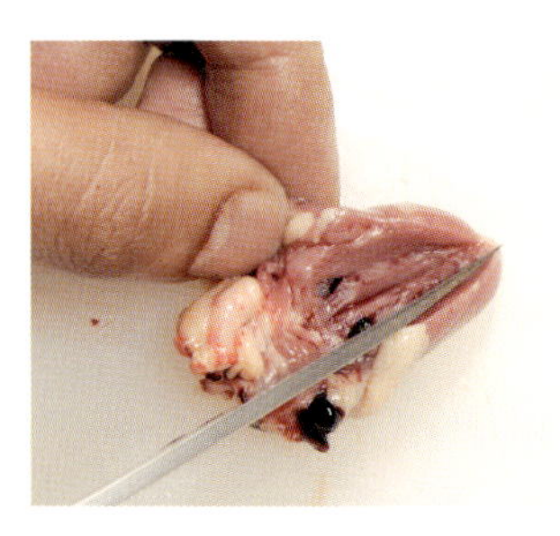

5
血管を切っ先で切り開きながら、身を二つに切り分ける。

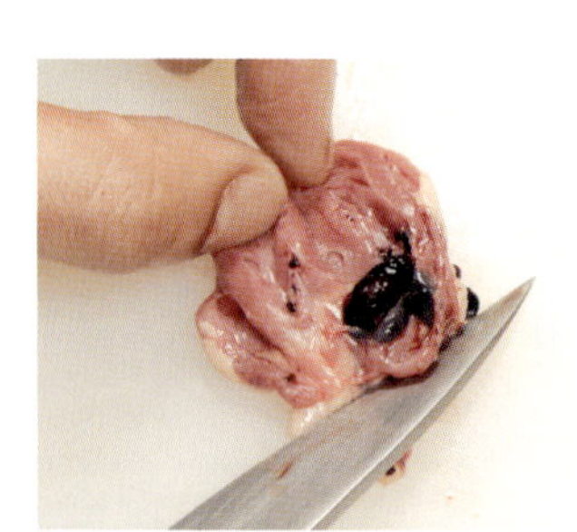

6
切り離さないように開く。

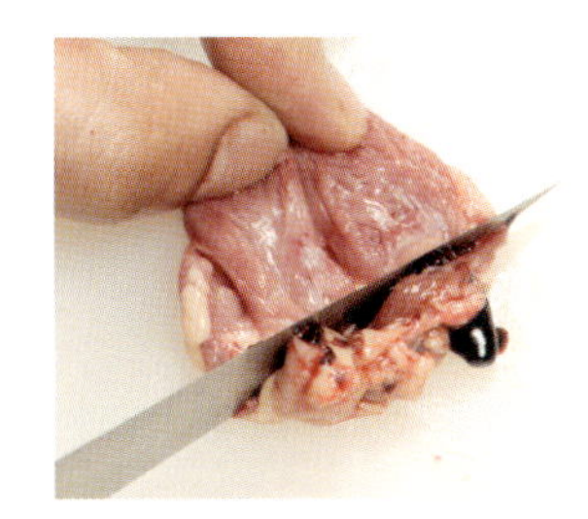

7
血の部分を包丁の背でしごく。

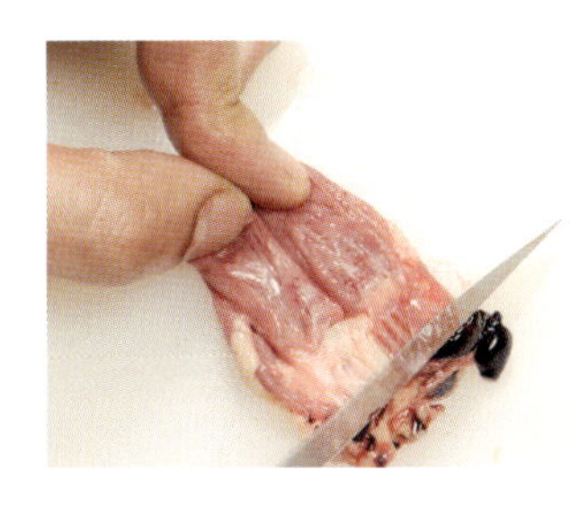

8
身を引っぱりながら中の血の部分や汚れを取り出す。

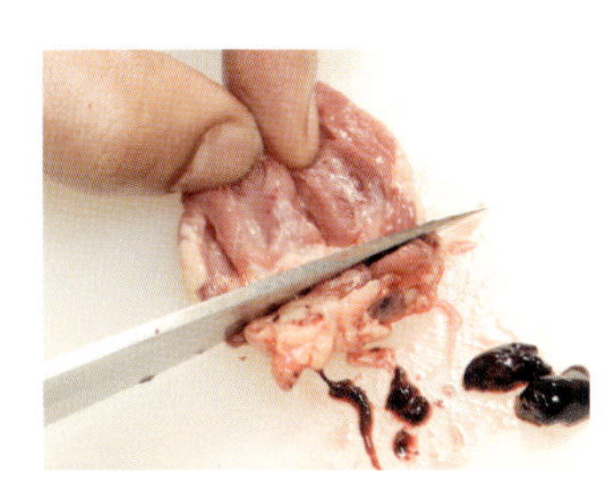

9
筋の部分を切り離す。

仕上がり

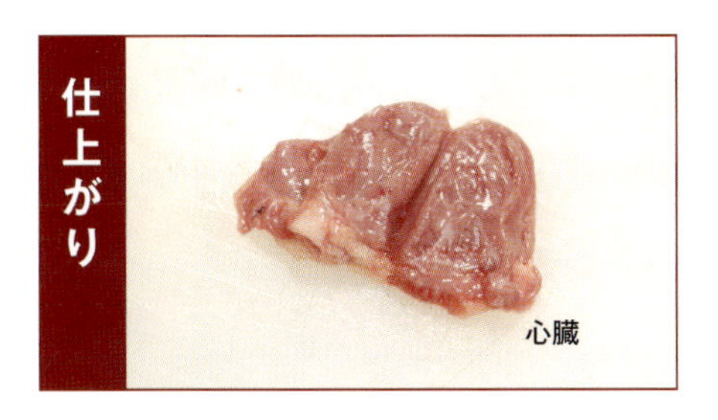

レバーの下処理（小出刃包丁）

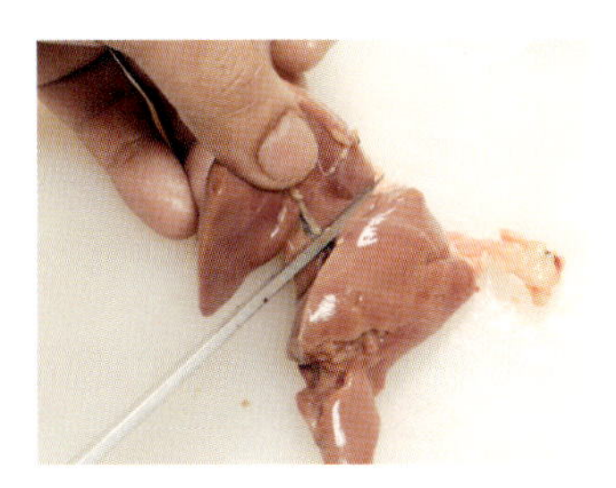

1
レバーの分かれ目を切り離す。

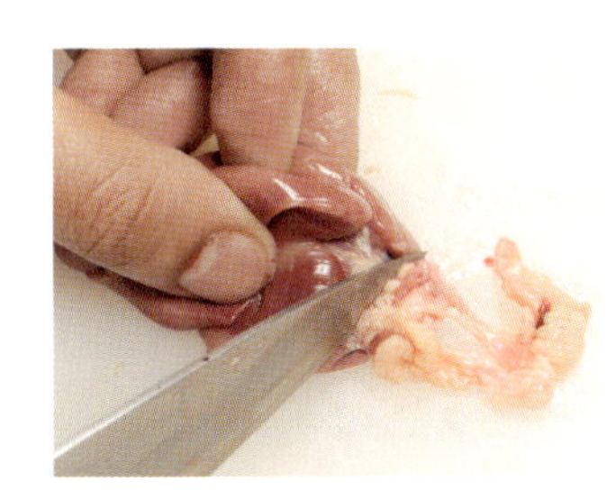

2
脂の部分を切り離す。

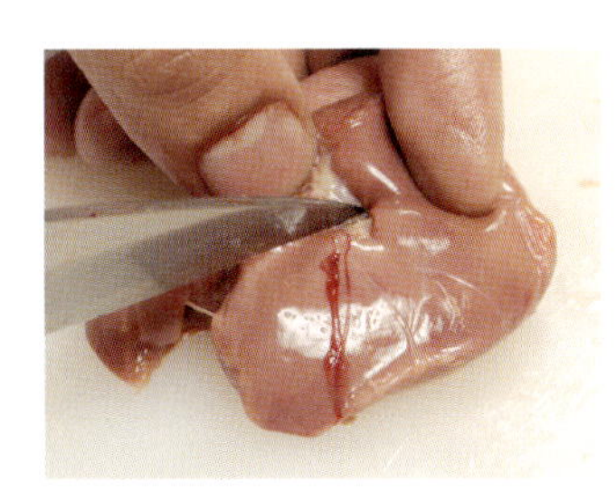

3
血管に切り込みを入れる。

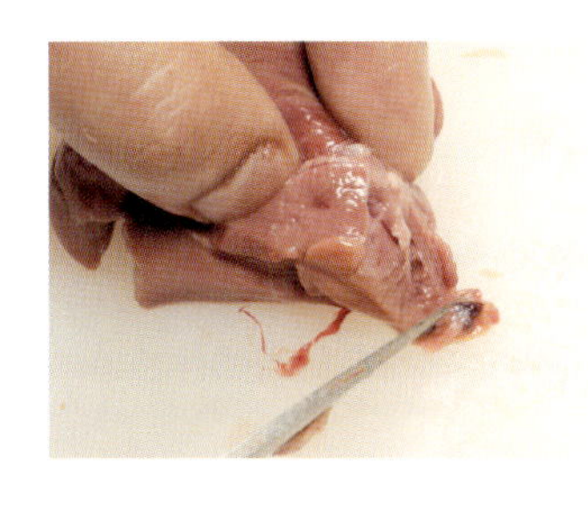

4
切っ先で血の塊をこそげ出す。

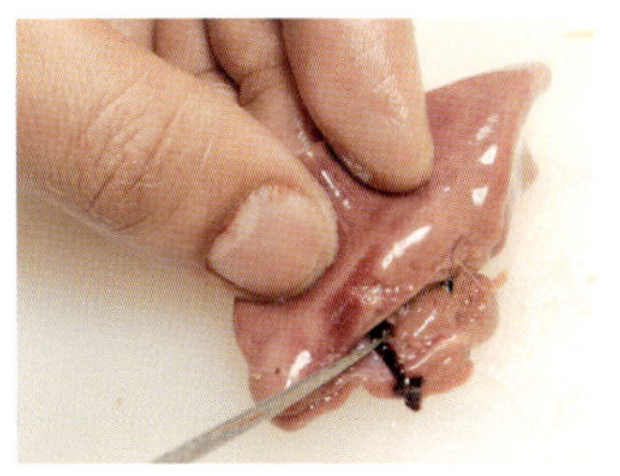

5
くさみのもとなので、血の塊は丁寧に取り出すこと。

仕上がり

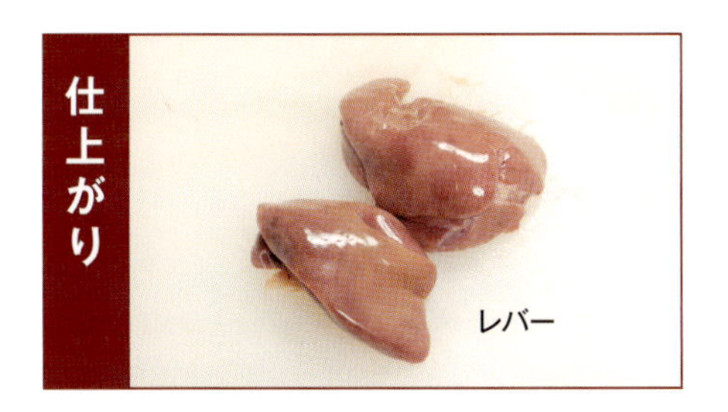

砂肝の下処理（小出刃包丁）

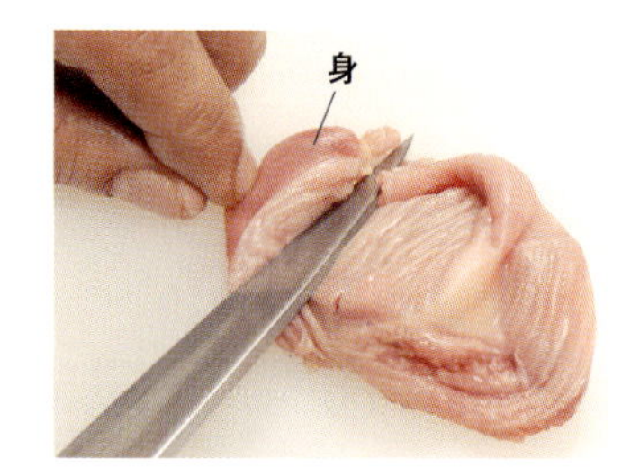

1
裏側から砂肝の身の部分を切り離す。

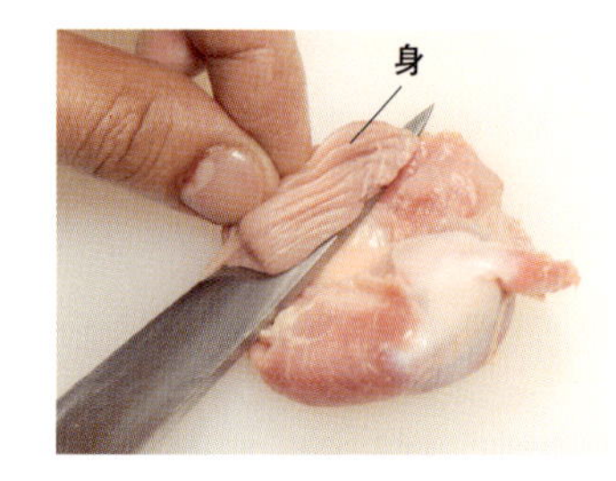

2
反対側も同様に切り離す。

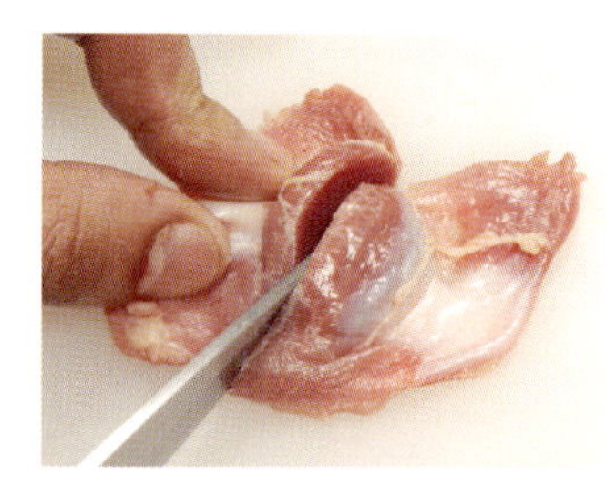

3
真ん中を半分に切る。

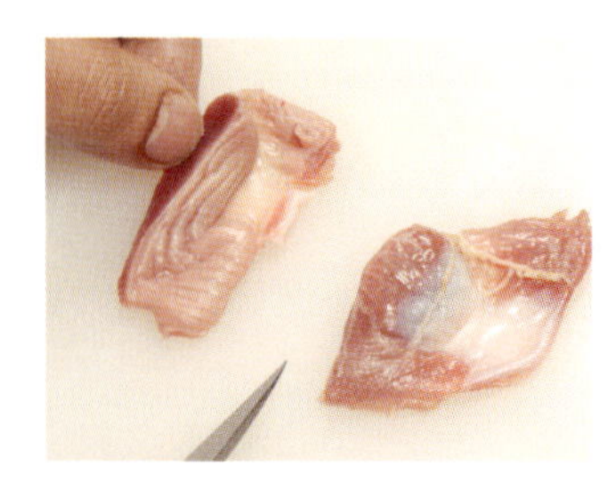

4
身の際に包丁を入れる。

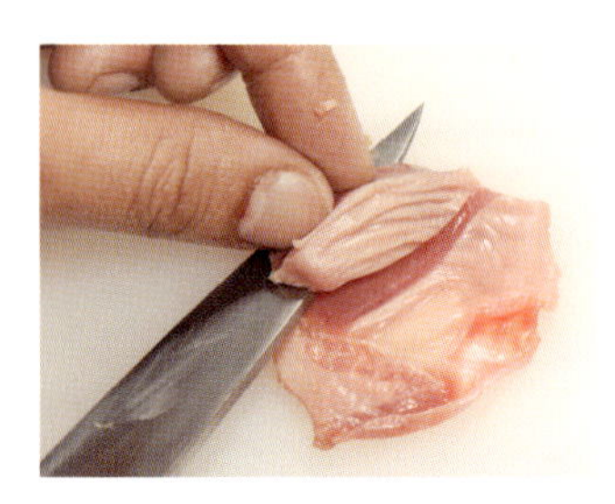

5
包丁で押さえながら、かき出す。

レバーのソース蒸し

材料（2人分）
鶏肝（レバー、砂肝、心臓等）…200g
玉葱…1個
生姜…1片
a ┌ 中濃ソース…100cc
　└ ウスターソース…100cc

作り方
1. 鶏肝は血や筋等を取り、掃除して、水洗いをしておく。
2. 玉葱は厚めのスライス、生姜もスライスする。
3. 深めのバットに鶏肝を入れ、玉ねぎ、生姜をかぶせるように入れる。
4. aを火にかけ、沸いたら熱いまま**3**のバットに注ぎ入れ、しっかりホイル等でふたをして、20分蒸す。

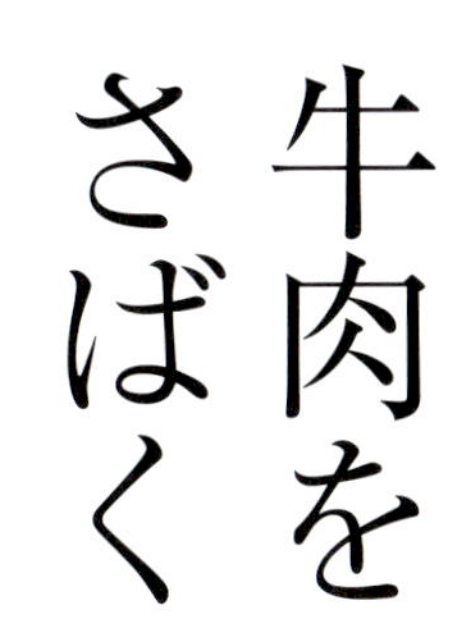

牛肉をさばく

【目利き】肉にハリがあり、赤身が新鮮でつやのある物、脂肪が白色または乳白色の物が新鮮。

【保存法】厚みのある肉は1枚ずつラップに包んで冷凍した後、冷凍バッグに入れて冷凍保存。薄切り肉は数枚重ねてラップに包み、同様に保存を。

下処理（柳刃包丁）

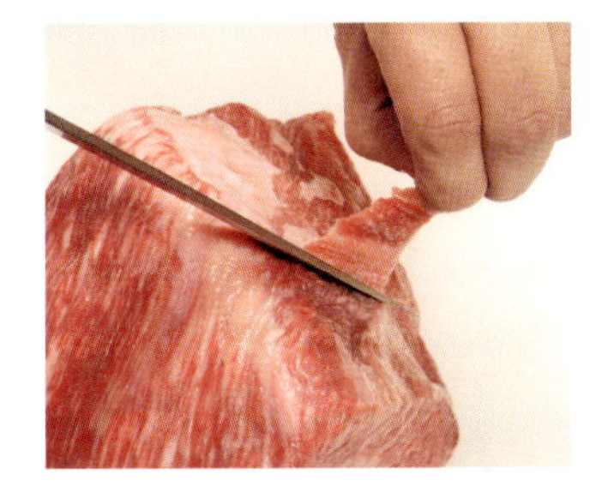

1
包丁をねかせて、手で脂身の先を持ちながら、赤身から少しずつ切りはがしていく。

2
周囲の余分な部分を切り落とす。

3
細かい筋なども丁寧に切り取る。

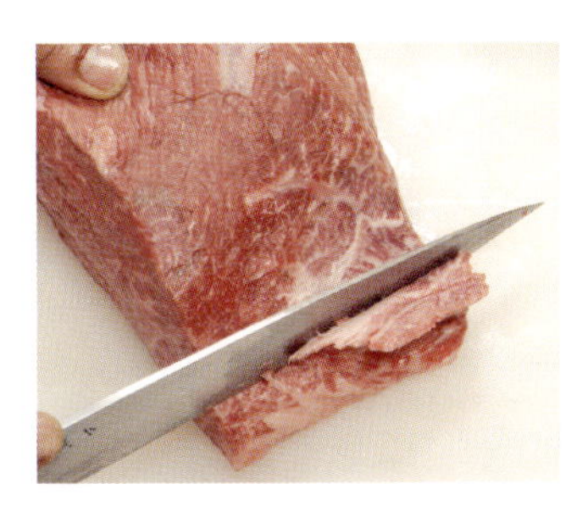

4
脂肪と肉の間に包丁を入れ、端を切り落とす。

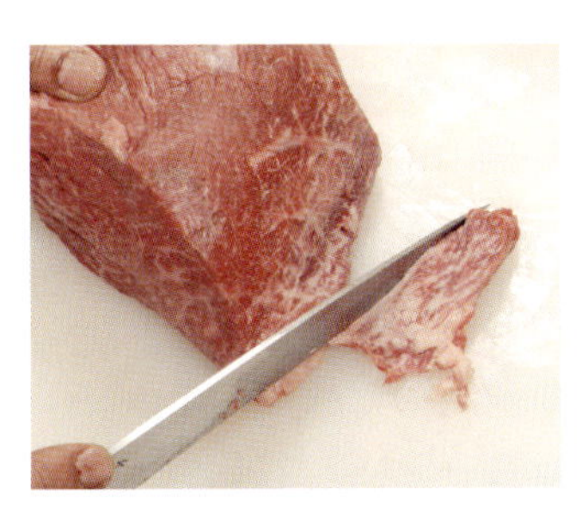

5
周囲の余分な部分を切り落として、形を整える。

和風ローストビーフ

材料（2人分）

牛もも肉（ブロック）… 300g
塩・胡椒 … 各少々
サラダ油 … 適量

a
- 酒 … 大さじ3
- 濃口醤油 … 大さじ2
- 水 … 大さじ2
- 昆布 … 5cm×5cm

b
- 長葱（みじん切り）… 1本分
- 大葉（みじん切り）… 10枚分

水飴 … 大さじ1

【あしらい】

- 茗荷・人参・胡瓜のけん … 各適宜
- こんにゃく … 適宜
- すだち … 適宜
- ミニカブ … 適宜
- めかぶ … 適宜
- ゆでミニアスパラ … 適宜
- ゆで蓮芋 … 適宜

作り方

1. 牛肉に塩、胡椒をして、20分おく。

2. フライパンにサラダ油を熱し、強火で全面焼き、きれいな焼き色がついたら取り出し、熱湯をかけ軽く油抜きをする。

3. 別のフライパンを熱し、a、b を入れ煮立たせ、牛肉を入れ、軽くからませたら、ボールをかぶせ、弱火で10分ほど火を通す。肉を取り出し火を止め、煮汁を煮詰め、水飴を加えて仕上げる。

4. 牛肉をスライスして、**3** のたれをかけ、あしらいを添える。

包丁使いの調理用語辞典

包丁の扱いの時に出てくる用語を解説します。これがわかれば、さらに包丁使いが上達することでしょう。

【あらい】 鯛や鱸などの鮮度のよい白身魚をさく取りしてお造りにした後、氷水で洗うこと。

【糸造り】 烏賊や身の締まった白身魚に用いられる刺身の造り方のひとつ。おろした身を細長く切る造り方。

【上身・下身】 頭を左に、腹を手前にしておき、中骨よりも上の身を上身、下を下身という。魚をおろすときに、最初に切り離すのが上身、中骨がつくほうが下身。

【踊り串】 魚を姿焼きにするときの串の打ち方。魚が泳いでいるように下身の目の下から表身に串を出さないように中骨に串を絡ませながら刺していき、尾のつけ根に串先を出す。

【鬼殻焼き】 伊勢海老などの海老を殻つきのまま焼いた料理のこと。背開きにしてみりん醤油などのたれをつけながら焼くのが一般的。

【隠し包丁】 材料の火の通りをよくしたり、味をよくしみ込ませる為に入れる切り込みのこと。料理を盛りつけた時に裏側になるほうに切り込みを入れる。

【角造り】 さく取りした身を四角に切る刺身の切り方。身の厚い鰹や鮪の刺身に用いられる。

【飾り切り】 材料を切る時に、花や葉などの季節感を表したり、お祝い事を表したりする細工をすること。料理に季節感を出したり、祝儀などのお祝い事の料理にあしらう。

【桂むき】 材料を帯状になるように薄くむくこと。大根や人参、胡瓜などの円柱状の野菜に用いられる。

【皮目】 おろした魚や鶏肉などの皮がついている側のこと。

【観音開き】 身の厚い魚や肉を左右に切り開くこと。身の中央に厚みの半分ぐらいまで包丁で切り込みを入れ、そのまま包丁をねかせて厚みをそぐように、左右に切り開く。

【具足煮】 海老などを殻つきのまま煮る料理のこと。伊勢海老や車海老などの大きめの海老や蟹を縦二つ割りにするなどして煮る。

【化粧塩】 魚の塩焼きをきれいに美しく仕上げるためにふる塩のこと。焼く直前に全体に軽く塩をふり、尾ビレ、背ビレ、胸ビレなどに塩をすり込み、こげないようにする。

【けん】 細切りの野菜のことで、刺身の添え物の野菜のこと。大根のけんが一般的だが、人参、胡瓜、南瓜なども用いられる。

【けんちん焼き】 けんちんとは、中国から伝えられた卓袱（しっぽく）料理のひとつで、細切りにした人参、牛蒡、キクラゲ、筍などを油で炒めたものを指すことが多い。これを詰めて焼いたもの。

【小口】 葱など細長い野菜の端のこと。小口切りとは、その端から薄く切っていくことを指す。

【逆さ包丁】 包丁の刃を上に向ける、または切る方向と反対側に向けて柄を持ち、人差し指を包丁のはらに当て、魚の腹を開く時などの魚介の下処理に用いられる。

【さく取り】 魚をおろした上身の血合いを切り取り、背身と腹身に分けて、さらにそれぞれ身に残った血合いを取り除き、整形すること。

【笹打ち】 葱や莢隠元、莢豌豆などの青みを斜めに薄く切ること。切り口が笹の葉に似ているところから笹打ちと呼ばれている。

【さざ波造り】 蛸や鮑など身がかたく、弾力性がある魚介類に用いられる刺身の切り方。包丁をねかしたり、起こしたりをくり返して切り口が波のようにうねってみえるように切る。

【さばく】 魚介類や鶏などを切り分けること。おろすともいう。

【霜降り】 魚介類や肉類に直接熱湯をかけるか、熱湯にサッと通すこと。表面が白っぽくなり、まるで霜が降りたように見えることから名づけられた下ごしらえ法。こうすることで、素材の持つ生臭みやぬめりを取り、表面がかたまるので、旨みを逃さず調理できる。

【蛇腹切り】 主に胡瓜に用いられる切り方。太さの半分まで端から薄く細かく斜めに切り目を入れ、反対側からも同様に切り目を入れる。

【吸い地】 出汁に醤油や酒などで調味した吸い物用の汁のこと。

【すき引き】 鮃や鰈、鰤などのような薄く細かいウロコを取るときの包丁さばきのこと。尾のつけ根から頭に向かってウロコを薄くすき取ること。

【背越し】 活きのいい鮎に代表される刺身の造り方。薄く筒切りにした魚をあらいにすること。骨のやわらかい小魚にも用いられる。

【背開き】 魚を背から開くおろし方。有頭、無頭の場合がある。鰆、秋刀魚、甘鯛など干物や天ぷらなどにするときに用いられることが多い。

【背身・腹身】 魚を三枚におろした時の片身をさく取りした時（血合いに沿って切り分けたとき）の背側が背身、腹側が腹身。

【そぎ切り】 包丁の刃を横にねかせ、まな板と平行に刺身用のさく取りした刺身や、野菜などの材料を薄く斜めに切ること。へぎ切りともいう。

【立て塩】 海水ぐらいの塩水（約3％）に材料を浸けて塩味をつけること。

【縦むき】 包丁を手前に引きながら皮をむく方法。六方むきは縦むき。桂むきや輪むきは横むき。

【血合い・血合い骨】 魚を三枚おろしにしたときに、背身と腹身の中央にある赤い部分を血合いといい、そこにある骨を血合い骨という。

【つぼ抜き】 細長い筒型の魚を姿で用いる場合に用いる、内臓の取り出し方。割箸や竹串を使って、両エラと内臓をはさみ込み、口やエラブタから一緒に引き抜く。

【手開き】 身がやわらかく小骨が多い鰯などに用いられる開き方。頭、内臓を取り除き、腹から親指を入れて中骨に沿わせるように指をすべらせて開く。

【抜き板】 魚に塩をしておくときや、霜降りするとき、水けをきるときに使う両端に足がついている板のこと。板が斜めになっており、上下に足が逆方向についている物が使いやすい。

【ねじむき】 包丁を向こうから手前に引きながらねじるように動かして、薄く皮をむく方法。主に茄子、大根、蓮根の皮をむくときに用いられる。

【ばら引き】 一般的なウロコの取り方。包丁やウロコ引きで尾から頭に向かってウロコをかき取ること。

【腹開き】 魚の腹側をまっすぐに開くこと。主に干物用に魚を開く時に用いられる。

【腹骨】 魚をおろした時、内臓を包んでいる腹側についている骨のこと。この骨をそぎ取ることを腹骨をかくという。

【平造り】 鮪や鰹、鯛などのさく取りした身を端から1～2㎝ぐらいの厚さに切る方法。身の薄い魚以外のあらゆる魚に用いられる。

【節おろし】 鰹や鰤など身のやわらかい魚に使われるおろし方。体の右背側、左背側、左腹側、中骨の5枚におろすこと。

【骨切り】 全体に小骨が多く、取り除きにくい鱧などに用いられる。魚の身を上にして、皮1枚を残して身とともに小骨に細かく包丁目を入れること。鱧には専用の骨切り包丁がある。

【松笠切り】 材料に対して斜めに包丁を入れ、斜め格子状になるように切り目を入れること。主に烏賊や鮑などに用いられる。

【松皮造り】 さく取りした身に皮をつけたまま、皮だけに熱湯をかけ、冷水に落とし霜降りにして、お造りにした物。皮の表面が松の皮肌のようにみえるところから、名づけられている。

【松葉おろし】 頭と内臓を取り除き、大名おろしで中骨だけを除くおろし方のこと。尾で上身と下身がつながっている姿が松葉に似ているので、この名がついたと言われている。

【面取り】 主に大根や蕪、芋類の切り口の角を取って形を整えること。煮物に使うときに煮崩れしにくくなる。

【湯引き】 刺身の造り方のひとつで、お造りにした身を熱湯に通す、または、さく取りをした身に熱湯をかけ、すぐに冷水に取って冷ますこと。

【両づま折り】 魚の串の打ち方の一種。皮目を表にして、両端から内側に折り曲げて串を打つ。おろした魚の身が長く、比較的薄い物に用いられ、身崩れを防ぎ、形のまとまりをつける。

【六方むき】 里芋などの球形のものの天地を切り、その断面が正六角形になるように皮をむくこと。

〈技術指導の先生方〉

伊藤博尚
（ふぐ料理　とく山）

佐藤雄一
（Ryori　雄）

高橋進紀

舘野雄二朗
（みちば和食　たて野）

〈協力店舗情報〉

とく山
東京都港区西麻布4-11-28
麻布エンパイアマンションB1F
TEL:03-3498-0428

分とく山
ホテルインターコンチネンタル東京店
東京都港区海岸1-16-2
ホテルインターコンチネンタル東京ベイ3F
TEL:03-5404-2245

Ryori　雄
東京都渋谷区広尾1-15-3
クオリア恵比寿パークフロント1F
TEL:03-5793-8139

みちば和食　たて野
東京都中央区銀座7-6-10
アソルティ銀座花椿通りビル6F
TEL:03-6252-5000

〈監修者紹介〉

野﨑洋光（のざき　ひろみつ）

1953年福島県石川郡古殿町生まれ。武蔵野栄養専門学校卒業後、東京グランドホテルの和食部に入社。5年間の修行を経て八芳園に入る。1980年に東京・西麻布の「とく山」料理長に就任。
1989年に南麻布「分とく山」を開店し、現在は4店舗を総料理長として統括。雑誌、TVなど各種メディアを通して、調理科学、栄養学をふまえた理論的な料理法に基づくわかりやすい和食を提唱。
著書に『常備菜でつくる和のお弁当』（世界文化社）、『シニアの美味しい　ひとり分ごはん』（池田書店）、『季節を楽しむ おもてなしの食卓』（KADOKAWA）、『日本料理 前菜と組肴』（柴田書店）他、多数。

分とく山（広尾本店）
東京都港区南麻布5-1-5
TEL:03-5789-3838

本書は、2009年4月に小社より出版した『イチバン親切な包丁の教科書』の新装版です。
判型を変え、改題いたしました。

本書の内容に関するお問い合わせは、**書名、発行年月日、該当ページを明記**の上、書面、FAX、お問い合わせフォームにて、当社編集部宛にお送りください。**電話によるお問い合わせはお受けしておりません。**
また、本書の範囲を超えるご質問等にもお答えできませんので、あらかじめご了承ください。
FAX：03－3831－0902
お問い合わせフォーム：http://www.shin-sei.co.jp/np/contact-form3.html

新装版 包丁の教科書

監修者　野﨑洋光
発行者　富永靖弘
印刷所　株式会社新藤慶昌堂

発行所　東京都台東区台東2丁目24　株式会社　新星出版社
〒110-0016　☎03(3831)0743

ISBN978-4-405-09315-7